OSWAL – GURUKUL

ICSE – CLASS X

CHAPTERWISE MCQs

2021 EXAMINATION

Hindi, English I, English II, History & Civics, Geography

Fully Solved New Specimen Question Paper Released by CISCE in Aug 2021

BY
A PANEL OF AUTHORS

COPYRIGHT RESERVED
BY THE PUBLISHERS

All rights reserved. No part of this publication may be reproduced in any form without the prior permission of the Oswal Publishers.

DISCLAIMER

With the ambition of providing standard academic resources, we have exercised extreme care in publishing the content. In case of any discrepancies in the matter, we request readers to excuse the unintentional lapse and not hold us liable for the same. Suggestions are always welcome.

EDITION : 2021

ISBN : 978-93-**91184**-00-1

PRICE : ₹399.00

PUBLISHED BY

 **OSWAL PUBLISHERS**

1/12, Sahitya Kunj, M.G. Road, Agra - 282002

(0562) 2527771-4, +91 7534077222

info@oswalpublishers.in

www.oswalpublishers.com

The cover of this book has been designed using resources from Freepik.com

Printed At Upkar Printing Unit, Agra

PREFACE

In accordance with the latest syllabus prescribed by the Council for the Indian Certificate of Secondary Education Examination, New Delhi.

Board examinations are crucial milestone for every student. In order for them to perform well in the exam, we have introduced ICSE Chapterwise MCQs for the First Semester Examinations, for Class X. We have designed the book based on the Modified Assessement Plan issued by the Board on August 6, 2021. Thus, students can attempt questions even in changing scenarios and exam patterns.

The Specimen Question Papers released by the CISCE in August, 2021 have be strictly followed in formulating different categories of questions. The content of the book has been updated according to the latest Reduced Syllabi issued by the Board on July 19, 2021.

The book is bifurcated into two volumes for the ease of the students. Subjects included in first volume of the book are Hindi, English-I, English-II, History & Civics and Geography, while the other volume of the book contains – Physics, Chemistry, Mathematics, Biology and Computer Applications.

Subject matter experts and teachers from across the country have helped in compiling the contents of the book. Questions are segregated as per their respective chapters to facilitate easy navigation. Additionally, we have made every attempt to keep the language as lucid as possible. This book will help the learners achieve the learning objectives in an easy-to-grasp manner.

We hope you will find this book helpful in your preparations for Class X Board examinations. We would advise you to stay calm and manage your time efficiently. Do not get overwhelmed with too many resources and study guides, be selective and choose the best one.

—The Publisher

SPECIAL HIGHLIGHTS

BIFURCATED SYLLABUS

H.C.G.: Paper – 1
(As per the Reduced Syllabus for ICSE - Class X Year 2022 Examination)
(SEMESTER - 1)

Max. Marks : 40

UNIT NO.	NAME OF THE UNIT
CIVICS	
1.	The Union Legislature (Complete Unit)
HISTORY	
1.	The Indian National Movement (1857 - 1917) (Complete Unit)
2.	The Mass Phase of the National Movement (1915 – 1947) (Complete Unit)

Study material Strictly based on the Reduced Syllabus issued by the Council on 19 July, 2021 for Semester I Examination

As per the Modified Assessment Plan Released on 6 Aug, 2021

Fully Solved New Specimen Question Paper Released by CISCE in Aug 2021

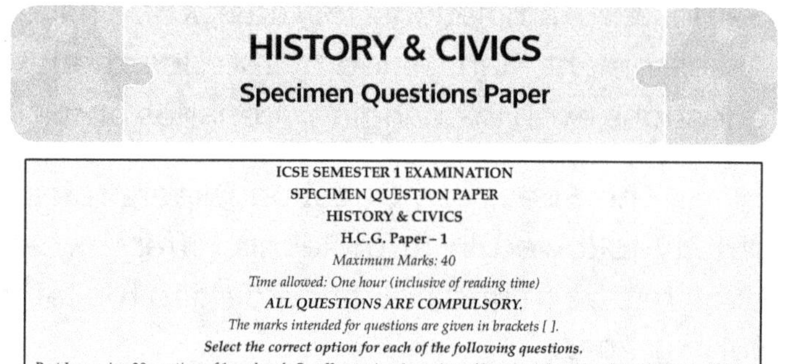

HISTORY & CIVICS
Specimen Questions Paper

ICSE SEMESTER 1 EXAMINATION
SPECIMEN QUESTION PAPER
HISTORY & CIVICS
H.C.G. Paper – 1
Maximum Marks: 40
Time allowed: One hour (inclusive of reading time)
ALL QUESTIONS ARE COMPULSORY.
The marks intended for questions are given in brackets [ ].
Select the correct option for each of the following questions.
Part I comprises 20 questions of 1 mark each. Part II comprises 6 questions of 2 marks each and Part III comprises 2 questions of 4 marks each.

Chapter at a Glance

➤ The Indian Parliament consists of the President and the two Houses, known as House of the People (Lok Sabha) and Council of States (Rajya Sabha).

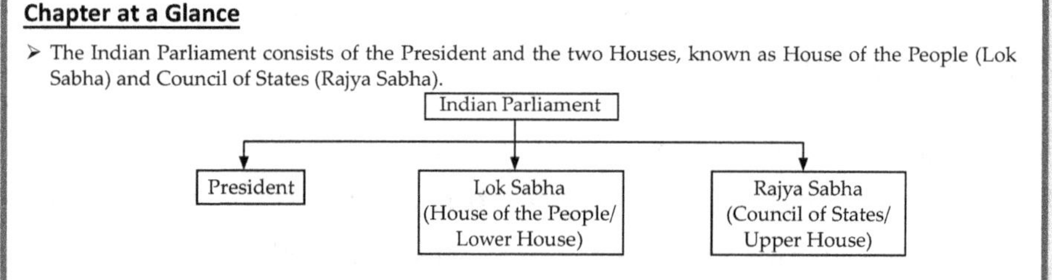

Chapter at a Glance

Word of Advice

1. Majority of the students explained the immediate cause of the great revolt correctly barring a few exceptions who explained the immediate causes of the First World War instead of the great revolt.
2. Most of the students wrote three causes of the revolt of 1857 incorrectly. A few mentioned other causes instead of political causes.
3. Majority of the students stated all the changes brought about by the British after the revolt of 1857 rather than stating the administrative changes only as asked in the question.
4. A few wrote statements like disrespect shown to Bahadur Shah or end of Company's rule in India, w.r.t. impacts due to the uprising of 1857 on the Mughal Rule.
5. A few repeated the Policy of Expansion– Doctrine of Lapse, Subsidiary Alliance, etc. All policies of annexations were counted as one point.
6. Some students were unable to write points for the economic causes of the Great Revolt of 1857.

Word of advice by Experts

1

Comprehension

Passage 1

If religion and community are associated with global violence in the minds of many people, then so are global poverty and inequality. There has, in fact, been an increasing tendency in recent years to justify policies of poverty removal on the ground that this is the surest way to prevent political strife and turmoil. Basing public policy—international as well as domestic—on such an understanding has some evident attractions. Given the public anxiety about wards and disorders in the rich and widespread suffering and misery have been accompanied by unusual peace and silence.

Indeed, many famines have occurred without there being much political rebellion or civil strife or intergroup warfare. For example, the famine years in the 1840s in Ireland were among the most peaceful, and there was little attempt by the hungry masses to intervene even as ship after ship sailed down the river Shannon with rich food. Looking elsewhere, my own childhood memories in Calcutta during the Bengal famine of 1943

2000+ New Chapter-wise Questions Included

Comprehension Based Questions Included

Based on different typologies of MCQ's Type Questions:

Multiple Choice Questions

Multiple choice questions

1. Who established the Brahmo Samaj in 1828?
   (a) Jyotiba Phule
   (b) Raja Rammohan Roy
   (c) Swami Vivekananda
   (d) Dayanand Saraswati

Fill in the Blanks

Fill in the blanks

17. The Subsidiary Alliance had reduced the ruler of an Indian State to the position of ....
    (a) Clown   (b) Puppet
    (c) Peasant   (d) Sepoy
18. The adopted son of Rani Jhansi was not recognised as a lawful .... to the throne.
    (a) Successor   (b) Court official
    (c) Army official (d) Advisor

Match the Following

Match the following

34. Military causes for the First War of Independence:

COLUMN I	COLUMN II
I. The Sepoys were required to serve in areas far away from their homes without any additional allowance.	(A) Ill-treatment of Indian soldiers by British Officers

Picture Based Questions

Picture based questions

Study the picture and answer the following questions:

Source based questions

Source based questions

Read the passage and answer the questions that follow:

Men kept their women uneducated so that they would never question their domination. Phule established in 1848 one of the first Girls schools in 1854 to provide shelter to poor widows and their children. He also founded a number of schools for girls and the lower castes, i.e., the Mahars and the Mangs. Phule founded the Satya Shodhak Samaj (Society of the Seekers of Truth) on 24 September 1873. The Society

CONTENTS

Geography

COMMON ERRORS WHILE ATTEMPTING MCQs

1. Students _don't read all options carefully_ hence make mistakes in choosing the most apt answer.

2. Students are in a hurry to complete the answer so they _don't tend to apply logic to the reasoning based mcq's_.

3. In comprehension based questions, students should avoid rushing through the passage to answer questions. It is important to take time to understand the passage and select the most suitable option.

4. In numerical based mcq students _overlook the units used in the given data_ and hence tend to make mistakes in evaluating the right answers.

5. While choosing the most appropriate answer students should be able to _correlate the question with daily life applications_ and then select the right answer.

6. Students _should avoid guess work_ while answering mcq based questions.

7. Diagram based mcq should be attempted with utmost care as figures given could be deceptive and _one should be able to figure out the jist of the figure_.

8. Students _should not spend more time on one mcq_ as these tests are have specific time frames and have to be attempted in short intervals of time.

9. If two alternatives given are very close to the required answer then try to think of each alternative _in different perspective_ and see whether it fits in the same. _The answer should be universally acceptable as one_.

HINDI

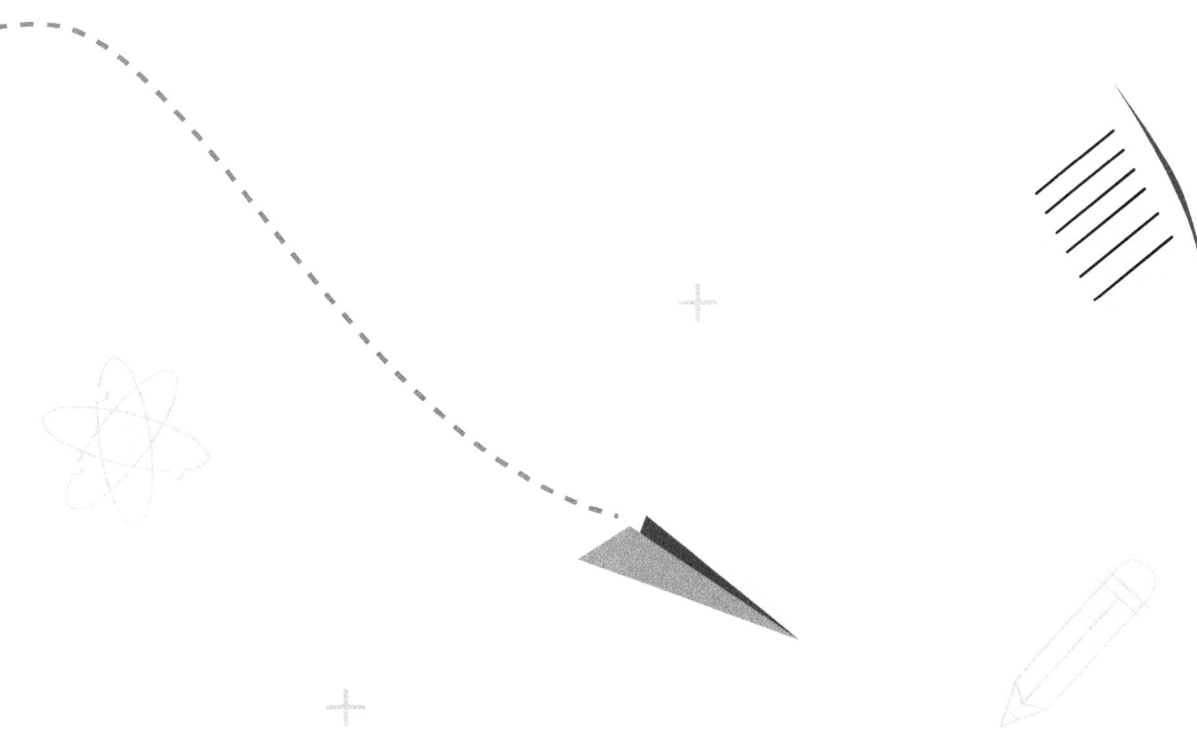

BIFURCATED SYLLABUS

(As per the Reduced Syllabus for ICSE - Class X Year 2022 Examination)
(SEMESTER - 1)

Max. Marks : 40

LANGUAGE	
PORTION TO BE COVERED	
1.	Comprehension
2.	Grammar

LITERATURE	
Name of the Textbook	**Names of the Poems/Short Stories/chapters of the prescribed Novel/Drama to be covered**
Sahitya Sagar: A Collection of ICSE Short Stories & Poems	
(i) Short Stories	1. Baat Athanni Ki - Sudarshan 2. Kaki - Siyaram Sharan Gupta 3. Maha Yagya Ka Puruskar - Yashpal 4. Netaji Ka Chashma - Swayam Prakash
(ii) Poems	1. Sakhi - Kabir Das 2. Girdhar Ki Kundaliyan - Girdhar Kavi Rai 3. Swarg Bana Sakte Hai - Ramdhari Singh Dinkar 4. Wah Janmabhumi Meri - Sohanlal Dwivedi
(iii) Naya Raasta (Novel) : Sushma Agarwal	Adhyay 1- 13
(iv) Ekanki Sanchay : A Collection of ICSE One Act Plays	1. Sanskar Aur Bhavna - Vishu Prabhakar 2. Bahu Ki Vida - Vinod Rastogi 3. Matri Bhoomi Ka Man - Hari Krishna "Premi"

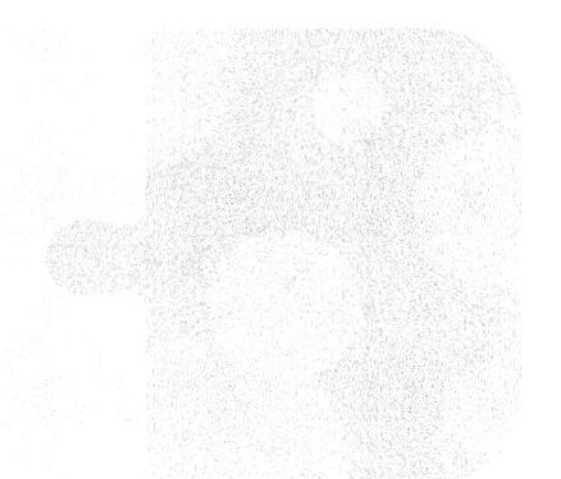

HINDI

Specimen Question Paper

ICSE SEMESTER 1 EXAMINATION
SPECIMEN QUESTION PAPER
HINDI
Maximum Marks: 40
Time allowed: One and half hour (inclusive of reading time)
The marks intended for questions are given in brackets [ ].
Select the correct option for each of the following questions.

SECTION A (20 Marks)

Question 1

निम्नलिखित गद्यांश को ध्यान से पढ़िए तथा उसके नीचे दिए गए प्रश्नों के उत्तर दीजिए :—

प्रात:काल प्रकृति की शोभा निराली होती है। सूर्य की सुनहरी किरणों को पड़ने से प्रत्येक वस्तु सुनहरी सी लगने लगती है। हरी-भरी घास पर ओस की बूँदे ऐसी प्रतीत होती है मानों सुन्दर चमकीले मोती हों। पेड़ों की चोटियों को छूती हुई सूर्य की किरणें अद्भुत शोभा प्रदान करती हैं। पर्वत शिखर स्वर्ण रेखा से खचित प्रतीत होते हैं चारों ओर एक स्वर्गीय आभा, एक अलौकिक शोभा होती है। बाग-बगीचों में फूल मुस्कुराने लगते हैं। सरोवर में कमलों ने उनींदी पलकें खोल डालीं। पशु अपने बच्चों को प्यार से पुकारने लगे। पक्षियों ने कलरव गाना आरम्भ कर दिया। प्रात:काल की शोभा का स्वर्गीय आनन्द सभी ले रहे हैं। यह शोभा निराली है। यह विकास की किरण है। यह मन में आशा और उमंग भर रही है।

प्रश्न :—

1. हरी घास पर मोती से क्या चमकते हैं ?

   (A) वर्षा की बूँदे   (B) रक्त की बूँदे

   (C) ओस की बूँदे   (D) मोती

2. पर्वत शिखर कैसे प्रतीत होते हैं ?

   (A) स्वर्णरेखा से   (B) काले रंग से खचित

   (C) बादलों से गिरे हुए   (D) पेड़ पौधों से भरे

3. चारों और कैसी शोभा है ?

   (A) अलौकिक   (B) रहस्यमई

   (C) लौकिक   (D) चमत्कारी

4. प्रात:काल की शोभा किसकी किरण है ?

   (A) विनाश की   (B) विकास की

   (C) स्वास्थ्य की   (D) प्रगति की

5. मन में क्या भर जाता है ?

   (A) दु:ख और आलस   (B) असंतोष

   (C) आशा और उमंग   (D) करुणा

6. प्रात:काल में पशु क्या करते हैं ?

   (A) भागने लगते हैं   (B) गाना गाने लगते है

   (C) अपने बच्चों को प्यार से पुकारने लगते हैं   (D) चिल्लाने लगते हैं

7. यह शोभा .... है। सही शब्द भरो।

 (A) अनोखा   (B) अच्छा

 (C) अनोखी   (D) खुशहाली

8. 'अद्भुत' शब्द का अर्थ बताइए।

 (A) अनोखा   (B) अच्छा

 (C) मतवाला   (D) अधूरा

9. पक्षियों ने कलरव कब आरम्भ किया ?

 (A) प्रातःकाल   (B) संध्या काल में

 (C) दोपहर में   (D) रात में

10. 'उनींदी' शब्द का अर्थ है—

 (A) नींद से भरी हुई   (B) तरोताज़ा

 (C) नींद ना आना   (D) जाग जाना

Question 2

निम्नलिखित प्रश्नों के उत्तर निर्देशानुसार बताए :—

1. **विलोम शब्द लिखें :**

 'अंतरंग' का विलोम बताइए—

 (A) बहिरंग   (B) काला रंग

 (C) संगीत   (D) रंगीन

2. **पर्यायवाची बताइए :**

 'अनुराग' का पर्यायवाची बताइए—

 (A) प्रेम-ममता   (B) राग-विराग

 (C) आदर-बिरादर   (D) नेह-प्रेम

3. **भाववाचक संज्ञा बताइए :**

 'उड़ना' का भाववाचक संज्ञा बताइए—

 (A) चढ़ना   (B) उड़ान

 (C) पढ़ना   (D) पंख फैलाना

4. **शब्दों को शुद्ध करें :**

 'रमायना' शुद्ध करें—

 (A) रामायण   (B) रामयण

 (C) रामायना   (D) रामाय

5. **मुहावरे का अर्थ बताइए :**

 'गले का हार' अर्थ बताइए—

 (A) बहुत बुरी है   (B) बहुत प्रिय

 (C) लालच होना   (D) बहुत कष्ट देना

6. **निर्देशानुसार वाक्य शुद्ध करें :**

 मुसाफिर धर्मशाला में विश्राम करते हैं (भूतकाल में बदलें)—

 (A) मुसाफिरों ने धर्मशाला में विश्राम किया   (B) मुसाफिर धर्मशाला में विश्राम करने जाएंगे

 (C) मुसाफिर धर्मशाला में विश्राम करेंगे   (D) धर्मशाला में मुसाफिर विश्राम करेंगे

7. **विशेषण बनाइए :**

 'अर्थ' का विशेषण बताइए—

 (A) अर्थी   (B) अंकित

 (C) आर्थिक   (D) अधर्म

8. **तद्भव शब्द बताइए :**

   'दधि' शब्द का तद्भव शब्द बताइए—

   (A) दही

   (B) दूध

   (C) मटका

   (D) मक्खन

9. **अनेक शब्दों के स्थान पर एक शब्द लिखें :**

   जो कम बोलता हो—

   (A) वाचाल

   (B) मितव्यई

   (C) मितभाषी

   (D) बातूनी

10. **वचन बदलें :**

    तारा—

    (A) तारों

    (B) तारी

    (C) तारे

    (D) सितारे

SECTION B (20 Marks)
Sahitya Sagar-Short Stories

Question 3

"लोग जब उमा को शमशान ले जाने के लिए उठाकर ले जाने लगे तब श्यामू ने बड़ा उपद्रव मचाया"।

1. श्यामू की माँ कौन थी ?

   (A) उमा

   (B) सुखिया

   (C) दासी

   (D) काकी

2. घरों में कोहराम क्यों मचा हुआ था ?

   (A) काकी की मुत्यु के कारण

   (B) बच्चे की मुत्यु के कारण

   (C) दासी की मृत्यु के कारण

   (D) सुखिया की मुत्यु के कारण

3. श्यामू को किसने बताया कि उसकी माँ भगवान के घर गई है ?

   (A) उसके दोस्तों ने

   (B) अबोध बालकों ने

   (C) दासी ने

   (D) सुखिया ने

4. आकाश में उड़ती पतंग देखकर श्यामू को कैसा लगा ?

   (A) खुश हुआ

   (B) दुःखी हुआ

   (C) आनंदित हुआ

   (D) व्याकुल हुआ

5. काकी कहानी के लेखक कौन हैं ?

   (A) प्रेमचंद

   (B) महादेवी वर्मा

   (C) सुदर्शन

   (D) सुखिया ने

6. श्यामू ने अपने पिता की जेब से क्या चुराया था ?

   (A) चवन्नी

   (B) अठन्नी

   (C) रुपया

   (D) सियाराम शरण गुप्त

7. विश्वेश्वर·············होकर वहीं खड़े रह गए।

   (A) हतबुद्धि

   (B) जड़बुद्धि

   (C) कमबुद्धि

   (D) बुद्धिहीन

8. 'ये किसने मँगाई ?' यहाँ क्या मंगवाने की बात हो रही है ?

   (A) रस्सी

   (B) पतंग

   (C) सीढ़ी

   (D) कलम

9. ''नहीं, किसी से नहीं कहूँगा'' कथन का वक्ता तथा श्रोता कौन है ?

   (A) भोला–श्यामू से
   (B) भोला–माँ से
   (C) श्यामू–भोला से
   (D) श्यामू–जवाहर से

10. लोग बड़ी कठिनता से उसको हटा पाए–यहाँ किसे कठिनता से हटा पाए ?

   (A) भोला को
   (B) श्याम को
   (C) जवाहर को
   (D) विश्वेश्वर को

Sahitya Sagar-Poems

Question 4

''गुरु गोविंद दोऊ खड़े काके लागू पाय।
बलिहारी गुरु आपने, जिन गोविंद दियो बताए''॥

1. कबीरदास जी किस काल के कवि थे ?

   (A) आदिकाल
   (B) भक्तिकाल
   (C) रीतिकाल
   (D) आधुनिक काल

2. कबीरदास जी की भाषा कौन–सी थी ?

   (A) अवधि
   (B) ब्रज
   (C) पंचमेल
   (D) फारसी

3. यहाँ 'मैं' का क्या अर्थ है ?

   (A) अपना
   (B) अहंकार
   (C) संकोच
   (D) सुखिया ने

4. कबीरदास जी के अनुसार ईश्वर का निवास कहाँ होता है ?

   (A) खग में
   (B) मृग में
   (C) मानव में
   (D) हृदय में

5. कबीरदास जी की मृत्यु कहाँ हुई ?

   (A) काशी
   (B) लुंबिनी
   (C) मगहर
   (D) वृंदावन

6. कबीरदास जी का पालन-पोषण किसने किया ?

   (A) आत्माराम दुबे-हुलसी
   (B) रामदास-जमुना बाई
   (C) नीरू-नीमा
   (D) बैरम खान-सुल्ताना बेगम

7. कबीरदास जी के गुरु कौन थे ?

   (A) नरहरी दास
   (B) रामानंद जी
   (C) वल्लभाचार्य जी
   (D) मोहम्मद अमीन

8. कबीरदास जी की वाणी का संग्रह किस ग्रंथ में है ?

   (A) साहित्य लहरी
   (B) बीजक
   (C) कामायनी
   (D) हुंकार

9. 'बलिहारी' का अर्थ बताइए—

   (A) संसार
   (B) निवास
   (C) न्यौछावर
   (D) तात्पर्य

10. 'बनराय' शब्द का अर्थ बताइए—

   (A) वानर
   (B) घोड़ा
   (C) जंगल
   (D) कागज

Nava Rasta

Question 5

''दूसरे दिन प्रात: होते ही दयाराम जी के घर में मेहमानों के स्वागत के लिए विभिन्न प्रकार की तैयारियाँ प्रारम्भ हो गई थीं''।

1. मीनू कौन है ?

   (A) मायाराम जी की बेटी (B) धनीमल जी की बेटी

   (C) दयाराम जी की बेटी (D) दीपक की बहन

2. मीनू ने किसकी आँखों पर अपने हाथ रख दिए ?

   (A) आशा (B) माया

   (C) नीलिमा (D) मधु

3. ''आभास'' का अर्थ बताइए—

   (A) पीड़ा होना (B) सुखी होना

   (C) ज्ञात होना (D) याद होना

4. मीनू ने M.A. की परीक्षा किस श्रेणी में पास की थी ?

   (A) प्रथम (B) तृतीय

   (C) द्वितीय (D) चतुर्थ

5. अमित और उसका परिवार मीरापुर क्यों गए थे ?

   (A) नीलिमा को देखने (B) मीनू को देखने

   (C) सरिता को देखने (D) आशा को देखने

6. धनीमल जी की बेटी का क्या नाम है ?

   (A) आशा (B) सरिता

   (C) मीनू (D) नीलिमा

7. धनीमल जी ने शादी के प्रस्ताव के साथ क्या लालच दिया ?

   (A) 5,00,000 खर्च करेंगे (B) 2,00,000 खर्च करेंगे

   (C) 3,00,000 खर्च करेंगे (D) 1,00,000 खर्च करेंगे

8. मीनू के भाई का क्या नाम है ?

   (A) आलोक (B) मनोहर

   (C) रोहित (D) अशोक

9. 'नया रास्ता' उपन्यास के उपन्यासकार का नाम क्या है ?

   (A) मन्नू भंडारी (B) मालती जोशी

   (C) सुषमा अग्रवाल (D) ममता कालिया

10. मीनू का फोटो किसको पसंद आया था ?

   (A) पूना वालों को (B) मेरठ वालों को

   (C) सीतापुर वालों को (D) कानपुर वालों को

Ekanki Sanchay

Question 6

''अगर तुम्हारी सामर्थ्य कम थी तो अपनी बराबरी का ही घर देखते''।

1. जीवनलाल कौन था ?

   (A) राजेश्वरी का पति (B) विमला का पति

   (C) प्रमोद का पिता (D) कमला का पति

2. प्रमोद कौन था ?

   (A) कमला का पति
   (B) राजेश्वरी का पति
   (C) जीवनलाल का बेटा
   (D) इनमें से कोई भी नहीं

3. कमला को मायके ले जाने कौन आया था ?

   (A) रमेश
   (B) प्रमोद
   (C) मोहन
   (D) राजेश

4. ''हम गौने में आपकी हर मांग पूरी करेंगे''—किसने कहा ?

   (A) प्रमोद
   (B) रमेश
   (C) मोहन
   (D) राजेश

5. विदाई की क्या मांग थी ?

   (A) 5,000 रु.
   (B) 10,000 रु.
   (C) 15,000 रु.
   (D) 7,000 रु.

6. सब एक ही धातु के बने हैं—कथन का वक्ता तथा श्रोता कौन है ?

   (A) प्रमोद-कमला से
   (B) प्रमोद-जीवनलाल से
   (C) कमला-प्रमोद से
   (D) कमला-रमेश से

7. माँ से⋯⋯⋯बोलते हो ?

   (A) झूठ
   (B) सच
   (C) तेज
   (D) धीरे

8. 'मरहम' अदा करने के लिए प्रमोद क्या सोच रहा था ?

   (A) घर बेचने की
   (B) चोरी करने की
   (C) उधार माँगने की
   (D) मेहनत कर कमाने की

9. नहीं आई क्यों ? तबीयत तो ठीक है उसकी ? कथन में किसने आने की प्रतीक्षा हो रही थी ?

   (A) कमला
   (B) गौरी
   (C) विमला
   (D) लक्ष्मी

10. 'उन्होंने विदा नहीं की' यहाँ किसने किसे विदा नहीं किया ?

   (A) जीवनलाल ने कमला को
   (B) गौरी की ससुराल वालों ने गौरी को
   (C) प्रमोद ने विमला को
   (D) राजेश्वरी ने कमला को

Answers

SECTION A (20 Marks)

Question 1

1. (D) मोती
2. (A) स्वर्णरेखा से खचित
3. (A) अलौकिक
4. (B) विकास की
5. (C) आशा और उमंग
6. (C) अपने बच्चों को प्यार से पुकारने लगते हैं
7. (A) निराली

8. (A) अनोखा
9. (A) प्रात:काल में
10. (A) नींद से भरी हुई

Question 2

1. (A) बहिरंग
2. (A) प्रेम-ममता
3. (B) उड़ान
4. (A) रामायण
5. (B) बहुत प्रिय
6. (A) मुसाफिरों ने धर्मशाला में विश्राम किया
7. (C) आर्थिक
8. (A) दही
9. (C) मितभाषी
10. (C) तारे

Question 3

1. (D) काकी
2. (A) काकी की मृत्यु के कारण
3. (B) अबोध बालकों ने
4. (C) आनंदित हुआ
5. (D) सिरायरामशरण गुप्त
6. (C) रुपया
7. (A) हतबुद्धि
8. (A) रस्सी
9. (A) भोला-श्यामू से
10. (B) श्यामू को

Question 4

1. (B) भक्तिकाल
2. (C) पंचमेल खिचड़ी
3. (B) अहंकार
4. (D) हृदय में
5. (C) मगहर
6. (C) नीरू-नीमा
7. (B) रामानंद जी
8. (B) बीजक
9. (A) न्यौछावर
10. (A) जंगल

Question 5

1. (C) दयाराम जी की बेटी
2. (C) नीलिमा
3. (C) ज्ञात होना

   4. (C) प्रथम श्रेणी

   5. (B) मीनू को देखने

   6. (B) सरिता

   7. (A) 5,00,000 खर्च करेंगे

   8. (C) रोहित

   9. (C) सुषमा अग्रवाल

 10. (B) मेरठ वालों को

Question 6

   1. (A) राजेश्वरी का पति

   2. (D) इनमें से कोई भी नहीं

   3. (B) प्रमोद

   4. (A) प्रमोद

   5. (A) 5,000 रु.

   6. (A) प्रमोद-कमला से

   7. (A) झूठ

   8. (A) घर बचेने की

   9. (B) गौरी

 10. (B) गौरी की ससुराल वालों ने गौरी को

❑❑

नोट : आई. सी. एस. ई बोर्ड द्वारा जारी किया गया हिन्दी विषय का प्रतिदर्श प्रश्न-पत्र पूर्णतया परीक्षा पैटर्न पर आधारित है, परन्तु इस पुस्तक में दिये गये प्रश्नोत्तर अभ्यास हेतु हैं।

अपठित गद्यांश

निम्नलिखित गद्यांशों को ध्यान से पढ़िए तथा उसके नीचे लिखे प्रश्नों के उत्तर हिन्दी में लिखिए। उत्तर यथासंभव आपकी भाषा में ही होने चाहिए।

1. एक बार रोम का राजा एक भीषण रोग से पीड़ित हो गया। उस समय के देश-विदेश के प्रख्यात एवं निष्णात चिकित्सक राजा के उपचार के लिये बुलाये गये, किन्तु अच्छी-से-अच्छी औषधियों के प्रयोग से भी वे राजा के रोग का निदान न कर सके। राजा का रोग पहले की अपेक्षा और अधिक बढ़ता चला गया। असाध्य रोग के कारण राजा के हृदय में विकलता और राज्य में उदासी छा गई। एक दिन एक वृद्ध पुरुष राजा के प्रासाद में आया और उसने रोगग्रस्त राजा ने कहा—"राजन्! एक विशेष औषधि के सेवन से आपका रोग ठीक हो सकता है। यह विशेष औषधि किसी अन्य व्यक्ति के पित्ताशय (पित्त की थैली) 'GALL BLADDER' से तैयार की जाती है। यह औषधि आपके रोग को मूल से उखाड़ने की क्षमता ही नहीं रखती अपितु आपको चिरंजीवी भी बना सकती है।"

वृद्ध के वचनों को सुनकर राजा के निराश मन में आशा का संचार हो गया। उसने वृद्ध के प्रति मन ही मन कृतज्ञता अभिव्यक्त करते हुए राज्य के चिकित्सकों को एक ऐसे व्यक्ति को तलाश करने का आदेश दिया जिसके पित्त की थैली से वह औषधि बनाई जा सके। अन्तत: चिकित्सकों को एक ऐसा परिवार मिल गया जिसे हाथ की तंगी के कारण भरपेट भोजन भी उपलब्ध नहीं होता था। इस परिवार में केवल तीन सदस्य थे—एक लड़का और माता-पिता। चिकित्सकों ने लड़के के माता-पिता को प्रभूत धन का प्रलोभन देकर उनके एकमात्र पुत्र को खरीदने का प्रस्ताव रखा। धन की लालसा ने माता-पिता की आँखों पर पर्दा डाल दिया। उनकी दृष्टि में धन-मोह के सम्मुख पुत्र-मोह फीका पड़ गया और उन्होंने अपने घर के दीपक को चिकित्सकों के हाथों बेच दिया।

चिकित्सक लड़के को राजा के सामने लेकर आये। राजा ने लड़के की पित्त की थैली को लेने के विषय में राज्य-पुरोहित से विचार-विमर्श किया। पुरोहित ने कहा—"राजन्! यद्यपि देश सर्वोपरि होता है, किन्तु उसका शासक उससे भी बड़ा होता है, क्योंकि वह देश की रक्षा करता है तथा अहर्निश उसकी समृद्धि के लिये प्रयास करता है। ऐसे शासक के लिये किसी भी व्यक्ति के जीवन की बलि देना कोई अपराध नहीं है।"

पुरोहित के वचनों को सुनकर लड़के को राजा के सम्मुख खड़ा कर दिया गया। जल्लाद भी तलवार लेकर वहाँ आ पहुँचा। चिकित्सक औषधि तैयार करने वाले उपकरणों को लेकर वहाँ खड़े हो गये। अब राजा के आदेश की प्रतीक्षा

थी। उसी क्षण लड़का आकाश की ओर देखकर जोर-जोर से हँसने लगा। उसे हँसते देखकर, सम्राट् ने लड़के से हँसने का कारण पूछा। लड़के ने कहा, "जिस देश में माँ-बाप धन के लिये सन्तान को बेचें, पुरोहित निरपराध मनुष्य की हत्या को उचित ठहराये, देश और प्रजा की रक्षा करने वाला शासक निर्दोष प्राणी की जान लेकर अपनी जान बचाये, वहाँ तो ऊपर वाले के न्याय पर ही भरोसा करना पड़ेगा।"

लड़के की बातों को सुनकर सम्राट् की आँखें खुल गईं उसे अपनी भूल पर पश्चात्ताप होने लगा। उसका मन ग्लानि से भर गया। उसके अन्तस्तल में मानवता के अंकुर फूट पड़े। उसने जल्लाद को वापस कर दिया।

(i) राजा के प्रासाद में कौन आया?

(क) चिकित्सक   (ख) एक वृद्ध पुरुष

(ग) एक बालक   (घ) एक युवा पुरुष

(ii) उस व्यक्ति की बात सुनकर राजा को कैसा अनुभव हुआ?

(क) आशा के संचार का   (ख) निराशा का

(ग) दुख का   (घ) खुशी का

(iii) राजा के व्यक्तियों को तलाश करने पर कैसा परिवार मिला?

(क) दयालु   (ख) गरीब

(ग) अमीर   (घ) लोभी

(iv) राजा और पुरोहित में किस विषय पर विचार-विमर्श हुआ?

(क) दवाई बदलने का

(ख) दवाई बंद करने का

(ग) लड़के की पित्त की थैली लेने का

(घ) चिकित्सक बदलने का

(v) राजा ने लड़के से क्या पूछा?

(क) तुम क्यों हँस रहे हो?

(ख) तुम मरने के लिये तैयार हो?

(ग) तुम क्यों रो रहे हो?

(घ) क्या तुम्हें मृत्यु से डर नहीं लगता?

2. उन दिनों महात्मा गाँधी उड़ीसा का दौरा कर रहे थे। हरिजन कल्याण व राष्ट्रीय आन्दोलन के लिए वे गाँव-गाँव, नगर-नगर घूमकर चन्दा एकत्रित कर रहे थे। आम सभाओं में उनके भाषण भी हुआ करते थे। लोग उनका भाषण सुनने के लिए दूर-दूर से आते थे। अपने प्रिय नेता की मधुर और राष्ट्रीय वाणी सुनने के लिए शिक्षित ही नहीं, अशिक्षित भी आतुर रहते थे।

एक शाम कटक से कुछ दूर एक गाँव में उनके भाषण का आयोजन था। सभी आँखें बिछाए बैठे थे। गाँधीजी के आगमन पर सब शान्त होकर बैठ गए। गाँधी जी का भाषण हिन्दी में हो रहा था, लेकिन वे लोग तो हिन्दी नहीं जानते थे। इसलिए एक व्यक्ति उनके भाषण का अनुवाद करके उन सभी को समझा रहा था। भाषण समाप्त होने पर गाँधी जी ने कहा, "लो भाइयो, भाषण तो खत्म हुआ, अब कुछ लेन-देन की बातें करते हैं। आप लोगों को तो मालूम ही होगा कि मैं मुफ्त में भाषण नहीं देता। भाषण के बदले हरिजन-फंड के लिए कुछ रकम भी माँगता हूँ, तो आप लोग अब मेरी झोली में अपना-अपना हिस्सा डाल दीजिए।"

लोग तो जानते ही थे कि भाषण के अंत में बापू अपनी झोली फैलाकर हरिजन-फंड और राष्ट्रीय आन्दोलन के लिए चंदा जमा करते हैं। इसलिए सभी लोग पहले से ही तैयार होकर आए थे। सभी ने उनकी झोली में रुपये-पैसे डालने शुरू किए और देखते ही देखते झोली रुपये-पैसों से भर गई।

तभी एक छोटा-सा बालक हाथ में एक तरबूज लिए मंच पर गया और बापू के पास आकर बोला, "महात्मा जी मेरे पास पैसे तो नहीं हैं, लेकिन यह तरबूज ले सकेंगे क्या?" आयोजकों ने बालक को हटाने की कोशिश की, तो बापू ने उन्हें रोक दिया और बालक से पूछा, "यह तरबूज तुम कहाँ से लाए हो?"

"अपने घर से लाया हूँ।" बालक ने कहा।

बापू ने फिर पूछा, "तुम्हारे घर पर यह कहाँ से आया?"

बालक ने सहमते हुए कहा, "मेरे घर के छप्पर पर तरबूज की बेल फैली हुई है। आज यह एक ही फल वहाँ मिला।"

बापू ने पूछा "अगर आज मैं तुम्हारे गाँव में न आता तो तुम इस फल का क्या करते?"

"मेरी माँ इसकी सब्जी बनाती और हम भाई-बहन खाते।"

"तो अब क्या खाओगे? भूखे रहोगे तो इसे वापस ले जाओ।"

"रोज कुछ न कुछ खाते हैं, आज बिना खाए ही रह जाएँगे। पर आप तो रोज हमारे गाँव में नहीं आते, आज आए हैं, पता नहीं फिर कब आएँगे। सभी ने कुछ न कुछ दिया है, मेरे पास देने के लिए यही है, आप इसे ले लीजिए।" बालक की बात सुनकर बापू की आँखें भर आईं। उन्होंने तरबूज सभी लोगों को दिखाते हुए कहा, "देखा आप लोगों ने, यह अनपढ़ अबोध बालक भी त्याग और कुछ देने की भावना रखता है। ऐसे लोगों की भावना से ही भारतीय संस्कृति का निर्माण हुआ है।"

(i) **महात्मा गाँधी के दौरे का क्या उद्देश्य था?**

(क) घूमना

(ख) भाषण देना

(ग) चंदा इकट्ठा करना

(घ) गाँव वालों से बातें करना

(ii) **गाँधीजी ने अपने भाषण के अंत में क्या बात की ?**

(क) लेन-देन की

(ख) जाने की

(ग) दोबारा आने की

(घ) सबसे चले जाने को कहा

(iii) **बालक ने बापू से क्या अनुरोध किया ?**

(क) चंदा न लेने का

(ख) चंदे के पैसे उसे देने का

(ग) तरबूज लेने का

(घ) खरबूज लेने का

(iv) **गाँधीजी की आँखों में आँसू क्यों आए ?**

(क) बालक के मन में त्याग की भावना को देखकर

(ख) बालक की गरीबी के कारण

(ग) चंदा न मिलने के कारण

(घ) तरबूज मिलने के कारण

(v) **कहानी से क्या निष्कर्ष निकलता है?**

(क) गाँधीजी मुफ्त भाषण नहीं देते थे

(ख) बालक अनपढ़ तथा अबोध था

(ग) त्याग की भावना होना जरूरी है

(घ) त्याग की भावना से ही भारतीय संस्कृति का निर्माण हुआ है।

3. यज्ञभूमि अयोध्या से भी सौ गुनी सुन्दर एक विशाल नगरी के रूप में सुसज्जित थी। आज उस नगरी का प्रात: और भी महत्त्वपूर्ण और चमत्कृत हो उठा है। सारे नगर का जन-समाज आज यज्ञ की ही नहीं, अपनी दैनिक दिनचर्या तक की बात भूलकर जहाँ-तहाँ चित्र-लिखित-सा खड़ा, अपने कानों द्वारा अलौकिक संगीत सुधा का पान कर रहा था; यहाँ तक कि अयोध्यापति भी एकाग्र मन से यज्ञ नहीं कर सके। चारों ओर से उमड़ती हुई जो मधुर संगीत-लहरी बढ़ी चली जा रही थी, सारे समाज की भाँति उनका चित्त भी उसी में डूबने-उतरने लगा। पुरोहितगण मंत्र उच्चारण करना भूल गये। रामचन्द्र आहुति का पात्र हाथ में लिए उठ खड़े हुए। कदली पत्र से सुसज्जित वातायन से झाँक कर उन्होंने देखा—साक्षात् कामदेव के अवतार से दो बालक वीणा पर अपना मधुर स्वर झंकृत करते हुए उसी ओर बढ़े चले आ रहे हैं और उनके पीछे-पीछे अपार जन-समुदाय उन्हीं संगीत लहरों में डूबता-उतरता चला आ रहा है।

राजा रामचन्द्र की दृष्टि उन बालकों की छवि का आभास पाकर मुग्ध हो गई। उस छवि में न जाने कैसा आकर्षण था कि उनका हृदय एकबारगी ही उन बालकों की ओर खिंचने-सा लगा। वे यज्ञ जैसे महत्त्वपूर्ण अनुष्ठान को भूलकर उन्हें देखने को खड़े हो गए। भाई की यह दशा देखकर लक्ष्मण ने समीप आकर उनकी तन्मयता भंग की—"महाराज, कल संध्या-समय यज्ञशाला में महर्षि वाल्मीकि का शुभागमन हुआ है। ये दोनों बालक उनके शिष्य हैं। महर्षि ने एक महाकाव्य की रचना की है। दोनों बालक उसी काव्य को चारों ओर घूम-घूमकर यज्ञ में आए अतिथियों को सुना रहे हैं।"

(i) **यज्ञभूमि की विशेषता क्या थी?**

(क) अयोध्या से भी सौ गुनी सुंदर थी

(ख) विशाल नहीं थी

(ग) अयोध्या से बाहर थी

(घ) सुरम्य थी

(ii) अयोध्यापति क्यों अपना मन एकाग्र न कर सके?

(क) मंत्रोच्चारण की आवाज के कारण

(ख) सितार के स्वर के कारण

(ग) मधुर स्तर लहरी के कारण

(घ) शोर के कारण

(iii) स्वर-लहरी का प्रभाव किन-किन पर पड़ा?

(क) रामचंद्र जी पर (ख) पुरोहितगण पर

(ग) प्रजा पर (घ) सभी पर

(iv) दोनों बालक किस ओर बढ़े चले आ रहे थे?

(क) आश्रम की ओर (ख) जंगल की ओर

(ग) यज्ञस्थल की ओर (घ) नदी की ओर

(v) लक्ष्मण जी ने रामचन्द्र जी का ध्यान कैसे भंग किया?

(क) बालकों के विषय में जानकारी देकर

(ख) वीणा बजाकर

(ग) जोर से चिल्लाकर

(घ) कंधे पर हाथ रखकर

4. पण्डित शादीराम को यह आशा न थी कि कोयलों में हीरा मिल जायेगा। घोर निराशा ने आशा के द्वार चारों ओर से बन्द कर दिए। वे उन हतभाग्य मनुष्यों में से थे, जो संसार में असफल, केवल असफल रहने के लिए उत्पन्न होते हैं। सोने को हाथ लगाते थे, वह भी मिट्टी हो जाता था। उनकी ऐसी धारणा ही नहीं, पक्का विश्वास था कि यह प्रयत्न भी कभी सफल न होगा, परन्तु लाला सदानन्द के आग्रह पर दिनभर बैठकर तस्वीर छाँटते रहे। न मन में लगन थी, न हृदय में चाव, परन्तु लाला सदानन्द की बात को टाल न सके। शाम को देखा दो सौ एक-से-एक बढ़िया चित्र हैं। उस समय वे उन्हें देखकर स्वयं उछल पड़े। उनके मुख पर आनन्द की आभा नृत्य करने लगी, जैसे फेल हो जाने का विश्वास करके अपने प्रारब्ध पर रो चुके विद्यार्थी को पास हो जाने का तार मिल गया हो। उस समय वह कैसे प्रसन्न होता है। चारों ओर कैसी विस्मित और प्रफुल्लित दृष्टि से देखता है। वही अवस्था पण्डित शादीराम की थी। वे उन चित्रों की ओर इस प्रकार देखते थे, मानो उनमें से प्रत्येक दस-दस रुपये का नोट हो। बच्चों को उधार न देते थे। वे सफलता के विचार से प्रसन्न हो रहे थे, जैसे सफलता प्राप्त हो चुकी हो, यद्यपि वह अभी कोसों दूर थी। लाला सदानन्द की आशा उनके मस्तिष्क में निश्चय का रूप धारण कर चुकी थी।

लाला सदानन्द ने चित्रों को अलबम में लगाया और कुछ उच्च कोटि के समाचार-पत्रों में विज्ञापन दे दिया। अब पण्डित शादीराम हर समय डाकिये की प्रतीक्षा करते थे।

इस प्रकार एक महीना बीत गया, परन्तु कोई पत्र न आया। पण्डित शादीराम सर्वथा निराश हो गये, परन्तु फिर भी कभी-कभी सफलता का विचार आ जाता था, जिस प्रकार अँधेरे में जुगनू की चमक निराश हृदयों के लिए कैसी जीवनदायिनी, कैसी हृदयहारिणी होती है। इसके सहारे भूले हुए पथिक मंजिल पर पहुँचने का प्रयत्न करते हैं।

(i) पण्डित शादीराम को क्या विश्वास नहीं हो रहा था?

(क) अच्छी तस्वीरें मिलने का

(ख) हीरा मिलने का

(ग) सोना मिलने का

(घ) सभी का

(ii) लाला सदानन्द ने उन्हें क्या विश्वास दिलाया था?

(क) पैसा मिलने का (ख) और तस्वीरें मिलने का

(ग) खरीददार मिलने का (घ) स्वयं पैसा देने का

(iii) पण्डित शादीराम की आर्थिक स्थिति कैसी थी?

(क) अच्छी (ख) बुरी

(ग) बहुत सम्पन्न (घ) कोई नहीं

(iv) पण्डित शादीराम किस के बीच झूल रहे थे?

(क) आशा-निराशा के (ख) जमीन-आसमान के

(ग) जिंदगी और मौत के (घ) सभी के

(v) समाचार-पत्रों में विज्ञापन क्यों दिया गया?

(क) वर ढूँढ़ने के लिये

(ख) वधु ढूँढ़ने के लिये

(ग) खरीददार ढूँढ़ने के लिये

(घ) (क) और (ख) दोनों

5. किसी दूसरे देश का राजा अपने घोड़े पर सवार होकर सिंधु नदी के तट पर घूम रहा था। पास ही गेहूँ के खेत लहलहा रहे थे। उसने अपने भूखे घोड़े को चरने के लिए खेत में खुला छोड़ दिया था। घोड़ा बंधनहीन होकर लहलहाती फसलों को चरता भी था और रौंदता भी था। तभी राजा की नजर कुछ दूर बैठे एक किसान पर गई। उसके मुख पर तटस्थता का भाव था। राजा ने माफी माँगने वाले अंदाज में कहा, "घोड़े ने खेत का काफी नुकसान कर दिया है पर आप बिल्कुल निश्चिंत रहें, मैं उसका हर्जाना दे दूँगा।" किसान बुदबुदाया, "यह खेत मेरा नहीं दूसरे का है। मेरी बला से ....."

"मेरा नहीं किसी और का है।" यह वाक्य सुनते ही राजा की आँखें चमक उठीं। वह आश्वस्त हो गया कि देश पर अवश्य विजय प्राप्त की जा सकती है। हमारी इसी भेदकारी मानसिकता के चलते फिरंगियों ने भी यहाँ घुसपैठ की। जहाँ बिखराव है, वहीं इकाइयों का शोषण होता है।

सभी प्राणी हमें मित्रवत देखें। हम भी सभी प्राणियों को मैत्री भाव से देखें। इसी को एक अंग्रेज दरवेश ने इस तरह कहा है, "मनुष्यो! आप सब में परस्पर इतनी आत्मीयता हो कि यदि किसी की आँखें आँसू बहाएँ, तो दूसरे को भी उसका खारापन महसूस हो।"

संगीत और संगठन में अदम्य ऊर्जा होती है। एक विख्यात दार्शनिक हुए हैं ....मुरजिएका। वे कहते थे, प्रत्येक मनुष्य अपने आसपास एक इकाई ऊर्जा छोड़ता है। जब ये इकाइयाँ जुड़ती हैं, तो इनसे निकलने वाली ऊर्जा भी आपस में जुड़ जाती है। परिणामस्वरूप एक विराट और सघन ऊर्जा का सागर लहलहा उठता है।

एक हिन्दी लोकोक्ति भी है .... यदि चिड़िया एका कर लें तो चील तक को पराजित कर सकती हैं, इसी तथ्य को नजर में रखकर सनिर्जा जैसा शब्द रचा गया जो इन दिनों बेहद प्रसिद्ध हो रहा है। जो वास्तव में दो ग्रीक शब्दों ...सीन और एग्रोस से मिलकर बना है। सीन अर्थात् मिलकर और एग्रोस यानी कार्यरत रहना अत: तात्पर्य निकलता है–**एकता पूर्वक कार्यरत रहना**

(i) राजा कहाँ घूम रहा था ?

    (क) सिंधु नदी के तट पर   (ख) गंगा नदी के तट पर

    (ग) यमुना नदी के तट पर (घ) जंगल में

(ii) राजा की प्रसन्नता का क्या कारण था ?

    (क) घोड़े के लिये चारा मिलना

    (ख) नदी के किनारे का सौम्य वातावरण

    (ग) जीतने की सम्भावना का नजर आना

    (घ) किसान द्वारा हर्जाना ना माँगना

(iii) किस प्रकार की मानसिकता हानिकारक होती है ?

    (क) स्वार्थी   (ख) मेहनती

    (ग) (क) और (ख) दोनों (घ) भेदकारी

(iv) हम किस प्रकार अधिक शक्तिशाली बन सकते हैं ?

    (क) स्वार्थी बनकर   (ख) अलग-अलग रहकर

    (ग) संगठित रहकर   (घ) परोपकारी बनकर

(v) उपर्युक्त गद्यांश का उचित शीर्षक बतायें ?

    (क) परोपकारी सदा सुखी

    (ख) संगठन जरूरी है

    (ग) भेदकारी

    (घ) संगठन में शक्ति होती है

6. कौशल देश के वृद्ध राजा के चार पुत्र थे। उन्हें यह चिन्ता सताने लगी कि राज्य का उत्तराधिकारी किसे बनाया जाये ? सोच-विचार के बाद अपने चारों पुत्रों को बुलाकर राजा ने कहा–"तुम चारों में से जो सबसे बड़े धर्मात्मा को मेरे पास ले आयेगा वही राज्य का स्वामी बनेगा।" तत्पश्चात् चारों राजकुमार अपने-अपने घोड़ों पर सवार होकर चल पड़े।

कुछ दिन बाद बड़ा पुत्र अपने साथ एक महाजन को लेकर आया और राजा से बोला–"ये महाजन लाखों रुपयों का दान कर चुके हैं, अनेक मन्दिर व धर्मशालाएँ बनवा चुके हैं तथा साधु-सन्तों और ब्राह्मणों को भोजन कराने के उपरान्त ही ये भोजन करते हैं। इससे बड़ा धर्मात्मा कौन होगा ?"

"हाँ, वास्तव में ये धर्मात्मा हैं।" राजा ने कहा और सत्कारपूर्वक विदा किया।

इसके बाद दूसरा पुत्र एक कृशकाय ब्राह्मण को लेकर आया और राजा से कहा–"ये ब्राह्मण देवता चारों धामों की यात्रा कर आए हैं, कोई तामसी वृत्ति इन्हें छू नहीं गई। इससे बढ़कर कोई धर्मात्मा नहीं है।"

राजा ब्राह्मण के समक्ष नतमस्तक हुआ और दान-दक्षिणा देकर बोले–"इसमें सन्देह नहीं कि ये एक श्रेष्ठ धर्मात्मा हैं।"

तभी तीसरा पुत्र एक साधु को लेकर पहुँचा और बोला–"ये साधु महाराज सप्ताह में एक बार दूध पीकर रहते हैं। भयंकर सर्दी में जल में खड़े रहते हैं और गर्मी में पंचाग्नि तपते हैं। ये सबसे बड़े धर्मात्मा हैं।"

राजा ने साधु को प्रणाम किया और कहा–"निश्चय ही ये उत्तम साधु हैं।" साधु महाराज राजा को आशीर्वाद देकर विदा हुए। अन्त में सबसे छोटा पुत्र एक निर्धन किसान के साथ आया। किसान दूर से ही भय के मारे हाथ जोड़ता हुआ चला आ रहा था। तीनों भाई छोटे भाई की मूर्खता पर ठहाका लगाकर हँस पड़े। छोटा पुत्र बोला–"एक कुत्ते के शरीर पर लगे घाव को यह आदमी धो रहा था। पता नहीं कि यह धर्मात्मा है या नहीं। अब आप ही इससे पूछ लीजिए।"

"तुम क्या धर्म-कर्म करते हो ?" राजा ने पूछा। किसान डरते-डरते बोला–"धर्म किसे कहते हैं, यह मैं नहीं जानता, करना तो दूर रहा। मैं जिसे भी दु:खी देखता हूँ, मुट्ठी भर अन्न अवश्य दे देता हूँ।"

"यह किसान ही सबसे बड़ा धर्मात्मा है।" राजा ने कहा। राजा की बात सुनकर तीनों बड़े लड़के एक-दूसरे का मुँह ताकने लगे। राजा ने पुन: कहा–"तीर्थ यात्रा करना, भगवत-आराधना में लीन रहना, दान-पुण्य करना और जप-तप करना भी धर्म है, किन्तु बिना किसी स्वार्थ के किसी दीन-दुखी और कष्ट में पड़े प्राणी की सेवा करना सबसे बड़ा धर्म है। जो परोपकार करता है, वही सबसे बड़ा महात्मा है।"

(i) राजा को क्या चिन्ता थी?

    (क) मंत्री किसे चुना जाये ?

    (ख) महामंत्री किसे चुना जाये ?

    (ग) राज्य का उत्तराधिकारी किसे चुना जायें ?

    (घ) दण्ड किसे दिया जाये ?

(ii) बड़े पुत्र की दृष्टि में बड़ा धर्मात्मा कौन था ?

    (क) साधु   (ख) महाजन

    (ग) गरीब किसान   (घ) अमीर आदमी

(iii) तीसरा पुत्र अपने साथ किसे लाया था?

    (क) साधु को   (ख) महाजन को

    (ग) माली को   (घ) किसान को

(iv) राजा ने किसान को सबसे बड़ा धर्मात्मा क्यों कहा?

    (क) क्योंकि वह सबकी सेवा करता था

    (ख) क्योंकि वह मेहनती था

    (ग) क्योंकि वह निस्वार्थ सेवा करता था

    (घ) क्योंकि वह ईश्वर आराधना में लीन रहता था

(v) प्रस्तुत गद्यांश से आपको क्या शिक्षा मिलती है?

    (क) लाखों रुपये दान करना सेवा है।

    (ख) ईश्वर आराधना में लीन रहना धर्म है।

    (ग) मंदिर बनवाना धर्मात्मा होने का परिचायक है।

    (घ) परोपकार वही है जो निस्वार्थ किया जाये।

7. संसार में कुछ भी असाध्य नहीं है। कुछ भी असंभव नहीं है क्योंकि दृढ़ इच्छाशक्ति, परिश्रम और अभ्यास द्वारा असंभव को भी संभव किया जा सकता है। असंभव, असाध्य आदि शब्द कायरों के लिए हैं। नेपोलियन के लिए ये शब्द उसके कोष में ही नहीं थे। साहस के पुतले बापू ने विश्व को चकित कर दिया। क्या बापू शरीर से शक्तिशाली थे? नहीं, वे तो पतले-से, एक लँगोटी पहने

लकड़ी के सहारे चलते थे। परन्तु उनके विचार सशक्त थे, भावनाएँ शक्तिशाली थीं। उनके साहस को देखकर करोड़ों भारतीय उनके पीछे थे। ब्रिटिश साम्राज्य उनसे काँप गया। अहिंसा के सहारे बिना रक्तपात के उन्होंने भारत को स्वतंत्र कराया। यह विश्व का अद्वितीय उदाहरण है।

जब गाँधीजी ने अहिंसा का नारा लगाया तो लोग हँसते थे। कहते थे, अहिंसा से कहीं ब्रिटिश साम्राज्य से टक्कर ली जा सकती है? परन्तु वे डटे रहे, साहस नहीं छोड़ा। अंत में अहिंसा की ही विजय हुई। कहते हैं, 'अकेला चना क्या भाड़ फोड़ सकता है' हाँ, फोड़ सकता है, यदि उसमें साहस हो तो।

(i) संसार में सब कुछ इनमें से किसके द्वारा संभव है?

(a) दृढ़ इच्छाशक्ति   (b) परिश्रम

(c) अभ्यास   (d) इन सभी

(ii) नेपोलियन के कोष में यह शब्द नहीं था—

(a) संभव   (b) साध्य

(c) असंभव   (d) परिश्रम

(iii) गाँधीजी ने नारा लगाया था—

(a) अहिंसा का   (b) रक्तपात का

(c) शक्ति का   (d) साहस का

(iv) गाँधीजी पुतले थे—

(a) शक्ति के   (b) साहस के

(c) अहिंसा के   (d) दुर्बलता के

(v) उपर्युक्त गद्यांश का उचित शीर्षक लिखिए—

(a) संसार में कुछ भी असाध्य नहीं है

(b) परिश्रम का महत्व

(c) दृढ़ इच्छाशक्ति

(d) साहस से सब संभव है

8. आत्मनिर्भरता मनुष्य को श्रेष्ठ बनाती है। स्वावलंबी मनुष्य को अपने आप पर विश्वास होता है जिससे वह किसी के भी कहने में नहीं आ सकता। यदि हमें कोई काम सुधारना है तो हमें किसी के अधीन नहीं रहना चाहिए, बल्कि उसे स्वयं करना चाहिए। एकलव्य स्वयं के प्रयास से धनुर्विधा में प्रवीण बना। निपट निर्धन विद्यार्थी लालबहादुर शास्त्री भारत के प्रधान बने, साधारण से परिवार में जन्मे जैलसिंह स्वावलंबन के सहारे ही भारत के राष्ट्रपति बने। जिस प्रकार अलंकार काव्य की शोभा बढ़ाते हैं, सूक्ति भाषा को चमत्कृत करती है, गहने शरीर का सौंदर्य बढ़ाते हैं, उसी प्रकार आत्मनिर्भरता मानव में अनेक गुणों को प्रतिष्ठित करती है। आत्मनिर्भर व्यक्ति कठिन-से-कठिन कार्य को स्वविवेक तथा तत्परता द्वारा सरल बना लेता है, अतएव स्वावलंबन व्यक्ति का आभूषण है।

(i) मनुष्य को श्रेष्ठ कौन बनाता है?

(a) विश्वास   (b) प्रयास

(c) आत्मनिर्भरता   (d) चमत्कार

(ii) आत्मनिर्भर व्यक्ति के कौन-कौन से गुण हैं?

(a) आत्मनिर्भर व्यक्ति स्वावलंबी होता है

(b) उसे स्वयं पर विश्वास होता है

(c) वह किसी की बातों में नहीं आता

(d) ये सभी गुण हैं

(iii) आत्मनिर्भरता का अर्थ है—

(a) अपने आप पर निर्भर होना

(b) दूसरों पर निर्भर होना

(c) अपने काम के लिए दूसरों की सहायता लेना

(d) दूसरों के अधीन रहना

(iv) स्वयं के प्रयास से प्रवीण बनने वाला धनुर्धर कौन था?

(a) जैलसिंह   (b) लालबहादुर शास्त्री

(c) एकलव्य   (d) अन्य

(v) उपर्युक्त गद्यांश का उचित शीर्षक होगा—

(a) आत्मनिर्भरता

(b) आत्मनिर्भरता श्रेष्ठ है

(c) स्वावलंबन

(d) स्वावलंबन व्यक्ति का आभूषण है

9. आत्मविश्वास मनुष्य की सबसे बड़ी पूँजी है। यह हमारे सभी आंतरिक गुणों का शिरोमणि है, जिसके अभाव में हम लक्ष्य सिद्धि के प्रयत्नों से दूर हो जाते हैं। विद्यार्थी जीवन से ही हमें इस गुण का विकास स्वयं अपने अंदर विकसित करना चाहिए ताकि आने वाला हमारा भविष्य तात्कालिक लक्ष्यों से ओतप्रोत और परिपूर्ण हो। आत्मविश्वास वस्तुत: अपनी शक्तियों की सच्ची पहचान का नाम है अर्थात् अपनी कार्यक्षमता, कार्यकुशलता और योग्यता का ज्ञान और परख से रूबरू होना और उस दिशा में अपने आप को झोंक देना, और अपनी शक्तियों को कार्यरूप में परिणत करने की वास्तविकता ही आत्मज्ञान और आत्मविश्वास है। हमें जिस पदार्थ की कामना है, लिप्सा है उसकी सिद्धि के लिए हमें आत्मविश्वासी बनकर फल की प्राप्ति की साधना करनी होगी। दृढ़ निश्चय कीजिए, अटूट, अक्षय संकल्प कीजिए, और अपने मार्ग की रुकावटों को प्रबल आत्मविश्वास से पराजित कीजिए। जिस प्रकार का व्यक्ति का आत्मविश्वास होगा, वैसी ही उसकी योग्यता होगी, यदि हमारी इच्छ अदम्य है तो प्रयत्न भी अदम्य होना चाहिए और उसका मूलाधार आत्मविश्वास ही है। जिसमें आत्मविश्वास प्रबल होगा, दृढ़ इच्छाशक्ति होगी, वह व्यक्ति विपुल ज्ञान, अदम्य साहस और धन संपत्ति का स्वामी होगा, हर मनोनुकूल क्षेत्र में विजेता होगा। आत्मविश्वास एक भावना है, एक अद्भुत गुण है, एक सर्वश्रेष्ठ आंतरिक शक्ति है, एक आंतरिक भावातिरेक है। जहाँ और जिस व्यक्ति के अंदर इन गुणों को कार्य रूप में परिणत करने का साहस है, उत्साह है और शक्ति है उसे सफलता और कार्य-सिद्धि स्वत: ही प्राप्त हो जाती है। आत्मविश्वास ही साहस और उत्साह का जनक है, जीवन में कठोर परीक्षाएँ सम्मुख आएँ या कठिनाइयाँ बाधा डालें आत्मविश्वासी को कोई भी परिस्थिति हतोत्साहित नहीं कर सकती।

(i) मनुष्य की सबसे बड़ी पूँजी है—

(a) विद्यार्थी जीवन   (b) योग्यता

(c) आत्मविश्वास   (d) कार्यक्षमता

(ii) जीवन में आने वाली कठिनाइयाँ किसे हतोत्साहित नहीं करतीं?

(a) विपुल ज्ञानी को

(b) साहसी व्यक्ति को

(c) धन-संपत्ति के स्वामी को

(d) आत्मविश्वासी को

(iii) आत्मविश्वास के अभाव में हम किससे दूर हो जाते हैं?

(a) लक्ष्यसिद्धि के प्रयत्नों से

(b) आत्मज्ञान से

(c) मार्ग की रुकावटों से

(d) पराजय से

(iv) साहस और उत्साह का जनक किसे कहा गया है?

(a) दृढ़ निश्चय को

(b) अक्षय संकल्प को

(c) आत्मविश्वास को

(d) जीवन में आने वाले संघर्षों को

(v) उपर्युक्त गद्यांश के लिए उपयुक्त शीर्षक होगा—

(a) विद्यार्थी जीवन

(b) कार्यक्षमता

(c) आंतरिक शक्ति

(d) 'आत्मविश्वास मनुष्य की सबसे बड़ी पूँजी'

10. देश ने 2 अक्टूबर, 2019 को महात्मा गाँधी की 150वीं जयन्ती मनाई। सरकार ने उनकी स्मृति में अनेक कार्यक्रम आयोजित किए। आधुनिक भारत में संभवत: महात्मा गाँधी का चरित्र अच्छाइयों तथा विरोधी बातों से परस्पर चर्चित है। जितने लोग उन्हें प्रासंगिक बताने वाले हैं, उतने ही लोग अप्रासंगिक बताने वाले भी हैं। भारत में गाँधीजी को लेकर वाद-विवाद बढ़ता नजर आ रहा है चाहे उनकी प्रतिमाएँ बढ़ रही हैं और उनके नाम पर सरकारी कार्यक्रमों का आयोजन हो रहा है, परन्तु उनके जीवन का मूल मंत्र 'सत्य और अहिंसा' मात्र किताबी भाव रह गए हैं। पर एक समय था, जब वे ठोस, स्थिर एवं वस्तुनिष्ठ सत्ता थे। आज के समय में अधिक-से-अधिक संपत्ति अर्जित करना और उसका उपभोग करना ही हर मनुष्य का लक्ष्य रह गया है। दूसरों को साथ लेकर चलना और दुखियारों की मदद करना शिथिल हो गया है। इस प्रवृत्ति का विस्तार राष्ट्र के स्तर पर भी देखने को मिल जाता है। विश्व स्तर पर सभी राष्ट्रों की एक-दूसरे से ज्यादा शक्तिशाली बनने की प्रतिस्पर्धा चल रही है। हर राष्ट्र अधिक-से-अधिक गोला-बारूद बनाकर अपने आपको बलशाली दिखाना चाहता है तथा अपनी अर्थव्यवस्था से अपनी श्रेष्ठता दिखाना चाहता है। शान्ति, प्रेम एवं अहिंसा की बातें केवल भाषणों तक सीमित रह गई हैं।

(i) देश ने 2 अक्टूबर, 2019 को गाँधीजी की कौन-सी जयंती मनाई?

(a) 150वीं   (b) 50वीं

(c) 15वीं   (d) 100वीं

(ii) आधुनिक भारत में महात्मा गाँधीजी का चरित्र चर्चित है?

(a) उनकी अच्छाइयों के लिए

(b) विरोधी बातों के लिए

(c) अच्छाइयों और विरोधी बातों के लिए

(d) इनमें से कोई नहीं

(iii) गाँधीजी को लेकर किस बात का वाद-विवाद बढ़ रहा है?

(a) गाँधीजी की प्रासंगिकता का

(b) उनकी अप्रासंगिकता का

(c) उनकी प्रासंगिकता तथा अप्रासंगिकता का

(d) सरकारी कार्यक्रमों के आयोजन का

(iv) विश्व स्तर पर राष्ट्र अपनी श्रेष्ठता कैसे दिखाना चाहते हैं?

(a) अधिक-से-अधिक गोला-बारूद बनाकर

(b) अपने आपको अधिक शक्तिशाली दिखाकर

(c) अपनी अर्थव्यवस्था से अपनी श्रेष्ठता दिखाकर

(d) ये सभी सत्य हैं

(v) उपर्युक्त गद्यांश का उचित शीर्षक बताइए—

(a) गाँधीजी के विलुप्त होते सिद्धान्त

(b) गाँधीजी की प्रासंगिकता

(c) राष्ट्रपिता महात्मा गाँधी

(d) सत्य और अहिंसा के पुजारी-बापू

11. साहित्य को मानव जीवन की कोमल-कांत आंतरिक भावनाओं का वाहक माना गया है, हालाँकि उनका आधार जीवन का ऊबड़-खाबड़, कठोर और यथार्थ धरातल ही हुआ करता है। मानव मन कोमल, भावुक और अन्य चमत्कारी भावनाओं से भरा होता है, जोकि साहित्य के अलौकिक या पारलौकिक विचारों, धारणाओं तथा चेतनाओं पर चिंतन करने योग्य है।

साहित्य जीवन को कई प्रकार के आश्वासन, कई प्रकार के विश्वास तथा कई प्रकार के आश्रय प्रदान करता है। साहित्य शब्द एवं भावनाओं से रचा जाता है, शब्द अक्षरों से बना है और अक्षर को सनातन धर्म के अनुसार सत्य, ब्रह्म का रूप माना-कहा गया है। आध्यात्मिक या धार्मिक परंपरा में जैसे ब्रह्म कभी नहीं खत्म किया जा सकता, वैसे ही आधुनिक विज्ञान द्वारा यह सिद्ध किया गया है कि शब्द कभी मारा या विनाशित नहीं किया जा सकता। ठीक इसी प्रकार, साहित्य का रूप भी अजर-अमर रहता है। वह युगानुयुग मानव पीढ़ी को अनुप्राणित करता रहता है।

साहित्य युगों-युगों तक मनुष्यों की चेतना को संबल प्रदान करते रहते हैं। उदाहरण के रूप में, हम भक्तिकाल से रचे गए कबीर, जायसी, सूर, तुलसी द्वारा रचित साहित्य को भी ले सकते हैं। उपर्युक्त सभी प्रकार के साहित्य अभी तक भक्ति एवं धार्मिक मार्गदर्शन के लिए हमारे काम आते हैं।

(i) साहित्य को मानव-जीवन में क्या माना गया है?

(a) कोमल-कांत आंतरिक भावनाओं का वाहक

(b) जीवन का ऊबड़-खाबड़ धरातल

(c) जीवन का कठोर और यथार्थ धरातल

(d) मानव जीवन का चिंतन

(ii) मानव मन किससे भरा रहता है?

(a) कोमल भावनाओं से भरा रहता है

(b) भावुक भावनाओं से भरा रहता है

(c) चमत्कारी भावनाओं से भरा रहता है

(d) इन सभी भावनाओं से भरा रहता है

(iii) साहित्य जीवन को क्या प्रदान करता है?

(a) आश्वासन   (b) विश्वास और आश्रय

(c) (a) तथा (b) दोनों   (d) अन्य

(iv) भक्तिकाल के प्रसिद्ध कवि हैं–

   (a) कबीर और जायसी   (b) सूर और तुलसी

   (c) ये सभी   (d) इनमें से कोई नहीं

(v) उपर्युक्त गद्यांश का सार्थक शीर्षक है–

   (a) साहित्य और समाज   (b) साहित्य एवं मानव जीवन

   (c) साहित्य का महत्व   (d) साहित्य का रूप

12. उन्नीसवीं शताब्दी से पहले, मानव और पशु दोनों की आबादी भोजन की उपलब्धता तथा प्राकृतिक विपदाओं आदि के कारण सीमित रहती थी। कालांतर में जब औद्योगिक क्रांति के कारण मानव सभ्यता की समृद्धि में भारी वृद्धि हुई तब उसके परिणामस्वरूप कई पश्चिमी देश ऐसी बाधाओं से लगभग अनिवार्य रूप से मुक्त हो गए। इससे वैज्ञानिकों ने अंदाजा लगाया कि अब मानव जनसंख्या विस्फोटक रूप से बढ़ सकती है। परन्तु इन देशों में परिवारों का औसत आकार घटने लगा था और जल्दी ही समृद्धि और प्रजनन के बीच एक उलटा सम्बन्ध प्रकाश में आ गया था।

जीवविज्ञानियों ने मानव समाज की तुलना जानवरों की दुनिया से कर इस सम्बन्ध को समझाने की कोशिश की और कहा कि ऐसे जानवर जिनके अधिक बच्चे होते हैं, वे अधिकतर प्रतिकूल वातावरण में रहते हैं और ये वातावरण प्राय: उनके लिए प्राकृतिक खतरों से भरे होते हैं। चूंकि इनकी संतानों के जीवित रहने की संभावना कम होती है, इसलिए कई संतानें पैदा करने से यह संभावना बढ़ जाती है कि उनमें से कम से कम एक या दो जीवित रहेंगी। इसके विपरीत, जिन जानवरों के बच्चे कम होते हैं, वे स्थिर और अनुकूल वातावरण में रहते हैं। ठीक इसी प्रकार यदि समृद्ध वातावरण में रहने वाले लोग केवल कुछ ही बच्चे पैदा करते हैं, तो उनके ये कम बच्चे उन बच्चों को पछाड़ देंगे जिनके परिवार इतने समृद्ध नहीं थे तथा इनकी आपस की प्रतिस्पर्धा भी कम होगी।

इस सिद्धांत के आलोचकों का तर्क है कि पशु और मानव व्यवहार की तुलना नहीं की जा सकती है। वे इसके बजाए यह तर्क देते हैं कि सामाजिक दृष्टिकोण में परिवर्तन इस घटना को समझाने के लिए पर्याप्त हैं। श्रम-आश्रित परिवारों में बच्चों की बड़ी संख्या एक वरदान के समान होती है। वे जल्दी काम कर परिवार की आय बढ़ाते हैं। जैसे-जैसे समाज समृद्ध होता जाता है, वैसे-वैसे बच्चे जीवन के लगभग पहले 25-30 सालों तक शिक्षा ग्रहण करते हैं। जीवन के प्रारम्भिक वर्षों में उर्वरता अधिक होती है तथा देर से विवाह के कारण संतानों की संख्या कम हो जाने की सम्भावना बनी रहती है।

(i) निम्नलिखित में से कौन-सा ऊपरलिखित पाठ्यांश का प्राथमिक उद्देश्य है?

   (a) मानव परिवारों के आकार के सम्बन्ध में दिए उस स्पष्टीकरण की आलोचना जो पूरी तरह से जानवरों की दुनिया से ली गई टिप्पणियों पर आधारित है।

   (b) औद्योगिक क्रांति के बाद अपेक्षित जनसंख्या विस्फोट न होने के कारणों की विवेचना।

   (c) औद्योगिक क्रांति से पहले और बाद में पर्यावरणीय प्रतिबन्धों और सामाजिक दृष्टिकोणों से परिवार का आकार कैसे प्रभावित हुआ, का अन्तर्सम्बन्ध दर्शाना।

   (d) परिवार का आकार बढ़ी हुई समृद्धि के साथ घटता है इस तथ्य को समझने के लिये दो वैकल्पिक सिद्धांत प्रस्तुत करना।

(ii) पाठ्यांश के अनुसार, निम्नलिखित में से कौन-सा जनसंख्या विस्फोट के विषय में सत्य है?

   (a) पश्चिमी देशों में यह इसलिये नहीं हुआ क्योंकि औद्योगीकरण से प्राप्त समृद्धि ने परिवारों को बच्चों की शिक्षा की विस्तारित अवधि को वहन करने का सामर्थ्य प्रदान किया था।

   (b) यह घटना विश्व के उन क्षेत्रों तक सीमित है, जहाँ औद्योगिक क्रांति नहीं हुई है।

   (c) श्रम आधारित अर्थव्यवस्था में केवल उद्योग के आधार पर ही परिवार का आकार निर्भर रहता है।

   (d) इसकी भविष्यवाणी पश्चिमी देशों में औद्योगिक क्रांति के समय जीवित कुछ लोगों द्वारा की गई थी।

(iii) अंतिम अनुच्छेद निम्नलिखित में से कौन-सा कार्य करता है?

   (a) यह पहले अनुच्छेद में वर्णित घटना के लिए एक वैकल्पिक स्पष्टीकरण प्रस्तुत करता है।

   (b) यह दूसरे अनुच्छेद में प्रस्तुत स्पष्टीकरण की आलोचना करता है।

   (c) यह वर्णन करता है कि समाज के समृद्ध होने के साथ सामाजिक दृष्टिकोण कैसे बदलते हैं।

   (d) यह दूसरे अनुच्छेद में प्रस्तुत घटना की व्याख्या करता है।

(iv) पाठ्यांश में निम्नलिखित में से किसका उल्लेख औद्योगिक देशों में औसत परिवार का आकार हाल ही में गिरने के सम्भावित कारण के रूप में नहीं किया गया है?

   (a) शिक्षा की विस्तारित अवधि।

   (b) पहले की अपेक्षा देरी से विवाह करना।

   (c) बदला हुआ सामाजिक दृष्टिकोण।

   (d) औद्योगिक अर्थव्यवस्थाओं में मजदूरों की बढ़ती माँग।

(v) पाठ्यांश में दी गई कौन-सी जानकारी बताती है कि निम्नलिखित में से किस जानवर के कई बच्चे होने की सम्भावना है?

   (a) एक विशाल शाकाहारी जो घास के मैदानों में रहता है और अपनी संतानों की भरसक सुरक्षा करता है।

   (b) एक सर्वभक्षी जिसकी आबादी कई छोटे द्वीपों तक सीमित है और जिसे मानव अतिक्रमण से खतरा है।

   (c) एक मांसाहारी जिसका कोई प्राकृतिक शिकारी नहीं है, लेकिन उसे भोजन की आपूर्ति बनाए रखने के लिए लम्बी दूरी तय करनी पड़ती है।

   (d) एक ऐसा जीव जो मैदानों और झीलों में कई प्राणियों का शिकार बनता है।

13. विज्ञान-शिक्षण के पक्षधरों ने कल्पना की थी कि शिक्षा में इसकी शुरूआत पारम्परिकता, कृत्रिमता और पिछड़ेपन को दूर करेगी। यह सोच पुराने समय से चली आ रही-'तथ्य प्रचुर पाठ्यचर्या' जिसके अंतर्गत-आलोचना, चुनौती, सृजनात्मकता व विवेचनात्मकता का अभाव था, आदि के कारण पैदा हो रही थी। मानवतावादियों

ने सोचा था कि वैज्ञानिक-पद्धति मध्यकालीन मतवाद के अन्ध विश्वास को जड़ से मिटा देगी। किन्तु हमारे शिक्षकों ने रासायनिक प्रतिक्रियाओं की समझ को भी प्रेमचन्द की कहानियों की तरह केवल पढ़ा व रटा कर उन्हें नीरस बना दिया।

शिक्षा में विज्ञान-शिक्षण सम्मिलित करने के लिए यह तर्क दिया गया था कि इससे बच्चे विज्ञान की खोजों से परिचित हो सकेंगे तथा अपने वास्तविक जीवन में घट रही घटनाओं के बारे में कुछ सीखेंगे। वे वैज्ञानिक विधि का अध्ययन कर तार्किक रूप से कैसे सोचना है, के कौशल में पारंगत होंगे। इन उद्देश्यों में से केवल पहले ही में एक सीमित सफलता मिली है। दूसरे व तीसरे व्यावहारिक रूप से बच्चे कुछ भी प्राप्त नहीं कर पा रहे हैं। अधिकतर बच्चों से भौतिकी और रसायन विज्ञान के तथ्यों के बारे में कुछ जानने की उम्मीद की जा सकती है, लेकिन वे शायद ही जानते हों कि उनका कम्प्यूटर अथवा कार का इंजन कैसे कार्य करते हैं अथवा क्यों उनकी माता जी सब्जी पकाने के लिये उसे छोटे टुकड़ों में काटती हैं। जबकि वैज्ञानिक पद्धति में रूचि रखने वाले किसी भी उज्ज्वल लड़के को ये बातें सहज रूप से ही ज्ञात हो जाती हैं।

वैज्ञानिक पद्धति की शिक्षा अधिकांश विद्यालयों में भली प्रकार से नहीं दी जाती है। दरअसल, शिक्षकों ने अपनी सुविधा और परीक्षा केंद्रित सोच के कारण, यह सुनिश्चित कर लिया है कि छात्र वैज्ञानिक पद्धति न सीख कर ठीक इसका उल्टा सीखें, अर्थित वे जो बताएँ, उस पर आँख मूंद कर विश्वास करें और पूछे जाने पर उसे जस का तस परीक्षा में लिख दें। वैज्ञानिक पद्धति को आत्मसात करने के लिए लम्बे व्यक्तिगत अनुभव तथा परिश्रम व धैर्य पर आधारित वैज्ञानिक मूल्यों की आवश्यकता होती है, और जब तक इसे सम्भव बनाने के लिए शैक्षिक या सामाजिक प्रणालियों को बदल नहीं दिया जाता है, वैज्ञानिक तकनीकों में सक्षम केवल कुछ बच्चे ही सामने आएँगे तथा इन तकनीकों को आगे विकसित करने वालों की संख्या इसका भी अंश मात्र ही होगी।

(i) लेखक का तात्पर्य है कि शिक्षकों ने—

(a) अपने सीमित ज्ञान के कारण विज्ञान पढ़ाने में रूचि नहीं ली है।

(b) विज्ञान शिक्षा को लागू करने के प्रयासों को विफल किया है।

(c) बच्चों को अनुभव आधारित ज्ञान प्राप्त करने के लिए प्रेरित किया है।

(d) मानवतावादियों का समर्थन करने हेतु कार्य किया है।

(ii) स्कूल शिक्षा में विज्ञान शिक्षण के प्रति लेखक का क्या रवैया है?

(a) तटस्थ   (b) सकारात्मक

(c) व्यंग्यात्मक   (d) नकारात्मक

(iii) उपर्युक्त पाठ्यांश निम्नलिखित में से किस दशक में लिखा गया होगा?

(a) 1950-60   (b) 1970-80

(c) 1980-90   (d) 2000-10

(iv) लेखक वैज्ञानिक पद्धति को लागू करने में विफलता के लिए निम्नलिखित किस कारक को सबसे अधिक जिम्मेदार ठहराता है?

(a) शिक्षक

(b) परीक्षा के तरीके

(c) प्रत्यक्ष अनुभव की कमी

(d) सामाजिक और शिक्षा प्रणाली

(v) यदि लेखक वर्तमान समय में आकर विज्ञान शिक्षण का प्रभाव सुनिश्चित करना चाहे तो निम्नलिखित में से किस प्रश्न के उत्तर में दिलचस्पी लेगा?

(a) क्या छात्र दुनिया के बारे में अधिक जानते हैं?

(b) क्या छात्र प्रयोगशालाओं में अधिक समय बिताते हैं?

(c) क्या छात्र अपने ज्ञान को तार्किक रूप से लागू कर सकते हैं?

(d) क्या पाठ्यपुस्तकों में तथ्याधारित सामग्री बढ़ी हैं?

14. हमारी सामाजिक व्यवस्था में एक ऐसी अच्छाई थी जिसे यदि निभाया जाए तो बहुत अच्छा होगा। मुहल्ले, टोले, गाँव, कस्बे आदि में दूसरों को सहारा देने, दुश्मन को भी पारिवारिक कष्ट में जानकर उसे मदद करने की स्वस्थ परम्परा थी जो अब लगभग समाप्त हो गई है। कुछ तो शहरी संस्कृति और कुछ निहित स्वार्थों की मुठभेड़ इन्हें खत्म कर रही है। इसके बावजूद भी इक्का-दुक्का ऐसी खबरें दिखाई दे जाती हैं तो मन को शांति मिलती है कि हमारे देश के छोटे-छोटे गाँव कस्बों के नितांत साधारण लोग इंसानियत के तौर पर हमदर्दी, प्यार, आपसी समझदारी और सहारे से राष्ट्र-निर्माण के उस पुनीत कार्य में लगे हुए हैं जो धुआँधार भाषणों से ज्यादा ठोस और महत्वपूर्ण है। इस देश के असली निर्माता वे ही लोग हैं जो प्रचार से दूर अपने कार्य में जुटे हुए हैं। झूठ और द्वेषयुक्त प्रचार के कोलाहल में मन की सच्चाई, ईमानदारी, नेकी और मानवीयता के बीज ऐसे ही लोग बो रहे हैं। यदि देश के एक भी बच्चे के मन में उन्होंने यह गुण जगाया तो यह वोट एकत्र करने से अधिक सराहनीय कार्य होगा।

(i) हमारी सामाजिक व्यवस्था की यह अच्छाई अब लगभग समाप्त होती जा रही है—

(a) किसी को कष्ट में जानकर मुँह मोड़ लेना

(b) स्वार्थ में लिप्त रहना

(c) दूसरों को सहारा देना

(d) किसी की भी मदद न करना

(ii) सामाजिक सहकारिता समाप्त होने के क्या कारण हैं—

(a) शहरी संस्कृति और स्वार्थ

(b) सामाजिक व्यवस्था

(c) द्वेषयुक्त प्रचार

(d) धुआँधार भाषण

(iii) इंसानियत के तौर पर इनमें से क्या नहीं करना चाहिए—

(a) हमदर्दी   (b) प्यार

(c) आपसी समझदारी   (d) द्वेषयुक्त प्रचार

(iv) देश के असली निर्माता बीज बो रहे हैं—

(a) सच्चाई के

(b) ईमानदारी के

(c) नेकी और मानवीयता के

(d) इन सभी के

(v) सामाजिकता कहाँ नहीं दिखाई देती है—

(a) मुहल्ले के लोगों में   (b) शहरी संस्कृति में

(c) गाँव के लोगों में   (d) कस्बों में

15. आतंकवाद एक अत्यंत भयावह समस्या है जिसमें पूरा विश्व ही जूझ रहा है। आतंकवाद केवल विकासशील या निर्धन राष्ट्रों की समस्या हो, ऐसी बात नहीं। विश्व का सबसे शक्तिशाली और समृद्ध राष्ट्र अमेरिका भी इससे बच नहीं पाया है। कुछ वर्षों पहले जिस प्रकार उस पर आतंकवादी हमला हुआ, उससे उसकी जड़ें हिल गईं।

'आतंक का अर्थ है—भय अथवा दहशत। अमानवीय तथा भय उत्पन्न करने वाली ऐसी गतिविधि जिसका उद्देश्य निजी स्वार्थ पूर्ति या अपना दबदबा बनाए रखने के उद्देश्य से या बदला लेने की भावना से किया गया काम हो—आतंकवाद कही जाती है। इस प्रकार आतंकवाद मूल में कुत्सित स्वार्थ-वृत्ति, घृणा, द्वेष, कटुता और शत्रुता की भावना, विरोध की भावना होती है। अपना राजनीतिक दबदबा बनाए रखना, अपने धर्म को अन्य धर्मों से श्रेष्ठ सिद्ध करने की भावना तथा कट्टर धर्मांधता भी आतंकवाद को बढ़ावा देता है। आज विश्व में जिस प्रकार का आतंकवाद फल-फूल रहा है, उसके पीछे सांप्रदायिक धर्मांधता एवं कट्टरता एक प्रमुख कारण है। आज विश्व में कुछ इस प्रकार के संगठन विद्यमान हैं जिनका उद्देश्य ही आतंकवाद को फैलाना है। वे इस आतंकवाद के सहारे ही अपना वर्चस्व सिद्ध करना चाहते हैं। इस प्रकार के संगठन युवाओं को दिशा भ्रमित करके, उन्हें धर्म, राजनीति या सांप्रदायिकता के नाम पर गुमराह करके उनके हृदय में क्रूरता, कट्टरता तथा घृणा का जहर घोलकर बेगुनाहों का खून बहाने के लिए प्रेरित करने में सफल हो जाते हैं। 'फिदाइन' हमले इस बात का प्रमाण हैं कि ये दिशा भ्रमित युवक अपनी जान पर खेलकर भी खून की होली खेलने में नहीं झिझकते और मासूमों का खून बहाकर भी इनका कलेजा नहीं पसीजता। इनका हृदय पाषण जैसा कठोर हो जाता है, इनकी मानवीय चेतना लुप्त हो जाती है और वे किसी भी प्रकार का घिनौना कृत्य करने में स्वयं को धन्य समझते हैं।

ओसामा बिन लादेन जैसे आतंकवादी आज पूरे विश्व के लिए आतंक का चेहरा बने हुए हैं। अमेरिका को भी उसे पकड़ने में दस सालों से ज्यादा लगे। आज भी उसका आतंकी नेटवर्क पूरे विश्व में फैला हुआ है। अमेरिका के दो टावरों को ध्वस्त करने की योजना भी उसी ने बनाई थी।

(i) आतंकवाद क्या है—
- (a) अमानवीय कृत्य
- (b) भय उत्पन्न करने वाली गतिविधि
- (c) (a) तथा (b) दोनों
- (d) बहादुरी से युद्ध करना

(ii) 'आतंक' का क्या अर्थ है—
- (a) भय अथवा दहशत
- (b) वीरता
- (c) आतंकवाद
- (d) साहसपूर्ण कार्य

(iii) आतंकवाद के मूल में होते हैं—
- (a) कुत्सित स्वार्थ-वृत्ति
- (b) घृणा और द्वेष की भावना
- (c) धर्मांधता
- (d) इनमें से सभी

(iv) आतंकवाद से विश्व के कौन-से राष्ट्र जूझ रहे हैं?
- (a) विकासशील देश
- (b) निर्धन राष्ट्र
- (c) शक्तिशाली और समृद्ध राष्ट्र
- (d) इनमें से सभी

(v) उपर्युक्त गद्यांश के लिए उचित शीर्षक चुनिए—
- (a) विश्व की भयावह समस्या
- (b) आतंकवाद
- (c) आतंक
- (d) आतंकवाद-विश्वव्यापी समस्या

16. वर्तमान युग में जीवन मूल्यों में भारी परिवर्तन आ रहे हैं। समाज की आस्थाएं और विश्वास तीव्र गति से बदल रहे हैं। आज का मानव आत्म-केंद्रित होता जा रहा है। बच्चों एवं मां-बाप में पीढ़ी के अंतर की दुहाई दी जाती है। बच्चों को आधुनिक और बुजुर्गों को दकियानूसी कहा जाता है।

माता-पिता बहुत लाड़-प्यार से अपनी संतान का पालन-पोषण करते हैं। उनका पूरा प्रयत्न रहता है कि उनकी संतान को किसी प्रकार के अभाव का सामना नहीं करना पड़े। वे स्वयं कष्ट सह लेते हैं, पर संतान को सुखी रखते हैं। ऐसी स्थिति में बड़े होने पर बच्चों का भी अपने माता-पिता के प्रति विशेष कर्तव्य हो जाता है। प्राय: देखा जाता है बच्चे अपने कर्तव्य का पालन ठीक प्रकार से नहीं कर पाते हैं। पहले अपनी पढ़ाई-लिखाई और बाद में अपने उज्ज्वल भविष्य की चिंता में वे अपने कर्तव्यों से विमुख होने लगते हैं। बच्चों के द्वारा मिली उपेक्षा से माता-पिता को बहुत मानसिक आघात पहुँचता है।

बच्चों को यह बात सदैव स्मरण रखनी चाहिए कि इन्हीं मां-बाप ने उन्हें इस योग्य बनाया है कि वे सफलतापूर्वक अपना जीवन जी सकें। थोड़ा-बहुत जो अंतर दिखाई देता है वह समय के परिवर्तन के कारण है। यह भी सही है कि कुछ माता-पिता समय की धारा के अनुरूप अपने को बदल नहीं पाते, पर इसमें संतान के प्रति प्रेम भाव कम होने का भाव बिल्कुल नहीं होता। बच्चों को उनकी भावनाओं का आदर करना चाहिए।

अधेड़ावस्था और वृद्धावस्था में माँ-बाप को बच्चों की बहुत आवश्यकता होती है। वे उनकी ओर आशा भरी दृष्टि से देखते हैं। बच्चों का कर्तव्य है कि वे अपने माता-पिता को निराश न करें। केवल आर्थिक रूप से ही नहीं अपितु मानसिक और शारीरिक रूप से भी उन्हें माता-पिता की भरपूर सहायता करनी चाहिए। बच्चों को अपने माता-पिता का आदर और सम्मान करना चाहिए। तभी वे अपने बच्चों के आगे एक आदर्श संतान का उदाहरण प्रस्तुत कर सकेंगे।

(i) तीव्रगति से क्या बदल रहा है—
- (a) बुजुर्ग
- (b) बच्चे
- (c) माँ-बाप
- (d) समाज की आस्थाएँ और विश्वास

(ii) वर्तमान युग में भारी परिवर्तन आ रहे हैं—
- (a) जीवन-मूल्यों में
- (b) कर्त्तव्य-पालन में
- (c) जीवन की आवश्यकताओं में
- (d) आदर्शों में

(iii) माँ-बाप को बच्चों की बहुत आवश्यकता होती है–

   (a) जवानी में   (b) अधेड़ावस्था में

   (c) वृद्धावस्था में   (d) (b) व (c) दोनों में

(iv) 'वे उनकी ओर आशा भरी दृष्टि से देखते हैं' वाक्य में 'वे' से तात्पर्य है–

   (a) बच्चे   (b) माता-पिता

   (c) अधेड़ लोग   (d) वृद्ध लोग

(v) गद्यांश का उचित शीर्षक होगा–

   (a) माता-पिता का अपने बच्चों के प्रति कर्त्तव्य

   (b) आदर्श संतान

   (c) माता-पिता के प्रति बच्चों का कर्त्तव्य

   (d) बुजुर्गों की वर्तमान स्थिति

उत्तरमाला

1. (i) (ख) एक दिन एक वृद्ध पुरुष राजा के महल में आया।

(ii) (क) उस वृद्ध व्यक्ति की बातें सुनकर राजा के निराश मन में आशा का संचार हुआ।

(iii) (ख) खोज करते-करते चिकित्सकों को एक ऐसा परिवार मिल गया जिसे गरीबी के कारण भरपेट भोजन भी नहीं मिल पाता।

(iv) (ग) राजा ने लड़के की पित्त की थैली को लेने के विषय में राज-पुरोहित से विचार-विमर्श किया।

(v) (क) राजा ने लड़के से यह पूछा कि तुम क्यों हँस रहे हो।

2. (i) (ग) महात्मा गाँधी के दौरे का उद्देश्य हरिजन कल्याण व राष्ट्रीय आन्दोलन के लिए गाँव-गाँव और नगर-नगर घूमकर चन्दा इकट्ठा करना था।

(ii) (क) गाँधी जी ने अपने भाषण के अंत में कहा, "लो भाइयो, भाषण तो खत्म हुआ, अब कुछ लेन-देन की बातें करते हैं। आप लोगों को मालूम होगा कि मैं मुफ्त में भाषण नहीं देता और उसके बदले में हरिजन-फंड के लिए कुछ रकम माँगता हूँ, आप लोग मेरी झोली में अपना-अपना हिस्सा डाल दीजिए।"

(iii) (ग) बालक ने बापू से अनुरोध किया कि महात्मा जी मेरे पास तो पैसे नहीं हैं, लेकिन आप ये तरबूज ले सकेंगे क्या ?

(iv) (क) गाँधी जी की आँखों में आँसू इसलिए आ गए कि जब उस बालक ने कहा कि अगर आप नहीं आते, तो हम इस तरबूज की सब्जी बनाकर खाते, आप रोज तो नहीं आते। आज आए हैं तो पता नहीं कब आएँगे, सभी ने कुछ न कुछ दिया मेरे पास देने को कुछ नहीं था, इसलिए आप इसे ले लीजिए। आज बिना खाए ही रह जाएँगे। उसका त्याग देखकर उनकी आँखों में आँसू आ गए।

(v) (घ) इस कहानी से हमें यह शिक्षा मिलती है कि लोगों में त्याग और बलिदान की भावना से ही भारतीय संस्कृति का निर्माण होता है।

3. (i) (क) अयोध्या से भी सौ गुनी सुंदर थी

(ii) (ग) मधुर स्वर लहरी के कारण

(iii) (घ) सभी पर

(iv) (ग) यज्ञस्थल की ओर

(v) (क) बालकों के विषय में जानकारी देकर

4. (i) (क) पं. शादीराम को यह विश्वास नहीं हो रहा था कि उनकी बनाई हुई तस्वीरें सुन्दर थीं।

(ii) (ग) लाला सदानन्द ने उन्हें विश्वास दिलाया था कि शादीराम अपनी तस्वीरों की अलबम बना लें और उन्हें बेचने के लिए विज्ञापन दें तो अवश्य ही कोई अच्छे दाम देकर तस्वीरों को खरीद ले जायेगा।

(iii) (ख) पं. शादीराम की आर्थिक स्थिति अच्छी नहीं थी। बड़ी मुश्किल से वे अपने परिवार का खर्च चलाते थे। उनकी मदद करने की इच्छा से ही लाला सदानन्द ने उन्हें तस्वीर बेचने की सलाह दी। पं. शादीराम को तस्वीरें मिल जाने पर ऐसी प्रसन्नता हुई जैसे फेल होने का विश्वास मान लेने वाले विद्यार्थी को पास होने का तार मिला हो।

(iv) (क) पं. शादीराम आशा-निराशा के बीच झूल रहे थे।

(v) (ग) लाला शादीराम के समझाने पर पं. शादीराम ने अपने हाथ की बनी तस्वीरें खोजीं। शाम तक उन्होंने अपनी सभी तस्वीरें ढूँढ़ ली थीं। वे दो सौ एक-से-एक बढ़िया चित्र थे। उनकी अलबम बनाई और अच्छे-अच्छे समाचार-पत्रों में विज्ञापन दिया गया ताकि तस्वीरों को पसन्द करने वाले ग्राहक आयें और उचित मूल्य देकर उन चित्रों की अलबम को खरीद ले जायें।

5. (i) (क) सिंधु नदी के तट पर

(ii) (ग) जीतने की सम्भावना का नजर आना

(iii) (घ) भेदकारी

(iv) (ग) संगठित रहकर

(v) (घ) संगठन में शक्ति होती है

6. (i) (ग) कौशल देश के राजा के चार पुत्र थे। राजा के विचारानुसार राज्य का उत्तराधिकारी योग्य राजकुमार हो। अत: उसे यह चिन्ता सताने लगी कि राज्य का उत्तराधिकारी किसे बनाया जाए।

(ii) (ख) सबसे बड़ा पुत्र एक महाजन को राजा के पास लाया। उसकी दृष्टि में वह महाजन सबसे बड़ा धर्मात्मा था क्योंकि उसने लाखों रुपये दान किये हैं, अनेक मन्दिर और धर्मशालाएँ बनवाई हैं। वह

साधु-सन्तों और ब्राह्मणों को भोजन कराने के उपरान्त ही भोजन करता है।

(iii) (क) तीसरा पुत्र अपने साथ एक साधु को राजा के पास लाया। उसने राजा से कहा कि ये साधु महाराज सप्ताह में एक बार दूध पीकर रहते हैं, भयंकर सर्दी में जल में खड़े रहते हैं और गर्मी में पंचाग्नि तपते हैं। राजकुमार ने उसे ही सबसे बड़ा धर्मात्मा बताया।

(iv) (ग) राजा ने किसान को सबसे बड़ा धर्मात्मा बताया क्योंकि तीर्थ यात्रा करना भगवत्-आराधना में लीन रहना, दान-पुण्य करना और जप-तप करना भी धर्म है, परन्तु बिना किसी स्वार्थ के किसी दीन-दु:खी और कष्ट में पड़े हुए प्राणी की सेवा करना सबसे बड़ा धर्म है। राजा के विचार में जो परोपकार करता है वही सबसे बड़ा धर्मात्मा है।

(v) (घ) प्रस्तुत गद्यांश से हमें यह शिक्षा मिलती है कि बिना किसी स्वार्थ के दीन-दु:खियों की सेवा करना और परोपकार करना ही सबसे बड़ा धर्म है। परोपकार वही है जो बिना किसी स्वार्थ के किया गया हो।

7. (i) (d) इन सभी
   (ii) (c) असंभव
   (iii) (a) अहिंसा का
   (iv) (b) साहस के
   (v) (d) साहस से सब संभव है

8. (i) (c) आत्मनिर्भरता
   (ii) (d) ये सभी गुण हैं
   (iii) (a) अपने आप पर निर्भर होना
   (iv) (c) एकलव्य
   (v) (b) आत्मनिर्भरता श्रेष्ठ है

9. (i) (c) आत्मविश्वास
   (ii) (d) आत्मविश्वासी
   (iii) (a) लक्ष्यसिद्धि के प्रयत्नों से
   (iv) (c) आत्मविश्वास को
   (v) (d) 'आत्मविश्वास मनुष्य की सबसे बड़ी पूँजी'

10. (i) (a) 150वीं
    (ii) (c) अच्छाइयों और विरोधी बातों के लिए
    (iii) (c) उनकी प्रासंगिकता तथा अप्रासंगिता का
    (iv) (d) ये सभी सत्य हैं
    (v) (a) अधिक-से-अधिक गोला-बारूद बनाकर

11. (i) (a) कोमल-कांत आंतरिक भावनाओं का वाहक
    (ii) (d) इन सभी भावनाओं से भरा रहता है
    (iii) (c) (a) तथा (b) दोनों
    (iv) (c) ये सभी
    (v) (b) साहित्य एवं मानव जीवन

12. (i) (c) औद्योगिक क्रांति से पहले और बाद में पर्यावरणीय प्रतिबन्धों और सामाजिक दृष्टिकोणों से परिवार का आकार कैसे प्रभावित हुआ, का अन्तर्सम्बन्ध दर्शाना।
    (ii) (a) पश्चिमी देशों में यह इसलिये नहीं हुआ क्योंकि औद्योगीकरण से प्राप्त समृद्धि ने परिवारों को बच्चों की शिक्षा की विस्तारित अवधि को वहन करने का सामर्थ्य प्रदान किया था।
    (iii) (a) यह पहले अनुच्छेद में वर्णित घटना के लिए एक वैकल्पिक स्पष्टीकरण प्रस्तुत करता है।
    (iv) (d) औद्योगिक अर्थव्यवस्थाओं में मजदूरों की बढ़ती माँग।
    (v) (d) एक ऐसा जीव जो मैदानों और झीलों में कई प्राणियों का शिकार बनता है।

13. (i) (b) विज्ञान शिक्षा को लागू करने के प्रयासों को विफल किया है।
    (ii) (a) तटस्थ
    (iii) (d) 2000-10
    (iv) (a) शिक्षक
    (v) (c) क्या छात्र अपने ज्ञान को तार्किक रूप से लागू कर सकते हैं?

14. (i) (a) किसी को कष्ट में जानकर मुँह मोड़ लेना
    (ii) (a) शहरी संस्कृति और स्वार्थ
    (iii) (d) द्वेषयुक्त प्रचार
    (iv) (d) इन सभी के
    (v) (b) शहरी संस्कृति में

15. (i) (c) (a) तथा (b) दोनों
    (ii) (a) भय अथवा दहशत
    (iii) (d) इनमें से सभी
    (iv) (d) इनमें से सभी
    (v) (d) आतंकवाद-विश्वव्यापी समस्या

16. (i) (d) समाज की आस्थाएँ और विश्वास
    (ii) (a) जीवन-मूल्यों में
    (iii) (d) (b) व (c) दोनों में
    (iv) (b) माता-पिता
    (v) (b) आदर्श संतान

◻◻◻

व्यावहारिक हिन्दी व्याकरण

निम्नलिखित प्रश्नों के विकल्पों में से सही उत्तर चुनें—

1. नाच न जाने .... टेढ़ा?
   - (क) गाना
   - (ख) कमरा
   - (ग) कमर
   - (घ) आँगन

2. उधौ का लेना न माधौ को देना का अर्थ है?
   - (क) सबसे अलग रहना
   - (ख) हिसाब साफ रखना
   - (ग) भक्ति भाव से दूर रहना
   - (घ) अपने काम से काम रखना

3. जिससे सब कुछ कहा जा सके
   - (क) अभिन्न
   - (ख) अन्तरंग
   - (ग) घनिष्ठ
   - (घ) सहदय

4. 'गोधूम' शब्द का अर्थ है—
   - (क) गाय का दूध
   - (ख) गेहूँ
   - (ग) चावल
   - (घ) गदहा

5. संन्यासी का विलोम शब्द है—
   - (क) राजा
   - (ख) भोगी
   - (ग) गृहस्थ
   - (घ) इसमें से कोई नहीं

6. स्वकीय का विलोम शब्द है—
   - (क) स्वीकृत
   - (ख) अस्वीकृत
   - (ग) नारकीय
   - (घ) परकीय

7. रामू मात्र आठवीं पास हैं, फिर भी उसकी सरकारी नौकरी लग गई। इसी को कहते हैं .... । उपर्युक्त मुहावरे से रिक्त स्थान की पूर्ति कीजिए—
   - (क) धोखा हो जाना
   - (ख) किस्मत चमकना
   - (ग) अंधे के हाथ बटेर लगना
   - (घ) आग बबूला हो जाना

8. आजकल ऐसी-ऐसी इमारतें बनने लगी हैं, जो .... है। रिक्त स्थान की पूर्ति सटीक मुहावरे से कीजिए।
   - (क) बाजी लगा देना
   - (ख) आसमान से बातें करना
   - (ग) ताकत लगा देना
   - (घ) आहुति लगा देना

9. वह तो .... हैं, वह तुम्हारी क्या मदद करेगा। रिक्त स्थान की पूर्ति सटीक मुहावरे से कीजिए।
   - (क) गला काटने वाला
   - (ख) पेट काट कर मेहनत करने वाला
   - (ग) आग लगाकर तमाशा देखना।
   - (घ) मतलबी आदमी

10. जिसका मूल्य न किया जा सकता हो
    - (क) बहुमूल्य
    - (ख) अद्वितीय
    - (ग) अमूल्य
    - (घ) निर्मूल्य

11. उत्सव?
    - (क) क्षण
    - (ख) मूल ग्रन्थ में देखें
    - (ग) जलसा
    - (घ) उमंग

12. उग्र?
    - (क) उत्कट
    - (ख) जोश
    - (ग) प्रचंड
    - (घ) भीषण

13. अभिजात?
    - (क) उच्च
    - (ख) कुलीन
    - (ग) योग्य
    - (घ) श्रेष्ठ

14. जो बिना वेतन कार्य करता हो
    - (क) नि:शुल्क
    - (ख) अवैतनिक
    - (ग) शिक्षार्थी
    - (घ) अस्थायी

15. अति का विलोम शब्द है—
    - (क) न्यून
    - (ख) कम
    - (ग) अल्प
    - (घ) नगण्य

16. बहिरंग का विलोम शब्द है—
    - (क) अंतरंग
    - (ख) रंगारंग
    - (ग) जलतरंग
    - (घ) रागरंग

17. अनागत का विलोम शब्द है—
    - (क) वर्तमान
    - (ख) भूतकालिक
    - (ग) विगत
    - (घ) आगत

18. आलस्य शब्द का विशेषण क्या होगा?
    - (क) आलसीपन
    - (ख) अलस
    - (ग) आलस
    - (घ) आलसी

19. निम्न में से कौन-सा शब्द विशेषण है?
    - (क) फुफेरा
    - (ख) वृक्ष
    - (ग) बेकारी
    - (घ) सौंदर्य

20. 'सुरुप' का विलोम शब्द निम्न में से कौन-सा है?
    - (क) कुरूप
    - (ख) बेरूप
    - (ग) रूप
    - (घ) स्वरुप

21. 'गंगा' का पर्यायवाची है—
    - (क) गंगोत्री
    - (ख) गांगेय
    - (ग) त्रिपथगा
    - (घ) कोशी

22. 'अगम' का विलोम शब्द निम्न में से कौन-सा है?
   (क) अवलोकन   (ख) आवागमन
   (ग) सुगम   (घ) आगम

23. उपर्युक्त विलोम शब्द चुनिए—तामसिक
   (क) लौकिक   (ख) नैतिक
   (ग) सात्विक   (घ) आध्यात्मिक

24. 'पाप' का विलोम शब्द निम्न में से कौन-सा है?
   (क) पून्या   (ख) पुण्य
   (ग) निष्पाप   (घ) पून्य

25. तत्सम शब्द नहीं है—
   (क) कोढ़   (ख) चूर्ण
   (ग) चंचु   (घ) धृत

26. 'पूड़ी' का तत्सम शब्द है—
   (क) पुरी   (ख) पूरी
   (ग) पुड़ी   (घ) पूपालिका

27. 'सियार' का तत्सम शब्द है—
   (क) श्रृगाल   (ख) श्रृंगात
   (ग) सिंगार   (घ) श्रृंग

28. 'ससुर' का तत्सम शब्द है—
   (क) श्वसुर   (ख) स्वसुर
   (ग) श्रुसुर   (घ) सुसुर

29. 'मानव' शब्द से विशेषण बनेगा—
   (क) मानवीय   (ख) मानवीकरण
   (ग) मानवता   (घ) मनुष्य

30. 'उल्टी गंगा बहाना' मुहावरे का अर्थ निम्न में से कौन-सा है?
   (क) अनुकूल कार्य   (ख) प्रतिकूल कार्य करना
   (ग) गंगा की धारा   (घ) गंगा की धारा का उल्टा बहाना

31. 'अंधे की लकड़ी' मुहावरे का अर्थ निम्न में से कौन-सा है?
   (क) सभी का सहारा   (ख) अंधे के हाथ की लकड़ी
   (ग) एकमात्र सहारा   (घ) डंडे का सहारा

32. शुद्ध वर्तनी का चयन कीजिये?
   (क) हाथिनी   (ख) हथिनि
   (ग) हथिनी   (घ) हथीनी

33. शुद्ध वर्तनी का चयन कीजिये?
   (क) अंतआक्षरी   (ख) अन्त्यक्षरी
   (ग) अन्त्याक्षरी   (घ) अंतआक्षरी

34. शुद्ध वर्तनी का चयन कीजिये?
   (क) बहुव्रीही   (ख) बहुव्रही
   (ग) वहुव्रीही   (घ) बहुव्रीहि

35. शुद्ध वर्तनी का चयन कीजिये?
   (क) व्यावसायिक   (ख) व्यवसायिक
   (ग) व्याबसायिक   (घ) व्यवसायिक

36. 'गीदड़' का स्त्रीलिंग क्या होगा?
   (क) गीदड़िन   (ख) गीदड़नी
   (ग) गीदड़ी   (घ) गिदड़िया

37. 'तिथि' शब्द का बहुवचन है—
   (क) तिथियों   (ख) तिथीयों
   (ग) तिथियाँ   (घ) इनमें से कोई नहीं

38. 'कागज' का बहुवचन होता है—
   (क) कागजी   (ख) कागजात
   (ग) कागजें   (घ) इनमें से कोई नहीं

39. इनमें से एकवचन-बहुवचन का कौन-सा युग्म सही नहीं है
   (क) घोड़ा-घोड़े   (ख) आँसू-आँसुओं
   (ग) गली-गलियाँ   (घ) चिड़िया-चिड़ियाँ

39. 'वात्सल्य' का पर्यायवाची नहीं है—
   (क) प्रेम   (ख) नेह
   (ग) स्नेह   (घ) विग्रह

40. गुड़िया का बहुवचन होगा—
   (क) गुड़ियाँ   (ख) गुड़ियों
   (ग) गुड़ियों   (घ) गुड़ियायें

41. 'जिस जमीन में पैदा करने की शक्ति न हो' के लिए एक शब्द है—
   (क) अनुवरी   (ख) अनर्वरा
   (ग) अनुवर   (घ) अनुर्वरा

42. 'जो धन का दुरुपयोग करता हो' के लिए एक शब्द है—
   (क) अपव्ययी   (ख) मितव्ययी
   (ग) अतृप   (घ) अधित्यका

43. सही विकल्प चुनिए "जिसकी गर्दन सुन्दर हो"
   (क) सुदर्शन   (ख) सुगत
   (ग) सुगर्दन   (घ) सुग्रीव

44. वर्तनी की दृष्टि से सही शब्द का चयन कीजिये?
   (क) ज्योतासना   (ख) ज्योतिश्रा
   (ग) ज्योत्सना   (घ) ज्योत्सना

45. 'दामिनी' का पर्यायवाची शब्द है—
   (क) वर्षा   (ख) नीरद
   (ग) बादल   (घ) विद्युत

46. उचित पर्यायवाची शब्द का चयन कीजिए प्रभाकर
   (क) हवा   (ख) ज्योति
   (ग) समी   (घ) सूर्य

47. मुहावरे का उचित विकल्प चुनें "पाँव में शनीचर होना"
   (क) दुर्घटना होना   (ख) एक स्थान पर स्थिर न रहना
   (ग) दुःख सहना   (घ) कष्ट में आना

48. मुहावरे का अर्थ स्पष्ट कीजिए आँख लगना
   (क) होश उड़ाना   (ख) भयभीत होना
   (ग) नींद आना   (घ) युद्ध में मारा जाना

49. 'तत्सम' शब्द कौन-सा है?
   (क) उज्ज्वल   (ख) उजाला
   (ग) उज्जवल   (घ) उद्खल

50. 'कठोर' के लिए समानार्थक शब्द है–

(क) पौरुष   (ख) परुषि

(ग) परुष   (घ) परुषत्व

51. रेखांकित शब्दों की शुद्ध वर्तनी चुनिए–<u>व्यवहारिक</u> रूप में आपकी बात ठीक हो सकती है

(क) वैव्हारिक   (ख) व्यावहारिक

(ग) व्यवहारिक   (घ) वैवाहरिक

52. रेखांकित शब्दों की शुद्ध वर्तनी चुनिए–इस पुस्तक के अंत में दो <u>पनिशिष्ट</u> दिए गए है–

(क) परिशिष्ट   (ख) परीशिष्ट

(ग) परिशिष्ठ   (घ) परीशिष्ठ

53. "खूब लड़ी मर्दानी वह तो झाँसी वाली रानी थी" में 'मर्दानी' शब्द का अर्थ है?

(क) वीरांगना   (ख) पुरुषों जैसी

(ग) पुरुषत्व वान   (घ) लड़ाकू

54. खाली स्थान के लिए उपयुक्त विकल्प का चयन कीजिए जो कम बोलता है उसे .... कहते हैं?

(क) सहभाषी   (ख) मित भाषी

(ग) दुरभाषी   (घ) अभाषी

55. "श्याम की भेड़ बहुत काली है" वाक्य में 'काली' शब्द क्या है?

(क) सर्वनाम   (ख) क्रिया

(ग) विशेषण   (घ) संघ्या

56. गागर में सागर भरना

(क) छोटे पात्र में अधिक जल संग्रह करना

(ख) अपात्र को दान देना

(ग) थोड़े कार्य को बहुत बताकर कर्य करना

(घ) थोड़े शब्दों में बड़े भाव या विचार प्रकट करना

उत्तरमाला

1. (घ) आँगन	30. (ख) प्रतिकूल कार्य करना
2. (घ) अपने काम से काम	31. (ग) एकमात्र सहारा
3. (ख) अन्तरंग	32. (ग) हथिनी
4. (ख) गेहूँ	33. (ग) अन्त्याक्षरी
5. (ग) गृहस्थ	34. (घ) बहब्रीहि
6. (घ) परकीय	35. (ख) व्यावसायिक
7. (ग) अंधे के हाथ बटेर लगना	36. (ग) गीदड़ी
8. (ख) आसमान से बातें करना	37. (ग) तिथियाँ
9. (ग) आग लगाकर तमाशा देखना।	38. (घ) इनमें से कोई नहीं
10. (क) बहुमूल्य	39. (घ) आँसू-आँसुओं
11. (घ) उमंग	39. (घ) विग्रह
12. (ख) जोश	40. (क) गुड़ियाँ
13. (क) उच्च	41. (घ) अनुर्वरा
14. (ख) अवैतनिक	42. (क) अपव्ययी
15. (ग) अल्प	43. (घ) सुग्रीव
16. (क) अंतरंग	44. (ग) ज्योत्सना
17. (घ) आगत	45. (घ) विद्युत
18. (घ) आलसी	46. (घ) सूर्य
19. (क) फुफेरा	47. (ख) एक स्थान पर स्थिर न रहना
20. (क) कुरूप	48. (ग) नींद आना
21. (ग) त्रिपथगा	49. (क) उज्ज्वल
22. (ग) सुगम	50. (ग) परुष
23. (ग) सात्विक	51. (ख) व्यावहारिक
24. (ख) पुण्य	52. (ग) परिशिष्ट
25. (क) कोढ़	53. (ग) पुरुषत्व वान
26. (घ) पूपालिका	54. (ख) मित भाषी
27. (ख) श्रृगाल	55. (ग) विशेषण
28. (क) श्वसुर	56. (घ) थोड़े शब्दों में बड़े भाव या विचार प्रकट करना
29. (क) मानवीय	

साहित्य सागर–संक्षिप्त कहानियाँ

बात अठन्नी की

निम्नलिखित गद्यांश को पढ़िए और उसके नीचे लिखे प्रश्नों के उत्तर के लिए सही विकल्प चुनिए—

1. "दूसरे दिन मुकद्दमा शेख सलीमुद्दीन की कचहरी में पेश हुआ। रसीला ने तुरन्त अपना अपराध स्वीकार कर लिया उसने कोई बहाना न बनाया। चाहता तो कह सकता था कि यह साजिश है।"

   लेखक-सुदर्शन

   (i) कौन-सा मुकद्दमा शेख सलीमुद्दीन की कचहरी में पेश हुआ?

   (क) रमजान की चोरी का

   (ख) रसीला की चोरी का

   (ग) इंजीनियर ने चोरी की

   (घ) निर्दयता पूर्वक पिटाई का

   (ii) इंजीनियर साहब ने क्रोध में आकर क्या किया?

   (क) कचहरी में रसीला को पीटा

   (ख) रसीला को निर्दयता पूर्वक पीटा

   (ग) इंजीनियर साहब क्रोध में नाचने लगे

   (घ) पुलिस वाले को पीटा

   (iii) रसीला अपना अपराध स्वीकार न कर क्या कह सकता था?

   (क) यह उसके खिलाफ साजिश है

   (ख) हलवाई ने अठन्नी रखली

   (ग) इंजीनियर साहब झूठ बोल रहे थे

   (घ) जानबूझ कर मुझ गरीब को फँसाया जा रहा है।

   (iv) लेखक ने पाठ के अंत में किस पर व्यंग्य किया है?

   (क) अठन्नी चुराने वाले रसीला पर

   (ख) कचहरी की न्याय व्यवस्था पर

   (ग) रिश्वत लेने वाले शेख सलीमुद्दीन पर

   (घ) गरीबों की गरीबी पर

   (v) रसीला को कितने महीने की सजा हुई?

   (क) तीन महीने की   (ख) एक वर्ष की

   (ग) दो वर्ष की   (घ) छह महीने की

2. "बाबू साहब की मैंने इतनी सेवा की, पर दुःख में उन्होंने साथ न दिया। रमजान को देखो गरीब है, परन्तु आदमी नहीं देवता है। ईश्वर उसका भला करे।"

   (i) उपरोक्त वाक्य कौन सोच रहा है?

   (क) मालिक   (ख) रसीला

   (ग) रसीला के घर वाले   (घ) ये सभी

   (ii) रमजान कौन है?

   (क) जगतसिंह का नौकर

   (ख) रसीला का भाई

   (ग) शेख सलीमुद्दीन का नौकर

   (घ) पड़ोसी

   (iii) बाबू साहब कौन है?

   (क) जिला मजिस्ट्रेट   (ख) इंजीनियर जगतसिंह

   (ग) रघुवीर सिंह के भाई   (घ) मुंशी जी

   (iv) सेवा करने पर भी दुःख में कितने साथ नहीं दिया?

   (क) पड़ोसी ने   (ख) मजिस्ट्रेट साहब ने

   (ग) इंजीनियर जगतसिंह ने   (घ) गाँव वालों ने

   (v) रमजान और रसीला का आपस में क्या सम्बन्ध है?

   (क) मित्र का   (ख) रिश्तेदार का

   (ग) सगे भाइयों का   (घ) गाँव में पड़ोसी का

3. रसीला के कंधों पर किसका भार था?

   (क) उसके परिवार की गुजर-बसर का

   (ख) अपने रिश्तेदारों की देखभाल का

   (ग) अपने पड़ोसियों का इलाज कराने का

   (घ) ये सभी

4. रसीला कहाँ काम करता था?

   (क) चूड़ी बनाने के कारखाने में

   (ख) स्कूल में

   (ग) कचहरी में

   (घ) इंजीनियर जगतसिंह के घर में

5. रसीला को महीने में कितने तनख्वाह मिलती थी?

   (क) पचास रुपए   (ख) बीस रुपए

   (ग) दस रुपए   (घ) तीस रुपए

6. रसीला को मिलने वाली तनख्वाह से क्या उसकी गुजर-बसर हो पाती थी?

   (क) आराम से गुजर-बसर होती थी

   (ख) गुजर-बसर में कठिनाई होती थी

   (ग) वह पैसे बचाकर बैंक में जमा करता था

   (घ) वह तनख्वाह से लोगों को उधार भी देता था।

7. गाँव में कौन बीमार थे?

   (क) रसीला के बच्चे   (ख) रमजान के बच्चे

   (ग) पड़ोसी के बच्चे   (घ) रसीला के माता-पिता

8. मालिक के द्वारा तनख्वाह न बढ़ाए जाने पर रसीला अपनी नौकरी क्यों नहीं छोड़ता?

(क) क्योंकि उसे और कहीं नौकरी नहीं मिलती थी

(ख) वह दूसरी जगह नौकरी करना नहीं चाहता

(ग) वह सोचता कुछ ज्यादा रुपए मिलने पर भी ऐसा आदर नहीं मिलेगा

(घ) इन सभी कारणों से

9. रसीला ने रमजान को अपनी उदासी का क्या कारण बताया?

(क) रसीला अपनी परेशानी छिपाता रहा

(ख) बच्चे बीमार हैं और रुपया नहीं है

(ग) मालिक ने पेशगी देने से इंकार कर दिया

(घ) मालिक ने रसीला से नौकरी छोड़ने को कहा

10. "रसीला दौड़कर पाँच रुपए की मिठाई ले आ।" यह कथन किसका है?

(क) बाबू जगत सिंह का

(ख) मजिस्ट्रेट साहब का

(ग) बाबू लाल सिंह के यहाँ आए आगन्तुक का

(घ) रमजान का

11. रसीला ने कितने की मिठाई खरीदी?

(क) पाँच रुपए की   (ख) चार रुपए की

(ग) साढ़े चार रुपए की   (घ) साढ़े तीन रुपए की

12. बाबू जगतसिंह ने रसीला को तमाचा क्यों मारा?

(क) क्योंकि रसीला मिठाई नहीं लाया था

(ख) वह मिठाई कम लाया था

(ग) वह खराब मिठाई लाया था

(घ) उसने सारी मिठाई जमीन पर गिरा दी थी।

13. "माई बाप, गलती हो गई। इस बार माफ कर दें।" यह कथन किसका है?

(क) बाबू जगतसिंह के पड़ोसी का

(ख) हलवाई का

(ग) सिपाही का

(घ) रसीला का

14. "मनवा लेना। लातों के भूत बातों से नहीं मानते।"

(क) सिपाही का

(ख) रमजान का

(ग) बाबू जगतसिंह का

(घ) कचहरी के एक आदमी का

15. फैसला सुनकर किसकी आँखों में खून उतर आया?

(क) रमजान की आँखों में

(ख) सिपाही की आँखों में

(ग) जज साहब की आँखों में

(घ) एक दासी की आँखों में

16. "हुजूर, यह मेरा पहला अपराध है। इस बार माफ कर दीजिए। फिर गलती न होगी।" यह बात किसने कही?

(क) कचहरी में उपस्थित सिपाही ने कही।

(ख) रसीला ने कही

(ग) कचहरी में सभी लोगों ने कही

(घ) बाबू जगतसिंह ने कही

17. "बस पाँच सौ! इतनी-सी रकम देकर, आप मेरा अपमान कर रहे हैं।" यह बात बाबू जगतसिंह ने क्यों कहीं?

(क) क्योंकि उन्हें वह रकम काफी कम लग रही थी

(ख) वह रकम की जगह कोई कीमती वस्तु चाहते थे

(ग) उनके लिए पाँच सौ रुपए तो ऊँट के मुँह में जीरा थे

(घ) ये सभी कारण

18. जिला मजिस्ट्रेट शेख सलीमुद्दीन कहाँ रहते थे?

(क) रसीला के गाँव में

(ख) इंजीनियर बाबू के पड़ोस में

(ग) कचहरी में

(घ) एक होटल में

19. जिला मजिस्ट्रेट शेख सलीमुद्दीन कैसे व्यक्ति थे?

(क) रिश्वत लेने वाले

(ख) दूसरों की मदद करने वाले

(ग) अपराधी पर कोई बरसाने वाले

(घ) अपने काम के प्रति लापरवाह

20. शेख साहब किसके शौकीन थे?

(क) व्यायाम करने के   (ख) यात्रा करने के

(ग) फलों के   (घ) सिनेमा देखने के

21. रसीला के रमजान का कर्ज कैसे उतारा?

(क) रजमान को अठन्नी लौटाकर

(ख) उसे अपने यहाँ दावत देकर

(ग) रमजान को मिठाई खिलाकर

(घ) उसके बदले शेख सलीमुद्दीन की सेवा करके

22. यह कहानी समाज की किस बुराई को बताती है?

(क) भ्रष्टाचार अथवा रिश्वत खोरी को

(ख) गरीबो के प्रति अमानवीय व्यवहार

(ग) गरीबों की विवशता का लाभ उठाना, उनका शोषण करना

(घ) ये सभी

काकी

निम्नलिखित गद्यांश को पढ़िए और उसके नीचे लिखे प्रश्नों के उत्तर के लिए सही विकल्प चुनिए—

1. दो घण्टे बाद प्रफुल्ल मान से श्यामू और भोला अँधेरी कोठरी में बैठे-बैठे पतंग में रस्सी बाँध रहे थे।

लेखक—सियारामशरण गुप्त

(i) श्यामू और भोला प्रफुल्ल मन से पतंग में रस्सी क्यों बाँध रहे थे?

(क) इसलिए पतंग कट न जाए

(ख) श्यामू की माँ को नीचे उतारने के लिए

(ग) रस्सी बाँधने से पतंग खूब ऊँची उड़ेगी

(घ) रस्सी बाँधने से पतंग अच्छी लगेगी

(ii) **इन दोनों में समझदार कौन था?**

(क) भोला समझदार था

(ख) श्यामू समझदार था

(ग) श्यामू से भोला कम बुद्धि वाला था

(घ) श्यामू भोला की समझदारी नहीं चलने देता था

(iii) **इनके शुभ कार्य में विघ्न किसने डाला?**

(क) शुभ कार्य में विघ्न जवाहर भैया ने डाला

(ख) पड़ोसी ने शुभ कार्य में विघ्न डाला

(ग) शुभ कार्य में विघ्न विश्वेश्वर ने डाला

(घ) शुभ कार्य में विघ्न नहीं डाला

(iv) **भोला की बात सुनकर कौन हतबुद्धि होकर खड़ा रह गया?**

(क) श्यामू हतबुद्धि होकर खड़ा रह गया

(ख) काकी हतबुद्धि होकर खड़ी रह गई

(ग) विश्वेश्वर हतबुद्धि होकर खड़ा रह गया

(घ) सभी लोग हतबुद्धि होकर खड़े रह गए।

(v) **'हतबुद्धि' शब्द का क्या अर्थ है?**

(क) जिसकी बुद्धि समाप्त हो गई हो

(ख) जिसकी बुद्धि काम न कर रही हो

(ग) मंद बुद्धि वाला

(घ) तीव्र बुद्धि वाला

2. उस दिन सवेरे श्यामू की नींद खुली तो देखा कि घर में कुहराम मचा हुआ है।

लेखक—सियारामशरण गुप्त

(i) **घर में कुहराम क्यों मचा हुआ था?**

(क) क्योंकि श्यामू की माँ भूमि पर सो रही थी

(ख) घर में सब लोग करुण ढंग से विलाप कर रहे थे

(ग) क्योंकि श्यामू की माँ मर गई थी

(घ) श्यामू की माँ गुस्सा होकर सो गई थी

(ii) **काकी को ले जाते समय श्यामू ने क्या उपद्रव मचाया?**

(क) श्यामू ने यह उपद्रव मचाया कि उसकी काकी को कहाँ ले जा रहे हो

(ख) श्यामू ने कहा कि उसकी काकी को सोने दो

(ग) श्यामू ने कहा कि उसकी काकी उससे रूठ गई है

(घ) श्यामू ने यह उपद्रव मचाया कि काकी कहीं नहीं जाएगी।

(iii) **काकी के बारे में उसे क्या बताया गया?**

(क) काकी अपने गाँव गई है

(ख) काकी उसके मामा के यहाँ गई है

(ग) काकी थोड़ी देर में आ जायेगी

(घ) काकी कभी नहीं आएगी

(iv) **क्या काकी का सत्य उससे छिपा रहा?**

(क) काकी का सत्य उससे छिपा न रह सका

(ख) काकी का सत्य उसे बताने से मना कर दिया था

(ग) सत्य को दबाया जाना चाहिए

(घ) सत्य कभी उजागर नहीं होता

(v) **वह बैठा-बैठा शून्य मन से आकाश की ओर क्यों ताका करता था?**

(क) इसलिए कि उसके पास कोई काम नहीं था

(ख) बच्चे उसके साथ खेल नहीं रहे थे

(ग) वह काकी की याद किया करता था

(घ) वह आकाश को इसलिए ताका करता कि शायद उसकी काकी उसे दिख जाए

3. एक दिन उसने ऊपर आसमान में पतंग उड़ती देखी। न जाने क्या सोचकर उसका हृदय खिल उठा।

उड़ती हुई पतंग को देखकर वह क्यों खुश हुआ?

(क) इसलिए कि पतंग बहुत ऊँची उड़ रही थी

(ख) इसलिए कि पतंग बड़ी सुन्दर थी

(ग) इसलिए कि पतंग आसमान में राम के यहाँ जाकर रुकेगी जहाँ उसकी काकी है

(घ) इसलिए कि वह भी पतंग उड़ाना चाहता था।

4. **श्यामू ने अपने पिता से क्या कहा?**

(क) "काका! मुझे एक पतंग मँगा दो"

(ख) श्यामू ने कहा कि उसे पतंग उड़ाना अच्छा नहीं लगता

(ग) वह सारे दोस्तों को पतंग उड़ाने को देगा

(घ) उसने पिता से उदास होने का कारण पूछा

5. **पतंग मँगाने में किसने श्यामू की सहायता की?**

(क) श्यामू के मित्र भोला ने उसकी सहायता की

(ख) किसी ने उसकी सहायता नहीं की

(ग) श्यामू के सभी साथी पतंग ले आए

(घ) पतंग उड़ाने का उसका शौक पूरा नहीं हो पाया

6. **"हृदय खिल उठना" का क्या अर्थ है?**

(क) मन का बहुत अधिक प्रसन्नता से भर जाना

(ख) हृदय में आशा की किरण उत्पन्न होना

(ग) हृदय एक फूल है जो खिलता है

(घ) हृदय तो मुरझाने के लिए खिलता है।

7. **श्यामू को पतंग को आकाश में भेजने की योजना क्यों बनाई?**

(क) पतंग आकाश में बहुत ऊँची उड़ेगी

(ख) पतंग आकाश में पहुँच कर अन्य पतंगों को काट देगी

(ग) आकाश में उड़ती हुई उसकी ही पतंग सुन्दर लगेगी

(घ) पतंग आकाश में राम जी के यहाँ जाएगी जिसके सहारे काकी नीचे उतर आएगी।

8. **फटी पतंग पर 'काकी' लिखा देखकर विश्वेश्वर पर क्या प्रभाव पड़ा?**

(क) फटी पतंग पर 'काकी' लिखा देखकर विश्वेश्वर को अपने कृत्य पर बड़ा दुःख हुआ

(ख) फटी पतंग पर 'काकी' लिखा देखकर विश्वेश्वर बड़ा प्रसन्न हो गया

(ग) फटी पतंग पर 'काकी' लिखा देखकर विश्वेश्वर सुध-बुध खो बैठा

(घ) फटी पतंग पर 'काकी' लिखा देखकर विश्वेश्वर क्रोधित हो गए।

9. श्यामू ने विश्वेश्वर के कोट की जेब से कितने रुपए निकाले?

(क) दो रुपये   (ख) तीन रुपये

(ग) एक रुपया   (घ) पाँच रुपये

10. श्यामू ने पतंग में बाँधने के लिए कितनी रस्सियाँ मँगाई?

(क) एक रस्सी   (ख) दो रस्सियाँ

(ग) तीन रस्सियाँ   (घ) एक भी नहीं

11. इस कहानी का शीर्षक 'काकी' क्या कहानी के अनुरूप है?

(क) कहानी का शीर्षक 'काकी' कहानी के अनुरूप नहीं है

(ख) 'पतंग' शीर्षक-कहानी के अनुरूप होगा

(ग) 'रस्सी' शीर्षक कहानी के अनुरूप होगा

(घ) 'काकी' शीर्षक ही कहानी के अनुरूप है

12. भोला कौन था?

(क) श्यामू का मित्र

(ख) श्यामू का पड़ोसी

(ग) श्यामू का शत्रु

(घ) गाँव में झाड़ू लगाने वाला जमादार

13. पतंग कितने पैसे में आई थी?

(क) अठन्नी में   (ख) चवन्नी में

(ग) दस पैसे में   (घ) एक रुपये में

14. श्यामू ने पतंग के लिए पैसे कहा से निकाले?

(क) विश्वेश्वर के कोट की जेब से

(ख) विश्वेश्वर की पैन्ट की जेब से

(ग) विश्वेश्वर की अलमारी से

(घ) खूँटी में टंगे थैले से

15. पतंग के सहारे काकी को नीचे उतारने के लिए दो रस्सियाँ क्यों मँगाई गई?

(क) क्योंकि एक रस्सी छोटी पड़ेगी

(ख) क्योंकि एक रस्सी कमजोर रहेगी

(ग) दो रस्सियों से बँधी पतंग राम जी के यहाँ पहुँच जाएगी

(घ) इन सभी कारणों से

16. श्यामू ने अपनी बाल बुद्धि के अनुसार क्या योजना बनाई?

(क) पाँच पतंगे लाई–जाय

(ख) वह अपनी पतंग से सबकी पतंगें काट देगा

(ग) अपनी काकी को पतंग के द्वारा राम के यहाँ से नीचे उतरेगा

(घ) पतंग में चिट्ठी चिपकाकर काकी के पास भेजेगा

17. 'काकी' कहानी में लेखक ने क्या बताने का प्रयास किया है?

(क) श्यामू के मातृ प्रेम की पराकाष्ठा को

(ख) श्यामू का अपनी काकी के प्रति दुःख को

(ग) श्यामू के अबोध पन को

(घ) श्यामू की मूर्खता को

18. विश्वेश्वर ने श्यामू के दो तमाचे क्यों मारे?

(क) श्यामू ने उसकी जेब से चवन्नी निकाल ली थी

(ख) श्यामू ने चोरी की थी

(ग) क्योंकि श्यामू ने सब मित्रों को पतंग मँगाकर दी थी

(घ) श्यामू ने पतंग फाड़ दी थी

19. भोला सकपकाकर एक ही डाँट में मुखबिर हो गया? यहाँ मुखबिर का क्या अर्थ है?

(क) झूठ बोलने वाला

(ख) भेद खोलने वाला

(ग) अपनी बात से मुकर जाने वाला

(घ) दूसरों के कान भरने वाला

महायज्ञ का पुरस्कार

निम्नलिखित गद्यांश को पढ़िए और उसके नीचे लिखे प्रश्नों के उत्तर के लिए सही विकल्प चुनिए—

1. "कुन्दरपुर की धर्मशाला के चबूतरे पर भूखेपेट जैसे-तैसे रात बिताकर पौ फटे वहाँ से चलकर, अगले दिन शाम को सेठ अपने घर आ पहुँचे।"

लेखक—यशपाल

(i) सेठ कुन्दनपुर क्यों गए थे?

(क) सेठ कुन्दनपुर में घर खरीदने गए थे

(ख) सेठ मन्दिर में पूजा करने गए थे

(ग) सेठ कुन्दनपुर अपना यज्ञ बेचने गए थे

(घ) कुन्दनपुर में सेठ जी अपनी बहन के पास गए थे

(ii) उन दिनों क्या प्रथा प्रचलित थी?

(क) यह प्रथा प्रचलित थी कि यज्ञों के फल का क्रय-विक्रय होता था।

(ख) दूसरी जगह जाकर यज्ञ कराया जाता था

(ग) यज्ञ में केवल सेठ-सेठानी सम्मिलित हो सकते थे।

(घ) यज्ञ में गाय दान में दी जाती थी।

(iii) सेठानी ने सेठ को क्या सलाह दी?

(क) सेठानी ने सेठ को बाजार से मिठाई लाने की सलाह दी

(ख) सेठानी ने सेठ को आराम करने की सलाह दी

(ग) सेठानी ने सेठ को एक यज्ञ बेचने की सलाह दी

(घ) सेठानी ने सेठ को यह सलाह दी कि आज तो मौसम खराब है, बाहर न जाएँ।

(iv) सेठ के कुन्दनपुर जाने के लिए सेठानी ने क्या तैयारी की?

(क) सेठानी ने सेठ को देने के लिए लड्डू बनाए

(ख) सेठानी ने चार मोटी-मोटी रोटियाँ बनाकर सेठ को दे दीं

(ग) सेठानी ने बाजार से फल मँगाकर सेठ को दे दिए

(घ) सेठानी ने सेठ को ढेर सारी सब्जियाँ मँगाकर दे दीं

(v) सेठ जी भोजन के लिए कहाँ बैठे?

(क) सेठ जी भोजन के लिए नदी के किनारे बैठे

(ख) सेठ जी भोजन के लिए सड़क किनारे बैठ गए

(ग) सेठ जी भोजन के लिए एक भोजनालय में जाकर बैठ गए

(घ) वृक्षों के कुंज और कुएँ के पास सेठ जी भोजन के लिए बैठे।

2. "सेठ के आद्योपांत सारी कथा सुनाई। सुनकर सेठानी की वेदना जाने कहाँ विलीन हो गई।"

लेखक-यशपाल

(i) 'आद्योपांत' से क्या तात्पर्य है?

(क) प्रारम्भ से अंत तक

(ख) अंत तक कर दिया

(ग) आदि से आरम्भ तक

(घ) भोजन की समाप्ति तक

(ii) सेठ ने कौन-सी कथा आद्योपांत सुनाई?

(क) वह जंगल से गुजरे और वापस पहुँच गए

(ख) सेठ ने चारों रोटियाँ खाने की बात बताई।

(ग) सेठ ने कुन्दनपुर के सेठ और सेठानी से हुई बातचीत और अगले दिन शाम तक घर आने की बात सुनाई

(घ) सेठ ने कुन्दनपुर के सेठ और सेठानी को चारों रोटियाँ दे दीं।

(iii) वह कथा सुनकर सेठानी पर क्या प्रभाव पड़ा?

(क) वह कथा सुनकर सेठानी फूट-फूट कर रोने लगी

(ख) वह कथा सुनकर सेठानी की सारी वेदना विलीन हो गई

(ग) वह कथा सुनकर सेठानी ने पड़ोस की स्त्रियों को सुनाई

(घ) वह कथा सुनकर सेठानी प्रसन्नता से नाचने लगी

(iv) दिया जलाते समय क्या घटना घटी?

(क) दिया जलाते समय वह गिर कर टूट गया।

(ख) सेठानी ने दहलीज के सहारे ऊँचे उठे पत्थर पर एक लोहे का कुन्दा लगा देखा।

(ग) सेठानी ने देखा कि घर की दहलीज का पत्थर टूट गया है

(घ) दिया जलाते समय हवा बड़ी तेज चल रही थी

(v) सेठ-सेठानी नीचे तहखाने में उतरे तो क्या देखा?

(क) उन्होंने देखा नीचे तहखाने में कूड़े का ढेर जमा है

(ख) उन्होंने देखा कि तहखाने की दीवार में छेद हो गया है

(ग) उन्होंने देखा कि तहखाने में पानी भरा है

(घ) उन्होंने देखा कि तहखाने में जवाहरात जगमगा रहे हैं।

3. कुन्दनपुर के धनासेठ की पत्नी को ऐसा क्या प्राप्त था जिससे वह तीनों लोगों की बात जान लेती थी

(क) उन्हें कोई दैवीय शक्ति प्राप्त थी

(ख) उन्हें तीनों लोगों की सब सड़कों की जानकारी थी

(ग) वह सबको शक्ति से भोजन खिला सकती थी

(घ) उन्हें यज्ञ करने की शक्ति प्राप्त थी

4. **कुन्दनपुर के धनासेठ किसका फल खरीद लेते थे?**

(क) वह आम का फल खरीद लेते थे

(ख) वह मेहनताना देकर परिश्रम का फल खरीद लेते थे

(ग) वह यज्ञ का फल खरीद लेते थे

(घ) वह जामुन का फल खरीद लेते थे

5. **सेठ जी ने भोजन के लिए बैठने पर किसको बैठा देखा?**

(क) बकरी को   (ख) गाय को

(ग) बच्चे को   (घ) कुत्ते को

6. **कुत्ते की दशा कैसी थी?**

(क) अत्यन्त हृष्ट-पुष्ट

(ख) कुत्ता बीमार था

(ग) बेचारे का पेट कमर से लगा था

(घ) वहाँ कोई कुत्ता था ही नहीं

7. **सेठ जी ने कुत्ते को कितनी रोटियाँ खिलाई?**

(क) एक   (ख) तीन

(ग) चार   (घ) छह

8. **धनासेठ की पत्नी ने सेठ जी से उनका कौन-सा यज्ञ बेचने को कहा?**

(क) साधारण यज्ञ

(ख) महायज्ञ

(ग) प्राणों की आहुति का यज्ञ

(घ) घृत का यज्ञ

9. **सेठजी कुन्दनपुर कब पहुँचे?**

(क) ब्रह्ममूहूर्त में   (ख) दोपहर के समय

(ग) आधी रात को   (घ) दिया जलने के समय

10. **धनासेठ की पत्नी की दृष्टि में सच्चा यज्ञ-महायज्ञ क्या है?**

(क) हीरे-मोतियों का दान करना

(ख) गरीबों को वस्त्र देना

(ग) निःस्वार्थ भाव से किया गया कर्म

(घ) निर्धन बच्चों को पढ़ाना

11. **विपत्ति में भी सेठ ने क्या नहीं छोड़ा?**

(क) रोटियाँ खाना   (ख) कुंदनपुर में घूमना

(ग) बातचीत करना   (घ) धर्म

12. **सेठजी का स्वभाव कैसा था?**

(क) अत्यन्त विनम्र, उदार और धर्मपरायण

(ख) अत्यन्त कंजूस

(ग) अत्यन्त क्रोधी

(घ) शान्त एवं आलसी

13. **सेठ जी कुन्दनपुर की ओर कब चले?**

(क) दोपहर बाद   (ख) बड़े तड़के के समय

(ग) सवेरे नौ बजे   (घ) सायं पाँच बजे

14. **अकस्मात् दिन फिरने पर सेठ जी को किसका मुँह देखना पड़ा?**

 (क) मुसीबतों का (ख) गरीबी का

 (ग) समृद्ध जीवन का (घ) ये सभी

15. **सगी-साथियों के भी मुँह फेर लेने पर क्या नौबत आ गई?**

 (क) सेठ व सेठानी भूखे मरने लगे

 (ख) वे दोनों तीर्थयात्रा करने लगे

 (ग) वे दोनों भिक्षा माँगने लगे

 (घ) उन दोनों ने घर का दरवाजा बंद कर लिया।

16. **शाम तक वहाँ पत्थर की क्या स्थिति थी?**

 (क) पत्थर टूट गया था

 (ख) पत्थर बिल्कुल भी नहीं उठा था

 (ग) पत्थर अपने आप हट गया था

 (घ) पत्थर सीमेंट लगाकर जमाया गया था

17. **पत्थर उठाने पर अंदर जाने के लिए क्या निकल आई?**

 (क) ऊँची इमारतें (ख) सीढ़ियाँ

 (ग) नदियाँ (घ) बरसाती नालियाँ

18. **सीढ़ियाँ उतरते ही सेठ-सेठानी की आँखें क्यों चौंधियाने लगी?**

 (क) विशाल तहखाने में बहुत से बच्चे बंद थे

 (ख) विशाल तहखाने में जवाहरात जगमगा रहे थे

 (ग) विशाल तहखाने के नीचे सुरंग थी

 (घ) विशाल तहखाने में शत्रु छिप कर बैठे थे।

19. **देव की इस माया के रहस्य का सेठ-सेठानी पर क्या प्रभाव पड़ा?**

 (क) वे दोनों खुशी से उछलने लगे

 (ख) वे दोनों जोर-जोर से रोने लगे

 (ग) वे दोनों तपस्या करने लगे

 (घ) वे दोनों निस्तब्ध खड़े थे।

20. **सेठ ने क्या महायज्ञ किया था?**

 (क) सेठ ने सबको बुलाकर अपना सब धन दे दिया

 (ख) सेठ ने सभी नगरवासियों को खाना खिलाया

 (ग) सेठ ने निर्धन कन्याओं का विवाह करवाया

 (घ) सेठ ने मरणासन्न कुत्ते को चारों रोटियाँ खिलाकर उसकी जान बचाई।

21. **सेठ-सेठानी को महायज्ञ के पुरस्कार स्वरूप क्या मिला?**

 (क) विशाल अन्न का भंडार

 (ख) विशाल गरम वस्त्रों का भंडार

 (ग) असंख्य गायें

 (घ) विशाल जवाहरातों का भंडार

22. **सेठ और सेठानी को तहखाने में क्या सुनाई दिया?**

 (क) अप्सराओं के गाने की आवाज

 (ख) बैलों की घंटियों की आवाज

 (ग) बच्चों के खेलने का शोरगुल

 (घ) दिव्य वाणी

23. **सेठ और सेठानी कर इस दिव्य वाणी का क्या प्रभाव पड़ा?**

 (क) दिव्य वाणी को सुनकर वे दोनों कृतकृत्य हो गए।

 (ख) दिव्य वाणी को सुनकर वे दोनों बिल्कुल चुप हो गए।

 (ग) दिव्य वाणी को सुनकर वे दोनों आश्चर्यचकित हो गए।

 (घ) उपरोक्त सभी

नेताजी का चश्मा

1. अब हालदार साहब को बात कुछ-कुछ समझ में आई। एक चश्मेवाला है जिसका नाम कैप्टन है। उसे नेताजी की बगैर चश्मेवाली मूर्ति बुरी लगती है। बल्कि आहत करती है, मानो चश्मे के बगैर नेताजी को असुविधा हो रही हो। इसलिए वह अपनी छोटी-सी दुकान में उपलब्ध गिने-चुने फ्रेमों में से एक नेताजी की मूर्ति पर फिट कर देता है, लेकिन जब कोई ग्राहक आता है और उसे वैसे ही फ्रेम की दरकार होती है, जैसा मूर्ति पर लगा है तो कैप्टन चश्मेवाला मूर्ति पर लगा फ्रेम-संभवत: नेताजी से क्षमा माँगते हुए—लाकर ग्राहक को दे देता है और बाद में नेताजी को दूसरा फ्रेम लौटा देता है। वाह ! भई खूब! क्या आइडिया है, लेकिन भाई ! एक बात अभी भी समझ में नहीं आई। हालदार साहब ने पानवाले से फिर पूछा, नेताजी का ओरिजिनल चश्मा कहाँ गया ?

 (i) हालदार साहब को यह बात समझ में आई कि—

 (a) एक चश्मे वाला है, जिसका नाम कैप्टन है

 (b) चश्मेवाला कोई फौजी है

 (c) कैप्टन सेना से सेवानिवृत है।

 (d) चश्मेवाला अपने चश्मों का विज्ञापन करता है।

 (ii) चश्मेवाले को यह बात बुरी लगती थी कि—

 (a) सब लोग उसे चश्मेवाला कहते हैं

 (b) सब लोग उसे कैप्टन कहते हैं।

 (c) नेताजी की मूर्ति की आँखों पर चश्मा नहीं था

 (d) उसे नेताजी की मूर्ति पर चश्मा पहनाना पड़ता है।

 (iii) ग्राहक द्वारा मूर्ति पर लगा फ्रेम माँगने पर कैप्टन क्या करता था?

 (a) वह ग्राहक को फ्रेम देने से मना कर देता था

 (b) वह मूर्ति पर लगा फ्रेम ग्राहक को दे देता था और मूर्ति पर दूसरा फ्रेम लगा देता था

 (c) वह नेताजी से क्षमा माँगता था

 (d) वह ग्राहक से अधिक पैसे वसूलता था

 (iv) असुविधा' शब्द से उपसर्ग और मूलशब्द अलग-अलग कीजिए—

 (a) असु + विधा (b) असुवि + धा

 (c) अस + उविधा (d) अ + सुविधा

 (v) 'आइडिया' शब्द किस भाषा से लिया गया है?

 (a) अंग्रेजी भाषा (b) हिंदी भाषा

 (c) पुर्तगाली भाषा (d) जर्मनी भाषा

2. हालदार साहब को पानवाले द्वारा एक देशभक्त का इस तरह मज़ाक उड़ाया जाना अच्छा नहीं लगा। मुड़कर देखा तो अवाक् रह गए। एक बेहद बूढ़ा मरियल-सा लँगड़ा आदमी सिर पर गाँधी टोपी और आँखों पर काला चश्मा लगाए, एक हाथ में एक छोटी-सी संदूकची और दूसरे हाथ में एक बाँस पर टँगे बहुत-से चश्मे लिए अभी-अभी एक गली से निकला था और अब एक बन्द दुकान के सहारे अपना बाँस टिका रहा था। तो इस बेचारे की दुकान भी नहीं! फेरी लगाता है!

(i) हालदार साहब अवाक् क्यों रह गए?

(a) पान वाले द्वारा देशभक्त का मजाक उड़ाए जाने पर

(b) एक बेहद बूढ़े लँगड़े आदमी को देखकर

(c) बूढ़े आदमी की संदूकची देखकर

(d) बूढ़े आदमी के चश्मे को देखकर

(ii) हालदार साहब को कैप्टन देशभक्त क्यों लगा?

(a) क्योंकि वह चश्मे बेचता था

(b) क्योंकि वह गाँधी टोपी लगाए था

(c) क्योंकि वह नेताजी की बिना चश्मे वाली प्रतिमा पर नित्य नया चश्मा पहनाता था

(d) क्योंकि वह फेरी लगाता था

(iii) कैप्टन चश्मे वाला गली से निकलने के बाद क्या करता था?

(a) फेरी लगाता था

(b) पानवाले से बातें करता था

(c) दुकान खोलकर बैठ जाता था

(d) मूर्ति पर चश्मा लगाता था

(iv) उपर्युक्त गद्यांश किस पाठ से लिया गया है?

(a) कैप्टन चश्मे वाला

(b) नेताजी का चश्मा

(c) हालदार साहब

(d) पानवाले की दुकान

(v) 'मरियल-सा' 'छोटी-सी', 'अभी-अभी' शब्दों के मध्य लगा (–) चिह्न क्या कहलाता है?

(a) निर्देशक चिह्न   (b) योजक चिह्न

(c) अल्प विराम   (d) अर्द्ध विराम

3. बार-बार सोचते, क्या होगा उस कौम का जो अपने देश की खातिर घर गृहस्थी-जवानी-जिन्दगी सब कुछ होम देने वालों पर हँसती है और अपने लिए बिकने के मौके ढूँढ़ती है। दु:खी हो गए। पन्द्रह दिन बाद फिर उसी कस्बे से गुज़रे। कस्बे में घुसने से पहले ही ख्याल आया कि कस्बे की हृदय-स्थली में सुभाष की प्रतिमा अवश्य ही प्रतिष्ठापित होगी, लेकिन सुभाष की आँखों पर चश्मा नहीं होगा।...........क्योंकि मास्टर बनाना भूल गया।.........और कैप्टन मर गया। सोचा आज वहाँ रुकेंगे नहीं, पान भी नहीं खायेंगे, मूर्ति की तरफ़ देखेंगे भी नहीं, सीधे निकल जाएँगे। ड्राइवर से कह दिया, चौराहे पर रुकना नहीं, आज बहुत काम है, पान आगे कहीं खा लेंगे।

(i) हालदार साहब दुखी थे, क्योंकि—

(a) कैप्टन मर गया था

(b) सुभाष की प्रतिमा की आँखों पर चश्मा नहीं होगा

(c) कुछ लोग देश की खातिर अपना सर्वस्व बलिदान कर देने वालों पर हँसते थे

(d) वह बहुत व्यस्त थे

(ii) अपने लिए बिकने के मौके ढूँढ़ते हैं—

(a) स्वार्थी और मतलबी लोग

(b) देशभक्त

(c) कस्बे में रहने वाले

(d) देश की खातिर अपना सब कुछ होम कर देने वाले

(iii) हालदार साहब कितने दिन बाद फिर उसी कस्बे से गुज़रे?

(a) बहुत दिन बाद   (b) महीनों बाद

(c) पंद्रह दिन बाद   (d) पंद्रह वर्ष बाद

(iv) हालदार साहब ने क्या सोचा था?

(a) मास्टर चश्मा लगाना भूल गया

(b) कैप्टन चश्मेवाला मर गया

(c) कि आज वह मूर्ति की तरफ नहीं देखेंगे

(d) कि मूर्ति की आँखों पर चश्मा नहीं होगा

(v) 'हृदयस्थली' शब्द का अर्थ है—

(a) चौराहा   (b) हृदय का स्थल

(c) अत्यंत प्रिय   (d) हृदय में रहने वाला

4. **'नेताजी का चश्मा' कहानी में कैप्टन कौन था?**

(a) हालदार साहब   (b) पानवाला

(c) चश्मे बेचने वाला   (d) अध्यापक

5. **लेखक स्वयं प्रकाश द्वारा लिखित 'नेताजी का चश्मा' नामक पाठ का उद्देश्य इनमें से क्या हो सकता है?**

(a) नगरपालिका की कार्य-पद्धति पर आलोचना करना

(b) कैप्टन चश्मे वाले के माध्यम से देश के करोड़ों नागरिकों की देशभक्ति और उनके योगदान को रेखांकित करना

(c) पान वाले द्वारा चश्मे वाले के व्यक्तित्व एवं क्रियाकलापों का मजाक उड़ाए जाने पर दुखी होना

(d) नेताजी की मूर्ति पर बदलते हुए चश्मों को देखकर उत्सुकता प्रकट करना

6. **'नेताजी का चश्मा' पाठ के माध्यम से हालदार साहब के स्वभाव में इनमें से कौन-सी विशेषता नहीं दिखाई देती?**

(a) हालदार साहब संवेदनशील थे

(b) वे देश के प्रति सच्ची श्रद्धा रखते थे

(c) वे भावुक हृदय के धनी थे

(d) उन्हें नेताजी की मूर्ति पर सरकंडे का चश्मा पसंद नहीं था

7. **चश्मे वाले (कैप्टन) के मन में देशभक्तों के प्रति कैसी भावना थी?**

(a) आदर की   (b) घमंड की

(c) घृणा की   (d) ईर्ष्या की

8. **नेताजी की प्रतिमा किस वर्दी में थी?**

(a) नेता की वर्दी में   (b) फौजी वर्दी में

(c) अंग्रेजों जैसी वर्दी में   (d) अंग्रेजों जैसी वर्दी में

9. 'नेताजी का चश्मा' नामक कहानी में देशभक्तों का अनादर करने वाले पात्र कौन हैं?

    (a) हालदार   (b) हालदार का ड्राइवर

    (c) कैप्टन   (d) पानवाला

10. इस पाठ में पानवाले के चरित्र की प्रमुख विशेषता क्या दिखाई गई है?

    (a) धोखेबाज है   (b) चालाक है

    (c) बातों का धनी है   (d) गरीब और ईमानदार है

11. 'वो लँगड़ा क्या जाएगा फौज में। पागल है पागल!' ये शब्द किसने कहे हैं?

    (a) पानवाले ने   (b) हालदार ने

    (c) ड्राइवर ने   (d) नगरपालिका के अध्यक्ष ने

12. हालदार साहब कस्बे में क्यों रुकते थे?

    (a) आराम करने के लिए   (b) पान खाने के लिए

    (c) किसी से मिलने के लिए   (d) कंपनी के काम के लिए

13. ड्राइंग मास्टर का क्या नाम था?

    (a) मोतीलाल   (b) किशनलाल

    (c) प्रेमपाल   (d) सोहनलाल

14. सुभाषचंद्र बोस की प्रतिमा किस वस्तु की बनी थी?

    (a) लोहे की   (b) संगमरमर की

    (c) मिट्टी की   (d) काँसे की

15. मूर्ति-निर्माण में नगरपालिका को देर क्यों लगी होगी?

    (a) धन के अभाव के कारण

    (b) मूर्तिकार न मिलने के कारण

    (c) मूर्ति स्थापना के स्थान का निर्णय न कर पाने के कारण

    (d) संगमरमर न मिलने के कारण

16. मूर्ति की ऊँचाई कितनी थी?

    (a) दो फुट   (b) चार फुट

    (c) छह फुट   (d) आठ फुट

17. 'तुम मुझे खून दो' नेताजी का यह नारा हमें क्या प्रेरणा देता है?

    (a) तरक्की करने की

    (b) खूनदान देने की

    (c) देश के लिए बलिदान देने की

    (d) देश से प्रेम करने की

18. सुभाषचंद्र बोस की प्रतिमा पर चश्मा किसने लगाया था?

    (a) मोतीलाल ने   (b) हालदार साहब ने

    (c) कैप्टन चश्मे वाले ने   (d) पानवाले ने

19. एक बार कस्बे से गुजरते समय हालदार को मूर्ति में क्या अंतर दिखाई दिया?

    (a) मूर्ति पर चश्मा नहीं था   (b) मूर्ति टूटी हुई थी

    (c) मूर्ति गंदी थी   (d) इनमें से कोई नहीं

20. नेताजी की मूर्ति की ऊँचाई कितनी थी?

    (a) 4 फुट   (b) 3 फुट

    (c) 5 फुट   (d) 2 फुट

उत्तरमाला

बात अठन्नी की

1. **(i)** (क) रमजान की चोरी का
    (ii) (ख) रसीला को निर्दयता पूर्वक पीटा
    (iii) (क) यह उसके खिलाफ साजिश है
      (ख) हलवाई ने अठन्नी रखली
      (ग) इंजिनियर साहब झूठ बोल रहे थे
      (घ) जानबूझ कर मुझ गरीब को फँसाया जा रहा है।
    (iv) (ग) रिश्वत लेने वाले शेख सलीमुद्दीन पर
    (v) (घ) छह महीने की

2. **(i)** (ख) रसीला
    (ii) (क) जगतसिंह का नौकर
    (iii) (ख) इंजीनियर जगतसिंह
    (iv) (ग) इंजीनियर जगतसिंह ने
    (v) (क) मित्र का

3. (क) उसके परिवार की गुजर-बसर का

4. (घ) इंजीनियर जगतसिंह के घर में

5. (ग) दस रुपए

6. (ख) गुजर-बसर में कठिनाई होती थी

7. (क) रसील के बच्चे

8. (ग) वह सोचता कुछ ज्यादा रुपए मिलने पर भी ऐसा आदर नहीं मिलेगा

9. (ख) बच्चे बीमार हैं और रुपया नहीं है

10. (क) बाबू जगत सिंह का

11. (ग) साढ़े चार रुपए की

12. (ख) वह मिठाई कम लाया था

13. (घ) रसीला का

14. (ग) बाबू जगतसिंह का

15. (क) रमजान की आँखों में

16. (ख) रसीला ने कही

17. (क) क्योंकि उन्हें वह रकम काफी कम लग रही थी

18. (ख) इंजीनियर बाबू के पड़ोस में

19. (क) रिश्वत लेने वाले

20. (ग) फलों के

21. (क) रजमान को अठन्नी लौटाकर

22. (घ) ये सभी

काकी

1. **(i)** (ख) श्यामू की माँ को नीचे उतारने के लिए

(ii) (क) भोला समझदार था

(iii) (ग) शुभ कार्य में विघ्न विश्वेश्वर ने डाला

(iv) (ग) विश्वेश्वर हतबुद्धि होकर खड़ा रह गया

(v) (ख) जिसकी बुद्धि काम न कर रही हो

2. (i) (ग) क्योंकि श्यामू की माँ मर गई थी

(ii) (क) श्यामू ने यह उपद्रव मचाया कि उसकी काकी को कहाँ ले जा रहे हो

(iii) (ख) काकी उसके मामा के यहाँ गई है

(iv) (क) काकी का सत्य उससे छिपा न रह सका

(v) (घ) वह आकाश को इसलिए ताका करता कि शायद उसकी काकी उसे दिख जाए

3. (ग) इसलिए कि पतंग आसमान में राम के यहाँ जाकर रुकेगी जहाँ उसकी काकी है

4. (क) "काका! मुझे एक पतंग मैंगा दो"

5. (क) श्यामू के मित्र भोला ने उसकी सहायता की

6. (क) मन का बहुत अधिक प्रसन्नता से भर जाना

7. (घ) पतंग आकाश में राम जी के यहाँ जाएगी जिसके सहारे काकी नीचे उतर आएगी।

8. (क) फटी पतंग पर 'काकी' लिखा देखकर विश्वेश्वर को अपने कृत्य पर बड़ा दुःख हुआ

9. (ग) एक रुपया

10. (ख) दो रस्सियाँ

11. (घ) 'काकी' शीर्षक ही कहानी के अनुरूप है

12. (क) श्यामू का मित्र

13. (ख) चवन्नी में

14. (क) विश्वेश्वर के कोट की जेब से

15. (ग) दो रस्सियों से बँधी पतंग राम जी के यहाँ पहुँच जाएगी

16. (ग) अपनी काकी को पतंग के द्वारा राम के यहाँ से नीचे उतरेगा

17. (क) श्यामू के मातृ प्रेम की पराकाष्ठा को

18. (ख) श्यामू ने चोरी की थी

19. (ख) भेद खोलने वाला

महायज्ञ का पुरस्कार

1. (i) (ग) सेठ कुन्दनपुर अपना यज्ञ बेचने गए थे

(ii) (क) यह प्रथा प्रचलित थी कि यज्ञों के फल का क्रय-विक्रय होता था।

(iii) (ग) सेठानी ने सेठ को एक यज्ञ बेचने की सलाह दी

(iv) (ख) सेठानी ने चार मोटी-मोटी रोटियाँ बनाकर सेठ को दे दीं

(v) (घ) वृक्षों के कुंज और कुएँ के पास सेठ जी भोजन के लिए बैठे।

2. (i) (क) प्रारम्भ से अंत तक

(ii) (ग) सेठ ने कुन्दनपुर के सेठ और सेठानी से हुई बातचीत और अगले दिन शाम तक घर आने की बात सुनाई

(iii) (ख) वह कथा सुनकर सेठानी की सारी वेदना विलीन हो गई

(iv) (ख) सेठानी ने दहलीज के सहारे ऊँचे उठे पत्थर पर एक लोहे का कुन्डा लगा देखा।

(v) (घ) उन्होंने देखा कि तहखाने में जवाहरात जगमगा रहे हैं।

3. (क) उन्हें कोई दैवीय शक्ति प्राप्त थी

4. (ग) वह यज्ञ का फल खरीद लेते थे

5. (घ) कुत्ते के

6. (ग) बेचारे का पेट कमर से लगा था

7. (ग) चार

8. (ख) महायज्ञ

9. (घ) दिया जलने के समय

10. (ग) निःस्वार्थ भाव से किया गया कर्म

11. (घ) धर्म

12. (क) अत्यन्त विनम्र, उदार और धर्मपरायण

13. (ख) बड़े तड़के के समय

14. (ख) गरीबी का

15. (क) सेठ व सेठानी भूखों मरने लगे

16. (ख) पत्थर बिल्कुल भी नहीं उठा था

17. (ख) सीढ़ियाँ

18. (ख) विशाल तहखाने में जवाहारात जगमगा रहे थे

19. (घ) वे दोनों निस्तब्ध खड़े थे।

20. (घ) सेठ ने मरणासन्न कुत्ते को चारों रोटियाँ खिलाकर उसकी जान बचाई।

21. (घ) विशाल जवाहरातों का भंडार

22. (घ) दिव्य वाणी

23. (क) दिव्य वाणी को सुनकर वे दोनों कृतकृत्य हो गए।

नेताजी का चश्मा

1. (i) (a) एक चश्मे वाला है, जिसका नाम कैप्टन है।

(ii) (c) नेताजी की मूर्ति की आँखों पर चश्मा नहीं था

(iii) (b) वह मूर्ति पर लगा फ्रेम ग्राहक को दे देता था और मूर्ति पर दूसरा फ्रेम लगा देता था

(iv) (d) अ + सुविधा

(v) (a) अंग्रेजी भाषा

2. (i) (b) एक बेहद बूढ़े लँगड़े आदमी को देखकर

(ii) (c) क्योंकि वह नेताजी की बिना चश्मे वाली प्रतिमा पर नित्य नया चश्मा पहनाता था

(iii) (a) फेरी लगाता था

(iv) (b) नेताजी का चश्मा

(v) (b) योजक चिह्न

3. (i) (c) कुछ लोग देश की खातिर अपना सर्वस्व बलिदान कर देने वालों पर हँसते थे

(ii) (a) स्वार्थी और मतलबी लोग

(iii) (c) पंद्रह दिन बाद

(iv) (c) कि आज वह मूर्ति की तरफ नहीं देखेंगे

(v) (a) चौराहा

4. (c) चश्मे बेचने वाला

5. (b) कैप्टन चश्मे वाले के माध्यम से देश के करोड़ों नागरिकों की देशभक्ति और उनके योगदान को रेखांकित करना

6. (d) उन्हें नेताजी की मूर्ति पर सरकंडे का चश्मा पसंद नहीं था

7. (a) आदर की

8. (b) फौजी वर्दी में

9. (d) पानवाला

10. (c) बातों का धनी है

11. (a) पानवाले ने

12. (b) पान खाने के लिए

13. (a) मोतीलाल

14. (b) संगमरमर की

15. (a) धन के अभाव के कारण

16. (d) आठ फुट

17. (c) देश के लिए बलिदान देने की

18. (c) कैप्टन चश्मे वाले ने

19. (a) मूर्ति पर चश्मा नहीं था

20. (d) 2 फुट

❑❑

साहित्य सागर—पद्य

साखी

निम्नलिखित गद्यांश को पढ़िए और उसके नीचे लिखे प्रश्नों के उत्तर के लिए सही विकल्प चुनिए—

1. काँकर पाथर जोरि कै, मसजिद लई बनाय।
   ता चढ़ि मुल्ला बाँग दे, क्या बहरा हुआ खुदाय॥

   कवि—कबीरदास

   (i) क्या कबीर पढ़े-लिखे थे?
   - (क) वे पढ़े-लिखे नहीं थे
   - (ख) उन्होंने पीएचडी की थी
   - (ग) उन्होंने कई उपाधियाँ प्राप्त कीं
   - (घ) वे अल्पज्ञान रखते थे

   (ii) कबीरदास जी की भाषा को क्या कहा जाता है?
   - (क) ब्रज भाषा
   - (ख) अवधि भाषा
   - (ग) पंचमेल खिचड़ी
   - (घ) मैथिली भाषा

   (iii) कबीरदास जी किसके उपासक थे?
   - (क) शिव-पार्वती के
   - (ख) राम-सीता के
   - (ग) हनुमान जी के
   - (घ) निर्गुण तथा निराकार ईश्वर के

   (iv) कबीरदास जी ने किसका विरोध किया?
   - (क) नदियों की पूजा का
   - (ख) वृक्षों की पूजा का
   - (ग) मूर्ति-पूजा, कर्मकांड तथा बाहरी आडम्बरों का
   - (घ) उपरोक्त सभी का

   (v) क्या कबीरदास जी ने हिन्दू-मुसलमानों की एकता का प्रयास किया?
   - (क) वे हिन्दू-मुसलमानों के बीच मतभेद करते रहे
   - (ख) वे हिन्दू-मुसलमानों में दंगे-फसाद करवाते थे
   - (ग) उन्होंने हिन्दू-मुस्लिम एकता नारा भी बुलन्द किया
   - (घ) वे जातिवाद के प्रबल समर्थक थे

2. पाहन पूजे हरि मिलें, तो मैं पूजूँ पहार।
   ताते ये चाकी भली, पीस खाय संसार॥

   (i) कबीर मूर्ति पूजा के खिलाफ क्यों थे?
   - (क) क्योंकि भगवान की प्राप्ति के लिए उनकी भक्ति और सच्चे मन से स्मरण आवश्यक है
   - (ख) क्योंकि पत्थर में भगवान नहीं बसते।
   - (ग) कबीरदास जी मुसलमान होने के कारण मूर्ति पूजा के खिलाफ थे।
   - (घ) वे ईश्वर में आस्था नहीं रखते थे।

   (ii) कबीरदास जी ने चाकी को भला क्यों बताया है?
   - (क) क्योंकि चाकी (चक्की) पत्थर से बनी होने के कारण कुछ बोलती नहीं है
   - (ख) क्योंकि चाकी किसी में भेद नहीं करती।
   - (ग) क्योंकि महीन आटा पीसती है
   - (घ) क्योंकि चाकी अनाज पीसकर आटा बनाती है जिससे रोटी बनाकर सब अपना पेट भरते हैं।

   (iii) कबीरदास जी के गुरु कौन थे?
   - (क) संत रैदास
   - (ख) संत स्वामी रामानंद
   - (ग) संत ज्ञानेश्वर
   - (घ) संत तुकाराम

   (iv) कबीरदास जी ने हिन्दू-मुस्लिम सम्प्रदायों में व्याप्त किनके विरुद्ध आवाज उठाई?
   - (क) दोनों सम्प्रदायों में व्याप्त कलह के विरुद्ध
   - (ख) दोनों सम्प्रदायों के अपने-अपने को श्रेष्ठ मानने के विरुद्ध
   - (ग) दोनों सम्प्रदायों में व्याप्त रूढ़ियों तथा धार्मिक कुरीतियों के विरुद्ध
   - (घ) उपरोक्त सभी के विरुद्ध

   (v) कबीरदास जी पहार पूजने की बात क्यों करते हैं?
   - (क) क्योंकि पहारों पर (पहाड़ों) पत्थर खूब होते हैं।
   - (ख) क्योंकि बड़े होने के कारण पूजने से शीघ्र ही ईश्वर की प्राप्ति हो जाएगी।
   - (ग) क्योंक पहारों से नदियाँ भी निकलती हैं।
   - (घ) क्योंकि पहारों पर ऋषि-मुनियों ने तपस्या कर भगवान को प्रसन्न किया।

3. गुरु गोबिंद दोउ खड़े काके लागू पायँ।
   बलिहारी गुरु आपनो, जिन गोबिंद दियौ बताय॥

   (i) इन पंक्तियों में कवि ने किसकी महानता बताई है?
   - (क) गोविंद की
   - (ख) राम की
   - (ग) गुरु की
   - (घ) कवि ने अपनी

   (ii) कबीरदास जी के समक्ष कौन-कौन खड़े हैं?
   - (क) गोविंद और गुरु
   - (ख) गुरु के माता-पिता
   - (ग) गुरु के दो भाई
   - (घ) गुरु के दो सहपाठी

   (iii) कबीरदास जी पहले किसके चरण स्पर्श करना चाहते हैं?
   - (क) अपने पिता के
   - (ख) अपने गुरु के
   - (ग) अपनी माता के
   - (घ) गोबिंद के

(iv) कबीरदास जी ने गुरु को महान क्यों बताया?

(क) क्योंकि गुरु ढेर सारी पुस्तकें पढ़ाता है

(ख) गुरु ही उन्हें अनुशासन का पाठ पढ़ाता है

(ग) गुरु अपने ज्ञान और मार्गदर्शन से ईश्वर की प्राप्ति कराता है

(घ) गुरु ही उन्हें योग्य बनाकर जीवनयापन करना सिखाता है।

(v) क्या गुरु के बिना ज्ञान प्राप्त किया जा सकता है?

(क) ऑनलाइन पढ़ाई करके

(ख) गुरु के बिना ज्ञान प्राप्त करना असंभव है

(ग) गुरु पढ़ाते नहीं सिर्फ ट्यूशन करने में रुचि लेते हैं।

(घ) गुरु तो प्रदर्शन में रुचि लेते हैं ज्ञान देने में उनकी रुचि कहाँ।

4. जब मैं था तब हरि नहीं, अब हरि हैं मैं नाहि।
   प्रेम गली अति साँकरी, तामे दो न समाहि॥

(i) हरि और अहंकार साथ-साथ क्यों नहीं रहते?

(क) क्योंकि हरि और अहंकार का दूर-दूर तक कोई मेल नहीं है

(ख) क्योंकि हरि और अहंकार दो विरोधी शक्तियाँ हैं

(ग) हरि और अहंकार दोनों बहुत लड़ते हैं

(घ) क्योंकि हरि अपने को अहंकार का गुरु मानते हैं

(ii) 'अब हरि हैं मैं नाहि' से क्या तात्पर्य है?

(क) जहाँ हरि रहते हैं वहाँ अहंकार भूलकर भी नहीं आ सकता

(ख) अहंकार मनुष्य का दुर्गुण है जो उसे धीरे-धीरे नष्ट कर देता है।

(ग) अहंकार से मनुष्य हरि को प्राप्त करता है

(घ) हरि को अहंकारी भक्त अच्छे नहीं लगते।

(iii) "प्रेम गली अति साँकरी" यहाँ साँकरी से क्या तात्पर्य है?

(क) तंग (ख) साँकल वाली

(ग) चौड़ी (घ) टेढ़ी-मेढ़ी

(iv) 'तामे दो न समाहि' का क्या अर्थ है?

(क) प्रेम गली एक फुट चौड़ी है उसमें से एक व्यक्ति ही निकल जाता है

(ख) प्रेमगली बड़ी दूर है वहाँ दो व्यक्ति भी साथ नहीं जा सकते।

(ग) साँकरी प्रेमगली में था तो अहंकार होगा या फिर भगवान।

(घ) साँकरी प्रेम गली में सिर्फ ईश्वर रहता है दूसरा कोई नहीं।

(v) दूसरी पंक्ति में क्या बताया गया है?

(क) मन में अहंकार होने पर ईश्वर स्वयं मिल जाता है

(ख) मन में अहंकार पहले से रहता है तो फिर ईश्वर को जगह कैसे मिलेगी

(ग) मन में अहंकार के साथ कभी भी ईश्वर की प्राप्ति नहीं हो सकती

(घ) मन में ईश्वर रहता है वह अहंकार को टिकने नहीं देगा।

5. सात समंद की मसि करौं, लेखनि सब बनराय।
   सब धरती कागद करौं, हरि गुन लिखा न जाय॥

(i) 'मसि' शब्द से यहाँ क्या तात्पर्य है?

(क) कागज (ख) स्याही

(ग) सड़े हुए पत्ते (घ) मस्सा

(ii) 'लेखनि और बनराय' का क्या अर्थ है?

(क) लेखनी और सभी वन

(ख) लेखनी और वनराज (सिंह)

(ग) लेखनी से बने सुन्दर वन

(घ) लेखनी से बनाई कृति आकृति

(iii) 'सब धरती कागद करौं' क्या धरती से बना ऐसा कागज हो सकता है?

(क) हाँ हो सकता है ईश्वर के गुण लिखने के लिए

(ख) कभी नहीं हो सकता

(ग) प्रयत्न करें तो हो जाएगा

(घ) सब बकवास है।

(iv) क्या हरि के गुणों का वर्णन करना संभव है?

(क) हरि के गुणों के वर्णन का प्रयास करना चाहिए

(ख) हरि के दो-चार गुणों का वर्णन करना संभव है

(ग) हरि के गुण अनन्त हैं अत: उनका वर्णन करना असंभव है

(घ) उपरोक्त सभी

(v) कबीरदास जी ने यहाँ किसकी महत्ता बताई है?

(क) हरि के गुणों की

(ख) सभी व्यक्तियों के गुणों की

(ग) अहंकारी व्यक्ति के दुर्गुणों की

(घ) सभी जीव-जन्तुओं के जीवन की

6. ता चढ़ि मुल्ला बाँग दे, क्या बहरा हुआ खुदाय।
   इस पंक्ति से कबीर की किस भावना का पता चलता है?

(क) रूढ़िवादिता पर व्यंग्यपूर्ण तरीके से मानव जाति सेपूछ है कि क्या भगवान बहरा है?

(ख) वे धार्मिक कुरीतियों को बढ़ावा देना चाहते थे

(ग) वे मुसलमानों का चिल्लाकर नमाज पढ़ना पसन्द करते थे

(घ) खुदा बहरा हो गया जोर से चिल्लाने पर ही सुनेगा।

गिरधर की कुंडलियाँ

1. साँई सब संसार में, मतलब का व्यवहार।
   जब लग पैसा गाँठ में, तब लग ताको यार॥
   तब लग ताको यार, यार संग ही संग डोले।
   पैसा रहे न पास, यार मुख से नहिं बोले॥
   कह 'गिरिधर कविराय' जगत यदि लेखा भाई।
   करत बेगरजी प्रीति, यार बिरला कोई साँई॥

कवि–गिरिधर कविराय

(i) **इस संसार में मतलब का क्या रह गया है?**

 (क) प्रेम   (ख) व्यवहार

 (ग) खेती   (घ) मनुष्य

(ii) **सभी लोग कब तक मित्र बने रहेंगे?**

 (क) जब तक निर्धन हैं

 (ख) जब काम करते हैं

 (ग) जब तक मित्रता रखेंगे

 (घ) जब तक पैसा पास में है

(iii) **पैसा पास में रहने पर लोग क्या करेंगे?**

 (क) हर समय तुम्हारे साथ रहेंगे

 (ख) मुसीबत पड़ने पर ही पास आएँगे

 (ग) हर समय पैसे के लिए झगड़ा करेंगे

 (घ) हर समय पैसा उधार लेते रहेंगे।

(iv) **पैसा पास में न होने से मित्र कैसा व्यवहार करेंगे?**

 (क) हर समय पैसे की माँग करेंगे

 (ख) पैसे को छिपाकर रख लेंगे

 (ग) मित्र मुँह से भी नहीं बोलेंगे

 (घ) कभी घर नहीं आएँगे

(v) **बेमतलब ही प्रीति करने वाला क्या कोई होता है?**

 (क) कभी नहीं होता

 (ख) कोई-कोई होता है

 (ग) कभी होता, कभी नहीं होता

 (घ) ऐसा कोई मूर्ख ही होता है

2. रहिए लटपट काटि दिन, बरु धामे माँ सोय।
 छाँह न बाकी बैठिये, जो तरु पतरो होय॥
 जो तरु पतरो होय, एक दिन धोखा दे हैं।
 जा दिन बहै बयारि, टूटि तब जर से जै हैं॥
 कह 'गिरिधर कविराय' छाँह मोटे की गहिए।
 पाती सब झरि जायँ, तऊ छाया में रहिए।

 (i) **कवि कैसे वृक्ष की छाया में बैठने से मना कर रहा है?**

 (क) मोटे वृक्ष की छाया में

 (ख) पतले वृक्ष की छाया में

 (ग) सूखे वृक्ष की छाया में

 (घ) पौधे की छाया में

 (ii) **पतला वृक्ष एक दिन क्या दे सकता है?**

 (क) धोखा दे सकता है

 (ख) हरा-भरा फलदार हो सकता है

 (ग) पतला वृक्ष झुक जाता है

 (घ) पतला वृक्ष बहुत मजबूत होता है

 (iii) **जोर से हवा चलने पर पतले वृक्ष की क्या दशा होगी?**

 (क) पतला वृक्ष जोर-जोर से झूमेगा

 (ख) पतला वृक्ष धीरे-धीरे हिलेगा

 (ग) पतला वृक्ष जड़ से टूट जाएगा

 (घ) उपरोक्त सभी

(iv) **कवि कैसे वृक्ष की छाया में बैठने की सलाह देता है?**

 (क) सूखे वृक्ष की छाया में

 (ख) मोटे वृक्ष की छाया में

 (ग) पतले वृक्ष की छाया में

 (घ) क्योंकि वृक्ष गिरने पर घायल हो सकते हैं।

(v) **जो हर प्रकार से हमारी सहायता कर सकता है, वह व्यक्ति कैसा होना चाहिए?**

 (क) हर समय झगड़ा करने वाला

 (ख) हर समय यात्रा करने वाला

 (ग) वह व्यक्ति हाथ-पैर से मजबूत होना चाहिए

 (घ) वह व्यक्ति सबल और सामर्थ्यवान होना चाहिए।

3. गुन के गाहक सहस नर बिन गुन लहै न कोय।
 जैसा कागा कोकिला, शब्द सुनै सब कोय॥
 शब्द सुनै सब कोय, कोकिला सबै सुहावन
 दोऊ को एक रंग, काग सब भये अपावन॥
 कह 'गिरिधर कविराय' सुनो हो ठाकुर मन के।
 बिन गुन लहै न कोय, सहस नर गाहक गुन के॥

 (i) **सहस्र नर किसके ग्राहक हैं?**

 (क) आलू के   (ख) प्याज के

 (ग) मिठाई के   (घ) नर के गुण के

 (ii) **गुन से कवि का क्या तात्पर्य है?**

 (क) गुड़

 (ख) नर के ज्ञान, योग्यता और सद्व्यवहार

 (ग) नर की सोच-विचार

 (घ) अन्तरमन को मथना

(iii) **कोयल और कौए में क्या अन्तर है?**

 (क) बोली का अन्तर

 (ख) रंग क अन्तर

 (ग) कौआ चालाक होता है कोयल सीधी

 (घ) कोई अन्तर नहीं होता

(iv) **कौआ क्यों अपवित्र माना जाता है?**

 (क) अपने रंग के कारण   (ख) उसे एक ही आँख से दिखाई देता है

 (ग) कर्कश ध्वनि के कारण (घ) उपरोक्त सभी

(v) **संसार में किसको श्रेष्ठ माना जाता है?**

 (क) जो व्यक्ति बहुत स्वार्थी हो

 (ख) जो सारे दिन काम में कोल्हू के बैल के समान व्यस्त रहता हो

 (ग) जो व्यक्ति सब पर रौब जमाता हो

 (घ) जो मधुरभाषी, सद्व्यवहारी, कार्य में कुशल और परोपकार करने वाला हो

4. पानी बाढ़े नाव में, घर में बाढ़े दाम।
 दोऊ हाथ उलीचिए, यही सयानो काम॥
 यही सयानो काम राम को सुमिरन कीजै।
 पर-स्वारथ के काज, शीश आगे धर दीजै॥
 कह 'गिरिधर कविराय', बड़ेन की याही बानी।
 चलिए चाल सुचाल, रखिए अपना पानी॥

(i) घर में दाम और नाव में पानी बढ़ जाने पर हमें क्या करना चाहिए?

(क) उन्हें दोनों हाथों से बाहर निकाल देना चाहिए।

(ख) उन्हें ओर बढ़ने देना चाहिए

(ग) उनके घटने की प्रतीक्षा करनी चाहिए

(घ) उपरोक्त सभी प्रयास करने चाहिए।

(ii) "पर-स्वारथ के काज, शीश आगे धर दीजै" पंक्ति से क्या तात्पर्य है?

(क) दूसरों का उपकार करते समय अपना सिर सबसे पहले बचाना चाहिए।

(ख) परोपकार के समय सिर पर टोपी अवश्य पहननी चाहिए।

(ग) परोपकार के समय अपनी कुर्बानी भी देनी पड़े तो पीछे नहीं हटना चाहिए।

(घ) परोपकार करने का काम तो फालतू लोग करते हैं।

(iii) बड़े लोगों ने क्या कहा है?

(क) सत्मार्ग पर चलते हुए परोपकार करना चाहिए।

(ख) हमें परोपकार को छोड़ केवल अपना स्वार्थ साधना चाहिए

(ग) दूसरों से खूब पैसा उधार लो चाहे स्वाभिमान खोना पड़े

(घ) सत्मार्ग पर चलते हुए हमारे स्वाभिमान से ही जग में हमारा अस्तित्व कायम रहता है।

(iv) क्या बड़े लोगों कहना आपको उचित लगता है?

(क) नहीं हमें अपने जीवन को अपने ढंग से व्यतीत करना चाहिए

(ख) समाज सेवा और परोपकार करना हर व्यक्ति के वश की बात नहीं

(ग) समय मिले तो थोड़ा बहुत परोपकार अवश्य करना चाहिए।

(घ) अच्छे मार्ग पर चलने से हमारे कर्म सुधरते हैं, सम्मान मिलता है।

(v) परोपकार करते समय किसका स्मरण करना चाहिए?

(क) साधु और संतों   (ख) राम का

(ग) अपने घरवालों का   (घ) पड़ोसियों का

5. राजा के दरबार में, जैसे समया पाय।

साईं तहाँ न बैठिए, जहँ कोउ देय उठाय॥

जहँ कोउ देय उठाय, बोल बनबोले रहिए।

हँसिये नहीं हहाय, बात पूछे ते कहिए॥

कह 'गिरिधर कविराय' समय से कीजै काजा।

अति आतुर नहिं होय, बहुरि अनखेहैं राजा॥

(i) राजा के दरबार में कब जाना चाहिए?

(क) समय विचार कर और राजा का न्यौता मिलने पर

(ख) दरबार लगा हो तब जाना चाहिए

(ग) जब राजा आने की अनुमति दे तब

(घ) जब समय मिले तब राजा तो महल में ही रहते हैं

(ii) राजा के दरबार में किस बात का ध्यान रखना चाहिए?

(क) राजा द्वारा बुलाने पर दरबार में ससम्मान जाना चाहिए।

(ख) दरबार में काम करने वाले को बिना सम्मान मिले भी जाना चाहिए।

(ग) मान–अपमान में क्या रखा है जब समय तब जाओ

(घ) उपरोक्त सभी

(iii) 'बोल अनबोले रहिए' का क्या तात्पर्य है?

(क) बोलते रहिए चाहे कोई सुने या न सुने

(ख) एक चुप सौ को हराता है

(ग) अपनी बात से सभा को आश्चर्यचकित कर दीजिए

(घ) पूछे जाने पर ही बोलो क्योंकि बिना पूछे बोलने पर अपमान हो सकता है।

(iv) अति आतुर होने के लिए कवि ने क्यों मना किया है?

(क) अति आतुर होना अर्थात् कार्य में लगन होना

(ख) राजा के दरबार में आतुरता दिखाने से राजा नाराज हो सकता है।

(ग) राजा की नाराजगी की परवाह किए बिना बोले

(घ) अति आतुरता दिखाने से कार्य बिगड़ जाता है।

(v) हमको अपनी बात कब कहनी चाहिए?

(क) अपनी बात बिना पूछे ही कह देनी चाहिए।

(ख) जब कभी समय मिले तब अपनी बात कहनी चाहिए

(ग) अवसर देखकर ही अपनी बात करनी चाहिए

(घ) किसी के पूछने पर ही अपनी बात करनी चाहिए।

6. लाठी में गुण बहुत हैं, सदा राखिए संग।

गहरि, नदी, नारी जहाँ, तहाँ बचावैं अंग॥

तहाँ बचावे अंग, झपटि कुत्ता कहँ मारे।

दुश्मन दावागीर, होयँ तिनहूँ को झारे॥

कह 'गिरिधर कविराय' सुना हो धूर के बाठी।

सब हथियार न छाँडि, हाथ महँ लीजै लाठी॥

(i) कवि के अनुसार किसमें बहुत से गुण हैं?

(क) भाले में   (ख) धनुष-बाण में

(ग) बन्दूक में   (घ) लाठी में

(ii) गहरी नदी या नाले में लाठी कैसे काम करती है?

(क) यह पानी की थाह बताकर हमारी रक्षा करती है

(ख) हम लाठी के सहारे ही नदी या नाले में चल सकते हैं

(ग) नदी या नाले में लाठी का कोई काम नहीं

(घ) नदी में तो नाव के सहारे ही पार उतरते हैं

(iii) कुत्ता आक्रमण करे तो किससे रक्षा करनी चाहिए?

(क) हन्टर से   (ख) लाठी से

(ग) प्यार से पुचकार कर   (घ) जंजीर से बाँधकर

(iv) यदि कोई अहंकारी दुश्मन आक्रमण करे तो क्या करना चाहिए?

(क) दुश्मन पर कुत्ता छोड़ देना चाहिए।

(ख) उसे प्यार से समझाना चाहिए

(ग) उस पर जोर-जोर से चिल्लाना चाहिए

(घ) उसे लाठी से पराजित कर सकते हैं।

(v) कवि सब हथियारों को छोड़कर हाथ में क्या रखने को कहते हैं?

(क) लाठी (ख) बन्दूक

(ग) पिस्तौल (घ) एक मोटी रस्सी

स्वर्ग बना सकते हैं

1. लेकिन विघ्न अनेक अभी
इस पथ पर अड़े हुए हैं
मानवता की राह रोककर
पर्वत अड़े हुए हैं।

कवि–रामधारी सिंह 'दिनकर'

(i) कवि ने इस कविता में क्या इच्छा व्यक्त की है?

(क) हम प्रयत्न करें तो देश को स्वर्ग के समान बना सकते हैं।

(ख) मनुष्य आलसी है वह केवल अपना जीवन सुखमय बना सकता है।

(ग) देशवासी तो जातिवाद में उलझे हुए, विकास कैसे करें

(घ) नेता बनकर देश की प्रगति में हिस्सेदार हो सकते हैं।

(ii) क्या यह कविता 'राष्ट्रप्रेम' को प्रदर्शित करती है?

(क) यह कविता मनुष्य के स्वार्थ को प्रदर्शित करती है

(ख) मनुष्य-मनुष्य में विभिन्नता का भाव प्रदर्शित करती है।

(ग) मनुष्य के स्वयं विकास के भाव को प्रदर्शित करती है।

(घ) यह कविता राष्ट्रीयता से प्रेरित है।

(iii) कौन-से पथ पर विघ्न अड़े हुए हैं?

(क) हमारे विकास के पथ पर

(ख) महात्मा गाँधी मार्ग पर

(ग) चन्द्रशेखर आजाद मार्ग पर

(घ) राष्ट्रीय राजमार्ग पर

(iv) इन विघ्नों को कैसे दूर किया जा सकता है?

(क) नये उपाय सोचकर (ख) सच्चे परिश्रम से

(ग) सबकी मदद से (घ) उपरोक्त सभी से

(v) मानवता की राह रोककर कौन अड़े हुए हैं?

(क) अनेक रुकावटें पर्वतों के समान अडिग खड़ी हुई हैं।

(ख) जमीन धसकने से रास्ता बन्द हो गया है

(ग) बाढ़ आने पर रास्ता बंद है

(घ) खराब बर्फीले मौसम से रास्ता बंद हो गया है।

2. "सबको मुक्त प्रकाश चाहिए
सबको मुक्त समीकरण
बाधा रहित विकास, मुक्त
आशंकाओं से जीवन।"

(i) उपरोक्त पंक्तियों से क्या भाव स्पष्ट होता है?

(क) विभिन्नता का भाव (ख) समानता का भाव

(ग) स्वार्थपरता का भाव (घ) सफलता का भाव

(ii) ऊपर की दो पंक्तियों में क्या भाव दिखाई देता है?

(क) मनुष्य को विकास के लिए मुक्त प्रकाश व मुक्त स्वच्छ वायु चाहिए।

(ख) मुक्त प्रकाश और मुक्त स्वच्छ वायु के लिए आकाश में उड़ना चाहिए।

(ग) मुक्त प्रकाश और मुक्त स्वच्छ वायु के लिए खुले आकाश के नीचे रहे।

(घ) उपरोक्त सभी

(iii) बाधा रहित विकास से क्या तात्पर्य है?

(क) विकास में सारी बाधाएँ दूर हो गईं।

(ख) रुकावटें तो बाधाएँ उत्पन्न करती हैं

(ग) बाधाओं से विकास में रुकावट संभव नहीं

(घ) विकास में ऐसी कोई बाधा न आए जिसे दूर न किया जा सके।

(iv) 'मुक्त आशंकाओं से जीवन' का क्या अर्थ है?

(क) सन्देहों से जीवन में रुकावट आती है

(ख) विकास के मार्ग में सन्देह का कोई काम

(ग) सभी के जीवन में ऐसा कोई अनिवार्य नहीं

(घ) आशंका या भय मुक्त जीवन में ही मनुष्य का विकास संभव है।

(v) कवि की कैसी भावनाएँ इन पंक्तियों से जुड़ी हुई हैं?

(क) साम्प्रदायिकता की भावनाएँ

(ख) जातिवाद की भावना

(ग) धार्मिकता की भावनाएँ

(घ) राष्ट्रीय भावनाएँ

3. "न्यायोचित सुख सुलभ नहीं
जब तक मानव-मानव को
चैन कहाँ धरती पर तब तक
शान्ति कहाँ इस भव को?"

(i) 'न्यायोचित सुख' से क्या तात्पर्य है?

(क) न्याय का सुख

(ख) अन्याय पूर्ण सुख

(ग) कर्म से मिलने वाला सुख

(घ) संतोष रूपी सुख

(ii) न्यायोचित सुख किसको नहीं मिलेगा?

(क) सभी प्राणियों को (ख) प्रत्येक मानव को

(ग) सभी जीवधारियों को (घ) ये सभी

(iii) मानव चैन की साँस कहाँ नहीं ले सकता?

(क) आकाश में (ख) जंगलों में

(ग) जल में (घ) धरती पर

(iv) 'भव' का क्या अर्थ है?

(क) संसार (ख) तीनों लोक

(ग) पशुओं का समूह (घ) समुद्र

(v) मनुष्य समाज में क्या चाहता है?

(क) समान न्याय और समान सुविधा का अधिकार

(ख) यात्रा करने की समान सुविधाएँ

(ग) सड़क पर चलने का अधिकार

(घ) सबको समदृष्टि से देखने का अधिकार

4. "जब तक मनुज-मनुज का यह
सुख भाग नहीं सम होगा
शमित न होगा कोलाहल
संघर्ष नहीं कम होना।"

(i) समानता कब आएगी?

(क) जब तक मनुष्यों में भिन्नता रहेगी

(ख) जब तक मनुष्य आपस में संघर्ष नहीं करेंगे

(ग) जब तक मनुष्य कम बोलना नहीं सीखेगा

(घ) जब तक मनुष्य-मनुष्य में भेद-भाव खत्म नहीं होगा।

(ii) कब तक इस संसार में शोरगुल कम नहीं होगा?

(क) जब तक लोग अपने स्वार्थ में लगे रहेंगे

(ख) जब तक सब नेता अपनी राजनीति करेंगे

(ग) जब तक अपने को श्रेष्ठ समझने की भावना खत्म नहीं होगी

(घ) जब तक प्रत्येक मनुष्य दूसरे को अपने समान नहीं समझेंगे

(iii) कब तक इस संसार में संघर्ष कम नहीं होगा?

(क) जब तक एक-दूसरे की सहायता न करेंगे।

(ख) जब तक देश के विकास की बात नहीं सोची जाएगी

(ग) जबतक जातीयता की भावना रहेगी

(घ) जब तक मनुष्यों में समानता का भाव नहीं उत्पन्न होगा

5. "प्रभु के दिए हुए सुख इतने
हैं विकीर्ण धरती पर
भोग सकें जो उन्हें जगत में,
कहाँ अभी इतने नर?"

"सब हो सकते तुष्ट, एक सा
सब सुख पा सकते हैं
चाहें तो पल में धरती को
स्वर्ग बना सकते हैं।"

(i) प्रभु ने सबसे दुर्लभ क्या प्रदान किया है?

(क) जीव जन्तु बनाए

(ख) पशुओं को पैदा किया

(ग) पेड़ पौधे बनाए

(घ) मनुष्य का दुर्लभ शरीर

(ii) प्रभु ने हमें और क्या क्या प्रदान कर उपकार किया है?

(क) प्रकृति के वन औषधि

(ख) शक्ति और बुद्धि

(ग) कार्य करने की क्षमता

(घ) प्रकृति जल, वायु और प्रकाश जिनके बिना जीवन असंभव है

(iii) मनुष्य किस चीज में फँसकर रह गया है?

(क) ईश्वर को भूलकर परस्पर शंका करने में फँस गया है

(ख) मनुष्य तो बस अपने स्वार्थ की सोचता है

(ग) अपनी नौकरी करने में फंस गया है

(घ) उपरोक्त सभी

(iv) हम इस धरती को स्वर्ग कैसे बना सकते हैं?

(क) अपने मालिकों की चापलूसी करके

(ख) केवल अपने स्वार्थ की चिन्ता करके

(ग) सभी को अपने समान न समझकर

(घ) सभी को समान, समझकर, परोपकार करके, सभी सुख सुविधा का ध्यान रखकर

(v) क्या देश के विकास में गरीबी, अशिक्षा, बेरोजगारी, जनसंख्या वृद्धि और महँगाई रूपी बाधाएँ खड़ी हुई हैं।

(क) हाँ   (ख) नहीं

(ग) कह नहीं सकते   (घ) हो भी सकती हैं।

(vi) जब तक देश के विकास में बाधक इन बाधाओं पर विजय प्राप्त नहीं करेंगे तब तक क्या नहीं हो सकता है?

(क) हम विदेश नहीं जा सकते हैं

(ख) अपने देश में ही यात्रा नहीं कर सकते हैं

(ग) किसी का भी भला नहीं हो सकता है

(घ) न तो सुख प्राप्त होगा और न ही हम विकसित हो पायेंगे।

वह जन्मभूमि मेरी

1. ऊँचा खड़ा हिमालय, आकाश चूमता है,
नीचे चरण तले पड़, नित सिंधु झूमता है।
गंगा, यमुना, त्रिवेणी नदियाँ लहर रही हैं,
जगमग झटा निराली, पग-पग पर छहर रही है
वह पुण्यभूमि मेरी, वह स्वर्णभूमि मेरी।
वह जन्मभूमि मेरी, वह मातृभूमि मेरी।

कवि-सोहनलाल द्विवेदी

(i) हिमालय को क्या कहा जाता है?

(क) यह भारत की शोभा में चार चाँद लगा देता है

(ख) इसको भारतमाता का मुकुट कहा जाता है

(ग) यह शत्रुओं से देश की रक्षा करता है

(घ) ये सभी

(ii) 'नीचे चरण तले पड़, नित सिंधु झूमता है' का क्या अर्थ है?

(क) नीचे चरणों पर सिंधु झूमता है

(ख) भारत माता के नीचे समुद्र उसके चरण चूमता है

(ग) सारे समुद्र यहीं आकर मिलते हैं

(घ) चरणों पर नित्य सिंधु तैरता रहता है

(iii) गंगा, यमुना, त्रिवेणी नदियाँ क्या करती हैं?

(क) गंगा, यमुना और त्रिवेणी नदियाँ लहराकर बहते हुए भारतभूमि को हरा भरा बनाती हैं उनकी छटा निराली है

(ख) गंगा, यमुना और त्रिवेणी बस प्रदूषित हमेशा बहती रहतीं हैं

(ग) इन तीनों नदियों से चारों ओर अद्भुत शोभा दिखाई देती है

(घ) इन तीनों के कारण ही देश की महिमा बढ़ रही है।

(iv) हिमालय बहुत ऊँचा होने के कारण कैसा प्रतीत होता है?

(क) मानो आकाश को चूम रहा है

(ख) हिमालय आकाश में स्थित है

(ग) हिमालय आकाश की शोभा बढ़ा रहा है

(घ) हिमालय पर कोई चढ़ नहीं सकता

(v) वह भारतभूमि कैसी है?

(क) जन्मभूमि हमेशा भरी-भरी है

(ख) पुण्यभूमि और स्वर्णभूमि है

(ग) मातृभूमि में असंख्य नदियाँ बहती हैं

(घ) भारती भूमि का कहीं वर्णन न हो, ऐसा नहीं है

2. जन्मे जहाँ थे रघुपति, जन्मी जहाँ थी सीता।
   श्रीकृष्ण ने सुनाई, वंशी पुनीत गीता॥
   गौतम ने जन्म लेकर जिसका सुयश बढ़ाया।
   जग को दया दिखाई जग को दिया दिखाया॥
   यह युद्धभूमि मेरी, वह बुद्धिभूमि मेरी।
   वह जन्मभूमि मेरी, वह मातृभूमि मेरी॥

(i) प्रस्तुत कविता किस प्रकार की कविता है?

(क) शृंगार रस प्रधान कविता

(ख) शान्त रस प्रधान कविता

(ग) देश की आजादी का वर्णन है

(घ) यह कविता देश-प्रेम की भावना का परिचय कराती है।

(ii) इस कविता में किसका गुणगान किया गया है?

(क) मातृभूमि की विशेषताओं का वर्णन किया गया है

(ख) हल्दीघाटी के युद्ध का वर्णन किया गया है

(ग) सम्राट अशोक की वीरता का गुणगान किया गया है

(घ) बादशाह अकबर के शासनकाल में वर्णन किया गया है।

(iii) हमारे आराध्य श्री राम और सीता का जन्म किस देश में हुआ?

(क) अरब देश में   (ख) पाकिस्तान में

(ग) चीन में   (घ) भारतवर्ष में

(iv) हमारे देश में किस-किस ने जन्म लिया है?

(क) सुदामा, संत ज्ञानेश्वर और रविदास ने जन्म लिया

(ख) राम, कृष्ण और बुद्ध जैसे महापुरुषों ने जन्म लिया।

(ग) अनेक महान राजाओं ने जन्म लिया

(घ) ये सभी

(v) पवित्र भगवद्गीता कहाँ लिखी गई है?

(क) भारतवर्ष हुई   (ख) बांग्लादेश में

(ग) म्यांमार में   (घ) जापान में

(vi) कवि ने भारत को युद्धभूमि क्यों कहा है?

(क) क्योंकि श्रीकृष्ण ने कुरुक्षेत्र की युद्धभूमि को निष्काम कर्म का उपदेश दिया

(ख) यहाँ समय-समय पर अनेक राजाओं ने युद्ध किया है

(ग) यहाँ भारतीयों एवं अंग्रेजों का वर्षों तक युद्ध हुआ।

(घ) भारत और पाकिस्तान का युद्ध कई बार हुआ।

(vii) कवि ने भारत को बुद्धभूमि क्यों कहा है?

(क) क्योंकि भगवान बुद्ध ने यहाँ जन्म लेकर संसार को दया, प्रेम और अहिंसा का संदेश दिया

(ख) सम्राट अशोक ने जन्म लेकर सभी को दया और अहिंसा का संदेश दिया

(ग) श्री श्री रविशंकर ने योग और शान्ति का संदेश दिया

(घ) ये सभी

(viii) श्री कृष्ण की वंशी की धुन का गोपियों पर प्रभाव पड़ा?

(क) गोपियाँ वंशी की धुन सुनकर सुधबुध खो देती थीं

(ख) गोपियाँ वंशी की धुन का कोई प्रभाव नहीं पड़ता था

(ग) गोपियाँ वंशी की धुन सुनकर मक्खन निकालने लगती थीं

(घ) गोपियाँ वंशी की धुन सुनकर वन में गाय चरानें चली जाती थीं।

3. झरने अनेक झरते, जिसकी पहाड़ियों में,
   चिड़ियाँ चहक रही हैं, हो मस्त झाड़ियों में।
   अमराइयाँ घनी हैं, कोयल पुकारती है।
   बहती मलय पवन है, तन-मन सँवारती है।

(i) भारतभूमि की पहाड़ियों से क्या झरते हैं?

(क) नदियाँ   (ख) बरसाती नाले

(ग) झरने   (घ) ये सभी

(ii) यहाँ की झाड़ियों में किसकी चहक सुनाई देती है?

(क) चिड़ियों की   (ख) कौओं की

(ग) मोरों की   (घ) तीतरों की

(iii) कोयल मस्त होकर कहाँ कूकती है?

(क) नदियों के किनारे

(ख) पहाड़ों पर

(ग) मैदानों में

(घ) घाटियों की हरियाली में

(iv) यहाँ पर बहती हुई सुगन्धित पवन किसको प्रसन्नता से भर देती है?

(क) तन-मन को   (ख) सभी पशुओं को

(ग) सभी पक्षियों को   (घ) पहाड़ों को

उत्तरमाला

साखी

1. (i) (क) वे पढ़े-लिखे नहीं थे
   (ii) (ग) पंचमेल खिचड़ी
   (iii) (घ) निर्गुण तथा निराकार ईश्वर के
   (iv) (ग) मूर्ति-पूजा, कर्मकांड तथा बाहरी आडम्बरों का
   (v) (ग) उन्होंने हिन्दू-मुस्लिम एकता नारा भी बुलन्द किया

2. (i) (क) क्योंकि भगवान की प्राप्ति के लिए उनकी भक्ति और सच्चे मन से स्मरण आवश्यक है
   (ii) (घ) क्योंकि चाकी अनाज पीसकर आटा बनाती है जिससे रोटी बनाकर सब अपना पेट भरते हैं।
   (iii) (ख) संत स्वामी रामानंद
   (iv) (ग) दोनों सम्प्रदायों में व्याप्त रूढ़ियों तथा धार्मिक कुरीतियों के विरुद्ध
   (v) (ख) क्योंकि बड़े होने के कारण पूजने से शीघ्र ही ईश्वर की प्राप्ति हो जाएगी।

3. (i) (ग) गुरु की
   (ii) (क) गोविंद और गुरु
   (iii) (ख) अपने गुरु के
   (iv) (ग) गुरु अपने ज्ञान और मार्गदर्शन से ईश्वर की प्राप्ति कराता है
   (v) (ख) गुरु के बिना ज्ञान प्राप्त करना असंभव है

4. (i) (क) क्योंकि हरि और अहंकार का दूर-दूर तक कोई मेल नहीं है
   (ii) (क) जहाँ हरि रहते हैं वहाँ अहंकार भूलकर भी नहीं आ सकता
   (iii) (क) तंग
   (iv) (ग) सँकरी प्रेमगली में था तो अहंकार होगा या फिर भगवान।
   (v) (ग) मन में अहंकार के साथ कभी भी ईश्वर की प्राप्ति नहीं हो सकती

5. (i) (ख) स्याही
   (ii) (क) लेखनी और सभी वन
   (iii) (क) हाँ हो सकता है ईश्वर के गुण लिखने के लिए
   (iv) (ग) हरि के गुण अनन्त हैं अत: उनका वर्णन करना असंभव है
   (v) (क) हरि के गुणों की

6. (क) रूढ़िवादिता पर व्यंग्यपूर्ण तरीके से मानव जाति से पूछा है कि क्या भगवान बहरा है?

गिरधर की कुण्डलियाँ

1. (i) (ख) व्यवहार
   (ii) (घ) जब तक पैसा पास में है

3. (i) (क) हर समय तुम्हारे साथ रहेंगे
   (iv) (ग) मित्र मुँह से भी नहीं बोलेंगे
   (v) (ख) कोई-कोई होता है

2. (i) (ख) पतले वृक्ष की छाया में
   (ii) (क) धोखा दे सकता है
   (iii) (ग) पतला वृक्ष जड़ से टूट जाएगा
   (iv) (ख) मोटे वृक्ष की छाया में
   (v) (घ) वह व्यक्ति सबल और सामर्थ्यवान होना चाहिए।

3. (i) (घ) नर के गुण के
   (ii) (ख) नर के ज्ञान, योग्यता और सद्व्यवहार
   (iii) (क) बोली का अन्तर
   (iv) (ग) कर्कश ध्वनि के कारण
   (v) (घ) जो मधुरभाषी, सद्व्यवहारी, कार्य में कुशल और परोपकार करने वाला हो

4. (i) (क) उन्हें दोनों हाथों से बाहर निकाल देना चाहिए।
   (ii) (ग) परोपकार के समय अपनी कुर्बानी भी देनी पड़े तो पीछे नहीं हटना चाहिए।
   (iii) (घ) सत्मार्ग पर चलते हुए हमारे स्वाभिमान से ही जग में हमारा अस्तित्व कायम रहता है।
   (iv) (घ) अच्छे मार्ग पर चलने से हमारे कर्म सुधरते हैं, सम्मान मिलता है।
   (v) (ख) राम का

5. (i) (क) समय विचार कर और राजा का न्यौता मिलने पर
   (ii) (क) राजा द्वारा बुलाने पर दरबार में ससम्मान जाना चाहिए।
   (iii) (घ) पूछे जाने पर ही बोलो क्योंकि बिना पूछे बोलने पर अपमान हो सकता है।
   (iv) (ख) राजा के दरबार में आतुरता दिखाने से राजा नाराज हो सकता है।
   (v) (घ) किसी के पूछने पर ही अपनी बात करनी चाहिए।

6. (i) (घ) लाठी में
   (ii) (क) यह पानी की थाह बताकर हमारी रक्षा करती है
   (iii) (ख) लाठी से
   (iv) (घ) उसे लाठी से पराजित कर सकते हैं।
   (v) (क) लाठी

स्वर्ग बना सकते हैं

1. (i) (क) हम प्रयत्न करें तो देश को स्वर्ग के समान बना सकते हैं।
   (ii) (घ) यह कविता राष्ट्रीयता से प्रेरित है।
   (iii) (क) हमारे विकास के पथ पर
   (iv) (ख) सच्चे परिश्रम से
   (v) (क) अनेक रुकावटें पर्वतों के समान अडिग खड़ी हुई हैं।

2. (i) (ख) समानता का भाव
   (ii) (क) मनुष्य को विकास के लिए मुक्त प्रकाश व मुक्त स्वच्छ वायु चाहिए।
   (iii) (घ) विकास में ऐसी कोई बाधा न आए जिसे दूर न किया जा सके।
   (iv) (घ) आशंका या भय मुक्त जीवन में ही मनुष्य का विकास संभव है।
   (v) (घ) राष्ट्रीय भावनाएँ
3. (i) (क) न्याय का सुख
   (ii) (ख) प्रत्येक मानव को
   (iii) (घ) धरती पर
   (iv) (क) संसार
   (v) (क) समान न्याय और समान सुविधा का अधिकार
4. (i) (घ) जब तक मनुष्य-मनुष्य में भेद-भाव खत्म नहीं होगा।
   (ii) (घ) जब तक प्रत्येक मनुष्य दूसरे को अपने समान नहीं समझेंगे
   (iii) (घ) जब तक मनुष्यों में समानता का भाव नहीं उत्पन्न होगा
5. (i) (घ) मनुष्य का दुर्लभ शरीर
   (ii) (घ) प्रकृति जल, वायु और प्रकाश जिनके बिना जीवन असंभव है
   (iii) (क) ईश्वर को भूलकर परस्पर शंका करने में फँस गया है।
   (iv) (घ) सभी को समान, समझकर, परोपकार करके, सभी सुख सुविधा का ध्यान रखकर
   (v) (क) हाँ
   (vi) (घ) न तो सुख प्राप्त होगा और न ही हम विकसित हो पायेंगे।

वह जन्मभूमि मेरी

1. (i) (ख) इसको भारतमाता का मुकुट कहा जाता है
   (ii) (ख) भारत माता के नीचे समुद्र उसके चरण चूमता है
   (iii) (क) गंगा, यमुना और त्रिवेणी नदियाँ लहराकर बहते हुए भारतभूमि को हरा भरा बनाती हैं उनकी छटा नि. राली है।
   (iv) (क) मानो आकाश को चूम रहा है
   (v) (ख) पुण्यभूमि और स्वर्णभूमि है
2. (i) (घ) यह कविता देश-प्रेम की भावना का परिचय कराती है।
   (ii) (क) मातृभूमि की विशेषताओं का वर्णन किया गया है।
   (iii) (घ) भारतवर्ष में
   (iv) (ख) राम, कृष्ण और बुद्ध जैसे महापुरुषों ने जन्म लिया।
   (v) (क) भारतवर्ष में
   (vi) (क) क्योंकि श्रीकृष्ण ने कुरुक्षेत्र की युद्धभूमि को निष्काम कर्म का उपदेश दिया।
   (vii) (क) क्योंकि भगवान बुद्ध ने यहाँ जन्म लेकर संसार को दया, प्रेम और अहिंसा का संदेश दिया।
   (viii) (क) गोपियाँ वंशी की धुन सुनकर सुधबुध खो देती थीं
3. (i) (ग) झरने
   (ii) (क) चिड़ियों की
   (iii) (घ) घाटियों की हरियाली में
   (iv) (क) तन-मन को
   (v) (क) भारतवर्ष में
   (vi) (क) क्योंकि श्रीकृष्ण ने कुरुक्षेत्र की युद्धभूमि को निष्काम कर्म का उपदेश दिया
   (vii) (क) क्योंकि भगवान बुद्ध ने यहाँ जन्म लेकर संसार की दया, प्रेम और अहिंसा का सन्देश दिया।
   (viii) (क) गोपियाँ वंशी की धुन सुनकर सुधबुध खो देती थीं।

❏❏

अध्याय [1]

1. (i) दर्पण में निहारने पर यौवन की लालिमा किसके चेहरे पर छा गयी?

(क) मीनू   (ख) विजय

(ग) रोहित   (घ) नीलिमा

(ii) 'मेरा फोटो मेरठ वालों को पसन्द आ गया है।' यह कि. सने किससे कहा—

(क) नीलू–नीलिमा   (ख) मीनू–नीलिमा

(ग) रोहित–मीनू   (घ) नीलिमा की माँ–मीनू

(iii) मीनू के चेहरे पर उदासी क्यों छा गयी? कारण चुनें।

(क) आँखों के नीचे काले-काले घेरे थे

(ख) आँखें धुए जैसे रंग रंग की थीं

(ग) पहले भी उसे पसन्द नहीं किया गया

(घ) उसका नाटापन

(iv) नीलिमा दिल ही दिल क्यों प्रसन्न हो उठी?

(क) अपना परीक्षा फल पाकर

(ख) मीनू के मुँह से अपनी प्रशंसा सुनकर

(ग) छिपी हुई पीड़ा का आभास पाकर

(घ) मेरठ वालों का आगमन सुनकर

(v) क्या पाकर मीनू के हृदय की हीन भावना खुशी में बदल गयी?

(क) एल.एल.बी में प्रवेश

(ख) प्रथम श्रेणी में परिणाम

(ग) अनेक मुद्राओं में फोटो

(घ) सुन्दर नाक-नक्श

2. वह उसकी प्रशंसा करते हुए बोल पड़ी, "नीलिमा, लगता है ईश्वर ने तुझे फुरसत में बैठकर बनाया है। क्या नाक नक्श हैं तेरे? और ऊपर से यह गोरा रंग। वाह! जो भी तुझ से विवाह करेगा, वह वास्तव में बड़ा भाग्यशाली होगा।"

(i) उपरिलिखित अनुच्छेद में किसकी प्रशंसा की गयी है?

(क) मीनू   (ख) रोहित

(ग) नीलिमा   (घ) नीलिमा की माँ

(ii) किसी बालिका के चयन में किन गुणों का अधिक प्रभाव पड़ता है?

(क) अर्थ की समानता   (ख) मानसिक विचार

(ग) आध्यात्मिक विचार   (घ) शारीरिक सुन्दरता

(iii) अनुच्छेद में भाग्यशाली किसे बताया गया है?

(क) रोहित की माँ को

(ख) मीनू के होने वाले पति को

(ग) नीलिमा की माँ को

(घ) नीलिमा के होने वाले पति को

(iv) नीलिमा किस तरह की युवती थी?

(क) सुन्दर एवं भावुक   (ख) चतुर एवं चालाक

(ग) सरल एवं मृदुभाषी   (घ) आत्म प्रशंसक एवं निन्दक

(v) नीलिमा की प्रशंसा किसने की?

(क) मेरठ से आने वाले लोगों ने

(ख) उसके होने वाले पति ने

(ग) उसकी सखी ने

(घ) उसकी माँ ने

3. मीनू प्रसन्नचित भागी-भागी अपने घर चली गयी। परन्तु नीलिमा की आँखों में मीनू का वह उदास चेहरा घूमता रहा, जो हीन भ. वना के कारण उदास हो गया था। परन्तु दूसरे ही क्षण विजय की खुशी में उभरी इसकी खुशी की भावना भी आँखों से ओझल न हो सकी।

(i) प्रसन्नचित मीनू भागी-भागी अपने घर क्यों चली गयी?

(क) वर पक्ष का आगमन

(ख) अपनी उदासी के कारण

(ग) मीनू की माँ की सूचना का आना

(घ) परीक्षा फल का आगमन

(ii) नीलिमा की आँखों में क्या घूमता रहा?

(क) अपने विवाह की समस्या

(ख) मीनू के पति की समस्या

(ग) मीनू का उदास चेहरा

(घ) अगली कक्षा में प्रवेश की समस्या

(iii) नीलिमा की आँखों में वे दो क्या चीजें तैर रहीं थीं?

(क) हीनभावना और उदास चेहरा

(ख) कभी खुशी कभी गम

(ग) मीनू का साक्षात्कार

(घ) मीनू की चयन में असफता व सफलता

(iv) मीनू की उदासी का मूलकारण क्या था?

(क) नीलिमा की सुन्दरता

(ख) उसकी शैक्षिक योग्यता

(ग) माता-पिता की अर्थ न्यूनता

(घ) उसका श्यामला रंग व नाटापन

(v) व्यक्ति की मनोगत भावनाओं को कौन बदल देता है?

(क) उन्नत परिणाम   (ख) व्यक्ति गत वार्ता

(ग) अर्थ लाभ   (घ) मानसिक सन्तुलन

अध्याय [2]

1. (i) दयाराम जी कौन थे?

(क) मीनू के पति   (ख) आशा के पति

(ग) मधु के पिता   (घ) रोहित के पिता

(ii) मीनू की माँ को क्या आशा थी?

(क) मीनू परीक्षा में फेल हो जायेगी

(ख) मीनू का रिश्ता हो जायेगा

(ग) आशा का रिश्ता हो जायेगा

(घ) मधु का रिश्ता हो जायेगा

(iii) मीनू को देखने के लिए कौन-कौन आया था?

(क) दयाराम जी, माता-पिता और मीनू

(ख) अमित, माता-पिता और मधु

(ग) रोहित, माता-पिता और आशा

(घ) मायाराम जी माता-पिता और आशा

(iv) भारतीय संस्कृति के अनुसार अमित का कौन-सा प्रश्न सर्वोत्तम था?

(क) पहला (ख) दूसरा

(ग) तीसरा (घ) कोई नहीं

(v) आशा कैसी युवती थी?

(क) वाचाल

(ख) हँस मुख

(ग) मीनू से अधिक सुन्दर

(घ) मधु से अधिक सुन्दर

2. "यह तो परीक्षा का समय होता है। लड़की के हृदय में एक अन्तर्द्वन्द्व होता है कि इस परीक्षा में पास हो सकेगी या नहीं। मीनू इस परीक्षा में कई बार असफल हो चुकी थी। इसलिए उसके हृदय का अन्तर्द्वन्द्व और अधिक तीव्र हो गया था। इसी कारण से उसके चेहरे पर और अधिक उदासीनता व घबराहट झलक रही थी।"

(i) लड़की के हृदय में कब अन्तर्द्वन्द्व होता है?

(क) जब वर पक्ष के लोग देखने आते हैं

(ख) जब वह अनियन्त्रित भीड़ में होती है।

(ग) जब वह किसी परेशानी में फँस जाती है।

(घ) जब गहरा अंधेरा होता है।

(ii) मीनू किस परीक्षा में फेल हो चुकी थी

(क) अपने व्यक्तिगत चयन में

(ख) एल.एल.बी. की परीक्षा में

(ग) वर पक्ष के द्वारा चयन में

(घ) एम.ए. की परीक्षा में

(iii) उसके हृदय का अन्तर्द्वन्द्व और अधिक तीव्र हो गया इसका मुख्य कारण क्या था?

(क) उसके परिवार का अन्तर्द्वन्द्व

(ख) उसका व्यक्तिगत अनुभव

(ग) वरपक्ष का अन्तर्द्वन्द्व

(घ) अमित का चिन्तन

(iv) किसके चेहरे पर और अधिक उदासीनता और घबराहट झलक रही थी?

(क) मीनू (ख) मधु

(ग) आशा (घ) मधु की माँ

(v) घबराहट का मुख्य कारण क्या था?

(क) अनिश्चित परिणाम

(ख) आशा के अनुरूप परिणाम न होना

(ग) निश्चित परिणाम

(घ) आशा के अनुरूप परिणाम होना

अध्याय [3]

1. (i) मायाराम जी किस प्रकार के व्यक्ति थे?

(क) माया के लोभी (ख) माया के पति

(ग) दहेज के विरोधी (घ) माया के दास

(ii) 'सरिता' के पिता जी शहर के धनी व्यक्ति थे। उनका नाम क्या था?

(क) मायाराम (ख) धनीराम

(ग) धनीमल (घ) धनपति

(iii) यद्यपि मीनू सरिता से अच्छी लड़की थी फिर भी अमित की माँ सरिता को ही क्यों चाहती थीं?

(क) अधिक दहेज के कारण

(ख) स्थानीय निवासी होने के कारण

(ग) उसके कटे हुए बालों के कारण

(घ) केवल तीन लड़कियाँ होने के कारण

(iv) अमित की माँ ने मीनू से शादी के लिए मना करने के लिए क्या सुझाव दिया?

(क) मीनू से शादी (ख) आशा से शादी

(ग) सरिता से शादी (घ) मधु से शादी

(v) अमित की माँ पिताजी को किस कार्य के लिए उकसातीं रहीं?

(क) दहेज लेने के लिए

(ख) सरिता से शादी करने के लिए

(ग) पत्र लिखने के लिए

(घ) आशा से शादी के लिए

2. "उनके तर्कों के सामने उनकी एक न चली। अन्त में यही निश्चय किया गया कि सरिता का रिश्ता मंजूर किया जाए और मीनू के यहाँ मना का पत्र लिख दिया जाए। लड़के वालों के दिल में भी अन्तर्द्वन्द्व होता है जब किसी लड़की को देखने के बाद उसका रिश्ता लेने से इनकार कर देते हैं।"

(i) किसके तर्कों के आगे मायाराम जी की एक न चली?

(क) धनीमल (ख) दयाराम

(ग) मधु की माँ (घ) मीनू की माँ

(ii) अन्त में निर्णय क्या लिया गया?

(क) मधु के साथ शादी

(ख) आशा के साथ शादी

(ग) नीलिमा के साथ शादी

(घ) सरिता के साथ शादी

(iii) किस के लिए पत्र लिखा गया?

(क) अमित की माँ को (ख) अमित के पिता को

(ग) आशा की बहिन को (घ) मीनू के पिता को

(iv) वर पक्ष में अन्तर्द्वन्द्व क्यों उत्पन्न होता है?

(क) लड़की देखने के बाद मना करने पर

(ख) धन व शिक्षा को लेकर

(ग) सभी के सामंजस्य को लेकर

(घ) सामाजिक दबाव को लेकर

(v) 'वर-पक्ष रिश्ता' लेने से क्यों इनकार कर देता है?

(क) केवल कन्या के कारण

(ख) केवल परिवार के कारण

(ग) केवल शिक्षा के कारण

(घ) केवल धन के कारण

अध्याय [4]

1. (i) मीनू को अतीत की स्मृति क्यों हो आयी?

(क) उसे पहले भी नापसन्द किया गया

(ख) आशा का प्रस्ताव भेज कर

(ग) माता-पिता को दुःखी देखकर

(घ) परीक्षाफल को देखकर

(ii) प्रत्येक परीक्षा में प्रथम श्रेणी से पास होने वाली युवती किस प्रकार का अनुभव कर रही थी?

(क) उसकी धड़कन नियन्त्रित होंगी या नहीं

(ख) अमित का पत्र

(ग) वह इस परीक्षा में पास हो पायेगी या नहीं

(घ) पोस्टमैन की आवाज का

(iii) मीनू के अन्दर 'हीन भावना' घर कर गयी फिर उसने क्या निर्णय किया?

(क) अब वह मेरठ नहीं जायेगी

(ख) आशा की ही शादी करेगी

(ग) अब और पढ़ाई नहीं करेगी

(घ) शादी नहीं करेगी

(iv) अपनी शादी से निराश होकर मीनू ने अपने माता-पिता के समक्ष कौन-सा प्रस्ताव रखा?

(क) आप आशा की शादी कर दें

(ख) आप नीलिमा की शादी कर दें

(ग) आप मधु की शादी कर दें

(घ) आप सरिता की शादी कर दें

(v) मीनू के पिता आशा का रिश्ता लेकर किसके घर गये?

(क) दयाराम जी   (ख) धनीराम जी

(ग) रोहित जी   (घ) अमित जी

2. पाँव पर खड़े होने में कोई बुराई नहीं है, परन्तु शादी करना आवश्यक है इतनी लम्बी जिन्दगी पड़ी है तेरे सामने। फिर हमारी जिन्दगी का क्या भरोसा है। कौन करेगा दुःख दर्द में तेरी मदद? अपने पति और बच्चों का ही तो सहारा होता है, जो वृद्धावस्था में काम आते हैं।

(i) किस कार्य में कोई बुराई नहीं है?

(क) परिवार के सहारे   (ख) स्वयं अपने पैरों पर

(ग) माता-पिता के सहारे (घ) भाई-भतीजों के सहारे

(ii) सामाजिक जीवन में क्या आवश्यक है?

(क) समाज सेवा

(ख) शादी करना

(ग) माता-पिता की सेवा करना

(घ) शिशुओं की परवरिश करना

(iii) 'हमारी जिन्दगी का क्या भरोसा' इसका तात्पर्य क्या है?

(क) किसी के माता-पिता उम्र भर न ही बैठे रहते

(ख) आज हैं कल नहीं

(ग) जीवन की क्षण भंगुरता

(घ) अब जिन्दगी आगे न चलेगी

(iv) सुख-दुःख में एक महिला की सहायता कौन करता है?

(क) माता-पिता   (ख) समाज

(ग) पति और सन्तान   (घ) भाई-बहन

(v) वृद्धावस्था में कौन काम आते हैं?

(क) माता-पिता   (ख) समाज के लोग

(ग) पति एवं सन्तान   (घ) मित्र

अध्याय [5]

1. (i) विषम परिस्थितियों से विवश होकर मीनू के हृदय में क्या उत्पन्न हुआ?

(क) यह जीवन व्यर्थ है ऐसा भाव

(ख) माता-पिता का बोझ न बनूँ

(ग) हीन भावनाएँ

(घ) उतार-चढ़ाव जीवन का एक संगीत है।

(ii) न चाहते हुए भी मीनू के माता-पिता ने उसे किस बात की आज्ञा दे दी?

(क) विवाह न करने की (ख) वकालत करने की

(ग) विवाह करने की   (घ) एम.ए. में पढ़ने की

(iii) 'मीनू' अपने पाँव पर खड़े होकर क्या करना चाहती थी?

(क) अमित से शादी करना

(ख) आशा की शादी कराना

(ग) समाज में सम्मान पाना

(घ) बहुत-सा पैसा कमाना

(iv) माँ ने उसे सीने से लगाकर कौन-सा प्रमुख आशीर्वाद दिया?

(क) तुम अपने उद्देश्य की प्राप्ति में सफल हो।

(ख) होस्टल में ठीक से रहो

(ग) भरपूर भाई-बहन का प्यार मिले

(घ) अपने पिता की लाडली बनो

(v) 'पिताजी, मैं पढ़ लिखकर वकील बनूँगी' ऐसा सुनकर उसकी माँ ने क्या कहा?

(क) तुम कोई लड़का नहीं हो

(ख) लड़की को इतना पढ़ाना ठीक नहीं है

(ग) अठारह साल की उम्र में शादी कर देंगे

(घ) लड़कों की बात ही कोई और है

2. अभी मीनू अतीत की स्मृतियों में खोई थी कि इतने में उसकी सहेली माया ने आकर कहा, मीनू .... मीनू .... अरे मीनू, देखो तुम्हारे पिताजी आये हैं। गेस्ट रूम में बैठे हैं।" पिताजी का नाम सुनकर ही मीनू एक दम बिस्तर पर किताब रखकर उछलकर भाग गयी।"

(i) 'मीनू' की होस्टल की प्रथम सहेली का नाम क्या था?

(क) सरिता   (ख) मधु

(ग) आशा   (घ) माया

(ii) 'दयाराम' जी को देखकर उसे क्या लगा?

(क) मेरे पीछे-पीछे ही चले आये

(ख) अरे! माता जी ने इतनी जल्दी ही इन्हें क्यों भेज दिया?

(ग) इन्हें अभी नहीं आना चाहिए था

(घ) मानो मुझे उनसे बिछुड़े एक लम्बा समय हो गया है

(iii) पिताजी के आने की सूचना पाकर वह क्यों उछल पड़ी?

(क) आश्चर्य से   (ख) स्नेहवश

(ग) उत्सुकता से   (घ) प्रसन्नता के कारण

(iv) पिताजी किस स्मृति को ताजा कर गये?

(क) खोई हुई स्मृति

(ख) स्नेह जाल की स्मृति

(ग) असफलताओं की स्मृति

(घ) अतीत की स्मृति

(v) मीनू के पापा कितने समय रुककर चले गये?

(क) दोपहर तक   (ख) दो घण्टे तक

(ग) एक घण्टे तक   (घ) शाम तक

अध्याय [6]

1. (i) 'अमित' क्या नहीं चाहता था?

(क) अपनी माँ से बात करना

(ख) अपने पिता से तर्क करना

(ग) स्वयं को बेचना

(घ) धनीमल जी की प्रशंसा

(ii) अमित को क्या विश्वास था?

(क) सरिता घर का कार्य न कर सकेगी

(ख) मीनू एक कुशल गृहणी है

(ग) माँ मेरी सरिता से ही शादी करेंगी

(घ) कार्य नौकरों से कराया जायेगा

(iii) शादी क्या नहीं है?

(क) तमाशा   (ख) गुड्डे गुड़िया का खेल

(ग) जो बहुत बार हो   (घ) एक समझौता

(iv) अमित ने अपनी माँ के समक्ष किसका उदाहरण प्रस्तुत किया?

(क) मीनू के माता-पिता का

(ख) धनीमल जी के नौकरों का

(ग) अपनी मौसी की बहू का

(घ) अपने नौकर का

(v) अमित की मौसी जी की पुत्रवधू को किस कार्य में किसी परेशानी का अनुभव नहीं होता था?

(क) क्लब जाने में   (ख) अपने शिशु के पालन में

(ग) कार चलाने में   (घ) मौसी जी की सेवा करने में

2. माँ ने समझाते हुए कहा, "इसमें इतने गुस्से की क्या बात है? जब सम्बन्ध जुड़ जाता है, तब खाली हाथ नहीं आते हैं। ऐसा ही उन्होंने किया है। इतना गुस्सा करने से क्या फायदा है।"

(i) माँ ने किसको समझाया?

(क) राहुल को   (ख) अमित को

(ग) मधु को   (घ) माया को

(ii) 'सेब की पेटी' लेकर आना हमारी किस परम्परा द्योतक है?

(क) पारिवारिक परम्परा   (ख) व्यक्तिगत विचार

(ग) क्षेत्रीय विचार   (घ) सामाजिक परम्परा

(iii) क्या धनीमल जी अमित की गुस्सा के लिए उत्तरदायी थे?

(क) हाँ   (ख) नहीं

(ग) कुछ हद तक   (घ) इनमें से कोई नहीं

(iv) यहाँ पर 'सम्बन्ध' का अर्थ क्या है?

(क) पारिवारिक सम्बन्ध   (ख) सामाजिक सम्बन्ध

(ग) परम्परागत सम्बन्ध   (घ) वैवाहिक सम्बन्ध

(v) जब माँ ने 'अमित' को समझाया तो अमित क्या समझा?

(क) अब मेरी शादी सरिता से नहीं होगी

(ख) मेरी माँ भी उनके ही पक्ष में बोल रही है।

(ग) 'मीनू' पर क्या बीत रही होगी

(घ) मेरे पिता जी भी मेरे पक्ष में नहीं है।

अध्याय [7]

1. (i) सरिता को देखने के लिए मायाराम जी किस की कार से गये?

(क) दयाराम जी की   (ख) मायाराम जी की

(ग) माया जी की   (घ) धनीमल जी की

(ii) धनीमल जी की कोठी ही किसको स्वर्ग के समान लग रही थी?

(क) धनीमल जी को   (ख) मायाराम जी को

(ग) सरिता को   (घ) माया जी को

(iii) लॉन में किस प्रकार की कुर्सियाँ पड़ी हुई थीं?

(क) स्टील की   (ख) काष्ठ की

(ग) बेंत की   (घ) प्लास्टिक की

(iv) सरिता के साथ कमरे में किसने प्रवेश किया?

(क) सरिता की भाभी   (ख) सरिता की माता

(ग) सरिता की बहन   (घ) सरिता की चाची

(v) अमित और सरिता को बात करने का अवसर कहाँ दिया गया?

(क) एकान्त में   (ख) लॉन में

(ग) ड्राइंग रूम में   (घ) सब के समक्ष

2. "बेटे के शब्द सुनकर दयाराम जी को लगा कि बेटे के साथ जबरदस्ती की जा रही है। एक बार पिता के नाते उनके हृदय में यह भाव उठा कि बेटे की जिन्दगी के साथ खिलवाड़ करना उचित नहीं है। अभी इसी भाव में डूबे थे कि दूसरी ओर से पत्नी ने अपने विचार प्रकट करने शुरू कर दिए।"

(i) दयाराम जी को क्या लग रहा था?

(क) अपने बेटे साथ जबरदस्ती

(ख) बेटे के अनुरूप व्यवहार

(ग) चाची के अनुरूप व्यवहार

(घ) अमित की माता के अनुरूप व्यवहार

(ii) उनके हृदय में यह भाव किस कारण उठा?

(क) बहिन होने के कारण

(ख) पिता होने के कारण

(ग) चाची होने के कारण

(घ) भाई होने के कारण

(iii) दयाराम जी क्या निश्चय नहीं कर पा रहे थे?

(क) अमित का विवाह धनीमल जी की बेटी से

(ख) अमित का विवाह मायाराम जी की बेटी से

(ग) अमित का विवाह दयाराम जी की बेटी से

(घ) अमित का विवाह चाचा जी की बेटी से

(iv) मायाराम जी पत्नी ने किसके विषय में विचार प्रकट करने शुरू कर दिए?

(क) आशा (ख) मधु

(ग) सरिता (घ) माया

(v) एक समझदार पिता को क्या चाहिए?

(क) वैवाहिक निर्णय पुत्र के अनुसार करे

(ख) वैवाहिक निर्णय पत्नी के अनुसार करे

(ग) वैवाहिक निर्णय पुत्री के अनुसार करे

(घ) वैवाहिक निर्णय चाची के अनुसार करे

अध्याय [8]

1. **(i) लड़कियों का झुण्ड उस डाकिए की ओर क्यों दौड़ा?**

(क) अपने पत्रों के कारण

(ख) मनी आर्डर्स के लिए

(ग) काल लेटर्स के लिए

(घ) अन्तर्देशीय पत्र खरीदने के लिए

(ii) उस दिन कालेज में अवकाश क्यों हो गया था?

(क) शोक सभा के कारण

(ख) अधिक वर्षा के कारण

(ग) हड़ताल के कारण

(घ) राजकीय आदेश के कारण

(iii) माया को क्या चिन्ता थी?

(क) उसका कोई पत्र नहीं आया था

(ख) उसने चार से अधिक पत्र लिखे थे

(ग) बहुत दिनों से कोई पत्र नहीं आया था

(घ) उसके माता-पिता की तबियत तो खराब नहीं थी

(iv) टैक्सी से उतरने वाली सुन्दर लड़की कौन थी?

(क) मीनू की हॉस्टल की सहेली

(ख) मीनू के बचपन की दोस्त

(ग) अमित की मित्र

(घ) सुरेन्द्र की मित्र

(v) नीलिमा हॉस्टल क्यों आयी थी?

(क) उसके पति ने भेजा था

(ख) अपनी शादी का निमन्त्रण देने

(ग) मीनू से मिलने आयी थी

(घ) वर्षा के कारण अचानक रुक गयी थी

2. उस निमन्त्रण पत्र को हाथ में लेकर वह फिर अतीत की स्मृतियों में खो गयी। वह अपने को अभागन महसूस कर रही थी। कई लड़के उसे देखकर ना पसन्द कर चुके थे। यह कल्पना करते ही उसका दिल भर आया। तभी उसने आप को सँभाला और सहेलियों के साथ बाहर चली गयी।

(i) अतीत की स्मृतियों में डूब जाना क्या उसके लिए उचित था?

(क) हाँ

(ख) नहीं

(ग) व्यक्तिगत कमजोरी थी

(घ) दबाव था

(ii) वह किस कारण के द्वारा अपने अतीत में चली गयी?

(क) वर्षा के कारण (ख) निमन्त्रण पत्र के द्वारा

(ग) हड़ताल के कारण (घ) अवकाश के कारण

(iii) उसका दिल क्यों भर आया था?

(क) कई लड़कों ने उसे बुलाया था

(ख) अपने माता-पिता से दूर थी

(ग) कई लड़कों ने उसे ना पसन्द किया था

(घ) उसको उसके भाई-बहनों की याद सताती थी

(iv) वह स्वयं को कैसा महसूस कर रही थी?

(क) चतुर (ख) ठगी हुई सी

(ग) बहुम कमजोर (घ) अभागन

(v) उसको निमन्त्रण पत्र कौन देने आया था?

(क) आशा (ख) सरिता

(ग) माया (घ) नीलिमा

अध्याय [9]

1. **(i) मीनू का सर्वाधिक समय किसमें व्यतीत होता था?**

(क) अपनी सहेलियों के साथ

(ख) अपने शिक्षकों के साथ

(ग) अपने घरवालों के साथ

(घ) पुस्तकों के साथ

(ii) उसने अपने मन में क्या ठान लिया था?

(क) सहेली की शादी में जाना

(ख) विशेष उत्साह रखना

(ग) वकालत प्रथम श्रेणी में पास करना

(घ) कोई एक भेंट देना

(iii) मीनू को मीरापुर के स्टेशन पर कौन मिला?

 (क) अशोक (ख) अमित

 (ग) रोहित (घ) नीलिमा

(iv) मीनू को कौन-सी बात कचोटती रही?

 (क) आज उसकी भी शादी होती

 (ख) यदि वह भी नीलिमा की तरह सुन्दर होती

 (ग) अब उससे नीलिमा न मिल सकेगी

 (घ) कल उसे फिर मेरठ जाना है।

(v) जब मीनू ने एक गीत प्रस्तुत किया तो उसका प्रशंसक बाराती कौन था?

 (क) उसका पूर्व मित्र

 (ख) जिसने उसे नापसन्द किया था

 (ग) उसकी कक्षा का साथी

 (घ) जिसे उसने पहले कभी नहीं देखा था

2. "उसकी बातों से बिल्कुल स्पष्ट था कि मीनू उसे पसन्द है। पर फिर उसे क्या हुआ? सिर्फ पैसे के ऊपर दूसरी लड़की से शादी को तैयार हो गया। यदि उसके माता-पिता पैसा लेने के पक्ष में थे तो क्या उसके अन्दर इतनी हिम्मत नहीं कि वह उनका विरोध कर सकता।"

(i) अमित की बातों से क्या स्पष्ट हो रहा था?

 (क) मीनू उसे पसन्द थी (ख) आशा उसे पसन्द थी

 (ग) मधु उसे पसन्द थी (घ) माया उसे पसन्द थी

(ii) क्या यह सही है कि अमित पैसों के लिए दूसरी लड़की से शादी के लिए तैयार हो गया?

 (क) हाँ

 (ख) बिल्कुल नहीं

 (ग) कुछ-कुछ विचार बना था

 (घ) कुछ भी विचार नहीं किया

(iii) अमित के माता-पिता क्या चाहते थे?

 (क) दहेज लेना चाहते थे

 (ख) पैसा लेना चाहते थे

 (ग) शादी नहीं करना चाहते थे

 (घ) 'सरिता' को ही चाहते थे

(iv) विरोध करने की क्षमता किसमें नहीं थी?

 (क) माया में (ख) रोहित में

 (ग) अमित में (घ) अशोक में

(v) उसे देखकर 'मीनू' के मन में क्या उभरने लगी?

 (क) अतीत के चित्र

 (ख) पुरानी यादें

 (ग) अपनी शादी के विचार

 (घ) द्वेष की भावना उत्पन्न हो गयी

अध्याय [10]

1. (i) 'मीनू' ने जब पहली बार वार्षिक उत्सव में अपना नृत्य प्रस्तुत किया था उस नृत्य का क्या नाम था?

 (क) भरतनाट्यम (ख) कत्थक

 (ग) घूमर (घ) कुचीपुड़ी

(ii) 'मीरापुर' में किस विषय का कोई सफल अध्यापक नहीं था?

 (क) चित्रकला (ख) भौतिकी

 (ग) सामाजिक विषय (घ) कत्थक

(iii) टेलीग्राम किस गाँव से आया था?

 (क) मेरठ से (ख) मीरापुर से

 (ग) मायापुरी से (घ) मुजफ्फरपुर से

(iv) उसके हृदय में छटपटाहट क्यों थी?

 (क) उड़ जाने के लिए

 (ख) पिताजी से मिलने के लिए

 (ग) कार्यक्रम में भाग लेने के लिए

 (घ) अपनी परतन्त्र स्थिति के लिए

(v) कालेज के वार्षिकोत्सव में मीनू भाग क्यों नहीं ले सकी?

 (क) गाँव जाने के कारण

 (ख) पिता जी के बीमार पड़ जाने के कारण

 (ग) अच्छा अभ्यास न होने के कारण

 (घ) सहायक वाद्यों के अभाव के कारण

2. "सबसे पहले 'मीनू' ने ही विद्यालय में प्रवेश किया। बाद में और भी नृत्य में रुचि लेने वाली लड़कियाँ आ गयी थीं। पहले दिन, जब गुरु जी ने नृत्य के लिए पैर चलाने सिखाए तो उसके पैरों में काफी दर्द हुआ था। फिर भी घर जाने के बाद उसने बहुत देर तक पैर चलाने का अभ्यास किया।"

(i) उस विद्यालय की पहली छात्रा कौन थी?

 (क) नीलिमा (ख) मीनू

 (ग) सरिता (घ) मधु

(ii) बाद में किस प्रकार की लड़कियाँ आ गयीं थीं?

 (क) जिनकी नृत्य में रुचि थी

 (ख) जिनकी पढ़ने में रुचि थी।

 (ग) जिनकी खेलने में रुचि थी

 (घ) जिनकी गायन में रुचि थी।

(iii) पहले दिन गुरू जी ने क्या सिखाया?

 (क) कमर चलाना (ख) हाथ चलाना

 (ग) पैर चलाना (घ) आँख चलाना

(iv) 'मीनू' के पैरों में दर्द होने का कारण क्या था?

 (क) अधिक समय तक खड़े रहना

 (ख) पहला दिन होने के कारण

 (ग) बहुत समय तक अभ्यास करने से

 (घ) चोट लगने के कारण

(v) घर पहुँचने पर मीनू ने क्या किया?

 (क) पैर चलाने का अभ्यास

 (ख) गीत गाने का अभ्यास

 (ग) गृह कार्य

 (घ) तबला बजाने का अभ्यास

अध्याय [11]

1. **(i) 'मीनू' के पिताजी को कौन-सी बीमारी हो गयी थीं?**

   (क) पक्षापात (ख) क्षय रोग

   (ग) ज्वर (घ) तपेदिक

   (ii) 'मीनू' ने क्या उचित नहीं समझा?

   (क) दवा देना

   (ख) हवा करना

   (ग) उनसे बातचीत करना

   (घ) उन्हें जगाना

   (iii) 'मीनू' बेटी तू कब आयी यह किसने पूछा?

   (क) मीनू की माँ ने (ख) मीनू के भाई ने

   (ग) मीनू के पिता जी ने (घ) मीनू की बहन ने

   (iv) शादी के बाद क्या सम्भव न हो सकेगा?

   (क) आपके पास रहना

   (ख) परिवार की सेवा करना

   (ग) अपने जीवन का उद्देश्य प्राप्त करना

   (घ) कठिन परिश्रम

   (v) 'मीनू' को मीरापुर आये कितना समय हो गया था?

   (क) एक दिन (ख) पन्द्रह दिन

   (ग) एक सप्ताह (घ) तीन दिन

2. "इस समय वह कितनी मजबूर थी। यदि उसकी पढ़ाई न होती तो वह पिताजी के पास रहकर सेवा करती, परन्तु पढ़ाई के कारण वह अधिक समय तक उनके पास रुक भी नहीं सकती थीं।"

   (i) वर्तमान में कौन मजबूर था?

   (क) मीनू की माँ (ख) मीनू स्वयं

   (ग) मीनू के पिता (घ) मीनू का भाई

   (ii) सेवा कौन करना चाहता था?

   (क) मीनू का भाई (ख) मीनू स्वयं

   (ग) मीनू की बहन (घ) मीनू की माँ

   (iii) किस कारण से वह अपने पिताजी की सेवा न कर सकी?

   (क) मेरठ जाने के कारण

   (ख) डॉ. के मना करने पर

   (ग) कमजोर होने के कारण

   (घ) पढ़ाई होने के कारण

   (iv) मीनू किसके पास रूकना चाहती थी?

   (क) अपनी बुआ के पास

   (ख) अपनी माता के साथ

   (ग) अपने पिताजी के पास

   (घ) अपने मित्रों के पास

   (v) उसने अपनी शादी का प्रस्ताव क्यों छोड़ दिया?

   (क) अपनी बुआ के कारण

   (ख) अपनी पढ़ाई के लिए

   (ग) अपने फूफा के कारण

   (घ) रोहित के कारण

अध्याय [12]

1. **(i) कितने कार्ड छपवाए जायेंगे? यह किसने पूछा?**

   (क) दयाराम जी (ख) मायाराम जी

   (ग) अमित (घ) मधु

   (ii) 'अपने बुढ़ापे के लिए रखो, अपना सोना' यह किसने कहा

   (क) अमित (ख) मायाराम जी

   (ग) मधु (घ) दयाराम जी

   (iii) 'मधु' अपनी सहेलियों के लिए कितने कार्ड चाहती थी?

   (क) दस (ख) बीस

   (ग) तीस (घ) चालीस

   (iv) 'धनीमल' जी अपनी बेटी को क्या देना चाहते थे?

   (क) बहुत-सा जेबर (ख) बहुत से कपड़े

   (ग) एक नया मकान (घ) एक फ्लैट

   (v) मेरी बेटी सरिता ने कभी एक गिलास पानी अपने हाथ से लेकर नहीं पिया है, किसने कहा?

   (क) अमित के पिताजी ने

   (ख) अशोक ने

   (ग) मायाराम ने

   (घ) धनीमल जी ने

2. आप विचार कर लीजिए कि इतना रुपया किस तरह से खर्च कराना है? मैं कल आकर पूछ लूँगा। पर हाँ एक बात ध्यान रखिएगा कि मुझे तीन लाख का एक फ्लैट तो देना ही है। बाकी दो लाख कैसे खर्च कराना है? सोच लें।"

   (i) धनीमल जी ने क्या पूछा?

   (क) रुपया किस किस मंद में खर्च कराना है?

   (ख) दावत कब देनी है?

   (ग) कार्ड कितने छपने हैं?

   (घ) कितने लोग दावत में आयेंगे?

   (ii) रुपयों के खर्च का विवरण (मद) पूछने के लिए कब आने को कहा?

   (क) आज (ख) कल

   (ग) परसों (घ) चौथे दिन

   (iii) धनीमल जी का पक्का इरादा क्या था? जो उन्हें देना था?

   (क) सरिता की शादी (ख) अमित की शादी

   (ग) एक फ्लैट (घ) एक फैक्ट्री

   (iv) फ्लैट की कीमत क्या थी?

   (क) एक लाख (ख) दो लाख

   (ग) तीन लाख (घ) चार लाख

   (v) धनीमल जी मायाराम जी के अनुसार कितने रुपये खर्च कराना चाहते थे?

   (क) एक लाख (ख) दो लाख

   (ग) तीन लाख (घ) चार लाख

अध्याय [13]

1. (i) **हॉस्टल का वातावरण शान्त क्यों हो गया था?**

   (क) पूर्व परीक्षा का अवकाश था।

   (ख) छात्र अपने-अपने घर जा चुके थे।

   (ग) परीक्षा हो चुकी थी।

   (घ) परीक्षा शुरू होने में सिर्फ पन्द्रह दिन शेष थे।

   (ii) **'मीनू' जब पढ़ते-पढ़ते थक जाती थी तो वह किससे बातें करती थी?**

   (क) माया से   (ख) सरिता से

   (ग) आशा से   (घ) मधु से

   (iii) **जब 'मीनू' कक्षा आठ में पढ़ती थी तब उसके सिर पर बर्फ के पानी की पट्टियाँ रखने वाला कौन था?**

   (क) माया   (ख) माया की माँ

   (ग) सरिता   (घ) आशा की माँ

   (iv) **आज मीनू एल.एल.बी. की परीक्षा की तैयारी में है तो आज उसके सिर पर बर्फ के पानी की पट्टियाँ कौन रख रहा है?**

   (क) आशा की माँ   (ख) मायाराम की पत्नी

   (ग) माया   (घ) अशोक

   (v) **मीनू की सहेली 'माया' किस नगर की निवासी थी?**

   (क) मथुरा   (ख) अलीगढ़

   (ग) मुजफ्फरनगर   (घ) हरिद्वार

2. घर से बाहर रहकर दूसरे लोग ही अपने हो जाते हैं। माया की जब आँखें खुली तो मीनू की दवाई का समय हो गया था। वह तुरन्त बिस्तर से उठी और उसने मीनू को दवाई दी। दूसरे दिन मीनू का ज्वर उत्तर गया था। दो दिन की बीमारी में ही मीनू बहुत कमजोर हो गयी थी।

   (i) **घर से बाहर कौन लोग अपने हो जाते हैं?**

   (क) अपने लोग   (ख) दूसरे लोग

   (ग) पड़ोसी   (घ) दूसरे गाँव के लोग

   (ii) **मीनू की दवाई का ध्यान कौन रखता था?**

   (क) मायाराम   (ख) माया

   (ग) दयाराम   (घ) धनीमल

   (iii) **'मीनू' को कितने दिन बुखार आया था?**

   (क) एक दिन   (ख) तीन दिन

   (ग) दो दिन   (घ) चार दिन

   (iv) **मीनू की कमजोरी का कारण क्या था?**

   (क) माया   (ख) माया की माँ

   (ग) अमित की माँ   (घ) बुखार का आना (ज्वर)

   (v) **'माया' देर सुबह तक क्यों सोती रही?**

   (क) वह देर रात तक जागती रही

   (ख) उसकी तबियत ठीक नहीं थी।

   (ग) रात में अधिक अध्ययन किया।

   (घ) देर रात घर से आयी थी

उत्तरमाला

अध्याय [1]

1. (i) (घ) नीलिमा
   (ii) (ख) मीनू-नीलिमा
   (iii) (ग) पहले भी उसे पसन्द नहीं किया गया
   (iv) (ख) मीनू के मुँह से अपनी प्रशंसा सुनकर
   (v) (ख) प्रथम श्रेणी में परिणाम
2. (i) (ग) नीलिमा
   (ii) (घ) शारीरिक सुन्दरता
   (iii) (घ) नीलिमा के होने वाले पति को
   (iv) (क) सुन्दर एवं भावुक
   (v) (ग) उसकी सखी ने
3. (i) (घ) परीक्षा फल का आगमन
   (ii) (ग) मीनू का उदास चेहरा
   (iii) (ख) कभी खुशी कभी गम
   (iv) (घ) उसका श्यामला रंग व नाटापन
   (v) (क) उन्नत परिणाम

अध्याय [2]

1. (i) (घ) रोहित के पिता
   (ii) (ख) मीनू का रिश्ता हो जायेगा

(iii) (ख) अमित, माता-पिता और मधु
(iv) (ग) तीसरा
(v) (ग) मीनू से अधिक सुन्दर
2. (i) (क) जब वर पक्ष के लोग देखने आते हैं
(ii) (ग) वर पक्ष के द्वारा चयन में
(iii) (ख) उसका व्यक्तिगत अनुभव
(iv) (क) मीनू
(v) (क) अनिश्चित परिणाम

अध्याय [3]

1. (i) (ग) दहेज के विरोधी
(ii) (ग) धनीमल
(iii) (क) अधिक दहेज के कारण
(iv) (ख) आशा से शादी
(v) (ग) पत्र लिखने के लिए
2. (i) (क) धनीमल
(ii) (घ) सरिता के साथ शादी
(iii) (घ) मीनू के पिता को
(iv) (क) लड़की देखने के बाद मना करने पर
(v) (घ) केवल धन के कारण

अध्याय [4]

1. (i) (क) उसे पहले भी नापसन्द किया गया
   (ii) (ख) अमित का पत्र
   (iii) (घ) शादी नहीं करेगी
   (iv) (क) आप आशा की शादी कर दें
   (v) (घ) अमित जी
2. (i) (ख) स्वयं अपने पैरों पर
   (ii) (ख) शादी करना
   (iii) (क) किसी के माता-पिता उम्र भर न ही बैठे रहते
   (iv) (ग) पति और सन्तान
   (v) (ग) पति एवं सन्तान

अध्याय [5]

1. (i) (ग) हीन भावनाएँ
   (ii) (ख) वकालत करने की
   (iii) (घ) बहुत-सा पैसा कमाना
   (iv) (क) तुम अपने उद्देश्य की प्राप्ति में सफल हो।
   (v) (ग) अठारह साल की उम्र में शादी कर देंगे
2. (i) (घ) माया
   (ii) (घ) मानो मुझे उनसे बिछुड़े एक लम्बा समय हो गया है
   (iii) (घ) प्रसन्नता के कारण
   (iv) (ख) स्नेह जाल की स्मृति
   (v) (ग) एक घण्टे तक

अध्याय [6]

1. (i) (ग) स्वयं को बेचना
   (ii) (ग) माँ मेरी सरिता से ही शादी करेंगी
   (iii) (ख) गुड्डे गुड़िया का खेल
   (iv) (ख) धनीमल जी के नौकरों का
   (v) (क) क्लब जाने में
2. (i) (ख) अमित को
   (ii) (घ) सामाजिक परम्परा
   (iii) (ख) नहीं
   (iv) (घ) वैवाहिक सम्बन्ध
   (v) (ख) मेरी माँ भी उनके ही पक्ष में बोल रहीं है।

अध्याय [7]

1. (i) (घ) धनीमल जी की
   (ii) (ख) मायाराम जी को
   (iii) (ग) बेंत की
   (iv) (घ) सरिता की चाची
   (v) (क) एकान्त में
2. (i) (क) अपने बेटे साथ जबरदस्ती
   (ii) (ख) पिता होने के कारण

(iii) (क) अमित का विवाह धनीमल जी की बेटी से
(iv) (ग) सरिता
(v) (क) वैवाहिक निर्णय पुत्र के अनुसार करे

अध्याय [8]

1. (i) (क) अपने पत्रों के कारण
   (ii) (ग) हड़ताल के कारण
   (iii) (घ) उसके माता-पिता की तबियत तो खराब नहीं थी
   (iv) (ग) अमित की मित्र
   (v) (ख) अपनी शादी का निमन्त्रण देने
2. (i) (क) हाँ
   (ii) (ख) निमन्त्रण पत्र के द्वारा
   (iii) (ग) कई लड़कों ने उसे ना पसन्द किया था
   (iv) (घ) अभागन
   (v) (घ) नीलिमा

अध्याय [9]

1. (i) (घ) पुस्तकों के साथ
   (ii) (ग) वकालत प्रथम श्रेणी में पास करना
   (iii) (क) अशोक
   (iv) (ख) यदि वह भी नीलिमा की तरह सुन्दर होती
   (v) (ख) जिसने उसे नापसन्द किया था
2. (i) (क) अपनी सहेलियों के साथ
   (ii) (ख) विशेष उत्साह रखना
   (iii) (ख) अमित
   (iv) (ग) अमित में
   (v) (ख) पुरानी यादें

अध्याय [10]

1. (i) (ख) कत्थक
   (ii) (घ) कत्थक
   (iii) (ख) मीरापुर से
   (iv) (ग) कार्यक्रम में भाग लेने के लिए
   (v) (ख) पिता जी के बीमार पड़ जाने के कारण
2. (i) (ख) मीनू
   (ii) (क) जिनकी नृत्य में रुचि थी
   (iii) (ग) पैर चलाना
   (iv) (ख) पहला दिन होने के कारण
   (v) (क) पैर चलाने का अभ्यास

अध्याय [11]

1. (i) (क) पक्षापात
   (ii) (ख) हवा करना
   (iii) (ग) मीनू के पिता जी ने

(iv) (ख) परिवार की सेवा करना

(v) (ग) एक सप्ताह

2. (i) (ख) मीनू स्वयं

(ii) (ख) मीनू स्वयं

(iii) (घ) पढ़ाई होने के कारण

(iv) (ग) अपने पिताजी के पास

(v) (ख) अपनी पढ़ाई के लिए

अध्याय [12]

1. (i) (ख) मायाराम जी

(ii) (ग) मधु

(iii) (ग) तीस

(iv) (घ) एक फ्लैट

(v) (घ) धनीमल जी ने

2. (i) (क) रुपया किस किस मद में खर्च कराना है?

(ii) (ख) कल

(iii) (ग) एक फ्लैट

(iv) (ग) तीन लाख

(v) (ख) दो लाख

अध्याय [13]

1. (i) (घ) परीक्षा शुरू होने में सिर्फ पन्द्रह दिन शेष थे।

(ii) (क) माया से

(iii) (घ) आशा की माँ

(iv) (ग) माया

(v) (ख) अलीगढ़

2. (i) (ख) दूसरे लोग

(ii) (ख) माया

(iii) (ग) दो दिन

(iv) (घ) बुखार का आना (ज्वर)

(v) (क) वह देर रात तक जागती रही

❑❑

एकांकी संचय

संस्कार और भावना

अधोलिखित विकल्पों में से किसी एक विकल्प को अपनी पाठ्यपुस्तक के आधार पर चुनों जो उचित हो

1. "जिन बातों का हम प्राण देकर भी विरोध करने को तैयार रहते हैं, एक समय आता है, वे ही बातें हम चुपचाप स्वीकार कर लेते हैं।"

(i) इस कथन को किसने कहा है?

  (क) माँ   (ख) अविनाश

  (ग) उमा   (घ) अतुल

(ii) हम किस आधार पर किसी चीज का विरोध करते हैं?

  (क) सामाजिक   (ख) पारिवारिक

  (ग) व्यक्तिगत   (घ) स्थानीय

(iii) किन कारणों वश व्यक्ति अपने प्राणों का उत्सर्ग करके भी विरोध करता है?

  (क) समाज के प्रति कर्तव्य

  (ख) व्यक्तिगत ईर्ष्या

  (ग) आत्म सम्मान

  (घ) पारिवारिक दबाव

(iv) इस तार्किक शक्ति की ऊर्जा को कौन प्रदान करता है?

  (क) धार्मिक रूढ़ता   (ख) व्यक्तिगत सम्बन्ध

  (ग) पारिवारिक कारण (घ) सामाजिक परिवेश

(v) अन्त में मनुष्य उन्हें क्यों स्वीकार कर लेता है?

  (क) उत्साहहीनता   (ख) दया भाव के कारण

  (ग) माया और ममता (घ) सर्वसम्मति के कारण

2. **(i)** उपरि अनुच्छेद में किस धर्म को प्रदर्शित किया गया है?

  (क) क्षत्रिय धर्म   (ख) राष्ट्र धर्म

  (ग) पतिव्रत धर्म   (घ) सनातन धर्म

(ii) अविनाश की बहू किस स्वभाव की थी?

  (क) सरल   (ख) मृदु

  (ग) द्वेषपूर्ण   (घ) सौम्य स्वभाव

(iii) परिचर्या के साथ वह क्या क्या करती थी?

  (क) दवा लाती और घर का काम करती

  (ख) बच्चों का परिपालन करती थी

  (ग) पड़ोसियों के घर जाती थी

  (घ) पति के घर जाने की इच्छा करती थी

(iv) समय से घर का कार्य कौन करता है?

  (क) अविनाश की माँ   (ख) अविनाश की पत्नी

  (ग) अतुल की पत्नी   (घ) अतुल की माँ

(v) यहाँ 'हाथ पसारने' से क्या तात्पर्य है?

  (क) भीख माँगना   (ख) आर्थिक सहायता

  (ग) ऋण लेना   (घ) धन स्वीकार करना

3. **(i)** अविनाश किस बीमारी से ग्रसित था?

  (क) पीलिया   (ख) हैजा

  (ग) चेचक   (घ) कोविड

(ii) अतुल ने अपने भाई अविनाश को किसके समान बताया?

  (क) कमल के समान कोमल

  (ख) फौलाद के समान

  (ग) पत्थर दिल

  (घ) अटूट

(iii) अविनाश की पत्नी किस राज्य से सम्बन्ध रखती है?

  (क) बिहार   (ख) उड़ीसा

  (ग) गुजरात   (घ) बंगाल

(iv) अतुल की माँ उसकी भाभी को घर क्यों नहीं ला पा रही थी?

  (क) वह बहुत बीमार थी

  (ख) वह बहुत दूर थी

  (ग) वह नीच जाति की थी

  (घ) वह माँ को नहीं चाहती थी

(v) समाज जिन बातों का विरोध करता है तो व्यक्ति उन्हें क्यों स्वीकार कर लेता है?

  (क) ममता वश

  (ख) पारिवारिक हित में

  (ग) अत्याचार के उन्मूलन के लिए

  (घ) अपनी लाचारी वश

बहू की विदा

अधोलिखित विकल्पों में से किसी एक विकल्प को अपनी पाठ्यपुस्तक के आधार पर चुनो जो उचित हो

1. "लेकिन आज नहीं तो कल रुपया और प्यार तो देना ही पड़ेगा, कमला! कागज के टुकड़ों पर अपना ईमान बेचने वालों के बीच तुम कब तक रहोगी?"

(i) प्रमोद की दृष्टि में जीवनलाल जी कैसे व्यक्ति हैं?

  (क) अविश्वासी सोच वाले

  (ख) आर्थिक सोच वाले

  (ग) वैचारिक सोच वाले

  (घ) निष्कपट

(ii) कमला की दृष्टि में जीवनलाल जी कैसे है?

(क) उद्दण्ड स्वभाव के

(ख) भुलक्कड़ स्वभाव के

(ग) जिद्दी स्वभाव के

(घ) सरल स्वभाव के

(iii) प्रमोद के अनुसार कमल का भविष्य किस प्रकार का है?

(क) अन्धकारमय   (ख) स्नेह और प्यार से वंचित

(ग) विषम   (घ) आपदाओं से युक्त

(iv) प्रमोद किस कार्य की ओर इशारा कर रहा है?

(क) सभी एक ही स्वभाव के हैं

(ख) पारिवारिक जीवन कठिनाइयों वाला

(ग) प्रेम का मात्र प्रदर्शन है

(घ) शान्ति का अभाव रहेगा

(v) पैसों को देकर भी प्रमोद कमला के लिए क्या न हीं देख पा रहा है?

(क) उचित वैवाहिक जीवन

(ख) सामान्य दिनचर्या

(ग) नीरस जीवन

(घ) सौम्य पारिवारिक जीवन

2. "आज के युग में पैसा ही नाक ओर मूँछ है। जिसके पास पैसा नहीं, वह नाक मूँछ होते हुए भी नकटा है। मुँछकटा है।

(i) वर्तमान युग में सम्मान का मापक क्या है?

(क) धर्म   (ख) अर्थ

(ग) काम   (घ) मोक्ष

(ii) क्या, इस अर्थयुग में सब कुछ अर्थ के अनुसार ही चलेगा ?

(क) नहीं   (ख) चल भी सकता है

(ग) स्थिति के अनुसार (घ) स्वभाव के अनुसार

(iii) समाज में क्या केवल धनवान का ही सम्मान है?

(क) कोई सम्मान देता है

(ख) नहीं

(ग) हाँ

(घ) कोई सम्मान नहीं देता

(iv) अर्थ के बिना क्या समाज लगड़ा हो जायेगा?

(क) हाँ   (ख) हो भी सकता है

(ग) नहीं   (घ) यह सम्भव नहीं है

(v) क्या, दहेज आदि में दिए गये धन की कोई सीमा है?

(क) हाँ   (ख) हो भी सकती है

(ग) नहीं भी   (घ) नहीं

3. (i) जीवन लाल ने अपने घाव के लिए किस प्रकार की मरहम लाने को कहा—

(क) अमृताजन   (ख) एन्टीबाइटिक मरहम

(ग) दहेज रूपी मरहम   (घ) झण्डूबाम

(ii) पानी से पत्थर नहीं पिघल सकता' यह किसने किससे कहा—

(क) जीवनलाल ने प्रमोद से

(ख) प्रमोद ने कमला से

(ग) रमेश ने प्रमोद से

(घ) जीवन लाल ने रमेश से

(iii) "जो व्यवहार तुम अपने बेटी के लिए दूसरों से चाहते हो, वही दूसरों की बेटी को भी दो।" यह कथन किसने कहा है?

(क) कमला   (ख) गौरी

(ग) प्रमोद   (घ) राजेश्वरी

(iv) "कभी-कभी चोट भी मरहम का काम कर जाती है" यह किसने कहा—

(क) प्रमोद   (ख) राजेश्वरी

(ग) रमेश   (घ) जीवनलाल

(v) बेटी वाले चाहे अपना घर-द्वार बेच कर दे दें पर बेटे वालों की नाक भौं सिकुड़ी रहती हैं—यह कथन किसका है।

(क) राजेश्वरी   (ख) प्रमोद

(ग) कमला   (घ) रमेश

मातृभूमि का मान

अधोलिखित विकल्पों में से किसी एक विकल्प को अपनी पाठ्यपुस्तक के आधार पर चुनो जो उचित हो

1. "यह क्या कहते हो, तुम अभय जी। हाड़ा वंश किसी की गुलामी स्वीकार न ही करेगा। चाहे व विदेशी शक्ति हो, चाहे वह मेवाड़ का महाराणा।"

(i) अभय जी क्या चाहते थे?

(क) हाड़ा राजपूतों का बलिदान

(ख) बूँदी पर शासन करना

(ग) बूँदी को मेवाड़ की अधीनता में रखना

(घ) बूँदी और मेवाड़ की मित्रता

(ii) हाड़ा राजपूतों को क्या स्वीकार नहीं है?

(क) आत्म प्रशंसा   (ख) शत्रु का विनाश

(ग) हाड़ाओं की हार   (घ) गुलामी

(iii) वे क्या करना चाहते हैं?

(क) दोनों राज्यों के बीच युद्ध

(ख) अपनी जन्मभूमि के सम्मान की रक्षा

(ग) मेवाड़ और बूँदी के बीच सन्धि

(घ) शत्रु पर विजय प्राप्त करना

(iv) वे मेवाड़ के साथ क्या चाहते हैं?

(क) स्वतन्त्र रहकर उसकी सहायता करना

(ख) मित्रता

(ग) पराधीनता   (घ) मेवाड़ का अपमान

(v) बूँदी के राजपूत कैसे हैं?

(क) वीर   (ख) भीरु

(ग) अधीर   (घ) उच्छखल

2. "महाराणा आपके विवेक पर सब को विश्वास है। मैं आपसे निवेदन करने आई हूँ कि यद्यपि समय के फेर से आप हाड़ा शक्ति और साधनों में मेवाड़ के उन्नत राज्य से छोटे हैं, फिर भी वे वीर हैं।"

(i) महाराणा के विवेक पर कौन विश्वास करता है?

(क) मेवाड़ के लोग

(ख) बूँदी राज्य के लोग (हाड़ा)

(ग) अधीनस्थ लोग

(घ) छोटे राज्य

(ii) निवेदन करने कौन आया है?

    (क) लाखा   (ख) अभय सिंह

    (ग) चारणी   (घ) राव हेमू

(iii) मेवाड़ किस तरह का राज्य है?

    (क) शक्ति सम्पन्न

    (ख) कलंकित

    (ग) आत्मग्लानि से युक्त

    (घ) अपमान को सहन करने वाला

(iv) हाड़ा राजपूत किस तरह के राज्य के निवासी हैं?

    (क) आश्रित राज्य

    (ख) जहाँ हाड़ा और बूँदी एक ही हैं

    (ग) परस्पर स्पर्धात्मक भावना

    (घ) राज्य के प्रति औचित्यहीन

(v) हाड़ा राजपूत क्या करना जानते हैं?

    (क) मेवाड़ की रक्षा   (ख) आत्मरक्षा

    (ग) मातृभूमि की रक्षा   (घ) नारी का सम्मान

3. (i) हाड़ा वंशीय राजपूत किस राज्य के शासक थे?

    (क) चित्तौड़   (ख) कोटा

    (ग) मेवाड़   (घ) बूँदी

(ii) महाराणा लाखा किस मैदान से राव हेमू से पराजित हो. कर भागा।

    (क) नीमरा   (ख) खानवा

    (ग) चौसा   (घ) पानीपत

(iii) महाराणा लाखा के समक्ष नकली दुर्ग बनाने की योजना किसने बनायी?

    (क) महाराणा लाखा   (ख) अभय सिंह

    (ग) चारणी   (घ) वीर सिंह

(iv) 'जन्मभूमि का अपमान कैसे सहा जा सकता है।' यह किसने कहा है?

    (क) महाराणा लाखा   (ख) वीर सिंह

    (ग) अभय सिंह   (घ) राव हेमू

(v) गोले के वार से किस वीर योद्धा का बलिदान हो गया?

    (क) राव हेमू   (ख) वीर सिंह

    (ग) अभय सिंह   (घ) लाखा

उत्तरमाला

संस्कार और भावना

1. (i) (ग) उमा

  (ii) (क) सामाजिक

  (iii) (क) समाज के प्रति कर्तव्य

  (iv) (घ) सामाजिक परिवेश

  (v) (ख) दया भाव के कारण

2. (i) (ग) पतिव्रत धर्म

  (ii) (घ) सौम्य स्वभाव

  (iii) (क) दवा लाती और घर का काम करती

  (iv) (ख) अविनाश की पत्नी

  (v) (ख) आर्थिक सहायता

3. (i) (ख) हैजा

  (ii) (ख) फौलाद के समान

  (iii) (घ) बंगाल

  (iv) (ग) वह नीच जाति की थी

  (v) (क) ममता वश

बहू की विदा

1. (i) (ख) आर्थिक सोच वाले

  (ii) (ग) जिददी स्वभाव के

  (iii) (ग) विषम

  (iv) (क) सभी एक ही स्वभाव के हैं

  (v) (घ) सौम्य पारिवारिक जीवन

2. (i) (क) धर्म

  (ii) (क) नहीं

  (iii) (ख) नहीं

  (iv) (ग) नहीं

  (v) (घ) नहीं

3. (i) (ग) दहेज रूपी मरहम

  (ii) (ख) प्रमोद ने कमला से

  (iii) (घ) राजेश्वरी

  (iv) (घ) जीवनलाल

  (v) (क) राजेश्वरी

मातृभूमि का मान

1. (i) (ग) बूँदी को मेवाड़ की अधीनता में रखना

  (ii) (घ) गुलामी

  (iii) (ख) अपनी जन्मभूमि के सम्मान की रक्षा

  (iv) (क) स्वतन्त्र रहकर उसकी सहायता करना

  (v) (क) वीर

2. (i) (ख) बूँदी राज्य के लोग (हाड़ा)

  (ii) (ग) चारणी

  (iii) (क) शक्ति सम्पन्न

  (iv) (ख) जहाँ हाड़ा और बूँदी एक ही हैं

  (v) (ग) मातृभूमि की रक्षा

3. (i) (घ) बूँदी

  (ii) (क) नीमरा

  (iii) (ग) चारणी

  (iv) (ख) वीर सिंह

  (v) (ग) अभय सिंह

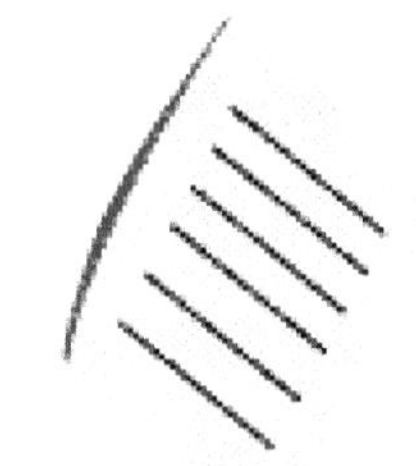

ENGLISH - I

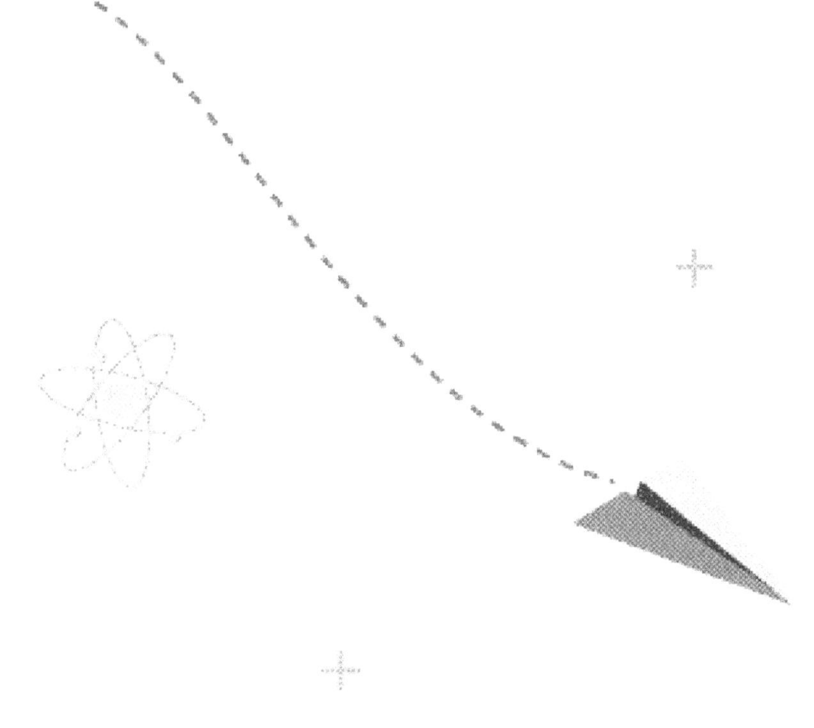
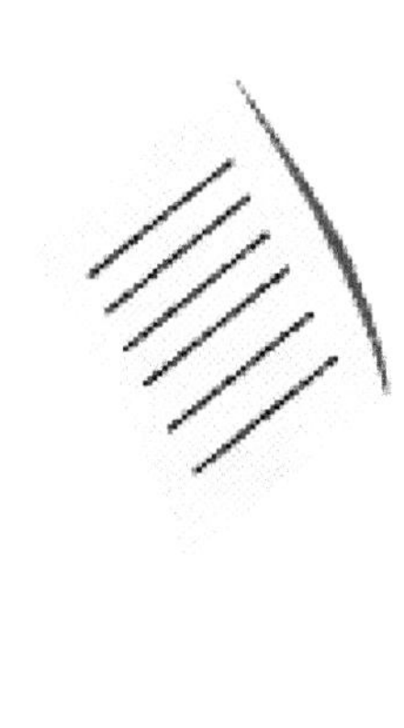

BIFURCATED SYLLABUS

(As per the Reduced Syllabus for ICSE - Class X Year 2022 Examination)

Max. Marks : 40

	PORTION TO BE COVERED
1.	Comprehension
2.	Grammar

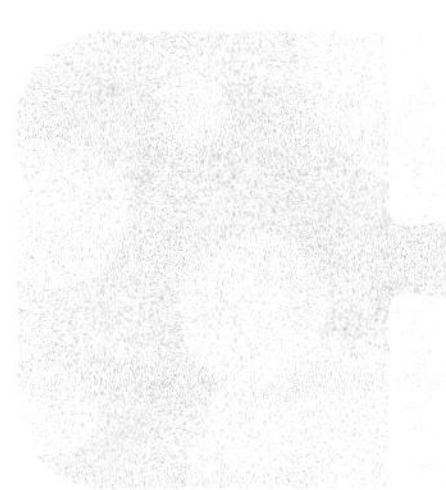

English Language [English-I]
Specimen Question Paper

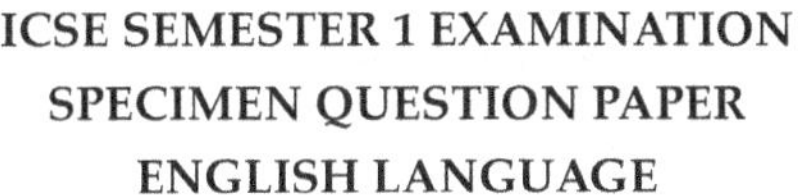

ICSE SEMESTER 1 EXAMINATION
SPECIMEN QUESTION PAPER
ENGLISH LANGUAGE
English Paper - 1
Maximum Marks: 40
Time allowed: One hour (inclusive of reading time)
ALL QUESTIONS ARE COMPULSORY.
The marks intended for questions are given in brackets [ ].
Select the correct option for each of the following questions.

Question 1

Read the following passage carefully and answer the questions that follow:

I was never able to get over the feeling that plants and trees loved Grandfather with as much **tenderness** as he loved them. I was sitting beside him on the veranda steps one morning, when I noticed the tendril of a creeping vine that was trailing near my feet. As we sat there, in the soft sunshine of a north Indian winter, I saw that the tendril was moving very slowly away from me and towards Grandfather. Twenty minutes later it had crossed the veranda step and was touching Grandfather's feet.

There is probably a scientific **explanation** for the plant's behaviour something to do with light and warmth — but I like to think that it moved that way simply because it was fond of Grandfather. One felt like drawing close to him. Sometimes when I sat alone beneath a tree I would feel a little lonely or lost; but as soon as Grandfather joined me, the garden would become a happy place, the tree itself more friendly.

Grandfather had served many years in the Indian Forest Service, and so it was natural that he should know and understand and like trees. On his retirement from the Service, he had built a bungalow on the outskirts of Dehra, planting trees all round it: limes, mangoes, oranges and guavas; also eucalyptus, jacaranda and the Persian lilac. In the fertile Doon valley, plants and trees grew tall and strong.

There were other trees in the compound before the house was built, including an old peepul which had forced its way through the walls of an abandoned outhouse, knocking the bricks down with its **vigorous** growth. Peepul trees are great show-offs. Even when there is no breeze, their broad-chested, slim-waisted leaves will spin like tops, determined to attract your attention and invite you into the shade.

Grandmother had wanted the peepul tree cut down, but Grandfather had said, 'Let it be. We can always build another outhouse.'

Our gardener, Govind, who was a Hindu, was pleased that we had allowed the tree to live. Peepul trees are sacred to Hindus, and some people believe that ghosts live in the branches of these trees.

'If we cut the tree down, wouldn't the ghosts go away?' I asked.

'I don't know,' said Grandfather. 'Perhaps they'd come into the house.'

Govind wouldn't walk under the tree at night. He said that once, when he was a youth, he had wandered beneath a peepul tree late at night, and that something heavy had fallen with a thud on his shoulders. Since then he had always walked with a slight stoop, he explained.

'Nonsense,' said Grandmother, who didn't believe in ghosts. 'He got his stoop from squatting on his haunches year after year, weeding with that tiny spade of his!'

I never saw any ghosts in our peepul tree. There are peepul trees all over India, and people sometimes leave offerings of milk and flowers beneath them to keep the spirits happy. But since no one left any offerings under our tree, I expect the ghosts left in disgust, to look for peepul trees where there was both board and lodging.

Grandfather was about sixty, a lean active man who still rode his bicycle at great speed. He had stopped climbing trees a year previously, when he had got to the top of the jackfruit tree and had been unable to come down again. We had to fetch a ladder for him.

Grandfather bathed quite often but got back into his gardening clothes immediately after the bath. During meals, ladybirds or caterpillars would sometimes walk off his shirtsleeves and wander about on the tablecloth, and this always annoyed Grandmother.

She grumbled at Grandfather a lot, but he didn't mind, because he knew she loved him.

[From 'The Tree Lover', Rusty the Boy from the Hills by Ruskin Bond]

(a) For each word given below choose the correct meaning (as used in the passage) from the options provided: [3]

   (i)   tenderness:

      1. affection   2. soreness

      3. youthfulness

   (ii) explanation:

      1. an excuse or pretext   2. a statement or account that makes something clear

      3. a long-winded speech

   (iii) vigorous:

      1. strong, healthy, and full of energy   2. manipulating and meandering

      3. timorous

(b) Why did the author feel that plants loved Grandfather with as much tenderness as he loved them? [2]

   1.   He saw the tendril of a creeping vine move very slowly towards Grandfather and cross the veranda step to touch Grandfather's feet.

   2.   Because the creeper moved as they sat there, in the soft sunshine of a north Indian winter; it was something to do with light and warmth.

   3.   He saw the tendril of a creeping vine moving very slowly towards him, crossing the veranda step to touch the author's feet.

(c) Where had Grandfather worked for many years? [2]

   1.   the Indian Revenue Service   2. the Botanical Gardens

   3.   the Indian Forest Service

(d) Which trees did Grandfather plant around his bungalow? [2]

   1.   limes, mangoes, oranges, guavas, eucalyptus, jacaranda, the Persian lilac and a peepul tree

   2.   limes, mangoes, oranges, guavas, eucalyptus, jacaranda and the Persian lilac

   3.   creeper vines, limes, mangoes, oranges, guavas, eucalyptus, jacaranda, the Persian lilac, ladybirds and caterpillars

(e) Why does the author say peepul trees are great show-offs? [2]

   1.   because there are peepul trees all over India, and people sometimes leave offerings of milk and flowers beneath them to keep the spirits happy.

   2.   because even when there is no breeze, their broad-chested, slim-waisted leaves will spin like tops, determined to attract your attention and invite you into the shade.

   3.   because ghosts lived in peepul trees where there was both board and lodging.

(f) How do we know Grandfather was fit? [2]

   1.   because even at about sixty he was a lean active man who still rode his bicycle at great speed.

   2.   because he climbed up but couldn't get down from the jackfruit tree.

   3.   because he planted so many trees around his bungalow all by himself.

(g) Why did ladybirds or caterpillars sometimes wander about on the tablecloth? [2]

   1.   because Grandfather came straight to the dining table after his work in the garden.

   2.   because Grandfather loved both plants and animals and liked to keep them near.

   3.   because Grandfather wore his gardening clothes at mealtimes and they would wander off his shirtsleeves and onto the tablecloth.

(h) What has the author said about the old peepul tree? Which of the following combination of sentences best summarizes the answer? [5]

1. The old peepul knocked down the brick walls of an abandoned outhouse with its vigorous growth. There are peepul trees all over India, and people sometimes leave offerings of milk and flowers beneath them to keep the spirits happy. Govind said that once, when he was a youth, he had wandered beneath a peepul tree late at night, and that something heavy had fallen with a thud on his shoulders. Since then he had always walked with a slight stoop.

2. The old peepul knocked down the brick walls of an abandoned outhouse with its vigorous growth. Grandmother wanted it cut down but Grandfather said they could always build another one. Govind was pleased but frightened of resident ghosts. As no one left any offerings under the tree, the author decided the ghosts must have left in disgust, to look for trees offering board and lodging.

3. The old peepul knocked down the brick walls of an abandoned outhouse with its vigorous growth. There are peepul trees all over India, and people sometimes leave offerings of milk and flowers beneath them to keep the spirits happy. Grandmother said Govind got his stoop from squatting on his haunches year after year, weeding with that tiny spade of his rather than from any resident ghosts alighting on his shoulders.

Question 2

(a) Fill in the blanks with the correct forms of the words provided after the passage: [4]

When he saw the cottage, over amongst some bushes with a rank growth of nettles at one end, he (i) ____________ (think) it was a miserable place. But when he came close to the peeling lime wash, the torn-down ivy, sagging roof, the (ii) ____________ (break) stone doorstep, thick with trampled mud, he saw that it was a wretched house. The door (iii) ____________ (stand) half-open, stuck. He knocked at it and (iv) ____________ (listen) to the acute silence. He knocked again firmly and thought he (v) ____________ (hear) thin whisperings. He did not like the (vi) ____________ (hush) fear in the sounds, and was just about (vii) ____________ (knock) peremptorily when there was a shuffling and, as quietly as an apparition, a woman (viii)________ (is) there.

(i)   1. Thinks   2. thought
      3. thinked

(ii)   1. Breaks   2. broken
      3. breaking

(iii) 1. stood   2. is standing
      3. had been standing

(iv) 1. was listening   2. had been listening
      3. listened

(v)   1. could hear   2. had been hearing
      3. was hearing

(vi) 1. Hushing
      2. hushed
      3. hush

(vii) 1. Knocked   2. knocking
      3. to knock

(viii) 1. Be   2. is
      3. was

(b) Choose the correct option to fill in the blanks: [4]

(i)   Surprised ________ the noise, the judge called for silence.
      1. on   2. at
      3. with

(ii)   Ravi's parents are not happy _________ his behaviour.
    1. for   2. by
    3. with

(iii) The Colonel congratulated the soldiers ________ their victory.
    1. beside   2. alongside
    3. on

(iv)   The planet was seen ________ the telescope.
    1. outside   2. before
    3. through

(v)   He is not afraid _______ the consequences.
    1. over   2. of
    3. for

(vi)   He rushed _______ the class as he was late.
    1. into   2. onto
    3. in

(vii) The school is famous _______its sports achievements.
    1. of   2. for
    3. besides

(viii) __________ being clever, he is brave.
    1. Despite   2. Besides
    3. For

(c) Choose the correct option to join the following sentences without using 'and', 'but' or 'so':   [4]

  (i)   She sells sea shells. She sells them on the sea shore.
    1. She sells sea shells on the sea shore.
    2. The sea shells which she sells are found on the sea shore.
    3. She sells sea shells which are on the sea shore.

  (ii)   Why are you upset? Did someone scold you?
    1. You are upset having been scolded by someone.
    2. She asked him why he was upset and if he had been scolded.
    3. Are you upset because someone scolded you?

  (iii) She has not seen the message perhaps. She may have chosen to ignore it.
    1. Perhaps she chose to ignore the message which she had seen.
    2. She may either have not seen the message or chosen to ignore it.
    3. Neither did she see the message nor ignore it.

  (iv) I often wake up late in the mornings. I am never late for school.
    1. Although I often wake up late in the mornings, I am never late for school.
    2. I am sometimes late for school because I often wake up late in the mornings.
    3. I am never late for school because I usually wake up on time.

(d) Read each sentence with its instructions. Choose the correct answer from the options provided beneath each: [8]

  (i)   I couldn't stop my teeth from chattering as it was very cold.
    (Use 'so')
    1. It was so cold that I couldn't stop my teeth from chattering.
    2. It was so difficult to stop my teeth from chattering it being cold.
    3. I couldn't stop my teeth from chattering so it was very cold.

   (ii)   As soon as the vacation begins, my neighbour rushes to the seaside.

(Begin: No sooner…)

1. No sooner does my vacation begin than the neighbour rushes to the seaside.
2. No sooner does the vacation begin than my neighbour rushes to the seaside.
3. No sooner did the vacation begin when my neighbour rushed to the seaside.

  (iii) "Will you lend me the book tomorrow?" Priya asked her classmate.

(Begin: Priya asked her classmate if………………………)

1. Priya asked her classmate if he would lend her the book the next day.
2. Priya asked her classmate if he would lent her the book tomorrow.
3. Priya asked her classmate if he will lend her the book the day after.

  (iv) But for Laila's support, the woman would have lost her job.

(Begin: Had…)

1. Had Laila supported her, the woman would not have lost her job.
2. Had Laila supported her, the woman would have lost her job.
3. Had it not been for Laila's support, the woman would have lost her job.

  (v) Herbert consulted his parents before accepting the job offer.

(Begin: Herbert did not ………..)

1. Herbert did not forgot to consult his parents before accepting the job offer.
2. Herbert did not forget to consult his parents before accepting the job offer.
3. Herbert did not consult his parents before accepting the job offer.

  (vi) The tornado had been raging for several hours before people were moved to safety.

(Begin: The people…)

1. The people were moved to safety before the tornado had been raging for several hours.
2. The people were moved to safety only while the tornado had been raging for several hours.
3. The people were moved to safety only after the tornado had been raging for several hours.

 (vii) Put your tools away, the children may fall over them.

(Use: lest……………….)

1. Put your tools away lest the children may fall over them.
2. Put your tools away lest the children fall over them.
3. Put your tools away, children,lets fall over them.

(viii) Unless you begin now, you will never finish.

(Use 'If')

1. If you never finish, you must begin now.
2. If you do not begin now, you will never finish.
3. If you begin now, you will never finish.

Answers

1. (a) (i)   1. affection

    (ii)   2. a statement or account that makes something clear.

   (iii)   1. strong, healthy and full of energy.

  (b) 1.   He saw the tendril of a creeping vine move very slowly towards Grandfather and cross the veranda step to touch Grandfather's feet.

  (c) 3.   the Indian Forest Service.

  (d) 2.   limes, mangoes, oranges, guavas, eucalyptus, jacaranda and the Persian lilac.

(e) 2. because even when there is no breeze, their broad-chested, slim-waisted leaves will spin like tops, determined to attract your attention and invite you into the shade.

(f) 1. because even at about sixty he was a lean active man who still rode his bicycle at great speed.

(g) 3. because Grandfather wore his gardening clothes at mealtimes and they would wander off his shirtsleeves and onto the tablecloth.

(h) 2. The old peepul knocked down the brick walls of an abandoned outhouse with its vigorous growth. Grandmother wanted it cut down but Grandfather said they could always build another one. Govind was pleased but frightened of resident ghosts. As no one left any offerings under the tree, the author decided the ghosts must have left in disgust, to look for trees offering board and lodging.

2. (a) (i)   2. thought   (ii) 2. broken
      (iii) 1. stood   (iv) 3. listened
      (v)   1. could hear   (vi) 3. hush
      (vii) 3. to knock   (viii) 3. was

   (b) (i)   2. at   (ii) 3. with
      (iii) 3. on   (iv) 3. through
      (v)   2. of   (vi) 1. into
      (vii) 2. for   (viii) 2. Besides

   (c) (i)   1. She sells sea shells on the sea shore.
      (ii) 3. Are you upset because someone acolded you?
      (iii) 2. She may either have not seen the message or chosen to ignore it.
      (iv) 1. Although I often wake up late in the mornings, I am never late for school.

   (d) (i)   1. It was so cold that I couldn't stop my teeth from chattering.
      (ii) 2. No sooner does the vacation being than my neighbour rushes to the seaside.
      (iii) 1. Priya asked her classmate if he would lend her the book the next day.
      (iv) 3. Had Laila supported her, the woman would have lost her job.
      (v)   2. Herbert did not forget to consult his parents before accepting the job offer.
      (vi) 3. The people were moved to safety only after the tornado had been raging for several hours.
      (vii) 2. Put your tools away lest the children fall over them.
      (viii) 2. If you do not begin now, you will never finish.

❏❏

1

Comprehension

Passage 1

If religion and community are associated with global violence in the minds of many people, then so are global poverty and inequality. There has, in fact, been an increasing tendency in recent years to justify policies of poverty removal on the ground that this is the surest way to prevent political strife and turmoil. Basing public policy—international as well as domestic—on such an understanding has some evident attractions. Given the public anxiety about wards and disorders in the rich countries in the world, the indirect justification of poverty removal-not for its own sake but for the sake of peace and quiet in the world—provides an argument that appeals to self-interest for helping the needy. It presents an argument for allocating more resources on poverty removal because of its presumed political, rather than moral relevance. While the temptation to go in that direction is easy to understand, it is a **perilous** route to take even for a worthy cause.

Part of the difficulty lies in the possibility that if wrong, economic reductionism would not only impair our understanding of the world, but would also tend to undermine the declared rationale of the public commitment to remove poverty. This is a particularly serious concern, since poverty and massive inequality are terrible enough in themselves, and deserve priority even if there were no connection whatsoever with violence.

Just as virtue is its own reward, poverty is at least its own penalty. This is not to deny that poverty and inequality can-and do-have far reaching consequences with conflict and strife, but these connections have to be examined and investigated with appropriate care and empirical scrutiny, rather than being casually invoked with unreasoned rapidity in support of a 'good cause'.

Destitution can, of course, produce provocation for defying established laws and rules. But it need not give people the initiative, courage, and actual ability to do anything very violent. Destitution can be accompanied not only by economic debility, but also by political helplessness. A starving wretch can be too **frail** and too dejected to fight and battle, and even to protest and holler. It is thus not surprising that often enough intense and widespread suffering and misery have been accompanied by unusual peace and silence.

Indeed, many famines have occurred without there being much political rebellion or civil strife or intergroup warfare. For example, the famine years in the 1840s in Ireland were among the most peaceful, and there was little attempt by the hungry masses to intervene even as ship after ship sailed down the river Shannon with rich food. Looking elsewhere, my own childhood memories in Calcutta during the Bengal famine of 1943 include the sight of starving people dying in front of sweetshops with various layers of luscious food displayed behind the glass windows, without a single glass being broken, or law or order being disrupted.

1. For each word given below choose the correct meaning (as used in the passage) from the options provided:

   (i) perilous
   - (a) Scared
   - (b) Costly
   - (c) Futile
   - (d) Dangerous

   (ii) destitution
   - (a) Dejection
   - (b) Indigence
   - (c) Default
   - (d) Dereliction

   (iii) frail
   - (a) weak and delicate
   - (b) rugged
   - (c) stout
   - (d) energetic

2. Select the statement that can be most plausibly inferred from the aforesaid passage.
   - (a) A society plagued by recurrent famines can never witness political revolution.
   - (b) Religious discrimination inevitably leads to violence and strife.
   - (c) Destitution of the masses leads to peace and social stability.
   - (d) Famines and starvation do not necessarily result in political rebellion.

3. The author believes that it may not be advisable to emphasize on the connection between poverty and violence as:
   - (a) Emphasis on such connection appeals only to self-interest of persons.
   - (b) Linking poverty and violence undermines the moral character of anti-poverty measures.

(c) The absence of any essential connection between poverty and violence may then weaken the very rationale of anti-poverty policies.

(d) There is no necessary link between poverty and inequality.

4. Which of the following best captures the central argument of this passage?

(a) Religion is inextricably linked with violence

(b) Famines may not necessarily result in civil unrest.

(c) Global poverty and inequality are one of the fundamental causes of global violence and strife.

(d) Basing anti-poverty programmes on the need for avoidance of violence and strife is dotted with many pitfalls.

5. The author refers to his own experience as a child during the Bengal famine of 1943 in order to—

(a) Illustrate how religiosity may instill passive acceptance of even the worst forms of starvation among people.

(b) Repudiate the argument that religious discrimination usually tends to inspire violent protests.

(c) Substantiate his assertion that it is not unusual to have the most intense suffering and misery coexist with complete peace.

(d) Demonstrate that people confronted with acute starvation are rendered too helpless to protest ever at all.

6. Which of the following statement is least likely to be inferred from the passage:

(a) History is replete with instance of famines that have occurred without there being much violent protest.

(b) Many writers and critics are increasingly advocating for stronger policies on poverty removal on the ground that this would help prevent political turmoil.

(c) The author believes that the links between poverty and violence must never be emphasized at all.

(d) Economic debility in turn inhibits political freedom.

7. The author asserts that basing anti-poverty measures on the avowed connections between poverty and violence has certain apparent benefits because:

(a) Poverty is similar to religious exploitation in terms of the potential violent consequences.

(b) It leads to allocation of more resources on anti-poverty policies.

(c) The widespread concern about war and violence provides a rationale for poverty-removal that appeals to the 'self-interest' of persons

(d) therwise, there would not have been the tendency to justify anti-poverty policies on the ground that they prevent political turmoil.

8. What has the author said about poverty removal? Which of the following combination of sentences best summarizes the answer?

(a) Religion and community are associated with global violence. Poverty and inequality are associated with religious strife. The public is anxious about the disorders and wards of the rich.

(b) More resources are allocated for poverty removal. This has greater political relevance than moral. It is a perilous route to take for a worthy cause.

(c) Global poverty and inequality are in the minds of most people. Poverty removal is seen as a way to eliminate turmoil and strife. There is an indirect justification of poverty removal not for its own sake but for maintaining peace and order.

Passage 2

Governments looking for easy popularity have frequently been tempted into announcing give-aways of all sorts; free electricity, virtually free water, subsidised food, cloth at half price, and so on. The subsidy culture has gone to extremes. The richest farmers in the country get subsidised fertiliser. University education, typically accessed by the wealtier sections, is charged at a fraction of cost. Postal services are subsidised, and so are railway services. Bus fares cannot be raised to economical levels because there will be violent protests, so bus travel is subsidised too. In the past, price control on a variety of items, from steel to cement, meant that industrial consumers of these items got them at less than actual cost, while the losses of the public sector companies that produced them were borne by the taxpayer! A study, done a few years ago, came to the conclusion that subsidies in the Indian economy total as much as 14.5 per cent of gross domestic product. At today's level, that would work out to about Rs. 1,50,000 crore.

And who pays the bill? The theory — and the political fiction on the basis of which it is sold to unsuspecting voters — is that subsidies go to the poor, and are paid for by the rich. The fact is that most subsidies go to the 'rich' (defined in the Indian context as those who are above the poverty line), and much of the tab goes indirectly to the poor. Because the hefty subsidy bill results in fiscal deficits, which in turn push up rates of inflation — which, as everyone knows, hits the poor the hardest of all. Indeed, that is why taxmen call inflation the most **regressive** form of taxation. The entire subsidy system is built on the thesis that people cannot help themselves, therefore governments must do so. That people cannot afford to pay for a variety of goods and services, and therefore the government must step in. This thesis has been applied not just in the poor countries but in the rich ones as well; hence the birth of the welfare state in the West, and an almost Utopian social security system; free medical care, food aid, old age security, et al. But with the passage of time, most of the wealthy nations have discovered that their economies cannot sustain this social safety net, which infact reduces the desire among people to pay their own way, and takes away some of the incentive to work. In short, the bill was unaffordable, and their societies were simply not willing to pay. To the regret of many, but because of the laws of economics are harsh, most Western societies have been busy pruning the welfare bill.

In India, the lessons of this experience — over several decades, and in many countries — do not seem to have been learnt. Or, they are simply ignored in the **pursuit** of immediate votes. People who are promised cheap food or clothing do not in most cases look beyond the gift horses — to the question of who picks up the tab. The uproar over higher petrol, diesel and cooking gas prices ignored this basic question: if the user of cooking gas does not want to pay for its cost, who should pay? Diesel in the country is subsidised, and if the trucker or owner of a diesel generator does not want to pay for its full cost, who does he or she think should pay the balance of the cost? It is a simple question, nevertheless it remains unasked. The Deve Gowda government displayed some courage in biting the bullet when it comes to the price of petroleum products. But it was bitten by a much bigger subsidy bug. It wanted to offer food at half its cost to everyone below the poverty line, supposedly estimated at some 380 million people. What will be the cost? And, of course, who will pick up the tab? The Andhra Pradesh Government was bankrupted by selling rice at Rs. 2 per kg. Should the Central Government be bankrupted too, before facing up to the question of what is affordable and what is not? Already, India is perenially short of power because the subsidy on electricity has bankrupted most electricity boards, and made private investment wary unless it gets all manner of state guarantees.

Delhi's subsidised bus fares have bankrupted the Delhi Transport Corporation, whose buses have slowly disappeared from the capital's streets. It is easy to be soft and sentimental, by looking at programmes that will be popular. After all, who doesn't like a free lunch? But the evidence is surely **mounting** that the lunch isn't free at all. Somebody is paying the bill. And if you want to know who, take a look at the country's poor economic performance over the years.

1. For each word given below choose the correct meaning (as used in the passage) from the options provided:

(i) regressive
   (a) liberal
   (b) rigid
   (c) radical
   (d) additive

(ii) pursuit
   (a) quest
   (b) surrender
   (c) retreat
   (d) avocation

(iii) mounting
   (a) sinking
   (b) declining
   (c) support for something
   (d) plunging

2. Which of the following should not be subsidised now, according to the passage?
   (a) University education
   (b) Postal services
   (c) Steel
   (d) All of the above

3. The statement that subsidies are paid for by the rich and go to the poor is :
   (a) fiction.
   (b) fact.
   (c) fact, according to the author.
   (d) fiction, according to the author.

4. Why do you think that the author calls the Western social security system Utopian?
   (a) The countries' belief in the efficacy of the system was bound to turn out to be false.
   (b) The system followed by these countries is the best available in the present context.
   (c) Every thing under this system was supposed to be free but people were charging money for them.
   (d) The theory of system followed by these countries was devised by Dr Utopia.

5. It can be inferred from the passage that the author :
   (a) believes that people can help themselves and do not need the government.
   (b) believes that the theory of helping with subsidy is destructive.
   (c) believes in democracy and free speech.
   (d) is not a successful politician.

6. Which of the following is not a victim of extreme subsidies?
   (a) The poor
   (b) The Delhi Tranport Corporation
   (c) The Andhra Pradesh Government
   (d) Private sector

7. What, according to the author, is a saving grace of the Deve Gowda government?
   (a) It has realised that it has to raise the price of petroleum products.
   (b) It has avoided been bitten by a bigger subsidy bug.
   (c) Both (a) and (b).
   (d) Neither (a) and (b).

8. What has the author said about the means the government takes to gain popularity?Which of the following combination of sentences best summarizes the answer?
   (a) The theory is that subsidies go to the poor and are paid for by the rich. Most subsidies go the rich, who are classified as those above the poverty line. The hefty subsidy bill results in fiscal deficits. This causes inflation.
   (b) Governments to gain easy popularity, announce all sorts of giveaways. Some of them include free electricity, free water, subsidized food, cloth at half price etc. Even the richest farmers are given subsidized fertilizers in the country. University education is made accessible at a fraction of the cost.
   (c) This theory has been applied not only to rich countries but to poor ones as well. This resulted in the birth of the welfare state which is a utopian social security system. This provides free medical care, food aid and old age security.

Passage 3

We've all heard the adage: practice makes perfect! In other words, acquiring skills takes time and effort. But how exactly does one go about learning a complex subject such as tennis, calculus, or how to play the violin? An age-old answer is: practice one skill at a time. A beginning pianist might rehearse scales before chords. A tennis player practices the forehand before the backhand. Learning researchers call this "blocking," and because it is commonsensical and easy to schedule, blocking is dominant in schools and training programs.

However, another strategy promises improved results. Enter "interleaving," a largely unheard-of technique that is capturing the attention of **cognitive** psychologists and neuroscientists. Whereas blocking involves practicing one skill at a time before the next (for example, "skill A" before "skill B" and so on, forming the pattern "AAABBBCCC"), in interleaving one mixes, or interleaves, practice on several related skills together (forming for example the pattern "ABCABCABC"). For instance, a pianist alternates practice between scales, chords, and arpeggios, while a tennis player alternates practice between forehands, backhands, and volleys.

Given interleaving's promise, it is surprising then that few studies have investigated its utility in everyday applications. However, a new study by cognitive psychologist Doug Rohrer takes a step towards addressing that gap. Rohrer and his team are the first to implement interleaving in actual classrooms. The location: middle schools in Tampa, Florida. The target skills: algebra and geometry.

The three-month study involved teaching 7th graders slope and graph problems. Weekly lessons were largely unchanged from standard practice. Weekly homework worksheets, however, featured an interleaved or blocked design. When interleaved, both old and new problems of different types were mixed together. Of the nine participating classes, five used interleaving for slope problems and blocking for graph problems; the reverse occurred in the remaining four. Five days after the last lesson, each class held a review session for all students. A surprise final test occurred one day or one month later. The result? When the test was one day later, scores were 25 percent better for problems trained with interleaving; at one month later, the interleaving advantage grew to 76 percent.

These results are important for a host of reasons. First, they show that interleaving works in real-world, extended use. It is highly effective with an almost ubiquitous subject, math. The interleaving effect is long-term and the advantage over blocking actually increases with the passage of time. The benefit even persists when blocked materials receive additional review. Overall, the interleaving effect can be strong, stable, and long-lasting.

Researchers are now working to understand why interleaving **yields** such impressive results. One prominent explanation is that it improves the brain's ability to tell apart concepts. With blocking, once you know what solution to use, the hard part is over. With interleaving, each practice attempt is different from the last, so rote responses don't work. Instead, your brain must continuously focus on searching for different solutions. That process can improve your ability to learn critical features of skills.

A second explanation is that interleaving strengthens memory associations. With blocking, a single strategy, temporarily held in short-term memory, is sufficient. That's not the case with interleaving—the correct solution changes from one practice attempt to the next. As a result, your brain is continually engaged at **retrieving** different responses and bringing them into short-term memory. Both of these accounts imply that increased effort during training is needed when interleaving is used. This corresponds to a potential drawback of the technique, namely that the learning process often feels more gradual and difficult at the outset. However, that added effort can generate better, longer lasting results.

1. For each word given below choose the correct meaning (as used in the passage) from the options provided:

(i) yields
  - (a) surrenders
  - (b) slows
  - (c) rewards
  - (d) produces

(ii) cognitive
  - (a) Connected with conscious mental processes
  - (b) Connected with physical processes
  - (c) Connected with visual capacity
  - (d) Connected with spatial reasoning

(iii) Retrieving
  - (a) Fetch
  - (b) Salvage
  - (c) Memorising
  - (d) Visualizing

2. Over the course of the passage, the main focus shifts from :
  - (a) an evaluation of a popular learning strategy to a consideration of several lesser-known but potentially more effective strategies.
  - (b) a presentation of experts' opinions on two learning strategies to an argument based on the author's own opinion.
  - (c) an explanation of two learning strategies to a discussion of a study that shows the benefits of one strategy over the other.
  - (d) a description of the learning strategies traditionally used by musicians and athletes to a recommendation to employ an alternative strategy.

3. The main effect of the words "adage" and "age-old" is to :
  - (a) emphasize the prevalence of certain assumptions about learning.
  - (b) reveal that a method of learning has been extensively researched on a method of learning.
  - (c) highlight the reliability of a commonsense approach to learning.
  - (d) suggest that a style of learning is the subject of ongoing debate.

4. In the second paragraph the references to the pianist and the tennis player primarily illustrate:
  - (a) the most common technique used to teach complicated skills.
  - (b) the process of interleaving in specific contexts.
  - (c) the difficulties associated with mastering complex subjects.
  - (d) the skepticism teachers exhibit towards the interleaving method.

5. It can reasonably be inferred from the passage that most researchers interested in skills acquisition are
  - (a) unconcerned with the relevance of interleaving to people's routine activities.
  - (b) focused on how interleaving improves athletes' performance.
  - (c) intent on examining the function of blocking within an educational setting.
  - (d) undecided about whether interleaving is an effective alternative to blocking.

6. The author of the passage would most likely agree with which perspective on interleaving?
  - (a) It is more beneficial when an individual wants to learn numerous unrelated skills than when an individual wants to learn several related skills.
  - (b) It may demand more time and exertion than other approaches to learning but is likely to have a more valuable outcome.
  - (c) If it is applied consistently it can train the brain to distinguish between relevant and irrelevant information.
  - (d) It may require more studies on its effectiveness before neuroscientists recommend it be used in classroom instruction.

7. Which of these is not true about INTERLEAVING ?
  - (a) Each practice attempt is different from the previous
  - (b) Rote learning does not work
  - (c) Brain searches for different solutions.
  - (d) It does not work help in developing critical skills

8. What does the passage say about the differences between interleaving and blocking techniques of learning? Which of the following combination of sentences best summarizes the answer?
  - (a) Acquiring one skill at a time is called blocking. It involves rehearsing or practicing one skill at a time before the next. In interleaving one practices several inter related skills together. If one skill is represented by A and another by B and so on, then the pattern that is used in interleaving is AAABBBCCC, whereas the pattern used in blocking is ABCABCABC.
  - (b) Blocking uses a mixture of patterns of practice, whereas in interleaving one practises one skill at a time. Interleaving involves acquiring one skill at a time. Therefore the pattern of practice in interleaving is AAABBBCCC and the pattern of practice that blocking uses is ABCABCABC.
  - (c) Complex subjects such as tennis, calculus and violin are learnt through the technique of interleaving. A tennis player practices the forehand and the backhand, and a pianist rehearses the chords and scales.

Passage 4

There are few areas of work or leisure which will not be affected profoundly by the widespread availability of low-cost, easy- to-use information. If this seems in any way surprising, it may be because society in general has not yet fully cottoned on to the concept of information as a resource which is often as valuable as money or manpower. In the same way, it took a very long time for society to come to grips with previous waves of industrial change based on revolutionary new concepts such as the engine, electricity and the jet engine.

In this case, the problem has been that, until recently, much information was simply too difficult to obtain, shift, convey, display and analyse - so a range of techniques had to be developed for making do without it. These tend to be called instinct, or experience, or gut feeling, or flair. But considering what most people are already capable of, despite the dearth of information and a limited memory, man's intellectual horizons will be expanded enormously through the colossal capabilities of electronics technology to process and deliver information at very high speeds and very low costs.

In education, **inter alia,** the eventual ability to access essentially any database of information on any subject will lead to a radical change in teaching methods, with almost all the emphasis being on interpretation of the easily available facts and the creative use thereof, rather than the old-fashioned memorizing of data. In health care, diagnostic skills are already being honed through the use of computerized information banks, and this process will accelerate significantly as the information revolution gathers pace. Information technology (IT) products will add a new dimension to the use of leisure time, just as personal computers are already doing in many homes. Even straightforward entertainment will be enhanced by the availability of a wide choice of specially, high-fidelity radio and video programs delivered primarily by some form of 'cable'.

Communication will be revolutionized by low-cost IT products. Although, the printed word - in the form of books, newspapers and magazines - will retain a vital (and highly convenient) role in education, entertainment and the provision of general information, the display screen will become **pervasive**. This will encourage banking, working and shopping from home (with major implications for the High Street, urban traffic patterns and local authority finances), and the ultimate universal ownership of videophones may adversely affect the growth of business travel.

In manufacturing, the production processes and the quality of the end-products will be improved through the extended use of electronics-based techniques of measurement and control. Most important, however, will be the **exponential** increase in industrial automation generally and small, special-purpose robots in particular, for carrying out precise, repetitive and/or dangerous tasks. The office will become increasingly important as the focus of information, control and decision-making.

And so on, as far as the imagination can stretch. In the advanced nations, information technology is to the home, office and factory what the internal combustion engine was to mass transport: it is transforming practically everything, from societal patterns to the world economy. Those who wish to prosper from IT had better understand and master it.

1. For each word given below choose the correct meaning (as used in the passage) from the options provided
   (i) inter alia
      (a) Among other things
      (b) Among main things
      (c) Between things
      (d) Between prime things
   (ii) pervasive
      (a) Widespread   (b) Deep
      (c) skewed   (d) beneficial
   (iii) exponential
      (a) becoming faster   (b) becoming slower
      (c) becoming higher   (d) becoming slimmer

2. According to the passage we can expect to see in future all the following except:
   (a) offices geared to information processing and analysis.
   (b) home shopping networks that could even have an impact on traffic patterns.
   (c) increased automation in factories.
   (d) hi-fidelity radio and video equipment adding new dimensions to the use of leisure time.

3. According to the passage:
   (a) new IT products will help people have more leisure time.
   (b) robotics will result in more unemployment.
   (c) people will be in a better place to carry out business from their homes.
   (d) books and newspapers will become obsolete.

4. According to the passage, the education system will :
   (a) concentrate on the acquisition of data.
   (b) concentrate on the absorption of information.

   (c) result in more creative managers in the future.

   (d) shift in emphasis to interpretation of data and a more fruitful use of information.

5. According to the passage, people have not yet understood:
   (a) that the concept of information is of more value than the concepts of money and manpower.
   (b) the value of information as a resource.
   (c) the concept of information.
   (d) that information will replace money and manpower as a resource.

6. From the passage, we can infer that managers:
   (a) will not need to know facts any more
   (b) will not need to use 'gut feel' or instinct.
   (c) need to comprehend the use of information.
   (d) need to become technology oriented.

7. From the passage, we can infer that the real advantage to managers in offices will be:
   (a) more data, in quality and quantity.
   (b) more information processed from data.
   (c) more focus on decision and control.
   (d) an increased ability to handle large amounts of information.

8. What does the author say about the IT revolution?Which of the following combination of sentences best summarizes the answer?
   (a) Information technology will revolutionize teaching methods and traditional forms of learning such as memorization. It provides access to virtually any database of information. Diagnostic skills in healthcare will be honed with computerized information banks. Communication will be revolutionized by a range of low cost of products.
   (b) Information technology is to the home, factory and office what internal combustion engine was to mass transport. Everything right from societal patterns to world economy is limited by it. People need to understand and master it.
   (c) There is a rise in industrial automation generally and in small special purpose robots in particular. These can be use to carry out precise, repetitive and dangerous tasks. The office will become the focus of print technology.

Passage 5

Many United States companies have, unfortunately, made the search for legal protection from import competition into a major line of work. Since 1980 the United States International Trade Commission (ITC) has received about 280 complaints **alleging** damage from imports that benefit from subsidies by foreign governments. Another 340 charge that foreign companies "dumped" their products in the United States at "less than fair value." Even when no unfair practices are alleged, the simple claim that an industry has been injured by imports is sufficient grounds to seek relief.

Contrary to the general impression, this quest for import relief has hurt more companies than it has helped. As corporations begin to function globally, they develop an **intricate** web of marketing, production, and research relationships, The complexity of these relationships makes it unlikely that a system of import relief laws will meet the strategic needs of all the units under the same parent company. Internationalization increases the danger that foreign companies will use import relief laws against the very companies the laws were designed to protect. Suppose a United States-owned company establishes an overseas plant to manufacture a product while its competitor makes the same product in the United States. If the competitor can prove injury from the imports and that the United States company received a subsidy from a foreign government to build its plant abroad—the United States company's products will be un competitive in the United States, since they would be subject to duties.

Perhaps the most **brazen** case occurred when the ITC investigated allegations that Canadian companies were injuring the United States salt industry by dumping rock salt, used to de-ice roads. The bizarre aspect of the complaint was that a foreign **conglomerate** with United States operations was crying for help against a United States company with foreign operations. The "United States" company claiming injury was a subsidiary of a Dutch conglomerate, while the "Canadian" companies included a subsidiary of a Chicago firm that was the second-largest domestic producer of rock salt.

1. For each word given below choose the correct meaning (as used in the passage) from the options provided:

  (i) alleging
   (a) Inculpate   (b) Arraign
   (c) Incriminate   (d) Exculpate

  (ii) intricate
   (a) Labyrinth   (b) Lugubrious
   (c) Lachrymose   (d) Ludicrous

  (iii) brazen
   (a) Unabashed   (b) Tenacious
   (c) Flagrant   (d) Impudent

  (iv) conglomeration
   (a) A mixture of different things that are found all together
   (b) A Company which has presence in almost all counties

    (c) A government which is composed of various parties

    (d) A huge building with various architecture patterns

2. The passage is chiefly concerned with :

    (a) arguing against the increased internationalization of United States corporations

    (b) warning that the application of laws affecting trade frequently has unintended consequences

    (c) demonstrating that foreign-based firms receive more subsidies from their governments than United States firms receive from the United States government

    (d) advocating the use of trade restrictions for "dumped" products but not for other imports

3. It can be inferred from the passage that the minimal basis for a complaint to the International Trade Commission is which of the following?

    (a) A foreign competitor has received a subsidy from a foreign government.

    (b) A foreign competitor has substantially increased the volume of products shipped to the United States.

    (c) A foreign competitor is selling products in the United States at less than fair market value.

    (d) The company requesting import relief has been injured by the sale of imports in the United States.

4. In paragraph 3 performs which of the following functions in the passage?

    (a) It summarizes the discussion thus far and suggests additional areas of research.

    (b) It presents a recommendation based on the evidence presented earlier.

    (c) It discusses an exceptional case in which the results expected by the author of the passage were not obtained.

    (d) It cites a specific case that illustrates a problem presented more generally in the previous paragraph.

5. In paragraph 2 the author warns of which of the following dangers?

    (a) Companies in the United States may receive no protection from imports unless they actively seek protection from import competition.

    (b) Companies that seek legal protection from import competition may incur legal costs that far exceed any possible gain.

    (c) Companies that are United States-owned but operate internationally may not be eligible for protection from import competition under the laws of the countries in which their plants operate.

    (d) Companies that are not United States-owned may seek legal protection from import competition under United States import relief laws.

6. The passage suggests that which of the following is most likely to be true of United States trade laws?

    (a) They will eliminate the practice of "dumping" products in the United States.

    (b) They will enable manufacturers in the United States to compete more profitably outside the United States.

    (c) They will affect United States trade with Canada more negatively than trade with other nations.

    (d) Those that help one unit within a parent company will not necessarily help other units in the company.

7. It can be inferred from the passage that the author believes which of the following about the complaint mentioned in the last paragraph?

    (a) The ITC acted unfairly toward the complainant in its investigation.

    (b) The complaint violated the intent of import relief laws.

    (c) The response of the ITC to the complaint provided suitable relief from unfair trade practices to the complainant.

    (d) The ITC did not have access to appropriate information concerning the case.

Passage 6

Excess inventory, a massive problem for many businesses, has several causes, some of which are unavoidable. Overstocks may accumulate through production overruns or errors. Certain styles and colors prove unpopular. With some products—computers and software, toys, and books—last year's models are difficult to move even at huge discounts. Occasionally the competition introduces a better product. But in many cases the public's buying tastes simply change, leaving a manufacturer or distributor with thousands (or millions) of items that the fickle public no longer wants.

One common way to dispose of this merchandise is to sell it to a liquidator, who buys as cheaply as possible and then resells the merchandise through catalogs, discount stores, and other outlets. However, liquidators may pay less for the merchandise than it cost to make it. Another way to dispose of excess inventory is to dump it. The corporation takes a straight cost write-off on its taxes and hauls the merchandise to a landfill. Although it is hard to believe, there is a sort of **convoluted** logic to this approach. It is perfectly legal, requires little time or preparation on the company's part, and solves the problem quickly. The draw back is the remote possibility of getting caught by the news media. **Dumping** perfectly useful products can turn into a public relations nightmare.

Children living in poverty are freezing and XYZ Company has just sent 500 new snowsuits to the local dump. Parents of young children are barely getting by and QPS Company dumps 1,000 cases of disposable diapers because they have slight imperfections. The managers of these companies are not deliberately wasteful; they are simply unaware of all their alternatives.

In 1976 the Internal Revenue Service provided a **tangible** incentive for businesses to contribute their products to charity. The new tax law allowed corporations to deduct the cost of the product donated plus half the difference between cost and fair market selling price, with the proviso that deductions cannot exceed twice cost. Thus, the federal government sanctions—indeed, encourages—an above- cost federal tax deduction for companies that donate inventory to charity.

1. For each word given below choose the correct meaning (as used in the passage) from the options provided:

(i) convoluted

   (a) Complicated   (b) Slippery

   (c) Valid   (d) Fallacious

(ii) tangible

   (a) Palpable   (b) Concrete

   (c) Substantial   (d) Surreptitious

(iii) dumping

   (a) deposit or dispose of

   (b) hooking up

   (c) befriending

   (d) latching

2. The author mentions each of the following as a cause of excess inventory EXCEPT :

   (a) production of too much merchandise

   (b) inaccurate forecasting of buyers' preferences

   (c) unrealistic pricing policies

   (d) products' rapid obsolescence

3. The passage suggests that which of the following is a kind of product that a liquidator who sells to discount stores would be unlikely to wish to acquire?

   (a) Furniture

   (b) Computers

   (c) Kitchen equipment

   (d) Baby-care products

4. The passage provides information that supports which of the following statements?

   (a) Excess inventory results most often from insufficient market analysis by the manufacturer.

   (b) Products with slight manufacturing defects may contribute to excess inventory.

   (c) Few manufacturers have taken advantage of the changes in the federal tax laws.

   (d) Manufacturers who dump their excess inventory are often caught and exposed by the news media.

5. The author cites the examples in paragraph 3 most probably in order to illustrate

   (a) the fiscal irresponsibility of dumping as a policy for dealing with excess inventory

   (b) the waste-management problems that dumping new products creates

   (c) the advantages to the manufacturer of dumping as a policy

   (d) how the news media could portray dumping to the detriment of the manufacturer's reputation

6. In paragraph 3 by asserting that manufacturers "are simply unaware" , the author suggests which of the following?

   (a) Manufacturers might donate excess inventory to charity rather than dump it if they knew about the provision in the federal tax code.

   (b) The federal government has failed to provide sufficient encouragement to manufacturers to make use of advantageous tax policies.

   (c) Manufacturers who choose to dump excess inventory are not aware of the possible effects on their reputation of media coverage of such dumping.

   (d) The manufacturers of products disposed of by dumping are unaware of the needs of those people who would find the products useful.

7. The information in the passage suggests that which of the following, if true, would make donating excess inventory to charity less attractive to manufacturers than dumping?

   (a) The costs of getting the inventory to the charitable destination are greater than the above-cost tax deduction.

   (b) The news media give manufacturers' charitable contributions the same amount of coverage that they give dumping.

   (c) No straight-cost tax benefit can be claimed for items that are dumped.

   (d) The fair-market value of an item in excess inventory is 1.5 times its cost.

8. What does the author say about the common ways to dispose of excess merchandise and inventory? Which of the following combination of sentences best summarizes the answer?

   (a) One of the common ways to dispose off excess merchandise is to sell it to a liquidator, who buys it at a cost effective price and then resells it through discount stores, catalogue stores , and other outlets. Another way of disposing excess inventory is by hauling it to a landfill with a view of dumping it.

   (b) Excess merchandise is a huge concern for many businesses but it is unavoidable.

Production overruns and errors may result in the accumulation of stocks. Certain style and products prove to be more popular. With some products such as toys, books, and computers the previous year's models are hard to get rid of even when offered at discounted prices.

(c) Sometimes the competition introduces a better product. In some cases they need to dispose the product because the public's buying tastes change. This leaves the manufacturer or distributor with surplus products that the whimsical public is no longer interested in buying.

Passage 7

Emile Durkheim, the first person to be formally recognized as a sociologist and the most scientific of the **pioneers**, conducted a study that stands as a research model for sociologists today. His investigation of suicide was, in fact, the first sociological study to use statistics. In suicide (1964, originally published in 1897) Durkheim documented his **contention** that some aspects of human behavior – even something as allegedly individualistic as suicide – can be explained without reference to individuals.

Like all of Durkheim's work, suicide must be viewed within the context of his concern for social integration. Durkheim wanted to see if suicide rates within a social entity (for example, a group, organization, or society) are related to the degree to which individuals are socially involved (integrated and regulated).

Durkheim describes three types of suicide: egoistic, anomic, and altruistic. Egoistic suicide is promoted when individuals do not have sufficient social ties. Since single (never married) adults, for example, are not heavily involved with the family life, they are more likely to commit suicide than are married adults. Altruistic suicide on the other hand, is more likely to occur when social integration is too strong. The ritual suicide of Hindu widows on their husbands funeral pyres is one example. Military personnel, trained to lay down their lives for their country, provide another illustration.

Durkheim's third type of suicide – anomic suicide increases when the social regulation of individuals is disrupted. For example, suicide rates increase during economic depressions. People who suddenly find themselves without a job or without hope of finding one are more **prone** to kill themselves. Suicides may also increase during period of prosperity. People may loosen their social ties by taking new jobs, moving to new communities, or finding new mates.

Using data from the government population reports of several countries (much of it from the French Government Statistical Office), Durkheim found strong support for his line reasoning. Suicide rates were higher among single than married people, among military personnel than civilians, among divorced than married people, and among people involved in nationwide economic crises.

It is important to realize that Durkheim's primary interest was not in the empirical (observations) indicators he used such as suicide rates among military personnel, married people, and so forth. Rather, Durkheim used the following indicators to support several of his contentions: (1) Social behavior can be explained by social rather than psychological factors; (2) suicide is affected by the degree of integration and regulation within social entities; and (3) Since society can be studied scientifically, sociology is worthy of recognitionin the academic world. Durkheim was successful on all three counts.

1. For each word given below choose the correct meaning (as used in the passage) from the options provided:

(i) pioneers
   (a) a person who is among the first to study or develop something.
   (b) a person who is the follower
   (c) disciple
   (d) supporter

(ii) contention
   (a) a fact
   (b) an assertion, especially one maintained in argument
   (c) a tentative solution
   (d) a statement

(iii) prone
   (a) vulnerable   (b) resistant
   (c) upright   (d) supine

2. Higher suicide rate during rapid progress in a society is a manifestation of :
   (a) altruistic suicide.   (b) anomic suicide.
   (c) egoistic suicide.   (d) vindictive sucide.

3. In his study of suicide Durkheim's main purpose was :
   (a) to document that suicide can be explained without reference to the individual.
   (b) to provide an explanation of the variation in the rate of suicide across societies.
   (c) to categorize various types of suicides.
   (d) to document that social behavior can be explained by social rather than psychological factors.

4. Increase in the suicide rate during economic depression is an example of :
   (a) altruistic suicide. (b) anomic suicide.
   (c) egoistic suicide.   (d) Both a and c.

5. Single adults not heavily involved with family life are more likely to commit suicide. Durkheim categorized this as
   (a) anomic suicide.   (b) altruistic suicide.
   (c) egoistic suicide. (d) Both (b) and (c)

6. According to Durkheim, suicide rates within a social entity can be explained in terms of :
   (a) absence of social ties.
   (b) disruption of social regulation.
   (c) nature of social integration.
   (d) All of the above.

7. According to Durkheim, altruistic suicide is more likely among :
   (a) military personnel than among civilians.
   (b) single people than among married people.
   (c) divorcees than among married people.
   (d) people involved in nationwide economic crises.

8. What does Durkheim say about the different kinds of suicide? Which of the following combination of sentences best summarizes the answer?
   (a) Social behaviour can be explained by social rather than psychological factors. Suicide is affected by the degree of integration. Since society can be studied scientifically, sociology is worthy of recognition.
   (b) Suicide rates were higher among single people in comparison with the married. They were higher among military personnel than among civilians. The rates were higher among the divorced than the married. Durkheim was successful on all three accounts.
   (c) Emily Durkheim describes three types of suicide namely: egoistic, anomic and altruistic. Insufficient social ties lead to egoistic suicide. Unmarried adults are more likely to commit suicide than the married. Altruistic suicide occurs when social integration is too strong such as the woman dying at the husband's pyre. When social regulation of individuals decreases, anomic suicide increases.

Passage 8

Organized retail has fuelled new growth categories-like liquid hand wash, breakfast cereals and pet foods in the consumer goods industry, accounting for almost 50% of their sales, said data from market search firm Nielsen. The figures showed some of these new categories got more than 40% of their business from modern retail outlets. The data also suggests how products in these categories reach the neighbourhood kirana stores after they have established themselves in modern trade.

While grocers continue to be an important channel, for the new and evolving categories we saw an increased presence of high-end products in modern trade. For example, **premium** products in laundry detergents, dishwashing, car air fresheners and surface care increased in availability through this format as these products are aimed at **affluent** consumers who are more likely to ship in supermarket/hypermarket outlets and who are willing to pay more for specialized products. Some other categories that have grown exceptionally and now account for bulk of the sales from modern retail are frozen and ready-to-eat foods, pet food, diapers, pre-and post-wash products, hair conditioners and high-end shaving products, besides others. "With the evolution of modern trade, out growth in this channel has been healthy as it is for several other categories. Modern retail is an important part of our business" said managing director, Kellogg India. What modern retail offers to companies experimenting with new categories is the chance to educate customers which was not the case with a general trade store. "Category creation and market development starts with modern trade but as more consumers start consuming this category, they penetrate into other channels," said President, food & FMCG category, Future Group - the country's largest retailer which operates stores like Big Bazaar. But a point to note here is that modern retailers themselves push their own private brands in these very categories and can emerge as a big threat for the consumers goods and foods companies.

For instance, Big Bazaar's private label Clean Mate is hugely popular and sells more than a brand like Harpic in its own stores. "So, there is a certain amount of conflict and competition that will play out over the next few years which the FMCG companies will have to watch out for", said KPMG's executive director (retail).

In the past, there have been instances of retailers boycotting products from big FMCG players on the issue of margins, but as modern retail becomes increasingly significant for pushing new categories, experts say we could see more partnerships being **forged** between retailers and FMCG companies. "Market development for new categories takes time so brand wars for leadership and consumer franchise will be fought on the modern retail platform. A new brand can overnight compete with established companies by tying up with few retailers in these categories", President of Future Group added.

1. For each word given below choose the correct meaning (as used in the passage) from the options provided:

(i) premium
   (a) exclusive   (b) inclusive
   (c) extra   (d) perk

(ii) affluent
   (a) wealthy   (b) poor
   (c) impoverished (d) penniless

(iii) forged
   (a) made   (b) fraud
   (c) counterfeit   (d) alter

2. Which of the following is being referred to as new growth category?
   (a) Soap cake   (b) Fresh fruits
   (c) Fresh vegetables (d) Liquid Hand-wash

3. Which of the following is being referred to as modern retail outlet?
   (a) Supermarket
   (b) On-line Store
   (c) Door-to-door Selling
   (d) Road-side Hawkers

4. Which of the following best conveys the meaning of the phrase, "watch out for" as used in the passage?
   (a) Demand justice   (b) Avoid conflict
   (c) Be on the alert (d) Passively accept

5. Which of the following is being referred to as 'certain amount of conflict'?
   (a) Retailers selling their own products with products of companies
   (b) Retailers selling similar products of different consumer companies
   (c) Offering differential rate of margin for different products
   (d) New products killing the old products

6. The new growth category products
   (a) reach first the neighbourhood Kirana shop and then the modern retail outlets
   (b) account for less than 20% of sales in organized retail
   (c) reach all the outlets almost at the same time
   (d) first become popular in modern trade outlets before reaching Kirana shops

7. Which of the following is not true in the context of the passage?
   (a) Clean Mate is a product of an organized retailers
   (b) Some retailers don't keep some products if the profit margin is not good
   (c) A new brand can never quickly displace an established brand
   (d) Kirana store still remains an important channel

8. How does the author describe Modern Retail? Which of the following combination of sentences best summarizes the answer?
   (a) Big Bazaar Clean Mate is more preferred than Harpic. Market development for new products takes time. A new brand can compete with established brands overnight. Modern retail is very significant for pushing new categories.
   (b) Organized retail has fuelled the growth of categories in high end products like hand wash, breakfast cereals, and pet foods in the consumer goods industry. These products are aimed at affluent customers who are more willing to pay for specialized products and shop at supermarkets.
   (c) There is certain amount of conflict and competition that will play out over the next few years. Retailers boycott products form FMCG players. These products reach the neighbourhood kirana stores.

Passage 9

The most important problem posed by the existence of different interests, that is to say different mental models and paradigms about and within organizations, is how to tackle their (potential) incompatibility. In order to manage the cognitive and normative differences and preferences as part of organizational practice, knowledge management and thus management education will have to detach themselves from a functionalist management ideology, and the positivistic idea of knowledge and rationality which is associated with it. Such concepts as deutero leaning, n-th order changes, and innovation (instead of improvements) do not fit into the latter approach. Functionalism has a marked preference for unity above diversity, for harmony above conflict, for (functional) integration, and it chooses order above the potential chaos of continuous change.

Incompatibility or incommensurability are then seen as a grave threat to vested interests. Functionalists in particular react too emotionally and with disgust at the idea of (apparent) unreconcilable differences which adhere to incommensurability. If, however, knowledge management and therefore also management education wish to be able to pride themselves on the fact that they aspire to continuous innovation and learning in organizations, then the management of **irreconcilability** and **pluriformity** will be an unavoidable and indispensable prerequisite for its success.

Postmodernism belies all grand narratives like those of positivism and even Habermas's theory of rationality, that try to force people into the mold of a specific way of thinking and acting. Postmodernism explains this tendency of grand theoretical system by positing two central characteristic of human reason : first, there is the fundamental and **inalienable** freedom or reason to conceptualize 'the world' in different ways, while second, each of these conceptualizations has a built-in and irreducible claim to universality.

Management of incommensurability and heterogeneity in organizations expressly demands a postmodern epistemological perspective. Such concepts as incommensurability and internal differences have a prominent place in postmodernism. As is evident from the above quotation, postmodernism believes all great narratives on the levels of both epistemology and social philosophy. Positivism and even Habermas's theory of rationality, which under the guise of universality attempted to force people into a certain way of thinking and acting, as history has so adequately demonstrated, do not shrink from a totalitarian approach.

Postmodernism shows that the incompatibility of grand theoretical systems is to be traced to two central features of human reason : first, the fundamental freedom of thought with which to view the world in one's own and therefore different way, and second, the inbuilt claim to universality, *i.e.*, that one considers one's own point of view to be the best. It is for this reason that in practice it is not enough to minimalize the differences between alternative perspectives (which could lead to a kind of pluralistic indifference); neither would it do to resolve the conflicts between them in a forcible manner (this would lead only to dogmatism).

Managing differences will therefore be a challenge for knowledge management to find which leading element would be helpful in steering the ship of organization past the rocks of totalitarian rule and then around the cliffs of indifference.

1. For each word given below choose the correct meaning (as used in the passage) from the options provided:

(i) irreconcilability
    (a) dissimilarity   (b) friendly
    (c) appeasable   (d) incompatible

(ii) pluriformity
    (a) similarity   (b) diversity
    (c) uniformity   (d) regularity

(iii) inalienable
    (a) impermanent   (b) changeable
    (c) unchallengeable   (d) irreligious

2. All of the following are true, with respect to the passage, except that :
    (a) vested interests are gravely threatened by incompatibility.
    (b) management of incommensurability and heterogeneity in organisations demands a post modern epistemological perspective.
    (c) the compatibility of grand theoretical systems is to be traced to central features of human reason.
    (d) None of the above.

3. Which of the following best denotes the characteristic features of functionalism, as brought out in the passage ?
    (a) It prefers unity above diversity.
    (b) It places harmony above conflict.
    (c) It values order above the potential chaos caused by continuous change.
    (d) All of the above.

4. According to the passage, post modernism :
    (a) gives weightage to incommensurability and homogeneity.
    (b) believes all great narratives on the levels of both epistemology and social philosophy.
    (c) Both (a) and (b).
    (d) None of the above.

5. As per the passage, knowledge management will find its challenge in :
    (a) managing pluralisation indifference.
    (b) convincing practitioners about its relevance.
    (c) making its impact felt in today's changing times.
    (d) changing the ethos of working in the industry.

6. All of the following are false, with respect to the passage, except that :
    (a) the most important problem posed by the existence of different interests is to tackle their incompatibility.
    (b) knowledge management and management education will have to align themselves with a functional management ideology.
    (c) tackling incompatibility of different models and paradigms is less difficult.
    (d) None of the above.

7. A suitable title for the passage could be :
    (a) Contradictions in Theoretical Systems of Post Modernism
    (b) Management of Incompatibility in a Post Modern Perspective.
    (c) Heterogeneity in Management Ideology.
    (d) Irreconcilability and Pluriformity- Facets of Post Modernism.

8. What are the ways to tackle potential incompatibility within an organization? Which of the following combination of sentences best summarizes the answer?

    (a) To manage cognitive and cognitive disturbances and preferences within an organization, knowledge management and management education will have to detach themselves from a functionalist management ideology. They need to aspire to continuous innovation and learning in organizations, making management of irreconcilability and pluriformity as an unavoidable and indispensable prerequisite.

    (b) Functionalists react too emotionally and with disgust at the idea of irreconcilable differences. Incompatibility and incommensurability are seen as grave threat to vested interests.

    (c) Post modernism posits two central characteristics of human reason: there is fundamental or inalienable freedom or reason to conceptualize the world in different ways. Each of these conceptualizations has a built in and irreducible claim to universality.

Passage 10

Participative management refers to getting the employees to feel as part of the organisation so that they can give their best to the organisation. If managements were to say that the employees should work hard for the well being of the management, they are not going to get the wholehearted commitment of the employees. It is also not going to be possible for the management to buy the commitment of the workers by throwing more money.

Most Japanese companies managed to get the involvement of their employees by finding common enemies in American companies, which is called Strategic Intent by Prahalad and Hamel. Anita Roddicks has managed to **assemble** a set of people who share a common vision –eco-friendly and socially relevant business –to run her cosmetic business called Body Shop. The company believes in profits-with-a-principle philosophy; they **oppose** testing on animals, help third-world economies through its trade, contributes to rain forest preservation efforts, is active in women's issues, and sets an example for recycling. Robert Semler of Semco Industries in Mexico has passed on the powers (even to determine wages and bonuses) down the line to the workers that he has been able to get the best out of his people.

Whatever be the approach, the companies that are able to share the benefits with its workers and get them united for a common purpose in a participative mode will only survive in the 21st century. Partnering takes up many forms, some as strategic alliances, networking, collaborations and co-operative. In a complex, knowledge intensive and information oriented 21st century it is not going to be possible for individual companies to come up with answers to all their problems by themselves. Companies will need to partner with several firms to compete effectively. At the very farthest, they need to partner with their customers and suppliers. At the farthest end, companies may even partner with their competitors which is called co-opetition.

The day of mass marketing is over. We are getting closer to the era of personalised products, Customerisation was commonly followed in both services and industrial products marketing. However, with flexible automation, it has come to be used in consumer product as well. A customer can sit in front of a computer terminal and design his own car, bicycle or jeans and get the same fabricated and delivered to his house the same day. Consider Japan's National Bicycle Industrial Co.: Dealers fax National a set of specifications based on the customers' requirements for model, colour, components, and personal measurements. Computers digest the specifications and print out custom blueprints from which customer's bicycle is created of cut-to-fit and common parts. Robots do most of the welding and painting while skilled workers complete the assembly -including the silk-screening the customer's name on to the frame. Within a day, this one-of-a-kind bicycle (out of 11 million combination of parts) is finished, packed, and ready for shipment.

Finally, in order to survive, organisations should get into a **perpetual** learning mode. A learning organisation is one that seeks to create its own future; that assumes learning in an ongoing and creative process for its members; and develops, adapts and transforms itself in response to the needs and aspirations of people, both inside and outside itself. At the heart of a learning organisation lies the belief that enormous human potential lies locked, undeveloped in our organisations.

Central to this belief is the conviction that when all members of an organisation fully develop and exercise their essential human capacities, the resulting congruence between personal and organisational visions, goals and objectives will release this potential. The concept of learning organisation was popularised by Peter Senge. Organisational learning is an emergent, inductive process by which organisations assimilate values, ideologies and practices, either from their environments or their elite members. The knowledge so acquired is diffused across the entire organisations. Usually it remains embedded in the organisation and it is not easy to copy by the competitors. This has to be a continuous process and organisations that are successful in institutionalizing perpetual learning will be more successful in the 21st century.

In times of drastic change, it is the learners who inherit the future. It is obvious that an institution whose mission is effective teaching and learning should automatically be a learning organisation. Ross, Smith, Roberts and Kleiner advocate this definition. "Learning in an organisation means the continuous testing of experience, and the transformation of that experience into knowledge -accessible to the whole organisation, and relevant to its core purpose." The core of learning organisation work is based upon five "learning disciplines" lifelong programes of study and practice.

1. For each word given below choose the correct meaning (as used in the passage) from the options provided:

(i) assemble
   - (a) gather
   - (b) disperse
   - (c) dismantle
   - (d) dispelled

(ii) oppose
   - (a) disagree
   - (b) agree
   - (c) approve
   - (d) aid

(iii) perpetual
   - (a) ever-lasting
   - (b) transitory
   - (c) temporary
   - (d) intermittent

2. All of the following is true, with respect to the passage, except that :
   - (a) it is the learners who inherit the future in times of drastic change.
   - (b) organisations should get into a perpetual learning mode.
   - (c) to be successful, organisations should not institutionalise learning.
   - (d) for effective competition, companies will need to partner with several firms.

3. Which of the following would best go along with what the author has to state in the passage ?
   - (a) A learning organisation seeks to create its own future.
   - (b) Customerisation is not linked to consumer product but only confined to services and industrial product marketing.
   - (c) The only way management can buy the commitments of the workers is by throwing more money.
   - (d) All of the above.

4. The passage explains participative management as one wherein :
   - (a) employees have a say in the running of the organisation.

   - (b) employees are made to feel as part of the organisation so that their best output can flowout with whole hearted commitment.
   - (c) employees have their representatives participating in the Board meetings.
   - (d) employees can claim their share of profits.

5. As per the passage, all of the following are false except that :
   - (a) organisational learning is an emergent, inductive process.
   - (b) a learning organisation perceives learning as an ongoing and creative process for its employees.
   - (c) companies need to partner with their customers and suppliers.
   - (d) All of the above.

6. As per the passage, organisations institutionalising perpetual learning :
   - (a) become riddled with problems arising of high employee awareness.
   - (b) lose out in the competition.
   - (c) become successful.
   - (d) will produce more armchair intellectuals than proactive ones.

7. The most suitable title for the passage is :
   - (a) Learners are Misfit in Today's Competitive Times.
   - (b) Management and Employees.
   - (c) Learners are Inheritors of the Future.
   - (d) Competition and Learning.

8. What is participative management according to the author? Which of the following combination of sentences best summarizes the answer?
   - (a) Most Japanese companies managed to get the involvement of their employees by finding common enemies in the American companies which is called strategic intent. Anita Roddicks has managed to assemble a set of people who share a common vision- eco friendly and socially relevant business.
   - (b) The company believes in profits with a principle policy and they oppose testing on animals, help third world countries, contribute to rain forest preservation, and are involved in women's issues. Companies will need to partner with several firms to compete effectively.
   - (c) Participative management is a strategy wherein employers get their employees to feel part of the organization so that they can give their best to their organization. Central to this belief is the conviction that when all members of an organization fully develop and exercise their essential human capacities, the resulting congruence between personal and organizational visions, goals and objectives will release their potential.

Passage 11

The cyber-world is ultimately ungovernable. This is alarming as well as convenient, sometimes, convenient because alarming. Some Indian politicians use this to great advantage. When there is an obvious failure in governance during a crisis they deflect attention from their own incompetence towards the ungovernable. So, having failed to prevent nervous citizens from fleeing their cities of work by assuring them of proper protection, some national leaders are now busy trying to prove to one another and to panic-prone Indians, that a mischievous neighbour has been using the Internet and social networking sites to spread dangerous rumours. And the Centre's automatic reaction is to start blocking these sites and begin elaborate and potentially endless negotiations with Google, Twitter and Facebook about access to information. If this is the official idea of prompt action at a time of crisis among communities, then Indians have more reason to fear their protectors than the **nebulous** mischief-makers of the Cyber-world. Wasting time gathering proof, blocking vaguely suspicious websites, hurling accusations across the border and worrying about bilateral relation; are ways of keeping busy with inessentials because one does not quite know what to do about the essentials of a difficult situation. Besides, only a fifth of the 245 websites blocked by the Centre mention the people of the North-East or the violence in Assam. And if a few morphed images and **spurious** texts can unsettle an entire nation, then there is something deeply wrong with the nation and with how it is being governed. This is what its leaders should be addressing immediately, rather than making a wrongheaded display of their powers of censorship. It is just as absurd and part of the same syndrome, to try to ban Twitter accounts that **parody** despatches from the Prime Minister's office. To describe such forms of humour and dissent as 'misrepresenting' the PMO- as if Twitteratis would take these parodies for genuine despatches from the PMO- makes the PMO look more ridiculous than its parodists manage to. With the precedent for such action set recently by the Chief Minister of West Bengal, this is yet another proof that what Bengal thinks today India will think tomorrow. Using the Cyber-world for flexing the wrong muscles is essentially not funny. It might even prove to be quite dangerously distracting.

1. For each word given below choose the correct meaning (as used in the passage) from the options provided:

(i) spurious
   (a) genuine
   (b) authentic
   (c) substantial
   (d) fake

(ii) nebulous
   (a) confused
   (b) vague
   (c) iridescent
   (d) glowing

(iii) parody
   (a) twist
   (b) jeopardize
   (c) ridicule
   (d) imitate

2. According to the passage, the Cyber-world is
   (a) beyond the imagination of people
   (b) outside the purview of common people
   (c) not to be governed
   (d) ungovernable

3. The author is of the opinion that
   (a) the centre should start negotiations with Google, Twitter and Facebook
   (b) the centre should help the citizens evacuate their city.
   (c) the centre should not block the sites
   (d) the centre should arrest the guilty

4. The author seriousness regarding the situation can best be described in the following sentences. Pick the odd one out.
   (a) Our leaders should display their powers of censorship when needed.
   (b) If this is the official idea of prompt action at a time of crisis among communities, then Indians have more reason to fear their protectors than the nebulous mischief-maker of the cyber-world.
   (c) The politicians deflect attention from their own incompetence
   (d) If a few morphed images and spurious texts can unsettle an entire nation, then there is something deeply wrong with the nation.

5. The author warns us against:
   (a) not playing false with the citizens
   (b) dangers inherent in the Cyber-world
   (c) not using the Cyber-world judiciously
   (d) protecting the citizens from dangerous politicians

6. What is the opposite of 'wrong headed'?
   (a) silly
   (b) sane
   (c) insane
   (d) insensible

7. The passage suggests different ways of keeping the public busy with 'inessentials' . Pick the odd one out.
   (a) By blocking websites which are vaguely suspicious
   (b) By blaming neighbouring countries across the border
   (c) By turning the attention of the people to violence in Assam
   (d) By getting involved in a discourse on bilateral relations

8. What does the author say about how the government deflects attention away from its own incompetence towards things that can't be governed, such as the cyber world? Which of the following combination of sentences best summarizes the answer?

(a) Since the cyber world is ultimately ungovernable, some politicians use it to their advantage. When there is a failure in governance during a crisis, they deflect attention away from their own incompetence. Examples of this are seen in instances such as having failed to protect citizens, when they were fleeing their cities, they are now trying to prove that a mischievous neighbour has been using the internet and social networking sites to spread dangerous rumours. The centre automatically starts blocking the sites and begins potentially endless negotiations with Google and twitter and Facebook about access to information.

(b) If this is the idea of prompt action at a time of crisis, then the people have more reason to fear their protectors than the nebulous mischief makers of the cyber world. These are ways of keeping busy with the inessentials because one does not know what to do about the essentials of a difficult situation.

(c) This is what its leaders should be addressing immediately, rather than making a wrongheaded display of their powers of censorship. If a few morphed images and spurious texts can unsettle a nation then there is something deeply wrong about how it is being governed.

Passage 12

Once upon a time in a village, there lived six blind men. In spite of their blindness, they had managed to educate themselves. Seeking to expand their knowledge, they decided to visit a zoo and try out their skills in recognising animals by their touch. The first animal they came across, as soon as they entered the zoo, was an elephant. As the first man approached the elephant, the elephant waved its trunk, and the man felt something brush past him. Managing to hold on to it, he felt it, and found something long and moving. He jumped back in alarm, shouting "Move away! This is a snake!" Meanwhile, the second man had moved closer, and walked right near its legs. As the man touched the thick, cylindrical-shaped legs, he called out "Do not worry. These are just four trees here. There is certainly no snake!" The third man was curious hearing the other two, and moved forward. As he walked towards the elephant, he felt his hand touch one of the tusks. Feeling the smooth, sharp ivory tusk, the man cried out "Be careful! There is a sharp spear here." The fourth man cautiously walked up behind the elephant, and felt its swinging tail. "It's just a rope! There is nothing to be afraid off," he said. The fifth man had meanwhile reached out and was touching the huge ears of the animal. "I think all of you have lost your sense of touch!" he said. "This is nothing but a huge fan!" The sixth did not want to be left out. As he walked towards the elephant, he bumped into its massive body, and he exclaimed! This is just a huge mud wall! There is no animal at all!" six of them were **convinced** that they were right, and began arguing amongst themselves. Wondering what the commotion was all about, the zoo keeper arrived at the scene, and was surprised to see six blind men surrounding an elephant, each of them shouting at the top of their voice! "Quiet!" he shouted out, and when they had calmed down, he asked, "Why are all of you shouting and arguing in this manner?" They replied, "Sir, as you can see, we are all blind. We came here to expand our knowledge. We sensed an animal here, and tried to get an idea of its appearance by feeling it. However, we are not able to arrive at a **consensus** over its appearance, and hence are arguing. Can you please help us and tell us which of us is right"? The zoo keeper laughed before answering, "My dear men, each of you has touched just one portion of the animal. The animal you see is neither a snake, nor any of the other things you have mentioned. The animal in front of you is an elephant!" As the six men bowed their head, ashamed of the scene they had created, the zoo keeper said, "My dear men, this is a huge animal, and luckily, it is tame. It stood by calmly as each of you touched it. You are extremely lucky that it stayed calm even during your argument, for if it had got angry, it would have trampled all of you to death!" He continued further, "It is not enough to gather knowledge, but it is also important to learn to share and **pool** your knowledge. Instead of fighting amongst yourselves, if you had tried to put all your observations together, you might have had an idea of the animal as a whole! Also, when you cannot see the entire truth, it is better to go to someone who does know the complete truth, rather than guess about small parts of it. Such half-knowledge is not only useless, but also dangerous. If you had come directly to me, I would have helped you identify all the animals without putting you in danger!" The six men apologised to the zoo keeper, and assured him that they had learnt their lesson.. From now on they would seek true knowledge from qualified people, and would also try to work together as a team so that they could learn more.

1. For each word given below choose the correct meaning (as used in the passage) from the options provided:

(i) Convinced
   - (a) Certain
   - (b) Doubtful
   - (c) Pressured
   - (d) Committed

(ii) Pool
   - (a) Expand
   - (b) Gather
   - (c) Devote
   - (d) Apply

(iii) Consensus
   - (a) Harmony
   - (b) Disagreement
   - (c) Fighting
   - (d) Inorder

2. Which part of the elephant resembled a big fan?
   - (a) The wide ears
   - (b) The mouth
   - (c) The long slender trunk
   - (d) The big wrinkled body

3. Why did the six blind men visit the zoo?
   - (a) They wanted to touch an elephant.
   - (b) They had heard a lot about animals.
   - (c) They wanted to visit the animals in the zoo.
   - (d) They wished to recognise animals by their touch and feel.

4. What was the First thing the blind men came across as they entered the zoo?
   - (a) A large mud wall
   - (b) The zoo keeper
   - (c) The trees
   - (d) The elephant

5. Why is it that each of the six blind men had different impressions of the elephant?
   - (i) Each of them touched only a portion of the elephant.
   - (ii) Each of the six blind men approached different animals.
   - (iii) The blind men were touching the surroundings instead of the elephant.
   - (iv) They had never touched an elephant before.
   - (a) Only (i)
   - (b) Only (i) and (iii)
   - (c) Only (iii)
   - (d) Only (ii) and (iv)

6. Why were the six men arguing and shouting amongst themselves?
   - (a) Each of them wanted his voice to be heard over and above the others.
   - (b) Each of them thought he was right about the animal.
   - (c) There was a lot of noise in the zoo and they couldn't hear each other.
   - (d) They were having an interesting debate.

7. What advice did the zoo keeper give to the six blind men?
   - (a) That the elephant was tame and obedient.
   - (b) That they were very lucky to have had the opportunity to visit the zoo.
   - (c) That it was important to share knowledge and work together as a team.
   - (d) That they were not qualified to be knowledgeable individuals.
   - (e) That the elephant is made up of different parts.

8. What are the different things the six blind men thought about when they touched the elephant? Which of the following combination of sentences best summarizes the answer?
   - (a) They sensed an animal there and tried to get an idea of its appearance by touching it. Unable to arrive at a consensus they argued. They wanted someone to help them tell what it is.
   - (b) When one of the six blind men touched the trunk, he thought it was a snake. When one of them touched the cylindrical legs he thought it was four trees. When one of them touched the tail, he thought it was a rope. Upon touching the ears, one of them explained that it was a fan.
   - (c) Each of the men touched was an elephant. It was neither a snake, nor any of the things they mentioned. The animal in front of them was an elephant. It was a huge animal and luckily it was tame.

Passage 13

IN GORILLA society, power belongs to silverback males. These splendid creatures have numerous status markers besides their back hair: they are bigger than the rest of their band, strike space-filling postures, produce deeper sounds, thump their chests lustily and, in general, exude an air of physical fitness. Things are not that different in the corporate world. The typical chief executive is more than six feet tall, has a deep voice, a good posture, a touch of grey in his thick, lustrous hair and, for his age, a fit body. Bosses spread themselves out behind their large desks. They stand tall when talking to subordinates. Their conversation is laden with prestige pauses and declarative statements. The big difference between gorillas and humans is, of course, that human society changes rapidly. The past few decades have seen a striking change in thedistribution of power—between men and women, the West and the emerging world and geeks and non-geeks. Women run some of America's largest firms, such as General Motors (Mary Barra) and IBM (Virginia Rometty). More than half of the world's biggest 2,500 public companies have their headquarters outside the West. Geeks barely out of short trousers run some of the world's most dynamic businesses. Peter Thiel, one of Silicon Valley's leading investors, has introduced a blanket rule: never invest in a CEO who wears a suit. Yet it is remarkable, in this supposed age of diversity, how many bosses still conform to the **stereotype**. First, they are tall: in research for his 2005 book, "Blink", Malcolm Gladwell found that 30% of CEOs of Fortune 500 companies are 6 feet 2 inches or taller, compared with 3.9% of the American population.People who "sound right" also have a marked advantage in the race for the top. Quantified Communications, a Texas-based company, asked people to evaluate speeches delivered by 120 executives. They found that voice quality accounted for 23% of listeners' evaluations and the content of the speech only accounted for 11%. Academics from the business schools of the University of California, San Diego and Duke University listened to 792 male CEOs giving presentations to investors and found that those with the deepest voices earned $187,000 a year more than the average. Physical fitness seems to matter too: a study published this month, by Peter Limbach of the Karlsruhe Institute of Technology and Florian Sonnenburg of the University of Cologne, found that companies in America's S&P 1500 index whose CEOs had finished a marathon were worth 5% more on average than those whose bosses had not. Good posture makes people act like leaders as well as look like them: Amy Cuddy of Harvard Business School notes that the very act of standing tall, with your feet planted solidly and somewhat apart, your chest out and your shoulders back, boosts the supply of testosterone to the blood and lowers the supply of cortisol, a steroid associated with stress. (Unfortunately, this also increases the chance that you will make a risky bet.) Besides relying on all these supposedly positive indicators of fitness to lead, those who choose bosses also **rely** on some negative stereotypes. Overweight people—women especially—are judged incapable of controlling themselves, let alone others. Those who "**uptalk**"—habitually ending their statements on a high note as if asking a question—rule themselves out on the grounds that they sound **tentative** and juvenile.

1. For each word given below choose the correct meaning (as used in the passage) from the options provided:

(i) uptalk
    (a) Aptly   (b) Loud
    (c) Talk up   (d) High

(ii) stereotype
    (a) Pattern   (b) Same
    (c) Difference   (d) Example

(iii) rely
    (a) Doubt   (b) Depend
    (c) Ignore   (d) Surmise

(iv) tentative
    (a) uncertain   (b) confident
    (c) certain   (d) developed

2. What can be the suitable title of the passage?
    (a) The look of a leader
    (b) Age of diversity
    (c) Gorilla and humans
    (d) Physical fitness matters

3. What the author wants to convey by saying "age of diversity"?
    (a) There is diversity between man and woman
    (b) There is diversity between young generation and old generation
    (c) There is no gender bias at global level
    (d) All of the above

4. According to the passage what physical qualities are required to become CEO of a company?
    (a) Height, weight
    (b) Sound
    (c) Height , sound
    (d) Both 3 and 4

5. Which of the following statement is TRUE according to the passage?
    I. Good postures makes people happy
    II. Physical fitness matters to become CEO
    III. Womenare incapable of controlling their weight
    (a) I & II
    (b) II & III
    (c) III only
    (d) II only

6. Which of the following statement is TRUE according to the passage?
    (1) Gorillas have numerous status markers besides their back hair.
    (2) Bosses stand tall when talking to subordinates.
    (3) The big difference between gorillas and humans is, of course, that human society changes rapidly.
    (4) Good posture makes people act like leaders as well as look like them.
    (a) Only 1   (b) Only 2 and 3
    (c) Only 1 and 4   (d) All of these

7. Which of the following statement is FALSE in the context of the passage?
    (a) The typical chief executive is mostly similar to Gorillas.
    (b) It is found that voice quality account for 23% of listeners.
    (c) Height, quality of sounds , posture are negative indicators .
    (d) Both (a) and (b)

Passage 14

King Hutamasan felt he had everything in the world not only due to his riches and his noble knights, but because of his beautiful queen, Rani Matsya. The rays of the sun were put to shame with the iridescent light that Matsya illuminated, with her beauty and brains. At the right hand of the king she was known to sit and aid him in all his judicial probes. You could not escape her deep-set eyes when you committed a crime as she always knew the victim and the culprit. Her generosity preceded her reputation in the kingdom and her hands were always full to give. People in the kingdom **revered** her because if she passed by, she always gave to the compassionate and poor. Far away from the kingly palace lived a man named Raman, with only ends to his poverty and no means to rectify it. Raman was wrecked with poverty as he had lost all his land to the landlord. His age enabled him little towards manual labour, so begging was the only alternative to **salvage** his wife and children. Every morning he went door to door for some work, food and money. The kindness of people always got him enough to take home. But Raman was a little self-centred. His world began with him first, followed by his family and the rest. So he would eat and drink to his delight and return home with whatever he found excess. This routine followed and he never let anyone discover his interests as he always put on a long face when he reached home. One day as he was relishing the bowl of rice he had just received from a humble home, he heard that Rani Matsya was to pass from the very place he was standing. Her generosity had reached his ears and he knew if he pulled a long face and showed how poor he was, she would hand him a bag full of gold coins-enough for the rest of his life, enough to buy food and supplies for his family. He thought he could keep some coins for himself and only reveal a few to his wife, so he can fulfill his own wishes. He ran to the chariot of the Rani and begged her soldiers to allow him to speak to the queen. Listening to the arguments outside Rani Matsya opened the curtains of her chariot and asked Raman what he wanted. Raman went on his knees and praised the queen, "I have heard you are most generous and most chaste, show this beggar some charity. Rani narrowed her brows and asked Raman what he could give her in return. Surprised by such a question, Raman looked at his bowl full of rice. With spite in him he just picked up a few grains of rice and gave it to her. Rani Matsya counted the five grains and looked at his bowl full of rice and said, "You shall be given what is due to you." Saying this, the chariot galloped away. Raman abused her under his breath. This he never thought would happen. How could she ask him for something in return when she had not given him anything? Irritated with anger he stormed home and gave his wife the bowl of rice. Just then he saw a sack at the entrance. His wife said some men had come and kept it there. He opened it to find it full of rice. He put his hand inside and caught hold of a hard metal only to discover it was a gold coin. **Elated** he upturned the sack to find five gold coins in exact for the five rice grains. If only I had given my entire bowl, thought Raman, I would have had a sack full of gold.

1. For each word given below choose the correct meaning (as used in the passage) from the options provided:

(i) galloped
   - (a) hurtled
   - (b) stumbled
   - (c) ran
   - (d) jumped

(ii) revered
   - (a) remembered
   - (b) feared
   - (c) respected
   - (d) embraced

(iii) elated
   - (a) afraid
   - (b) poor
   - (c) happy
   - (d) depressed

(iv) salvage
   - (a) raise
   - (b) forfeit
   - (c) abandon
   - (d) chaff

2. According to the passage, which of the following is definitely true about Rani Matsya?
   - (a) She was beautiful
   - (b) She was intelligent
   - (c) None of the above
   - (d) All of the above

3. What does the phrase 'pulled a long face', as used in the passage mean?
   - (a) Scratched his face
   - (b) Looked very sorrowful
   - (c) Disguised himself
   - (d) Put on makeup

4. What can possibly be the moral of the story?
   - (a) Do onto others as you would want others to do to you.
   - (b) Patience is a virtue.
   - (c) Winning is not everything, it is the journey that counts.
   - (d) Change is the only constant thing in life.

5. Why was begging the only option for Raman to get food?
   - (a) Raman belonged to a family of beggars.
   - (b) Begging was the easiest way for him to obtain food.
   - (c) Raman's family had forced him to beg.
   - (d) He had lost all his property and was too old to do manual work.

6. Which of the following words can be used to describe Raman?
   (A) Deceitful   (B) Selfish
   (C) Timid
   (a) Only (A)   (b) Only (B)
   (c) Only (A) and (B)   (d) Only (B) and (C)

7. Choose the word which is most opposite in meaning to REVEAL as used in the passage.
   (a) stop   (b) conceal
   (c) present   (d) pending

Passage 15

Although many people like to rely on traditional methods of teaching, the possibilities that open when technology is brought into the classroom are endless. For one, access to education has been significantly broadened as a result, including a wide range of learning styles and degree options. Even if you are not a student or an education professional, it is **crucial** to note the importance of technology in education. To really utilize these tools, teachers should ask themselves why students want technology in the classroom, not just why they need it. *It can definitely help education professionals in the monitoring of individual development and innovative lesson planning; but the students who learn through technology can create a set of skills that will help them throughout their own future careers.* Technology simplifies access to educational resources. Since students already rely on technology in their everyday lives, why not integrate it into the classroom? Children today **frequently** use their smartphones and tablets outside of school hours, and should be trusted with the responsibility during school as well. Many believe that it actually helps students stay engaged during class by using a familiar tool for academic learning. By incorporating modern technology like artificial intelligence, for instance, teachers can develop more creative and innovative lesson plans to hold the attention of their classes. Not to mention, as new methods of teaching develop, so does the need for specialized professionals both within and outside of the education field. Many believe that technology can enhance individual learning, removing educational boundaries that teachers may face. It enables online education, distance learning, and access to up-to-date information. Because each student interprets this information differently, technology can enable more research into subjects that are more difficult to learn. They can learn at their own pace. Thus, Educational Technology is a systematic approach to the processes and resources of teaching, educational technology, or Ed Tech, utilizes technology to improve the performance of students. It identifies the needs of individuals, adapting technology to classroom instruction and in the tracking of student development. It requires teachers to accurately reveal the needs of students in order to determine the relevant technology to apply to the curriculum and to track the results to determine the effectiveness of the measures. Educational technology is a fairly new field in the education sector, and not all teachers are ready to start implementing such technologically-driven plans. However, the cost of education has significantly reduced, with options like online degrees and by **eliminating** the need to buy physical textbooks. By accessing scholarly articles from your university's database, for example, you can easily choose to continue your studies from another country or without leaving your home. Students don't even need to enroll in a full degree program to learn from the best universities in the world. Typically, free for students, most academic journals will offer full digital versions of books originally produced in print. Even if you are not currently studying or involved in the education community, various articles, videos, etc., can be downloaded right to your phone, making the learning process both easily accessible as well as mobile. Because of technology, education is becoming more flexible and accessible. We have seen a growing popularity of online degrees and mobile learning, physical boundaries have been removed, and many executives have embraced technology to supplement the further education of their employees.

1. For each word given below choose the correct meaning (as used in the passage) from the options provided:
   (i) frequently
      (a) repeating   (b) regularly
      (c) habit   (d) casually
   (ii) eliminating
      (a) accomplish   (b) adaptive
      (c) removal   (d) regulating
   (iii) crucial
      (a) pivotal   (b) testing
      (c) settling   (d) searching

2. Why do students need technology in the classroom?
   (i) It helps students prepare for their future careers
   (ii) Technology helps the students to simultaneously perform many activities.
   (iii) Technological goods help students stay engaged during class.
   (a) Only (i)   (b) Both (i) and (ii)
   (c) Both (i) and (iii)   (d) Only (iii)

3. How does technology aid specialized professionals?
   (a) Specialized professionals can tap opportunities within and outside education field
   (b) teachers can develop more creative and innovative lesson plans
   (c) They can conveniently follow the conventional methods
   (d) Both (a) and (b)

4. How does technology benefit students in their learning?
   (a) they gain access to up-to-date information
   (b) Students can learn at their own pace
   (c) They can further research the subjects that are difficult to learn.
   (d) All of these

5. What could be the barrier while implementing educational technology?
   (a) Teachers could be more hesitant while adapting technologically driven plan
   (b) Most of the students cannot afford technological goods
   (c) Parents are dubious while selecting technological plans
   (d) Technology has several ill effects on the mental and physical health of the students

6. Which of the following statement is TRUE according to the passage?
   (i) Many people like to rely on traditional methods of teaching.
   (ii) Educational Technology is a systematic approach to the processes and resources of teaching, educational technology.
   (iii) Educational technology is a fairly new field in the education sector, and not all teachers

are ready to start implementing such technologically-driven plans.
   (a) Only (i)   (b) Only (ii)
   (c) Only (iii) and (ii)   (d) All of these

7. Which of the following statement is FALSE according to the passage?
   (i) Education is becoming more rigid and inaccessible.
   (ii) There is a growing popularity of online degrees and mobile learning.
   (iii) Many believe that technology can enhance individual learning, removing educational boundaries that teachers may face.
   (a) Only (i)   (b) Only (i) and (ii)
   (c) Only (i) and (iii)   (d) None of these

8. What does the author say about the possibilities that open when technology is brought to the classroom? Which of the following combination of sentences best summarizes the answer?
   (a) For one access to education is significantly broadened, resulting in a wide range of learning styles and degree options. Technology in the classroom can help educational professionals in the monitoring of individual development, and innovative lesson planning. Technology simplifies access to educational resources.
   (b) Children use their smart phones and tablets out of school hours. Educational technology is a fairly new field and not all teachers are ready to start implementation of such technologically driven plans.
   (c) We have seen a growing popularity in online degrees and mobile learning. Physical boundaries have been removed and many executives have embraced technology to supplement the further education of their students.

Answers

Passage 1

1. (i) (d) Dangerous
   (ii) (b) Indigence
   (iii) (a) weak and delicate

2. (d) Famines and starvation do not necessarily result in political rebellion.

3. (d) There is no necessary link between poverty and inequality.

4. (d) Basing anti-poverty programmes on the need for avoidance of violence and strife is dotted with many pitfalls.

5. (c) Substantiate his assertion that it is not unusual to have the most intense suffering and misery coexist with complete peace.

6. (d) Economic debility in turn inhibits political freedom

7. (c) The widespread concern about war and violence provides a rationale for poverty-removal that appeals to the 'self-interest' of persons

8. (c) Global poverty and inequality are in the minds of most people. Poverty removal is seen as a way to eliminate turmoil and strife. There is an indirect justification of poverty removal not for its own sake but for maintaining peace and order.

Passage 2

1. (i) (b) rigid

(ii) (a) quest
(iii) (c) support for something
2. (d) All of the above
3. (d) fiction, according to the author
4. (a) The countries' belief in the efficacy of the system was bound to turn out to be false
5. (b) believes that the theory of helping with subsidy is destructive
6. (d) Private sector
7. (a) It has realised that it has to raise the price of petroleum products
8. (b) Governments to gain easy popularity, announce all sorts of giveaways. Some of them include free electricity, free water, subsidized food, cloth at half price etc. Even the richest farmers are given subsidized fertilizers in the country. University education is made accessible at a fraction of the cost.

Passage 3

1 (i) (d) produces
(ii) (a) Connected with conscious mental processes
iii. (a) Fetch
2. (c) an explanation of two learning strategies to a discussion of a study that shows the benefits of one strategy over the other.
3. (a) emphasize the prevalence of certain assumptions about learning.
4. (b) the process of interleaving in specific contexts
5. (a) unconcerned with the relevance of interleaving to people's routine activities
6. (c) If it is applied consistently it can train the brain to distinguish between relevant and irrelevant information
7. (d) It does not work help in developing critical skills
8. (a) Acquiring one skill at a time is called blocking. It involves rehearsing or practicing one skill at a time before the next. In interleaving one practices several inter related skills together. If one skill is represented by A and another by B and so on, then the pattern that is used in interleaving is AAABBBCCC, whereas the pattern used in blocking is ABCABCABC.

Passage 4

1. (i) (a) Among other things
(ii) (a) Widespread
(iii) (a) becoming higher
2. (a) offices geared to information processing and analysis.
3. (c) people will be in a better place to carry out business from their homes.
4. (d) shift in emphasis to interpretation of data and a more fruitful use of information.
5. (b) the value of information as a resource.

6. (c) need to comprehend the use of information.
7. (c) more focus on decision and control.
8. (a) Information technology will revolutionize teaching methods and traditional forms of learning such as memorization. It provides access to virtually any database of information. Diagnostic skills in healthcare will be honed with computerized information banks. Communication will be revolutionized by a range of low cost of products.

Passage 5

1 (i) (d) Exculpate
(ii) (a) Labyrinth
(iii) (b) Tenacious
(iv) (a) A mixture of different things that are found all together
2. (b) warning that the application of laws affecting trade frequently has unintended consequences
3. (d) The company requesting import relief has been injured by the sale of imports in the United States.
4. (d) It cites a specific case that illustrates a problem presented more generally in the previous paragraph.
5. (d) Companies that are not United States-owned may seek legal protection from import competition under United States import relief laws.
6. (d) Those that help one unit within a parent company will not necessarily help other units in the company.
7. (b) The complaint violated the intent of import relief laws.

Passage 6

1 (i) (a) Complicated
(ii) (d) Surreptitious
(iii) (a) deposit or dispose of
2. (c) unrealistic pricing policies
3. (b) Computers
4. (b) Products with slight manufacturing defects may contribute to excess inventory.
5. (d) how the news media could portray dumping to the detriment of the manufacturer's reputation
6. (a) Manufacturers might donate excess inventory to charity rather than dump it if they knew about the provision in the federal tax code.
7. (a) The costs of getting the inventory to the charitable destination are greater than the above-cost tax deduction.
8. (a) One of the common ways to dispose off excess merchandise is to sell it to a liquidator, who buys it at a cost effective price and then resells it through discount stores, catalogue stores , and other outlets. Another way of disposing

excess inventory is by hauling it to a landfill with a view of dumping it.

Passage 7

1 (i) (a) a person who is among the first to study or develop something

(ii) (b) an assertion, especially one maintained in argument

(iii) (a) vulnerable

2. (b) anomic suicide.

3. (a) to document that suicide can be explained without reference to the individual.

4. (b) anomic suicide.

5. (c) egoistic suicide.

6. (d) All of the above.

7. (a) military personnel than among civilians.

8. (c) Emily Durkheim describes three types of suicide namely: egoistic, anomic and altruistic. Insufficient social ties lead to egoistic suicide. Unmarried adults are more likely to commit suicide than the married. Altruistic suicide occurs when social integration is too strong such as the woman dying at the husband's pyre. When social regulation of individuals decreases, anomic suicide increases.

Passage 8

1 (i) (a) exclusive

(ii) (a) wealthy

(iii) (a) made

2. (d) Liquid Hand-wash

3. (a) Supermarket

4. (c) Be on the alert

5. (a) Retailers selling their own products with products of companies

6. (d) first become popular in modern trade outlets before reaching Kirana shops

7. (c) A new brand can never quickly displace an established brand

8. (b) Organized retail has fuelled the growth of categories in high end products like hand wash, breakfast cereals, and pet foods in the consumer goods industry. These products are aimed at affluent customers who are more willing to pay for specialized products and shop at supermarkets.

Passage 9

1. (i) (d) incompatible

(ii) (b) diversity

(iii) (c) unchallengeable

2. (d) None of the above.

3. (d) All of the above.

4. (c) Both (a)   and (b).

5. (a) managing pluralisation indifference.

6. (a) the most important problem posed by the existence of different interests is to tackle their incompatibility.

7. (b) Management of Incompatibility in a Post Modern Perspective.

8. (a) To manage cognitive and cognitive disturbances and preferences within an organization, knowledge management and management education will have to detach themselves from a functionalist management ideology. They need to aspire to continuous innovation and learning in organizations, making management of irreconcilability and pluriformity as an unavoidable and indispensable prerequisite.

Passage 10

1. (i) (a) gather

(ii) (a) disagree

(iii) (a) ever-lasting

2. (c) to be successful, organisations should not institutionalise learning.

3. (a) A learning organisation seeks to create its own future.

4. (b) employees are made to feel as part of the organisation so that their best output can flowout with whole hearted commitment.

5. (d) All of the above.

6. (c) become successful.

7. (c) Learners are Inheritors of the Future.

8. (c) Participative management is a strategy wherein employers get their employees to feel part of the organization so that they can give their best to their organization. Central to this belief is the conviction that when all members of an organization fully develop and exercise their essential human capacities, the resulting congruence between personal and organizational visions, goals and objectives will release their potential.

Passage 11

1. (i) (d) fake

(ii) (b) vague

(iii) (c) ridicule

2. (d) ungovernable

3. (c) the centre should not block the sites

4. (a) Our leaders should display their powers of censorship when needed.

5. (c) not using the Cyber-world judiciously

6. (b) sane

7. (c) By turning the attention of the people to violence in Assam

8. (a) Since the cyber world is ultimately ungovernable, some politicians use it to their advantage. When there is a failure in governance during a crisis, they deflect attention away from their own incompetence. Examples of this are seen in instances such as having failed to protect citizens, when they were fleeing their cities, they are now trying

to prove that a mischievous neighbour has been using the internet and social networking sites to spread dangerous rumours. The centre automatically starts blocking the sites and begins potentially endless negotiations with Google and twitter and Facebook about access to information.

Passage 12

1. (i) (a) Certain
   (ii) (b) Gather
   (iii) (a) Harmony
2. (a) The wide ears
3. (d) They wished to recognise animals by their touch and feel.
4. (d) The elephant
5. (a) Only (i)
6. (b) Each of them thought he was right about the animal.
7. (c) That it was important to share knowledge and work together as a team
8. (b) When one of the six blind men touched the trunk, he thought it was a snake. When one of them touched the cylindrical legs he thought it was four trees. When one of them touched the tail, he thought it was a rope. Upon touching the ears, one of them explained that it was a fan.

Passage 13

1. (i) (c) Talk up
   (ii) (a) Pattern
   (iii) (b) Depend
   (iv) (a) uncertain
2. (a) The look of a leader
3. (c) There is no gender bias at global level
4. (d) Both 3 and 4
5. (b) II & III

6. (d) All of these
7. (c) Height, quality of sounds, posture are negative indicators.

Passage 14

1. (i) (c) ran
   (ii) (c) respected
   (iii) (c) happy
   (iv) (a) raise
2. (d) All of the above
3. (b) Looked very sorrowful
4. (a) Do onto others as you would want others to do to you.
5. (d) He had lost all his property and was too old to do manual work.
6. (c) Only (A) and (B)
7. (b) conceal

Passage 15

1. (i) (b) regularly
   (ii) (c) removal
   (iii) (a) pivotal
2. (c) Both (i) and (iii)
3. (d) Both (a) and (b)
4. (d) All of these
5. (a) Teachers could be more hesitant while adapting technologically driven plan
6. (d) All of these
7. (a) Only (a)
8. (a) For one access to education is significantly broadened, resulting in a wide range of learning styles and degree options. Technology in the classroom can help educational professionals in the monitoring of individual development, and innovative lesson planning. Technology simplifies access to educational resources.

❑❑

2

Grammar

Choose the appropriate word for the following

1. You cannot expect respect from him because he is lost _______ sense of shame.
   (a) in   (b) to
   (c) into   (d) upon

2. We have the habit of exulting _______ the discomfiture of our rivals.
   (a) at   (b) over
   (c) by   (d) into

3. On the eve of the Prime Minister's visit, Civil Line has been cordoned_______.
   (a) off   (b) on
   (c) over   (d) for

4. The Hindus believe in many rituals toward _______ the evils.
   (a) against   (b) off
   (c) out   (d) by

5. The robbers not only injured the landlord but also decamped _______ body.
   (a) with   (b) off
   (c) about   (d) for

6. At the sight of his former wife, he flew _______ a rage.
   (a) in   (b) into
   (c) to   (d) by

7. Dishonesty is always detrimental _______ progress in life.
   (a) to   (b) for
   (c) in   (d) against

8. The rich are not inured _______ manual labour.
   (a) of   (b) on
   (c) to   (d) for

9. He made insulting remarks that are derogatory _______ his reputation.
   (a) for   (b) to
   (c) of   (d) against

10. Encouraged by the success of his ventures he has decided to embark _______ the expansion programme.
    (a) with   (b) for
    (c) upon   (d) at

11. After all hard work has come to take _______ your health.
    (a) on   (b) upon
    (c) at   (d) for

12. Children, by the force of habit are attracted _______ anything that glitters.
    (a) by   (b) to
    (c) with   (d) at

13. Everyone was greatly amused _______ her ignorance of simple facts of life.
    (a) with   (b) by
    (c) at   (d) to

14. We have decided to adhere _______ the original programme.
    (a) by   (b) for
    (c) to   (d) with

15. Think over the matter. Please don't jump _______ conclusions in a hurry.
    (a) to   (b) at
    (c) for   (d) on

16. Don't mix with those who don't approve _______ your style of living.
    (a) with   (b) by
    (c) for   (d) of

17. In the long run, drinking proved fatal both _______ his reputation and health.
    (a) for   (b) to
    (c) of   (d) with

18. The whole town was plunged _______ sorrow after the massacre of the students.
    (a) in   (b) into
    (c) to   (d) by

19. Kanishka was initiated _______ Buddhism by Buddhist monks.
    (a) to   (b) in
    (c) for   (d) into

20. Indians have pinned their hopes _______ the emergence of some superman.
    (a) in   (b) at
    (c) with   (d) on

21. Normally he stays _______ until 11 p.m. these days.
    (a) out   (b) on
    (c) by   (d) up

22. In accordance with the advice of the doctor she is _______ diet
    (a) at   (b) off
    (c) in   (d) on

23. After the death of his father the responsibility has devolved _______ him.
    (a) on   (b) at
    (c) from   (d) by

24. Now the government servants have the day _______ every Saturday.
    (a) out   (b) off
    (c) since   (d) over

25. Co-operation between friends stems _______ mutual consideration.
    (a) in   (b) out
    (c) from   (d) with

26. Many Russians name their children _______ Indians.
    (a) after   (b) to
    (c) on   (d) for

27. Strangely her name did not occur _______ me on the second meeting.
    (a) to   (b) on
    (c) about   (d) by

28. The court has absolved him _______ all the charges levelled against him.
    (a) of   (b) from
    (c) to   (d) by

29. There is no limit _______ the wants of man.
    (a) for   (b) to
    (c) of   (d) on

30. Don't think that there is any exception _______ the rules of moral conduct.
    (a) to   (b) for
    (c) in   (d) with

Choose the most appropriate word using the instructions given in the bracket

31. You don't look well. You _______________ see a doctor. (advice)
    (a) are not   (b) could
    (c) need to   (d) should

32. _____________ lending me your CD player for a couple of days? (Request)
    (a) can you   (b) could you
    (c) would you   (d) would you mind

33. Whose bag is this? I am not sure. It __________ be Ann's.
    (a) might   (b) must
    (c) should   (d) would

34. She ___________ home yesterday because her little son was sick. (Necessity)
    (a) could have stayed   (b) had to stay
    (c) must have stayed   (d) should have stayed.

35. I don't believe it. It _____ be true. (Impossibility)
    (a) can't   (b) mustn't
    (c) shouldn't   (d) wouldn't

36. I am afraid I can't come to your birthday party. The boss has told me I __________ go away on business. (Obligation)
    (a) must   (b) have to
    (c) can   (d) may

37. The windows look clean. You __________ wash them. (Absence of necessity)
    (a) can't
    (b) don't have to
    (c) must not
    (d) are not to

38. You _______ leave work at 3:30 today. (Permission)
    (a) can   (b) could
    (c) might   (d) will

39. The literature __________ be organized by date, author, or argument. (Ability)
    (a) may   (b) might
    (c) will   (d) can

40. You ___________ use mobile phones inside the aircraft. (Prohibition)
    (a) had to   (b) can
    (c) could   (d) mustn't

41. When I was in college, I __________ study eight to nine hours in a day. (Past habits no longer in use)
    (a) used to   (b) could
    (c) might   (d) will

42. _______________ you mind turning down the music a bit? (Request)
    (a) can   (b) would
    (c) ought   (d) might

43. __________ all your dreams come true. (wish)
    (a) should   (b) could
    (c) may   (d) might

44. Take an umbrella, it __________ rain today. (Possibility)
    (a) may   (b) should
    (c) have to   (d) ought to

45. __________ I borrow your lecture notes please?
    (a) might   (b) ought
    (c) have to   (d) can

Choose the correct form of verb from the given options

46. It's of no use __________ over split milk.
    (a) cry   (b) crying
    (c) cried   (d) cries

47. Some of the boys _____________ dishonest.
    (a) is   (b) was
    (c) were   (d) am

48. Riju ___________ to wake up early in the morning.
  (a) doesn't like   (b) like
  (c) doesn't likes   (d) don't like

49. The porridge __________ good.
  (a) taste   (b) tasting
  (c) tasted   (d) was taste

50. The earth __________ round the sun.
  (a) revolve   (b) revolves
  (c) was revolving   (d) revolved

51. The bus _________ just five minutes ago.
  (a) was leaving   (b) leave
  (c) left   (d) is leaving

52. I am in a hurry, so I _________ time to meet you.
  (a) has   (b) have no
  (c) hasn't   (d) have been

53. The window was open and a bird __________ into the room.
  (a) fly   (b) is flying
  (c) was flying   (d) flew

54. The hotel wasn't very expensive. It ________ much.
  (a) cost   (b) didn't cost
  (c) costed   (d) have cost

55. I knew Sarah was very busy, so I _________ her.
  (a) calls   (b) called
  (c) didn't call   (d) calling

56. Food __________ served as soon as I reached home.
  (a) is   (b) will
  (c) was   (d) have

57. Unfortunately, our dinner _________ eaten by the dog.
  (a) has been   (b) is
  (c) was   (d) will be

58. She _________ baking a cake for Rani.
  (a) was   (b) will
  (c) do   (d) does

59. I ___________ appreciate his jokes. They weren't funny.
  (a) did   (b) have been
  (c) didn't   (d) had

60. If he _________ arrive on time, he'll have to take a later flight.
  (a) do   (b) doesn't
  (c) will   (d) did

61. By the time she was three, Matilda had (0) .... (teach) herself to read by (1) .... (study) newspapers and magazines that (2) .... (lie) around the house. At the age of four, she could (3) .... (read) fast and well and she naturally began (4) .... (hanker) after books. The only book in the whole of this enlightened household was something called

Easy Cooking (5) .... (belong) to her mother, and when she had read this from cover to cover and had (6) .... (learn) all the recipes by heart, she (7) .... (decide) she (8) .... (want) something more interesting.

(0) __________
  (a) teached   (b) taught
  (c) teaches   (d) teach

(1) __________
  (a) studied   (b) studies
  (c) studying   (d) study

(2) __________
  (a) lies   (b) lay
  (c) lied   (d) laid

(3) __________
  (a) read   (b) reading
  (c) was reading   (d) be reading

(4) __________
  (a) hankers   (b) hankering
  (c) hankered   (d) hanker

(5) __________
  (a) belonged   (b) belongs
  (c) belonging   (d) belong

(6) __________
  (a) learns   (b) learned
  (c) learnt   (d) learn

(7) __________
  (a) decides   (b) decided
  (c) was deciding   (d) decide

(8) __________
  (a) wants   (b) wanting
  (c) wanted   (d) want

62. I .....(0)..... (convince) that my father .....(1)..... (remember) by all those who value integrity. He ..... (2)..... (be) a man of learning and also saw to it that he .....(3)..... (teach) his pupils with passion and patience. He, at times .....(4)..... (use) to lose his temper, but that was because he always ..... (5)..... (want) his pupils to learn well. As a person, he was honest and simple. His greatness ..... (6)..... (lie) in the fact that he .....(7)..... (have) a pure heart, devoid of malice. Such a man is always valued and .....(8)..... (be) very rare to find.

(0) __________
  (a) convinced   (b) am convinced
  (c) convincing   (d) convince

(1) __________
  (a) was remembered
  (b) remembering
  (c) remembers
  (d) remember

(2) __________
  (a) are   (b) was
  (c) were   (d) is

(3) __________
    (a) taught   (b) teaching
    (c) teaches   (d) is

(4) __________
    (a) uses   (b) using
    (c) used   (d) use

(5) __________
    (a) wants   (b) wanted
    (c) wanting   (d) want

(6) __________
    (a) laying   (b) laid
    (c) lay   (d) lays

(7) __________
    (a) having   (b) had
    (c) has   (d) have

(8) __________
    (a) is   (b) am
    (c) are   (d) was

63. The children .....(1)..... (sit) in a neat circle and ..... (2)..... (begin) .....(3)..... (copy) their multiplication tables. Most .....(4)..... (scratch) in the dirt with sticks they had .....(5)..... (bring) for that purpose. The more fortunate .....(6)..... (has) slate boards that they .....(7)..... (write) on with sticks .....(8)..... (dip) in a mixture of mud and water.

(1) __________
    (a) sits   (b) sat
    (c) sitting   (d) sit

(2) __________
    (a) began   (b) begun
    (c) beginning   (d) begin

(3) __________
    (a) copies   (b) copying
    (c) copied   (d) copy

(4) __________
    (a) scratching (b) scratched
    (c) was scratched (d) begin

(5) __________
    (a) brought   (b) brings
    (c) bringing   (d) bring

(6) __________
    (a) having   (b) have
    (c) had   (d) has

(7) __________
    (a) writing   (b) wrote
    (c) written   (d) write

(8) __________
    (a) dipping   (b) dipped
    (c) had dipped (d) dip

64. I .....(1)..... (pull) up into the driveway ......(2)...... (observe) the way they had ......(3)...... (build) up the balcony. I ......(4)...... (forgot) that the bricks of the house ......(5)...... (be) chocolate brown. The new people ......(6)...... (make) the tiny balcony into a study room. I ......(7)...... (stare) at this house ......(8)...... (remember) my childhood there.

(1) __________
    (a) pulled   (b) pulling
    (c) am pulling (d) pull

(2) __________
    (a) observed   (b) observing
    (c) observes   (d) observe

(3) __________
    (a) was building (b) built
    (c) builds   (d) build

(4) __________
    (a) has forgotten (b) had forgotten
    (c) forgotten   (d) forget

(5) __________
    (a) is   (b) am
    (c) were   (d) was

(6) __________
    (a) makes   (b) made
    (c) have made (d) make

(7) __________
    (a) stares   (b) stared
    (c) staring   (d) stare

(8) __________
    (a) remembering (b) was remembered
    (c) remembers (d) remember

65. After Christopher Columbus .....(0)..... (returned) from his famous voyage across the Atlantic, the King of Spain ......(1)...... (wish) to celebrate the great event and do honour to the man who ..... (2)..... (make) himself a national hero. He ..... (3)..... (do) so by holding a banquet in honour of the explorer. To this banquet he .....(4)..... (invite) many of the nobles of the King's Court. Some of them .....(5)..... (be) jealous of the success Columbus .....(6)..... (achieve). One of them sat next to Columbus. He turned towards Columbus and said, "Of course you .....(7)..... (be) a brave man but it doesn't take much intelligence to do what you have done. After all, anyone can take a ship and sail on and on till he .....(8)..... (reach) land."

(0) __________
    (a) returns   (b) returned
    (c) return   (d) returning

(1) __________
    (a) wishing   (b) wishes
    (c) wished   (d) wish

(2) __________
    (a) had made   (b) makes
    (c) making   (d) make

(3) __________
    (a) does   (b) did
    (c) did not   (d) invite

(4) __________

(a) invites   (b) inviting
(c) invited   (d) invite

(5) __________

(a) was   (b) am
(c) were   (d) is

(6) __________

(a) achieving   (b) had achieved
(c) achieves   (d) achieve

(7) __________

(a) are   (b) am
(c) is   (d) was

(8) __________

(a) reached   (b) reaches
(c) reaching   (d) reach

Choose the appropriate option which correctly joins the following sentences to make one complete sentence

66. Sarah and Tyra are twins. They look exactly alike.
    (a) Sarah and Tyra are twins while they look exactly alike.
    (b) Sarah and Tyra are twins because they look exactly alike.
    (c) Because Sarah and Tyra are twins, they look exactly alike.
    (d) Sarah and Tyra are twins as they look exactly alike.

67. Rohan does not like to play cricket. He does not like to play hockey either.
    (a) Neither does Rohan like to play cricket, nor does he like to play hockey.
    (b) Rohan does not like to play cricket since he does not like to play hockey.
    (c) Rohan does not like to play cricket. He also not like to play cricket.
    (d) Rohan does not like to play cricket while He does not like to play hockey either.

68. Sania pushed as hard as she could. The door would not open.
    (a) Sania pushed as hard as she could as the door would not open.
    (b) Although Sunita pushed as hard as she could, the door would not open.
    (c) Sania pushed as hard as she could because the door would not open.
    (d) The door would not open because Sania pushed as hard as she could.

69. The school bus drove through the gate. The clock was striking eight at that moment.
    (a) The school bus drove through the gate when the clock was striking eight at that moment.
    (b) The school bus drove through the gate as the clock was striking eight at that moment.
    (c) The school bus drove through the gate for the clock was striking eight at that moment.
    (d) When the school bus drove through the gate, the clock was striking eight.

70. We reached the port. The storm came on.
    (a) We reached the port so the storm came on.
    (b) We reached the port while the storm came on.
    (c) We reached the port because the storm came on.
    (d) As soon as we reached the port, the storm came on.

71. One should not borrow money. One should not lend money.
    (a) One should neither borrow money nor lend money.
    (b) Neither one should borrow money nor one should lend money.
    (c) One should not borrow money and one should not lend money.
    (d) One should not borrow money while one should not lend money.

72. The minister was wise. The king did not trust him.
    (a) The minister was wise as the king did not trust him.
    (b) The minister was wise because the king did not trust him.
    (c) The minister was wise so the king did not trust him.
    (d) Though the minister was wise, the king did not trust him.

73. They advertised the job. There was a rush of applicants.
    (a) They advertised the job because there was a rush of applicants.
    (b) As soon as they advertised the job, there was a rush of applicants.
    (c) They advertised the job as there was a rush of applicants.
    (d) They advertised the job since there was a rush of applicants.

74. The boys enjoyed on the beach. The girls went out for a long drive.
    (a) While the boys enjoyed on the beach, the girls went out for a long drive.
    (b) The boys enjoyed on the beach while the girls went out for a long drive.
    (c) The boys enjoyed on the beach although the girls went out for a long drive.
    (d) The boys enjoyed on the beach for the girls went out for a long drive.

75. Emily gave a blanket to her housekeeper. She bought it last week.
    (a) Emily gave a blanket to her housekeeper because she bought it last week.
    (b) Emily gave a blanket to her housekeeper since she bought it last week.
    (c) Emily gave a blanket, which she bought last week, to her housekeeper.
    (d) Emily gave a blanket to her housekeeper for she bought it last week.

76. He practiced every day. He came first in the race.
    (a) He practiced every day when he came first in the race.
    (b) Since he practiced every day, he came first in the race.
    (c) He practiced every day because he came first in the race.
    (d) Though he practiced every day, he came first in the race.

77. She did such intricate embroidery. Her eyesight was affected.
    (a) She did such intricate embroidery that her eyesight was affected.
    (b) She did such intricate embroidery as her eyesight was affected.
    (c) Although she did such intricate embroidery, her eyesight was affected.
    (d) She did such intricate embroidery when her eyesight was affected.

78. They broke open the door. They saw everything was in a mess.
    (a) They broke open the door while they saw everything was in a mess.
    (b) They broke open the door because they saw everything was in a mess.
    (c) They broke open the door but they saw everything was in a mess.
    (d) When they broke open the door, they saw everything was in a mess.

79. The train reaches the station. The commuters jostle for their seats.
    (a) As soon as the train reaches the station, the commuters jostle for their seats.
    (b) The train reaches the station when the commuters jostle for their seats.
    (c) While the train reaches the station, the commuters jostle for their seats.
    (d) Although the train reaches the station, the commuters jostle for their seats.

80. The profession of nursing is very demanding. It has its own delights.
    (a) The profession of nursing is very demanding since it has its own delights.
    (b) Though the profession of nursing is very demanding yet it has its own delights.
    (c) Not only the profession of nursing is very demanding but it has its own delights.
    (d) The profession of nursing is too demanding to be delighted:

81. The project will be finished. The team will finish it within a week.
    (a) The project will be finished by the team within a week.
    (b) The project will be finished because the team will finish it within a week.
    (c) The project will be finished while the team will finish it within a week.
    (d) The project will be finished soon as the team will finish within a week.

82. Wash your hands. You will not catch an infection.
    (a) If you don't wash your hands, you will not catch an infection.
    (b) Wash your hands and you will catch an infection.
    (c) If you wash your hands, you will not catch an infection.
    (d) Wash your hands yet you will not catch an infection.

83. He did not come. He did not write a letter.
    (a) Neither he came nor he wrote a letter.
    (b) He did not come because he did not write a letter.
    (c) He did not come but he didn't write a letter.
    (d) Not only he came, but also he wrote the letter.

84. He passed the examinations. He got a gold medal.
    (a) On passing the examinations, he got a gold medal.
    (b) Neither he passed nor he got a gold medal.
    (c) He passed the examinations because he got a gold medal.
    (d) He passed the examinations while he got a gold medal.

85. I studied management. I hope to get a lucrative job.
    (a) I studied management as I hope to get a lucrative job.
    (b) I studied management in the hope of getting a lucrative job.
    (c) I studied management while in the hope of getting a lucrative job.
    (d) I studied management when I hope of getting a lucrative job.

Read each sentence with its instructions. Choose the correct answer from the options provided beneath each

86. I couldn't stop my teeth from chattering as it was very cold.
    (Use 'so')

(a) It was so cold that I couldn't stop my teeth from chattering.

(b) It was so difficult to stop my teeth from chattering it being cold.

(c) I couldn't stop my teeth from chattering so it was very cold.

87. As soon as the vacation begins, my neighbour rushes to the seaside.

(Begin: No sooner...)

(a) No sooner does my vacation begin than the neighbour rushes to the seaside.

(b) No sooner does the vacation begin than my neighbour rushes to the seaside.

(c) No sooner did the vacation begin when my neighbour rushed to the seaside.

88. "Will you lend me the book tomorrow?" Priya asked her classmate.

(Begin: Priya asked her classmate if ....)

(a) Priya asked her classmate if he would lend her the book the next day.

(b) Priya asked her classmate if he would lent her the book tomorrow.

(c) Priya asked her classmate if he will lend her the book the day after.

89. But for Laila's support, the woman would have lost her job.

(Begin: Had...)

(a) Had Laila supported her, the woman would not have lost her job.

(b) Had Laila supported her, the woman would have lost her job.

(c) Had it not been for Laila's support, the woman would have lost her job.

90. Herbert consulted his parents before accepting the job offer.

(Begin: Herbert did not ....)

(a) Herbert did not forgot to consult his parents before accepting the job offer.

(b) Herbert did not forget to consult his parents before accepting the job offer.

(c) Herbert did not consult his parents before accepting the job offer.

91. The tornado had been raging for several hours before people were moved to safety.

(Begin: The people...)

(a) The people were moved to safety before the tornado had been raging for several hours.

(b) The people were moved to safety only while the tornado had been raging for several hours.

(c) The people were moved to safety only after the tornado had been raging for several hours.

92. Put your tools away, the children may fall over them.

(Use: lest....................)

(a) Put your tools away lest the children may fall over them.

(b) Put your tools away lest the children fall over them.

(c) Put your tools away, children,lets fall over them.

93. Unless you begin now, you will never finish.
(Use 'If')

(a) If you never finish, you must begin now.

(b) If you do not begin now, you will never finish.

(c) If you begin now, you will never finish.

94. He is so old that he cannot remember events of the past.

(Begin: He is too .....)

(a) He is too old to remember events of the past.

(b) He is too old that he cannot remember events of the past.

(c) He is too old that he remember events of the past.

95. As soon as the bell rings, the children run out to play.

(Begin: No sooner...)

(a) No sooner did the bell rang, than the children run out to play.

(b) No sooner does the bell ring, than the children run out to play.

(c) No sooner does the bell rang, than the children run out to play.

96. No other planet is as big as Jupiter.
(Begin: Jupiter....)

(a) Jupiter is bigger than many other planets.

(b) Jupiter is very big as a planet.

(c) Jupiter is the biggest planet.

97. She was so tired that she could not stand.
(Begin: She was too......)

(a) She was too tired to stand.

(b) She was too tired that she could not stand.

(c) She was too tired and could not stand.

98. I have found my mobile phone that I had lost.
(Begin: I had lost....)

(a) I had lost my mobile phone that I have found.

(b) I had lost my mobile phone, but I have found it.

(c) I had lost my mobile phone that I have found it.

99. You are too young to understand the ways of the world.

(Begin: You are so)

(a) You are so young that you cannot understand the ways of the world.

(b) You are so young to understand the ways of the world.

(c) You are so young that understand the ways of the world.

100. He is faster than me.
(Begin: I am....)

(a) I am not as fast as him.
(b) I am as fast as him.
(c) I am faster than him.

101. He cleaned the house and washed the dishes.
(Begin: Not only …)
(a) Not only did he cleaned the house but he also washed the dishes.
(b) Not only does he clean the house but he also washed the dishes.
(c) Not only did he clean the house but he also washed the dishes.

102. Ali returned the book to Soham.
(Begin : The book was ....)
(a) The book was returned by Soham to Ali.
(b) The book was returned by Ali to Soham.
(c) The book was returned to Ali bySoham.

103. As soon as Rama completed her performance people began to applaud.
(Begin : No sooner ....)
(a) No sooner had Rama completed her performance than people began to clap.
(b) No sooner did Rama completed her performance than people began to clap.
(c) No sooner had Rama completed her performance than people begin to clap.

104. If you don't work hard, you will not succeed.
(Begin : Unless)
(a) Unless you work hard, you will not succeed.
(b) Unless you work hard, you will succeed.
(c) Unless you will not work hard, you will not succeed.

105. It was raining heavily but Rehana went for her exams.
(Begin : Though ....)
(a) Though it was raining heavily but Rehana went for her exams.
(b) Though it was raining heavily, Rehana went for her exams.
(c) Though it was raining heavily still Rehana went for her exams.

Answers

1. (b) to		33. (a) might	
2. (b) over		34. (b) had to stay	
3. (a) off		35. (a) can't	
4. (b) off		36. (b) have to	
5. (a) with		37. (b) don't have to	
6. (b) into		38. (a) can	
7. (a) to		39. (d) can	
8. (c) to		40. (d) mustn't	
9. (b) to		41. (a) used to	
10. (c) upon		42. (b) would	
11. (b) upon		43. (c) may	
12. (b) to		44. (a) may	
13. (c) at		45. (d) can	
14. (c) to		46. (b) crying	
15. (a) to		47. (c) were	
16. (d) of		48. (a) doesn't like	
17. (b) to		49. (c) tasted	
18. (b) into		50. (b) revolves	
19. (d) into		51. (c) left	
20. (d) on		52. (b) have no	
21. (d) up		53. (d) flew	
22. (d) on		54. (b) didn't cost	
23. (a) on		55. (c) didn't call	
24. (b) off		56. (c) was	
25. (c) from		57. (a) has been	
26. (a) after		58. (a) was	
27. (a) to		59. (c) didn't	
28. (b) from		60. (b) doesn't	
29. (b) to		61. (0) (b) taught	
30. (a) to		(1) (c) studying	
31. (d) should		(2) (b) lay	
32. (d) would you mind		(3) (a) read	

    (4) (b) hankering
    (5) (c) belonging
    (6) (c) learnt
    (7) (b) decided
    (8) (c) wanted
62. (0) (b) am convinced
    (1) (a) was remembered
    (2) (b) was
    (3) (a) taught
    (4) (c) used
    (5) (b) wanted
    (6) (c) lay
    (7) (b) had
    (8) (a) is
63. (1) (b) sat
    (2) (a) began
    (3) (b) copying
    (4) (b) scratched
    (5) (a) brought
    (6) (c) had
    (7) (b) wrote
    (8) (b) dipped
64. (1) (a) pulled
    (2) (b) Observing
    (3) (b) built
    (4) (b) had forgotten
    (5) (c) were
    (6) (c) have made
    (7) (b) stared
    (8) (a) remembering
65. (0) (b) returned
    (1) (c) wished
    (2) (a) had made
    (3) (b) did
    (4) (c) invited
    (5) (c) were
    (6) (b) had achieved
    (7) (a) are
    (8) (b) reaches
66. (c) Because Sarah and Tyra are twins, they look exactly alike.
67. (a) Neither does Rohan like to play cricket, nor does he like to play hockey.
68. (b) Although Sunita pushed as hard as she could, the door would not open.
69. (d) When the school bus drove through the gate, the clock was striking eight.
70. (d) As soon as we reached the port, the storm came on.
71. (a) One should neither borrow money nor lend money.
72. (d) Though the minister was wise, the king did not trust him.
73. (b) As soon as they advertised the job, there was a rush of applicants.
74. (a) While the boys enjoyed on the beach, the girls went out for a long drive.
75. (c) Emily gave a blanket, which she bought last week, to her housekeeper.
76. (b) Since he practiced every day, he came first in the race.
77. (a) She did such intricate embroidery that her eyesight was affected.
78. (d) When they broke open the door, they saw everything was in a mess.
79. (a) As soon as the train reaches the station, the commuters jostle for their seats.
80. (b) Though the profession of nursing is very demanding yet it has its own delights.
81. (a) The project will be finished by the team within a week.
82. (c) If you wash your hands, you will not catch an infection.
83. (a) Neither he came nor he wrote a letter.
84. (a) On passing the examinations, he got a gold medal.
85. (b) I studied management in the hope of getting a lucrative job.
86. (a) It was so cold that I couldn't stop my teeth from chattering.
87. (b) No sooner does the vacation begin than my neighbour rushes to the seaside.
88. (a) Priya asked her classmate if he would lend her the book the next day.
89. (c) Had it not been for Laila's support, the woman would have lost her job.
90. (b) Herbert did not forget to consult his parents before accepting the job offer.
91. (c) The people were moved to safety only after the tornado had been raging for several hours.
92. (b) Put your tools away lest the children fall over them.
93. (b) If you do not begin now, you will never finish.
94. (a) He is too old to remember events of the past.
95. (b) No sooner does the bell ring, than the children run out to play.
96. (c) Jupiter is the biggest planet.
97. (a) She was too tired to stand.
98. (b) I had lost my mobile phone, but I have found it.
99. (a) You are so young that you cannot understand the ways of the world.
100. (a) I am not as fast as him.
101. (c) Not only did he clean the house but he also washed the dishes.
102. (b) The book was returned by Ali to Soham.
103. (a) No sooner had Rama completed her performance than people began to clap.
104. (a) Unless you work hard, you will not succeed.
105. (a) Though it was raining heavily but Rehana went for her exams.

❏❏

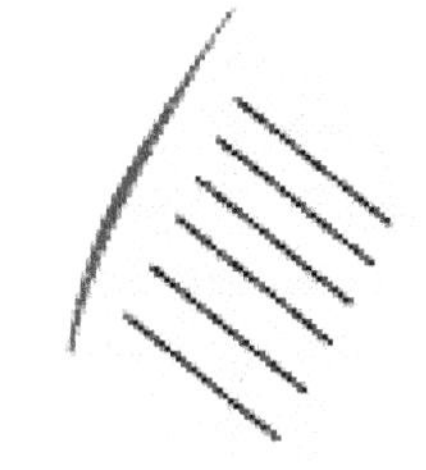

ENGLISH - II

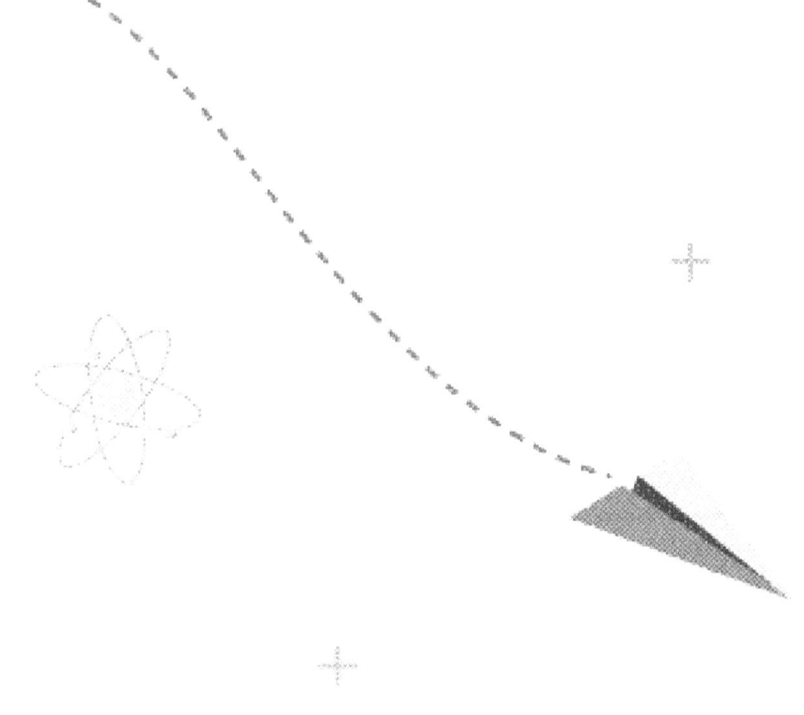
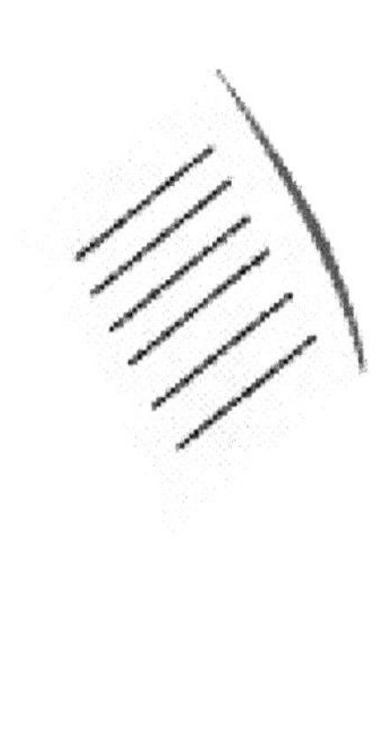

BIFURCATED SYLLABUS

(As per the Reduced Syllabus for ICSE – Class X Year 2022 Examination)

Max. Marks : 40

Name of the Textbook	Names of the Poems/Short Stories/chapters of the prescribed Novel/Drama to be covered
DRAMA: The Merchant of Venice (Shakespeare's **unabridged play** by A.W. Verity)	Act 3 (Scenes 1, 2, 3, 4 & 5)
TREASURE TROVE: A Collection of ICSE Poems & Short Stories	
Poems	(i) I Know Why the Caged Bird Sings – Maya Angelou (ii) The Patriot – Robert Browning
Short Stories	(i) The Little Match Girl – Hans Christian Andersen (ii) The Blue Bead – Norah Burke

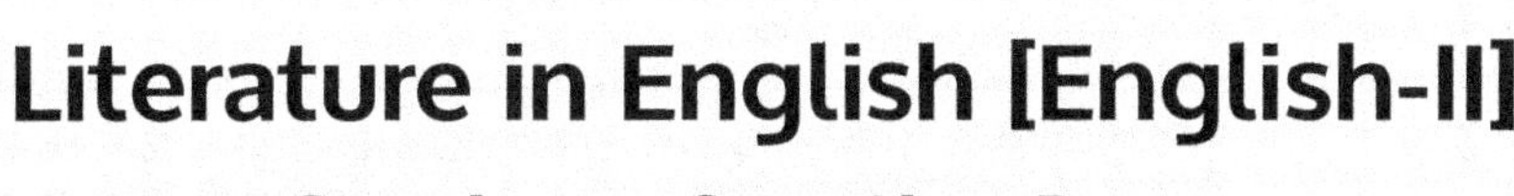

Literature in English [English-II]
Specimen Question Paper

ICSE SEMESTER 1 EXAMINATION
SPECIMEN QUESTION PAPER
LITERATURE IN ENGLISH
English Paper - 2
Maximum Marks: 40
Time allowed: One hour (inclusive of reading time)
ALL QUESTIONS ARE COMPULSORY.
The marks intended for questions are given in brackets [ ].
Select the correct option for each of the following questions.

Section A

1. The story, The Little Match Girl, was written by _______________ .   [10 × 1]
   (a) Hans Christian Andersen   (b) Roald Dahl
   (c) Ruskin Bond   (d) J.K. Rowling

2. The visions seen by the little girl in the short story, 'The Little Match Girl' reveal the four things she needed the most. They were _____________ .
   (a) warmth, food, love and freedom from fear.
   (b) food, shelter, warm clothes and a mother
   (c) roast goose, new slippers, candy and a warm cup of tea.
   (d) a warm over coat, food, a scarf, a pair of socks

3. Maya Angelou has used the caged bird as a symbol for _____________ .
   (a) the oppressed   (b) the opressors
   (c) feminist writers   (d) writers and activists.

4. The central message of Browning's poem, 'The Patriot' is _____________________ .
   (a) public adulation and glory are short lived.
   (b) as you sow, so you reap.
   (c) death comes to all people, even the rich and famous.
   (d) God helps those who help themselves.

5. The Gujars mentioned in Norah Burke's story, 'The Blue Bead' were _____________.
   (a) wandering herdsmen   (b) Stone Age Hunters
   (c) Hunter gatherers   (d) Primitive cultivators

6. Sibia lingered behind after the other women had left because _____________ .
   (a) she didn't want to have to help her mother with preparing the evening meal
   (b) she wanted to check if her little clay cups were still in the cave where she had left them.
   (c) she wanted to chat with the Gujar women who came to draw water from the river
   (d) she was exhausted and she wanted to rest for a while

7. Tubal returns from Genoa with news both good and bad, for Shylock. Which of the following did he NOT say to Shylock?
   (a) That he had met Jessica, Shylock's daughter in Genoa.
   (b) That in Genoa, he had heard news of Antonio's misfortunes.

    (c) That Jessica had spent eighty ducats in one night in Genoa.

    (d) That he had been shown Shylock's ring that Jessica had traded in Genoa for a monkey.

8. Soon after Portia and Bassanio declare their love for each other, another pair also declare their love for each other and ask to be married at the same time as Portia and Bassanio. They are __________ .

    (a) Gratiano and Nerissa   (b) Gratiano and Jessica

    (c) Lorenzo and Nerissa   (d) Lorenzo and Jessica

9. Bassanio rejected the golden casket because _______________ .

    (a) he knew that Midas had found gold hard to digest.

    (b) he knew that outward appearances are often deceptive.

    (c) he found gold too shiny for his taste.

    (d) he had been told which casket contained Portia's portrait.

10. When Portia left for Venice she put _______________ in charge of her house.

    (a) Lorenzo   (b) Jessica

    (c) Gratiano   (d) Launcelot

Section B

I. ***Read the following extract from The Merchant of Venice (Act 3) and answer the questions that follow by choosing the most appropriate response from the choices given below:***   **[5×1]**

  Salarino: *Why, I am sure, if he forfeit, thou*

               Wilt not take his flesh: What's that good for?

  Shylock: *To bait fish withal: if it will feed nothing*

               Else it will feed my revenge.

(1) Where does the above exchange between Salarino and Shylock take place?

    (a) On a street in Venice

    (b) On the Rialto

    (c) On a street outside Shylock's house

    (d) On a street in Belmont

(2) What is Antonio required to forfeit if he fails to repay the amount he borrowed from Shylock within the time specified in the bond?

    (a) A pound of his flesh

    (b) Three times the sum that he had borrowed

    (c) His friendship with Bassanio

    (d) All his wealth and property

(3) A little later in his speech, Shylock compares Christians with Jews. Which of the following comparisons does he NOT make?

    (a) Both Jews and Christians bleed when cut.

    (b) Both Jews and Christians die if poisoned

    (c) Both Jews and Christians treat each other with humility

    (d) Both Jews and Christians seek revenge when wronged

(4) What recent event in his personal life does Shylock lament earlier in the conversation?

    (a) his wife's death

    (b) his daughter's death

    (c) the loss of an expensive diamond

    (d) his daughter eloping with a Christian

(5) Which of the following words would you use to describe Shylock's state of mind after this impassioned speech?

(i)   hurt   (ii) angry   (iii) vindictive   (iv) resourceful

(a)   (i), (ii) and (iii)

(b)   (ii), (iii) and (iv)

(c)   (iii), (iv) and (i)

(d)   (iv), (i) and (ii)

II. *Read the following extract from Act 3 of 'The Merchant of Venice' and answer the questions that follow by choosing the most appropriate response from the choices given below:*   **[5×1]**

Portia: Away, then! I am locked in one of them:

If you do love me, you will find me out.-

Nerissa and the rest, stand all aloof.

1.   Portia says, "I am locked in one of them:" The word 'one' refers to ___________ .

(a)   a silver casket   (b) a silver casket

(c)   a bronze casket   (d) a lead casket

2.   A little later, Portia compares Nerissa and the rest to ___________________ .

(a)   Alcides and the sea-monster   (b) Alcides and the Dardanian wives

(c)   Alcides and Hesione   (d) the Dardanian wives with tearstained faces

3.   Which of the following statements is NOT true?

(a)   At the beginning of the scene Portia urges Bassanio to wait a while before taking the casket test.

(b)   At the beginning of the scene Bassanio is eager to take the test as he finds the waiting a form of torture.

(c)   At the beginning of the scene Bassanio wants to wait and take the test later as he wants to spend some time with Portia.

(d)   At the beginning of the scene Portia is afraid that Bassanio might choose the wrong casket and be lost to her forever.

III. *Read the following extract from the short story, 'The Little Match Girl' and answer the questions that follow by choosing the most appropriate response from the choices given below:*   **[5×1]**

"She was evidently trying to warm herself," they said. But no one knew what beautiful visions she had seen and in what a blaze of glory she had entered with her dear old grandmother into the heavenly joy and gladness of a new year.

1.   Who said "She was evidently trying to keep herself warm"?

(a)   Her grandmother   (b) The little girl's father

(c)   Her mother   (d) The people who found her lying dead on the street.

2.   The vision that the little match girl saw when she lit the first match was of …

(a)   an iron stove.   (b) a beautiful Christmas tree.

(c)   a delicious meal laid out on a table.   (d) her kind and loving grandmother.

3.   When the little girl saw the shooting star earlier that night, she realised _________ .

(a)   that someone was dying.   (b) that someone has just been shot.

(c)   that someone has just been born.   (d) that misfortune awaited her.

4.   How many matches did the little girl light that night?

(a)   Two   (b) Four

(c)   Three   (d) Several

5.   When the little girl left home that morning, she _____________ .

(a)   was barefoot and bareheaded.

(b)   was wrapped in a warm woollen shawl.

(c)   had on an old apron and oversized slippers.

(d)   had eaten a hearty breakfast.

IV. *Read the following extract from the short story, 'The Blue Bead' and answer the questions that follow by choosing the most appropriate response from the choices given below:* [5×1]

Beside him in the shoals as he lay waiting glimmered a blue gem.

1. Who is 'he'?
   - (a) Sibia's father
   - (b) Her brother
   - (c) The man-eating tiger
   - (d) The crocodile

2. What was he waiting for?
   - (a) Any creature that he could catch unawares and feed on.
   - (b) Sibia and her mother.
   - (c) To sun himself on the warm rocks.
   - (d) A shoal of fish to come swimming by.

3. The word closest in meaning to, 'glimmered' in the above line is:
   - (a) glimpsed
   - (b) glittered
   - (c) half-hidden
   - (d) glued

4. What exactly was, the 'blue gem'?
   - (a) a blue diamond
   - (b) a shiny blue pebble
   - (c) a piece of sand-worn blue glass
   - (d) an enormous sapphire

5. The only parts of 'him' that were soft and vulnerable were ______________ .
   - (a) his eyes and nose.
   - (b) his nose and mouth.
   - (c) the undersides of his arms and tail
   - (d) his eyes and the undersides of his arms

V. *Read the following extract from the poem, 'I Know Why the Caged Bird Sings' and answer the questions that follow by choosing the most appropriate response from the choices given below:* [5×1]

But a bird that stalks

down his narrow cage

can seldom see through

his bars of rage

1. The caged bird sings about ____________________ .
   - (a) the unknown things that he longs for and for freedom
   - (b) shadows and unknown things
   - (c) freedom and fat worms
   - (d) fear and rage

2. What prevents the caged bird from flying?
   - (a) The narrow cage and clipped wings.
   - (b) His broken wings and his inability to sing.
   - (c) His trimmed feathers and his damaged throat.
   - (d) His rage at being held captive.

3. In this poem, Maya Angelou compares the caged bird with ________________ .
   - (a) the free bird
   - (b) freedom fighters.
   - (c) children in school
   - (d) the distant hill

4. Who, according to Maya Angelou 'dares to claim the sky'?
   - (a) the caged bird
   - (b) the free bird
   - (c) the angry bird
   - (d) the song bird

5. The closest in meaning to the word 'seldom' in the above context is:
   - (a) solitary
   - (b) solemn
   - (c) rarely
   - (d) lonely

VI. *Read the following extract from the poem, 'The Patriot' and answer the questions that follow by choosing the most appropriate answer from the choices given below:* [5×1]

It was roses, roses, all the way,

With myrtle mixed in my path like mad:

The house-roofs seemed to heave and sway,

The church-spires flamed, such flags they had,

A year ago on this very day.

1. The speaker is describing ___________________.
   (a) the scene of his welcome the previous year.
   (b) an outbreak of rioting in his town.
   (c) a time when people lost their minds and attacked rose and myrtle bushes.
   (d) the collapse of houses under the weight of the crowds.

2. The speaker is now _________________ .
   (a) on his way to be greeted by the cheering crowds.
   (b) on his way to the gallows.
   (c) on his way to a political rally.
   (d) on his way to prison.

3. The closest in meaning to, 'heave and sway' in the above extract is:
   (a) to move in a restless manner   (b) to rise up higher and higher
   (c) to sink down under a heavy weight   (d) swing wildly

4. All the images used by the poet in this stanza are _____________ images.
   (a) sound   (b) visual
   (c) tactile   (d) colourful

5. The mood described in this opening stanza of Browning's poem, 'The Patriot' is __________ .
   (a) noisy   (b) celebratory
   (c) gloomy   (d) filled with regret

Answers

Section A

1. (a) Hans Christian Andersen

2. (b) food, shelter, warm clothes and a mother

   Explanation: In Hans Christian Andersen's short story, "The Little Match Girl", 'beautiful visions' refer to the images of the warm iron stove, the lovely roast goose, the great glorious Christmas tree and her lost grandmother that the little girl came across in her hallucinations while sitting outside in an utterly distressed state.

3. (a) the oppressed

   Explanation: Angelou uses the metaphor of a bird struggling to escape its cage, described in Paul Laurence Dunbar's poem, as a prominent symbol throughout her series of autobiographies. Like elements within a prison narrative, the caged bired represents Angelou's confinement resulting from racism and oppression.

4. (a) public adulation and glory are short lived.

   Explanation: The poem, "The Patriot" by Robert Browning is primarily based on the theme of rising and the fall of fortune. A patriot can be acclaimed one day but can be degraded the very next day. In the poem, the narrator, who happens to be the patriot is initially welcomed with joy and paths of roses by the people around him.

5. (a) wandering herdsmen

    Explanation: "Neither primitive like the Stone Age hunters nor modern like cultivators, they were wanderers of the pastoral age. How would the Gujar women cross the river?"

6. (b) she wanted to check if her little clay cups were still in the cave where she had left them.

    Explanation: They steep the Ghats or the banks of the river, collect the paper grass and return back to the village but Sibia lags behind interntionally to check the case where she had kept her own handmade clay moulded cups and saucers to dry.

7. (a) That he had met Jessica, Shylock's daughter in Genoa

    Explanation: MOV ACt-3 S-1 Pg.-5

8. (d) Lorenzo and Jessica

9. (a) he knew that Midas had found gold hard to digest.

    Explanation: "it is the gaudy gold that Midas couldn't eat"

10. (a) Lorenzo

    Explanation: MOV Act-3 Scene-4

Section B

I.

1. (b) On the Rialto

    Explanation: Act-3 Scene-1

2. (a) A pound of his flesh

    Explanation: Act-3 Scene-1

3. (c) Both Jews and Christians treat each other with humility.

    Explanation: Act-3 Scene-1

4. (d) his daughter eloping with a Christian.

    Explanation: Act-3 Scene-1

5. (a) (i), (ii) and (iii)

    Explanation: Act-3 Scene-1

II.

1. (d) a lead casket

    Explanation: Act-3 Scene-2

2. (d) the Dardanian wives with tearstained faces.

    Explanation: Act-3 Scene-2

3. (c) At the beginning of the scene Bassaniowants to wait and take the test later as he wants to spend some time with Portia.

    Explanation: Act-3 Scene-2

III.

1. (d) The people who found her lying dead on the street.

2. (a) an iron stove.

3. (a) that someone was dying.

    Explanation: Her grandmother had told her that whenever a soul went to heaven, a shooting star appeared.

4. (b) Four

5. (c) had on an old apron and oversized slippers.

IV.

1. (d) The crocodile

2. (a) Any creature that he could catch unawares and feed on.

Explanation: The big crocodile fed mostly on fish, but also on deer and monkeys come to drink, perhaps a duck or two. But sometimes here at the ford he fed on a pi-dog full of parasites or a skeleton cow. And sometimes he went down to the burning ghats and found the half-burned bodies of Indians cast into the stream.

3. (b) glittered

4. (c) a piece of sand-worn blue glass.

    Explanation: It was not a gem, though: it was sand-worn glass that had been rolling about in the river for a long time. By chance, it was perforated right through–the neck of a bottle perhaps?–a blue bead.

5. (d) his eyes and the undersides of his arms

    Explanation: Now nothing could pierce the inch-thick armoured hide. Not even rifle bullets, which would bounce off. Only the eyes and the soft underarms offered a place. He lived well inthe river, sunning himself sometimes with.

V.

1. (a) the unknown things that he longs for and for freedom.
2. (a) The narrow cage and clipped wings.
3. (a) the free bird
4. (b) the free bird
5. (c) rarely

VI.

1. (a) the scene of his welcome the previous years.
2. (b) on his way to the gallows.
3. (a) to move in a restless manner.
4. (b) visual
5. (b) celebratory

□□

Read the extracts given below and answer the questions that follow:

1. *"I think they call the place; a very dangerous flat and fatal, where the carcasses of many a tall ship lie buried, as they say, …"*

(i) Which place is being referred to as 'dangerous flat and fatal'?
   (a) Goodwins   (b) Sandwins
   (c) English Channel   (d) Narrow seas

(ii) What does the word 'carcasses' mean in the extract?
   (a) Shipwreck   (b) Bodies
   (c) Cadaver   (d) Ships

(iii) Who are the two characters talking in this scene?
   (a) Salarino and Solanio
   (b) Gratiano and Bassanio
   (c) Balthasar and Launcelot
   (d) Tubal and Shylock

(iv) Whose ship is rumored to be 'buried' according to the text?
   (a) Shylock   (b) The Duke
   (c) Bassanio   (d) Antonio

(v) What do the characters hope after they hear the news?
   (a) It is the gossip that lies buried
   (b) It is the ship that lies buried
   (c) It is the merchants' ships that lie buried
   (d) It is the Duke's ship that lies buried

2. *"To bait fish withal: if it will feed nothing else, it will feed my revenge."*

(i) What purpose would Antonio's flesh serve as?
   (a) Fish bait   (b) Fish feed
   (c) Fishing   (d) Fishing hook

(ii) Shylock wants Antonio's flesh to feed his:
   (a) Love   (b) Hatred
   (c) Revenge   (d) Anger

(iii) What are some of the emotions that Shylock talks of in the scene?
   (a) Anger, betrayal, disgrace
   (b) Love, compassion, patience
   (c) Laughter, bargains, friendship
   (d) Love , bond, tolerance

(iv) Whose justice is Shylock talking in favour of in this dialogue?
   (a) The Jews   (b) His daughter
   (c) Antonio   (d) Salarino

(v) To whom is Shylock responding to?
   (a) Salarino   (b) Salanio
   (c) Tubal   (d) Antonio

3. *"But when this ring Parts from this finger, then parts life from hence: O, then be bold to say Bassanio's dead!"*

(i) What does Bassanio receive along with the ring?
   (a) Portia and all that belongs to her
   (b) Portia as a bride
   (c) Portia and no belongings
   (d) Portia and land

(ii) Which figure of speech is used by Bassanio in the text?
   (a) Hyperbole   (b) Exaggeration
   (c) Simile   (d) Metaphor

(iii) How does Bassanio feel after Portia offers herself and all her belongings?
   (a) Humble   (b) Speechless
   (c) Joyous   (d) Sad

(iv) Why did Bassanio give his ring away later in the play?
   (a) His love for friend takes precedence
   (b) He loves Portia less
   (c) He makes thoughtless promises
   (d) He does not keep his promise to Portia

(v) 'then be bold to say Bassanio's dead'- What does bold here mean?
   (a) Confident   (b) Assured
   (c) Certain   (d) Indeterminate

4. *"Not sick, my lord, unless it be in mind;*
   Nor well, unless in mind: his letter there
   Will show you his estate."

(i) Whose state of mind is Salerio speaking of?
   (a) Bassanio   (b) Lorenzo
   (c) Antonio   (d) Shylock

(ii) Who is 'my Lord' in the extract?

    (a) Gratiano   (b) Salanio

    (c) Bassanio   (d) Portia

(iii) According to you, what was the state of mind of the person for whom it is being referred?

    (a) Anguish   (b) Commitment

    (c) Torture   (d) Love

(iv) What does the letter express to Bassanio?

    (a) The promise and love of his friend

    (b) Concedes to his situation

    (c) Hopelessness

    (d) No regrets for helping a friend

5. *"I am half yourself,*

And I must freely have the half of anything

That this same paper brings you."

(i) Who is the other half Portia is talking about?

    (a) Antonio   (b) Bassanio

    (c) Shylock   (d) Salanio

(ii) What is the half that Portia is willing to share?

    (a) Joys the letter spells out

    (b) Worries the letter brings

    (c) Money that letter conveys about

    (d) Friendly letter she would like to read too

(iii) What character of Portia is revealed here?

    (a) Commitment   (b) Love

    (c) Oath   (d) Pledge

(iv) What does Bassanio reveal in response to the letter?

    (a) He reveals his weakness and bragging

    (b) He reveals his friendship

    (c) He reveals Portia his love

    (d) He reveals Portia the misfortune

(v) What does Portia words talk about in terms of herself as a woman?

    (a) Her willingness to walk the whole nine yards

    (b) Her strength of character

    (c) The expectation that she needs to support Bassanio in all

    (d) All of the above

6. *"The dearest friend to me, the kindest man,*

The best-condition'd and unwearied spirit

In doing courtesies, and one in whom

The ancient Roman honour more appears

Than any that draws breath in Italy."

(i) Who is the dearest friend being referred to?

    (a) Bassanio   (b) Portia

    (c) Nerissa   (d) Antonio

(ii) What does "unwearied' mean in the extract?

    (a) Untired   (b) Unmanned

    (c) Drained   (d) Weakened

(iii) What is friend about to lose for being the kindest man'?

    (a) Money   (b) Fame

    (c) Love   (d) Life

(iv) What does the Roman honour referred to?

    (a) Loyalty to friends and country

    (b) Greedy about power

    (c) Absolute control

    (d) Honour and pride

(v) What is Bassanio's feeling for the situation his 'dearest-friend' was in?

    (a) Pride   (b) Compassion

    (c) Remorseful   (d) Lazy

7. *"Let him alone:*

I'll follow him no more with bootless prayers.

He seeks my life; his reason well I know:

I oft deliver'd from his forfeitures …"

(i) Where is Antonio at this point of conversation?

    (a) Rialto

    (b) On the Ship

    (c) Portia's residence

    (d) A street in Venice

(ii) To whom is Antonio talking to?

    (a) Solanio   (b) Bassanio

    (c) Lorenzo   (d) Launcelot

(iii) "Bootless Prayers" mean that his pleas are:

    (a) Useful   (b) Futile

    (c) Hopeful   (d) Helpful

(iv) What can be one of the reasons that might offer no respite from Shylock?

    (a) Antonio's generosity

    (b) Antonio's remarks

    (c) Antonio's riches

    (d) Antonio's friends

(v) "Forfeiture" here means:

    (a) Award   (b) Reward

    (c) Victory   (d) Penalty

8. *"I'll hold thee any wager,*

When we are both accoutered like young men,

I'll prove the prettier fellow of the two,

And wear my dagger with the braver grace, …"

(i) To whom is Portia raising the wager?

    (a) Bassanio   (b) Nerissa

    (c) Gratiano   (d) Launcelot

(ii) What is Portia hoping to do after dressing like a man?

    (a) To render justice

    (b) To play dress-up

    (c) To escape from home

    (d) To play any role

(iii) Who are the two to be dressed as lawyer and assistant?
(a) Salarino and Salanio
(b) Portia and Nerissa
(c) Bassanio and Lorenzo
(d) Launcelot and Balthasar

(iv) What does Portia mean by saying that she would be the 'prettier fellow'?
(a) She can play the role well
(b) She can put her talents and skills to use
(c) She can be whoever she wants to be
(d) All of the above

(v) What is Portia expressing through the dialogue?
(a) Gender roles of the time
(b) She will use the tricks to win
(c) She will not altercate but there could be conflict
(d) All of the above

9. *"If law, authority and power deny not,*
It will go hard with poor Antonio."

(i) Who is saying these words against whom?
(a) Portia to Shylock
(b) Jessica against her father Shylock
(c) Nerissa about Tubal
(d) Lorenzo about Antonio

(ii) What do these lines express?
(a) None can save Antonio
(b) All can save Antonio
(c) Shylock will fight against the Duke
(d) Shylock will accept lot of money

(iii) What is Jessica's opinion of Shylock?
(a) Shylock can be forgiving
(b) Shylock can never forgive
(c) Shylock is hateful
(d) Shylock is proud

(iv) What does Jessica do after her flight from home?
(a) She gets to enjoy the goodness of friends
(b) She is all alone
(c) She is lost
(d) She went to another town

(v) Jessica cares about her father
(a) True
(b) False

10. *" I shall be saved by my husband; he hath made me a Christian."*

(i) Who is the speaker of this line?
(a) Portia
(b) Nerissa
(c) Jessica
(d) None of the above

(ii) To whom is the speaker responding to?
(a) Lorenzo
(b) Launcelot
(c) Bassanio
(d) Gratiano

(iii) The speaker needs saving from:
(a) Burden of being a girl
(b) Sins of her father
(c) From thieves
(d) From moneylenders

(iv) Where is the speaker in the scene?
(a) A street
(b) In Portia's residence
(c) In her house
(d) In a shop

(v) According to the speaker, how can he/she be saved?
(a) By becoming a Christian
(b) By becoming a lawyer
(c) By obeying her father
(d) By being a good friend

Who said to whom

11. "I would it might prove the end of his losses."
(a) Salarino to Solanio
(b) Solanio to Salarino
(c) Salarino to Shylock
(d) Solanio to Shylock

12. "Yes, other men have ill luck too:…"
(a) Servant to Tubal
(b) Tubal to Shylock
(c) Shylock to Salarino
(d) Salarino to Shylock

13. "But Antonio is certainly undone"
(a) Shylock to Salarino
(b) Shylock to Tubal
(c) Tubal to Shylock
(d) Tubal to Salanio

14. "Here comes another of the tribe."
(a) Solanio to Salarino and Man
(b) Solanio to Salarino and Tubal
(c) Solanio to Man
(d) Solanio to Tubal

15. "I thank God, I thank God! …"
(a) Tubal to Solanio
(b) Tubal to Shylock
(c) Shylock to Tubal
(d) Shylock to Salarino

16. "I pray you, tarry: pause a day or two"
(a) Portia to Antonio
(b) Portia to Nerissa
(c) Portia to Bassanio
(d) Portia to Attendants

17. "Promise me life, and I'll confess the truth"
    (a) Portia to Gratiano
    (b) Bassanio to Nerissa
    (c) Bassanio to Portia
    (d) Bassanio to Attendants

18. "I am locked in one of them"
    (a) Portia to Bassanio   (b) Portia to Nerissa
    (c) Portia to Gratiano   (d) Nerissa to Bassanio

19. "My lord and lady, it is now our time"
    (a) Portia to Nerissa
    (b) Nerissa to Bassanio
    (c) Nerissa to all present
    (d) Nerissa to the couple

20. "He did entreat me, past all saying nay, to come with him along"
    (a) Bassanio to Gratiano
    (b) Gratiano to Nerissa
    (c) Bassanio to Portia
    (d) Lorenzo to Bassanio

21. "I pray you, tell me how my good friend doth"
    (a) Bassanio to Salerio
    (b) Bassanio to Portia
    (c) Bassanio to Nerissa
    (d) Bassanio to Lorenzo

22. "There are some shrewd contents in yond same paper, …"
    (a) Portia to Bassanio   (b) Portia to Salerio
    (c) Portia to Nerissa   (d) Portia to Gratiano

23. "It is the most impenetrable cur that ever kept with men"
    (a) Salarino to Shylock (b) Salarino to Bassanio
    (c) Solanio to Antonio   (d) Antonio to Salarino

24. "… I shall obey you in all fair commands."
    (a) Lorenzo to Nerissa (b) Lorenzo to Portia
    (c) Lorenzo to Jessica (d) Jessica to Lorenzo

25. "Why, shall we turn to men?"
    (a) Portia to Lorenzo   (b) Nerissa to Lorenzo
    (c) Nerrissa to Portia   (d) Nerissa to Balthasar

26. "What a question is that…"
    (a) Nerissa to Portia   (b) Portia to Nerissa
    (c) Portia to Lorenzo   (d) Portia to Balthasar

27. "The sins of the father are to be laid upon the children."
    (a) Launcelot to Jessica
    (b) Launcelot to Lorenzo
    (c) Lorenzo to Jessica
    (d) Jessica to Launcelot

28. "I shall be saved by my husband; he hath made me a Christian."
    (a) Jessica to Lorenzo   (b) Jessica to Launcelot
    (c) Jessica to Portia   (d) Jessica to Shylock

29. "Goodly Lord, what a wit-snapper are you!"
    (a) Lorenzo to Salanio
    (b) Lorenzo to Launcelot
    (c) Lorenzo to Balthasar
    (d) Lorenzo to Shylock

30. "The Lord Bassanio live an upright life;
    For, having such a blessing in his lady,"
    (a) Lorenzo to Jessica
    (b) Jessica to Lorenzo
    (c) Jessica to Launcelot
    (d) Jessica to Nerissa

31. About what topic were Salerio and Solanio talking as Act III Scene I scene opens?
    (a) Jessica running away
    (b) Bassanio's courtship of Portia
    (c) Antonio's lost ship
    (d) Jessica running away from home

32. Tubal told Shylock that Jessica had traded her mother's ring for ___________________.
    (a) Fine clothes   (b) A donkey
    (c) A cart   (d) A monkey

33. What was the use of the pound of flesh Shylock was talking about?
    (a) Use it to fish
    (b) Use it as a bait to feed his revenge
    (c) Use it to kill
    (d) Use it to cool his mind

34. Whom does Shylock hopes to be in Genoa?
    (a) Antonio   (b) Jessica
    (c) Bassanio   (d) Tubal

35. Who among others was also facing ill luck according to Tubal?
    (a) Jessica   (b) Bassanio
    (c) Salarino   (d) Antonio

36. In Act III, Scene II, Portia compares Bassanio to ______________.
    (a) Hercules   (b) Thor
    (c) Athena   (d) Mercury

37. Why did Portia request Bassanio to stay a day or two?
    (a) She does not want him to choose the wrong casket
    (b) She wants him to spend time with him in case he chooses the wrong casket
    (c) She fancies him
    (d) All of the above

38. ___________ was locked in one of the caskets.
    (a) A mirror
    (b) A letter
    (c) Portia's image and letter
    (d) Nerissa's picture

39. What is 'underprizing it" according to Bassanio?
    (a) The caskets
    (b) The portrait of Portia
    (c) The fortune of Portia
    (d) None of the above

40. Portia gave ______________ to Bassanio as a symbol of her promise.
    (a) A bouquet of flowers
    (b) Her portrait
    (c) A ring
    (d) Her house

41. Who had found his bride while Bassanio was courting Portia?
    (a) Antonio   (b) Tubal
    (c) Lorenzo   (d) Gratiano

42. Who brought the news of Antonio to Bassanio?
    (a) Gratiano   (b) Salerio
    (c) Solanio   (d) Shylock

43. What were the 'shrewd contents' that stole colour from Bassanio's cheek?
    (a) The loss of the ship and trial of Antonio
    (b) The marriage of Lorenzo and Jessica
    (c) The Duke and Shylock
    (d) The love of Nerissa and Gratiano

44. Why did Bassanio call himself a 'braggart'?
    (a) Because he made Antonio borrow money so he pose as a rich man to Portia
    (b) Because he courted Portia
    (c) He came in search of love
    (d) He forgot his friends

45. Who had persuaded Shylock to deter from his plea to claim his pound of flesh?
    (a) Tubal and countrymen
    (b) The Duke and the magnificoes
    (c) Lorenzo and Jessica
    (d) Salerio and Solanio

46. What animal does Shylock remember Antonio comparing him to?
    (a) A hind   (b) A wolf
    (c) A dog   (d) A sheep

47. What did Salarino say about Shylock?
    (a) The most impenetrable cur
    (b) A new crowned monarch
    (c) What demi-god hath come so near creation
    (d) The kindest man, the best conditioned and unwearied spirit

48. What amount was Portia willing to offer to pay off Antonio's debt?
    (a) Double and treble
    (b) Treble and quadruple

(c) Twice and thrice
(d) Quadruple and quintuple

49. What was the reason behind Antonio feeling that Shylock will not go back upon?
    (a) Antonio paid his debt to Shylock
    (b) Antonio helped those who were indebted to Shylock
    (c) Shylock loves money
    (d) Shylock believes in justice

50. Why cannot the Duke deny Shylock's request?
    (a) He has to consider the stranger in Venice
    (b) Justice of his state
    (c) Trade and profit of the city
    (d) All of the above

51. Of what does Shylock accuse Salerio in Act III scene 1?
    (a) providing Antonio a place to hideout
    (b) trying to undo the bond
    (c) knowing Jessica was leaving
    (d) knowing where Jessica is hiding

52. ______________ brings Shylock news from Genoa about Jessica.
    (a) Launcelot
    (b) Abram
    (c) Tubal
    (d) Salerio

53. What is the news about Jessica?
    (a) she is trying to get away from Lorenzo
    (b) she is running around with Christians
    (c) she is spending Shylock's money wildly
    (d) no one has seen her

54. As scene II opens, what does Portia ask of Bassanio?
    (a) don't hazard a guess at the caskets
    (b) not to select either the gold or silver casket
    (c) to wait a few days before he chooses a casket
    (d) just to leave Belmont

55. Who/what is Bassanio referring to in the following lines?
    "thou pale and common drudge/'tween man and man"
    (a) Shylock   (b) the gold casket
    (c) the lead casket   (d) Portia

56. What surprise news does Gratiano give Bassanio?
    (a) that Antonio is dead
    (b) that Antonio's ships have all been destroyed
    (c) that he has fallen in love with Nerissa
    (d) that Shylock is on the hunt for Antonio

57. Who arrives at Belmont late to the party, but with news?
    (a) Lorenzo and Jessica
    (b) Solanio
    (c) Shylock
    (d) Antonio
58. Portia told Bassanio to pay _______________ money to "deface the bond."
    (a) 6,000 ducats   (b) 12,000 ducats
    (c) 36,000 ducats   (d) 72,000 ducats
59. In Act III scene iii, how does Shylock respond to Antonio?
    (a) He acts with compassion.
    (b) He gives Antonio an opportunity to state his case.
    (c) He refuses to let Antonio speak.
    (d) He spits on the Christian.
60. How does Antonio respond to Shylock in this scene?
    (a) He angrily berates Shylock.
    (b) He asks for more time to pay off the loan..
    (c) He spits on Shylock.
    (d) He accepts that the law is the law.
61. In Act III, scene iv, to whom does Portia leave in charge of her house while she is gone?
    (a) Bassanio   (b) Nerissa
    (c) Launcelot   (d) Lorenzo
62. Where does Portia tell everyone that she is going?
    (a) to Padua   (b) to a monastery
    (c) to her room   (d) to Venice
63. Where was Portia actually going?
    (a) to Venice to see Bassanio
    (b) to see her cousin in Padua
    (c) to a monastery
    (d) to Nerissa's house
64. What is Portia's response to Nerissa when she asks of Bassanio and Gratiano "shall they see us?"
    (a) no, we will stay hidden
    (b) yes, but we'll be dressed like men
    (c) yes, and we will provide them inspiration
    (d) no, but they will hear our voices
65. At the beginning of Act III scene v, who tells Jessica that he thinks that, even though she marries a
    Christian, she is still damned?
    (a) Launcelot   (b) Lorenzo
    (c) Nerissa   (d) Gratiano
66. What were the changes in Lorenzo and Jessica's language once Launcelot exits the stage?
    (a) the speak in blank verse
    (b) they speak in the form of questions
    (c) they raise their voices toward each other
    (d) they speak in prose

67. False hearts are compared to _______________.
    (a) Stairs of sand
    (b) Cowards
    (c) Hercules
    (d) Alcides
68. Lorenzo and Portia discuss helping Antonio. Why does Portia agree to help?
    (a) She hates Shylock
    (b) Antonio is kind
    (c) Antonio is Bassanio's friend
    (d) For the challenge
69. Who does Portia send to Padua to secure clothing and documents for herself and Nerissa?
    (a) Portia's cousin, Doctor Bellario
    (b) Portia's servant, Balthasar
    (c) Portia's servant, Nerissa
    (d) Lorenzo
70. In Act III, scene V, what does Lorenzo chastise Launcelot for?
    (a) Impregnating a Moorish servant
    (b) Joking about bacon prices
    (c) Judging Shylock
    (d) Flirting with Jessica
71. Tubal returns from Genoa with news both good and bad, for Shylock. Which of the following did he NOT say to Shylock?
    (a) That he had met Jessica, Shylock's daughter in Genoa.
    (b) That in Genoa, he had heard news of Antonio's misfortunes.
    (c) That Jessica had spent eighty ducats in one night in Genoa.
    (d) That he had been shown Shylock's ring that Jessica had traded in Genoa for a monkey.
72. Soon after Portia and Bassanio declare their love for each other, another pair also declare their love for each other and ask to be married at the same time as Portia and Bassanio. They are _______________ .
    (a) Gratiano and Nerissa
    (b) Gratiano and Jessica
    (c) Lorenzo and Nerissa
    (d) Lorenzo and Jessica
73. Bassanio rejected the golden casket because _______________ .
    (a) he knew that Midas had found gold hard to digest.
    (b) he knew that outward appearances are often deceptive.
    (c) he found gold too shiny for his taste.
    (d) he had been told which casket contained Portia's portrait.

74. When Portia left for Venice she put _________________ in charge of her house.
    (a) Lorenzo   (b) Jessica
    (c) Gratiano   (d) Launcelot
75. Jessica traded her ring for a monkey. (True/False)
76. Portia gives herself after Bassanio chooses the right casket. (True/False)
77. Shylock wants to "execute" the bond as a sign of friendship. (True/False)
78. Tubal brings news of Jessica to Shylock. (True/False)
79. Leah is Shylock's wife. (True/False)
80. Portia asks Bassanio to choose the casket immediately. (True/False)
81. Portia gives Bassanio a ring to part with. (True/False)
82. Portia takes Balthasar help to save Antonio. (True/False)
83. Portia decides not to tell of her plans to Nerissa. (True/False)
84. Jessica hopes to be saved if she marries a Christian. (True/False)

Answers

1. (i) (a) Goodwins
   (ii) (a) Shipwreck
   (iii) (a) Salarino and Solanio
   (iv) (d) Antonio
   (v) (a) It is the gossip that lies buried
2. (i) (a) Fish bait
   (ii) (c) Revenge
   (iii) (a) Anger, betrayal, disgrace
   (iv) (a) The Jews
   (v) (a) Salarino
3. (i) (a) Portia and all that belongs to her
   (ii) (a) Hyperbole
   (iii) (b) Speechless
   (iv) (a) His love for friend takes precedence
   (v) (b) Assured
4. (i) (c) Antonio
   (ii) (c) Bassanio
   (iii) (a) Anguish
   (iv) (d) No regrets for helping a friend
5. (i) (b) Bassanio
   (ii) (b) Worries the letter brings
   (iii) (a) Commitment
   (iv) (a) He reveals his weakness and bragging
   (v) (d) All of the above
6. (i) (d) Antonio
   (ii) (a) Untired
   (iii) (d) Life
   (iv) (a) Loyalty to friends and country
   (v) (c) Remorseful
7. (i) (d) A street in Venice
   (ii) (a) Solanio
   (iii) (b) Futile
   (iv) (a) Antonio's generosity
   (v) (b) Reward
8. (i) (b) Nerissa
   (ii) (a) To render justice
   (iii) (b) Portia and Nerissa
   (iv) (d) All of the above
   (v) (d) All of the above
9. (i) (b) Jessica against her father Shylock
   (ii) (a) None can save Antonio
   (iii) (b) Shylock can never forgive
   (iv) (a) She gets to enjoy the goodness of friends
   (v) (b) False
10. (i) (c) Jessica
    (ii) (b) Launcelot
    (iii) (b) Sins of her father
    (iv) (b) In Portia's residence
    (v) (a) By becoming a Christian
11. (a) Salarino to Solanio
12. (b) Tubal to Shylock
13. (c) Tubal to Shylock
14. (a) Solanio to Salarino and Man
15. (c) Shylock to Tubal
16. (c) Portia to Bassanio
17. (c) Bassanio to Portia
18. (a) Portia to Bassanio
19. (d) Nerissa to the couple
20. (d) Lorenzo to Bassanio
21. (a) Bassanio to Salerio
22. (a) Portia to Bassanio
23. (c) Solanio to Antonio
24. (b) Lorenzo to Portia
25. (c) Nerrissa to Portia
26. (b) Portia to Nerissa
27. (a) Launcelot to Jessica
28. (b) Jessica to Launcelot
29. (b) Lorenzo to Launcelot
30. (b) Jessica to Lorenzo
31. (c) Antonio's lost ship
32. (d) A monkey

33. (b) Use it as a bait to feed his revenge
34. (b) Jessica
35. (d) Antonio
36. (a) Hercules
37. (d) All of the above
38. (c) Portia's image and letter
39. (b) The portrait of Portia
40. c) A ring
41. (d) Gratiano
42. (b) Salerio
43. (a) The loss of the ship and trial of Antonio
44. (a) Because he made Antonio borrow money so he pose as a rich man to Portia
45. (b) The Duke and the magnificoes
46. (c) A dog
47. (a) The most impenetrable cur
48. (a) Double and treble
49. (b) Antonio helped those who were indebted to Shylock
50. (d) All of the above
51. (c) knowing Jessica was leaving
52. (c) Tubal
53. (c) she is spending Shylock's money wildly
54. (c) to wait a few days before he chooses a casket
55. (c) the lead casket
56. (c) that he has fallen in love with Nerissa
57. (a) Lorenzo and Jessica
58. (c) 36,000 ducats

59. (c) He refuses to let Antonio speak.
60. (d) He accepts that the law is the law.
61. (d) Lorenzo
62. (b) to a monastery
63. (b) to see her cousin in Padua
64. (b) yes, but we'll be dressed like men
65. (a) Launcelot
66. (a) the speak in blank verse
67. (a) Stairs of sand
68. (c) Antonio is Bassanio's friend
69. (b) Portia's servant, Balthasar
70. (a) Impregnating a Moorish servant
71. (a) That he had met Jessica, Shylock's daughter in Genoa.
72. (d) Lorenzo and Jessica
73. (a) he knew that Midas had found gold hard to digest.
74. (a) Lorenzo
75. True
76. False
77. False
78. True
79. True
80. False
81. False
82. True
83. False
84. True

2 Treasure Trove : Short Stories

Chapter-7 : The Little Match Girl
–Hans Christian Andersen

Read the extracts given below and answer the questions that follow:

(1) *She drew one out—"scratch!" how it sputtered as it burnt! It gave a warm, bright light, like a little candle, as she held her hand over it. It was really a wonderful light. It seemed to the little girl that she was sitting by a large iron stove, with polished brass feet and a brass ornament. How the fire burned! and seemed so beautifully warm that the child stretched out her feet as if to warm them, when, lo! the flame of the match went out, the stove vanished, and she had only the remains of the half-burnt match in her hand., when--*

i. What did she pull out?

   (a) A torch   (b) A tiny candle

   (c) A match   (d) A flame

ii. Bring out the implication of the usage of 'scratch'.

   (a) a wound   (b) a sound

   (c) a mark   (d) a line

iii. What was revealed in the strange light?

   (a) roast goose   (b) polished plates

   (c) a brick stove   (d) an iron stove

iv. The child had already stretched her feet to warm when:

   (a) the flame flared up

   (b) the fire exploded

   (c) the flame went off

   (d) the matches vanished

v. Why is the light described to be strange?

   (a) because it was winter

   (b) because it was too yellow

   (c) because the girl's imagination made it look so

   (d) because the match was newly bought

(2) *She struck another -it burnt clearly and, where the light fell upon the wall, the bricks became transparent, like gauze. She could see right into the room, where a shining white cloth was spread on the table. It was covered with beautiful china and in the centre of it stood a roast goose, stuffed with prunes and apples, steaming deliciously.*

i. How did the goose come down the table?

   (a) Jumped   (b) Hopped

   (c) Flew   (d) Slipped

ii. What did the goose have on its back?

   (a) spoon and fork   (b) a pot of prunes

   (c) knife and fork   (d) flowers

iii. Why had the little girl struck the match the very first time?

   (a) To warm her fingers

   (b) To see around

   (c) To search for food

   (d) To see into the room

iv. Where was the little girl sitting when she struck the match?

   (a) on the compound wall of a house

   (b) on the window sill

   (c) on steps leading to a house

   (d) in a corner formed by two houses

v. How many matches did the little girl burnt after this?

   (a) 1   (b) 2

   (c) 3   (d) 4

(3) *She struck another match on the wall. Once more there was light, and in the glow stood her old grandmother, oh, so bright and shining, and looking so gentle, kind and loving." Granny" cried the little girl." Oh take me with you! I know you will disappear when the match is burnt out; you will vanish like the warm stove, the lovely roast goose and the great glorious--------------.*

i. How many times had the little girl struck the match before this?

   (a) Two   (b) Three

   (c) One   (d) Four

ii. What vision did the girl see before this?

   (a) iron stove   (b) big christmas tree

   (c) transparent gauge (d) dinner on the table

iii. Where will the girl go with her grandmother?
  (a) to another country
  (b) to the abode of God
  (c) to her house
  (d) to granny's old house

iv. What brings the image of Grandma in front of her?
  (a) A star falling
  (b) Memory of Christmas
  (c) Her current state of misery
  (d) New year eve

v. Which expression later shows the mental state of the girl at the time of her death?
  (a) frozen to death
  (b) huddled figure of the girl
  (c) with rosy cheeks and smiling lips
  (d) teary eyed

4. One of them fell streaking the sky with light. What fell?
  (a) Candle
  (b) Gaily coloured balls
  (c) Star
  (d) Match stick

5. The boy took the girl's slipper away to:
  (a) wear it
  (b) use it as a cradle
  (c) fill it with sand
  (d) sell it

6. Walking in the cold her feet became:
  (a) red and white   (b) blue and purple
  (c) black and blue   (d) blue and red

7. The stove the girl saw in the light of match stick was made of:
  (a) stone   (b) brass
  (c) iron   (d) wood

8. What does the girl run out of the way of when crossing the road?
  (a) Carriages   (b) Bicycles
  (c) Bullies   (d) Trucks

9. The many candles on the Christmas tree turned into:
  (a) Dim stars   (b) Blue stars
  (c) Bright stars   (d) Golden stars

10. The girl struck all the matches together because
  (a) she was feeling cold
  (b) she wanted the company of her grandmother
  (c) she was feeling bored
  (d) nobody bought her matches

11. How many matches does the girl sell?
  (a) One   (b) Zero
  (c) A dozen   (d) Only two boxes

12. The roast food smell in the air is an example of:
  (a) Simile
  (b) Olfactory imagery
  (c) Visual metaphor
  (d) Verbal irony

13. How did grandma take her to the other world?
  (a) in a chariot
  (b) on horse back
  (c) holding her hand
  (d) took her in her arms

14. On what note does the writer end the story?
  (a) happy and sad   (b) happy
  (c) sad   (d) positive

15. The first vision that the little girl had was of:
  (a) Her mother   (b) A tree
  (c) A dog   (d) A stove

16. What comment did the people make seeing the matches in her hand?
  (a) she was hungry
  (b) she might have felt cold
  (c) she might have wanted some light
  (d) she could not sell all the matches

17. The "scr-r-ratch!" sound the first match makes is an example of...
  (a) Simile   (b) Irony
  (c) Metonymy   (d) Auditory Imagery

18. What expression did the frozen girl have when she died?
  (a) droopy   (b) sorrowful
  (c) disgusted   (d) smiling

19. Match the following:

1	Numb	(i)	Flame
2	Splutterd	(ii)	God
3	Transparent	(iii)	Cold
4	Glory	(iv)	Goose
5	Delicious	(v)	Gauze

Options:
(a) 1-iii, 2-i, 3-v, 4-ii, 5- iv
(b) 1-v, 2-iv, 3-i, 2-iii, 1-ii
(c) 1-iv, 2-i, 3-v, 4-ii, 5-iii
(d) 1-ii, 2-iv, 3-i, 4-v, 5-ii

20. The Little Match Girl is set on the _______ day of the year.
  (a) New Year's Eve   (b) Diwali
  (c) Christmas   (d) None of these

21. Lights were shining in every window, and here was a glorious smell of roast ______ in the street.
  (a) chicken   (b) goose
  (c) mutton   (d) lamb

22. The little match girl's hair was of _______ colour.
    (a) brown   (b) black
    (c) red   (d) golden

23. The little match girl was wearing her_______ slippers.
    (a) father's   (b) own
    (c) mother's   (d) grandmother's

24. The little match girl wears _________.
    (a) An apron   (b) Trousers
    (c) An evening dress   (d) Pyjamas

25. The Little Match Girl was sad when she breathed her last. **(True/False)**

26. It was on Christmas day when the match girl froze to death. **(True/False)**

27. People were all inside the house celebrating when the girl shivered in cold. **(True/False)**

28. The girl wanted to go back to her house as soon as possible. **(True/False)**

29. The Little Match Girl is written by Hens Andersen. **(True/False)**

Answers

1. i. (c) A match
  ii. (b) a sound
  iii. (d) an iron stove
  iv. (c) the flame went off
  v. (c) because the girl's imagination made it look so

2. i. (b) Hopped
  ii. (c) knife and fork
  iii. (a) To warm her fingers
  iv. (d) in a corner formed by two houses
  v. (b) 2

3. i. (b) Three
  ii. (b) Big Christmas tree
  iii. (b) to the abode of God
  iv. (a) A star falling
  v. (c) With rosy cheeks and smiling lips

4. (c) Star

5. (b) use it as a cradle

6. (d) blue and red

7. (c) iron

8. (a) Carriages

9. (c) Bright stars

10. (b) she wanted the company of her grandmother

11. (b) Zero

12. (b) Olfactory imagery

13. (d) took her in her arms

14. (d) positive

15. (d) A stove

16. (b) she might have felt cold

17. (d) Auditory Imagery

18. (d) smilin

19. (a) 1-iii, 2-i, 3-v, 4-ii, 5-iv

20. (a) New Year's Eve

21. (b) goose

22. (d) Golden

23. (c) mother's

24. (a) An apron

25. False

26. False

27. True

28. False

29. True

❏❏

Chapter-8 : The Blue Bead
–Norah Burke

Read the extracts given below and answer the questions that follow:

1. *From that day when he had at once made for the water, ready to fend for himself immediately, he had lived by his brainless craft and ferocity. Escaping the birds of prey and the great carnivorous fishes that eat baby crocodiles, he had prospered, catching all the food he needed and storing it till putrid in holes in the bank.*

i. What can you say about the basic nature of crocodiles from this extract?

(a) They are over dependent on mothers in the early stages

(b) They are shy animals

(c) They are self- sufficient by nature

(d) They have no survival instincts

ii. Which day is mentioned in the extract?

(a) The day he floated down to the forest village

(b) The day he was hatched

(c) The day he attacked the woman

(d) The day he swallowed the silver bracelet

iii. Give the meaning of 'fend for himself'.

(a) Live with the help of others

(b) Kill all other creatures

(c) Lead a recluse life

(d) To take care of himself without depending

iv. The crocodile survived because he was -

(a) more brainy than ferocious

(b) Crafty and ferocious

(c) His intelligence helped him

(d) Slow and steady

v. According to the extract, the huge animal was adapt at:

(a) Swimming

(b) Tackling the waves

(c) Escaping wild animals

(d) Saving himself from predator birds and fish

2. *Chattering as they went, the women followed the dusty track toward the river. On their way, they passed a Gujar encampment of grass huts....they would live for a time until their animals had perhaps finished all easy grazing within reach, or they were not able to sell enough of their butter and white milk in the district:*

i. How would you describe the way of life of Gujar?

(a) They lived by farming

(b) They were nomadic graziers

(c) They were settlers for life

(d) They were hunters

ii. What happened to one of the Gujar women?

(a) She slipped into the water

(b) She had a health issue

(c) She collapsed on the step stone

(d) She was attacked by an antediluvian

iii. What did the woman have in her hands?

(a) A hayfork

(b) A sickle

(c) A bundle of grass

(d) Two mud pots

iv. The woman escaped from the clutch of the crocodile:

(a) By swimming across the river

(b) By hitting it

(c) By wrestling with the animal

(d) None of the above

v. The Gujar women were generally dressed in:

(a) Saris   (b) Trousers

(c) Skirts   (d) Leaves

3. *When you had enough of it, you could take it down by bullock cart to the railhead and sell it to the great agent who would arrange for its dispatch to the paper mills. The women often toiled all day at this work, and the agent sat on silk cushions, smoking a hookah. Such thoughts did not trouble Sibia.*

i. What is meant by 'it' in the extract?

(a) Bales of cotton   (b) Grains

(c) Paper grass   (d) Fodder

ii. The extract reveals a negative aspect of social life. Identify it.

(a) Patriarchal attitude (b) Matriarchal attitude

(c) Division of labour (d) Colour prejudice

iii. Allude to Sibia's attitude to discrimination.

(a) She was indifferent

(b) She opposed it

(c) She raised her voice against it

(d) She often thought about it

iv. Which words would you use to describe Sibia?

(a) courageous

(b) hardworking

(c) complacent with life

(d) All the above

v. Sibia was marked for:

(a) enjoyment   (b) work

(c) luxury   (d) play

4. *It was best to have new necklaces each year, instead of last year's faded ones and Sibia was making one too. How nice it was going to be to hear that rattling swish round her neck, as she froushed along with lots of necklaces. But each seed, hard as stone, had to be drilled with a red hot needle.*

i. Sibia was unable to make necklace this year as:
(a) the family needle was broken
(b) the scarlet seeds were not available
(c) she was happy with the old one
(d) she did not have a blue bead

ii. Apart from the necklace, Sibia was fond of her:
(a) sketches (b) pictures
(c) little clay pots (d) hayfork

iii. Sibia was excited to find the blue bead because she could use it:
(a) as an ear ring (b) for her bracelet
(c) as hair piece (d) for her necklace

iv. What is the literary device used in 'ratling swish'?
(a) simile (b) metaphor
(c) verbal irony (d) onomatopoeia

v. Why is the story from which the extract is taken titled "Blue Bead"?
(a) Because that was what Sibia was looking for
(b) Because Sibia considered finding it as her triumph
(c) Because Sibia loved blue colour
(d) Because the crocodile was closely associated with the gem

5. Sibia was happy because:
(a) She saved the lady
(b) She killed the crocodile
(c) She found a blue bead
(d) None of the above

6. The crocodile had no need to hide himself because:
(a) He was the same colour as of the water
(b) He was surrounded by logs
(c) He hid under the stepping stones
(d) Most of his body was submerged under water

7. The story 'The Blue Bead' is written by:
(a) Norah Burke (b) R K Narayan
(c) Ruskin Bond (d) Ernest Hemingway

8. The crocodile attacked the woman because:
(a) she was alone
(b) she made no noise
(c) she walked onto the stepping stones
(d) all of the above

9. Why were the Gujar men out of the camp?
(a) to buy articles for their family
(b) to sell their produce
(c) to have some fun
(d) to sell their cattle

10. What has been the only possession of Sibia?
(a) glass beads (b) one anna
(c) rag (d) glass bangle

11. The author compares Sibia's run to the injured lady to that of a:
(a) deer (b) cheetah
(c) female goat (d) a rock goat

12. What caught the attention of Sibia in the sweetmeat stall?
(a) sugar cane (b) honey confections
(c) savoury (d) magenta syrup

13. In what position would be the crocodile's body when it rises to the surface?
(a) head up (b) flat on back
(c) upside down (d) curved

14. Why was Sibia not able to get the blue bead in the first attempt?
(a) Reflection (b) Refraction
(c) Darkness (d) muddy water

15. Sibia could defeat the crocodile because:
(a) she had immense strength
(b) she was an expert in handling weapons
(c) her jungle instinct prompted her to go for the kill
(d) she hated the animal

16. How did Sibia stem the flow of blood?
(a) with grass and barks
(b) with a cloth bag
(c) with charcoal and mud
(d) with sand and rag

17. Sibia found the blue bead when she was looking for:
(a) the crocodile (b) the clay bowls
(c) the bead (d) the fork

18. What phrase would you use to comment on the ending of the story:
(a) ironical (b) hilarious
(c) anti-climax (d) ridiculous

19. Ai, Ai! What a day! Why does Sibia think in this way?
(a) because she saved a woman
(b) it was a sunny day
(c) she found a blue bead
(d) she killed the crocodile

20. The crocodile had immense—
(a) patience (b) anger
(c) impatience (d) intelligence

21. 'tinged with green' means:
    (a) splashed with green
    (b) hardly any green
    (c) traces of green
    (d) no green at all
22. The sweets at sweetmeat shop were—
    (a) green and red
    (b) blue and red
    (c) saffron colour
    (d) green and magenta
23. 'ebony hair' means
    (a) black   (b) brown:
    (c) curled   (d) straight
24. Why is Sibia called a child woman?
    (a) she is dressed in sari
    (b) she had grey hair
    (c) she is in preteen but handled responsibilities like a pro
    (d) she thought like an adult
25. Match the following according to their meanings:

(i)	Antediluvian	A	flesh eating
(ii)	Ferocious	B	broad snout
(iii)	Muggers	C	savage beast
(iv)	Carnivorous	D	haggard
(v)	Gaunt	E	very old

Options:
(a) i-A, ii-E, iii-D, iv-B, v-C
(b) i-E, ii-C, iii-B, iv-A, v-D
(c) i-B, ii-E, iii-A, iv-C, v-D
(d) i-D, ii-C, iii-E, iv-A, v-B

26. The crocodile swallowed _______ to aid digestion.
    (a) silver bracelet   (b) blue bead
    (c) blue Gem   (d) diamond
27. The mugger crocodile was of _______ from above.
    (a) yellowy white   (b) earth-coloured
    (c) blue   (d) blackish brown
28. Sibia was _____ years old.
    (a) 11   (b) 12
    (c) 10   (d) 13
29. The big crocodile fed mostly on fish, but also on deer and _______ that came to drink, perhaps a duck or two.
    (a) charred bodies   (b) small crocodiles
    (c) gharials   (d) monkeys
30. Sibia was making one _______.
    (a) anklet   (b) earring
    (c) necklace   (d) nose-ring
31. Sibia had absolutely no idea what finery was. **(True/False)**
32. The crocodile was vulnerable. **(True/False)**
33. Crocodiles are not afraid of anything. **(True/False)**
34. Sibia ran towards the screaming woman without a thought in her mind. **(True/False)**
35. The crocodile's death came instantly. **(True/False)**

Answers

1. i. (c) They are self- sufficient by nature
  ii. (b) The day he was hatched
 iii. (d) To take care of himself without depending
  iv. (b) Crafty and ferocious
   v. (d) Saving himself from predator birds and fish
2. i. (b) They were nomadic graziers
  ii. (d) She was attacked by an antediluvian
 iii. (d) Two mud pots
  iv. (d) None of the above
   v. (b) Trousers
3. i. (c) Paper grass
  ii. (a) Patriarchal attitude
 iii. (a) She was indifferent
  iv. (d) All the above
   v. (b) work
4. i. (a) the family needle was broken
  ii. (c) little clay pots
 iii. (d) For her necklace
  iv. (d) onomatopoeia
   v. (b) Because Sibia considered finding it as her triumph
5. (c) She found a blue bead
6. (d) Most of his body was submerged under water
7. (a) Norah Burke
8. (d) all of the above
9. (b) to sell their produce
10. (c) rag
11. (d) a rock goat
12. (b) honey confections
13. (c) upside down
14. (b) Refraction
15. (c) her jungle instinct prompted her to go for the kill
16. (d) with sand and rag
17. (d) the fork
18. (a) ironical
19. (c) she found a blue bead

20. (a) patience
21. (c) traces of green
22. (d) green and magenta
23. (a) black
24. (c) she is in preteen but handled responsibilities like a pro
25. **(b)** i. E   ii. C   iii. B   iv. A   v. D
26. (a) silver bracelet
27. (d) blackish brown

28. (b) 12
29. (c) gharials
30. (c) necklace
31. False
32. True
33. False
34. True
35. False

3

Treasure Trove : Poem

Read the extracts given below and answer the questions that follow:

1. *A free bird leaps
   on the back of the wind
   and floats downstream
   till the current ends
   and dips his wing
   in the orange sun rays
   and dares to claim the sky.*

   i. Who wrote the given poem?
      (a) Maya Angelou   (b) Walt Whitman
      (c) Roald Dahl   (d) Edgar Allen Poe

   ii. What is the meaning of the word 'leaps'?
      (a) jumps
      (b) sleeps
      (c) both 1 and 2 are correct
      (d) none of the above

   iii. The free bird demonstrates freedom and power
       when it:
      (a) stalks down its narrow cage
      (b) sings with a fearful trill
      (c) shouts on a nightmare scream
      (d) claims the sky

   iv. The caged bird represents:
      (a) an animal who is locked up
      (b) the hope of the future
      (c) the loss of freedom and choice
      (d) ignorance

   v. The first stanza is meant to show:
      (a) the cages bird's feelings of despair and
          hopelessness
      (b) the beauty of the sun's rays
      (c) the thrill of being free to live your life as you
          please
      (d) how a bird flies free and claims the sky

2. *But a bird that stalks
   down his narrow cage
   can seldom see through
   his bars of rage*

   *his wings are clipped and
   his feet are tied
   so he opens his throat to sing.*

   i. What do these lines reveal about the caged bird?
      (a) The caged bird has strong feelings.
      (b) The caged bird is aware of its surroundings.
      (c) The caged bird has difficulty flying.
      (d) The caged bird is satisfied with its life.

   ii. "Bars of rage" is an example of what literary
       device?
      (a) Metaphor   (b) Simile
      (c) Olfactory Imagery (d) Dramatic Irony

   iii. In which line of the poem does Angelou show
        the anger one would feel at the loss of freedom?
      (a) he opens his throat to sing
      (b) his wings are clipped
      (c) stalks down his narrow cage
      (d) his feet are tied

   iv. Which words provide a negative connotation in
       the given extract?
      (a) floats dips claims
      (b) shouts sings freedom
      (c) clipped stalks rage
      (d) worms trill tune

   v. Why does the caged bird sing?
      (a) because it enjoys singing
      (b) because that is what birds do
      (c) because it has to find a way to express his
          pain
      (d) because he is calling to another bird

3. *The caged bird sings
   with a fearful trill
   of things unknown
   but longed for still
   and his tune is heard
   on the distant hill
   for the caged bird
   sings of freedom.*

i. What is the meaning of the word 'trill'?
   (a) trembling Tone   (b) jocund Expression
   (c) drill   (d) loud
ii. The expression 'longed for' means?
   (a) wished for
   (b) long saga
   (c) both (a) and (b) are correct
   (d) None of the above
iii. According to the speaker, why does the bird sing?
   (a) to speak with the free bird
   (b) because he is happy to eat worms
   (c) no reason
   (d) because of his oppressive confinement
iv. How does the bird sing?
   (a) in a fearful and trembling tone
   (b) in a jubilant manner
   (c) in a sad mannerd.
   (d) in a angry manner
v. Which lines from the poem show that the caged bird has never been free?
   (a) *his tune is heard on the distant hill*
   (b) *caged bird sings of freedom*
   (c) *caged bird sings*
   (d) *of things unknown / but longed for still*
4. What is this poem mainly about?
   (a) The lives of birds
   (b) Freedom and Slavery
   (c) Joy and singing
   (d) The dreams of birds
5. A caged bird has:-
   (a) suppressed dreams
   (b) fulfilled dreams and aspirations
   (c) freedom
   (d) none of the above
6. How are the slaves from the working fields the same as the caged bird in the poem?
   (a) they both sing songs of freedom
   (b) they both fly in the sky
   (c) they both yearn for new beginnings
   (d) they both gain freedom
7. What does the caged bird represent?
   (a) Maya Angelou's anger at being lonely.
   (b) A bird with clipped wings and tied feet.
   (c) The fight for women's rights.
   (d) The oppression of the African American community
8. The 'Free Bird' is an apt metaphor for:
   (a) The White People   (b) The Anglo Indians
   (c) Black People   (d) None of the above

9. The caged bird is:
   (a) helpless   (b) joyous
   (c) angry   (d) betrayed
10. 'Another Breeze' implies:
   (a) crying inside the cage
   (b) flight in a different air current
   (c) fearful trill   (d) sings of freedom
11. The poem presents a haunting image of:
   (a) bird
   (b) carefree life in a prison
   (c) slavery   (d) caged bird
12. The poem alternates between describing the free bird and the caged bird. This structure emphasizes:
   (a) the complicated struggle of being free.
   (b) the contrast between being free and confined.
   (c) the similarity between the experiences of being free and confined.
   (d) the caged bird and free bird are the same species.
13. The poem is:
   (a) Autobiographical
   (b) Sonnet
   (c) Both (a) and (b) are correct
   (d) None of the above
14. Alliteration could be noticed in:
   (a) *seldom see through*
   (b) *leaps on the back*
   (c) both (a) and (b) are correct
   (d) none of the above
15. The figure of speech in the line *'sighing trees'* is:
   (a) Alliteration   (b) Simile
   (c) Metaphor   (d) Personification
16. Which rhyme is used in the second, fourth and sixth lines of the third stanza:
   (a) End rhyme   (b) Internal rhyme
   (c) Free verse   (d) External rhyme
17. Which words could be an example of auditory imagery?
   (a) caged bird sings
   (b) dawn bright lawn
   (c) fearful trill
   (d) opens his throat to sing
18. Consonance could be noticed in:
   (a) trade wind
   (b) seldom see
   (c) sighing trees
   (d) nightmare scream
19. This poem was inspired by:
   (a) Paul Dunbar's poem 'sympathy'
   (b) William Shakespeare drama 'the Tempest'

(c) William Shakespeare drama 'the Merchant of Venice'

(d) Maya Angelou's past

20. What do the rhyming words rage and cage in stanza 2 emphasize?

(a) the sadness that can accompany a lack of freedom

(b) the anger that can accompany a lack of freedom

(c) that it is possible to feel free even in a cage

(d) that the caged bird cannot sing

21. 'On the back of the wind' is an Example of:

(a) Metaphor

(b) Beauty

(c) Anthropomorphism

(d) Simile

22. **Caged bird is a symbolism of:**

(a) Freedom   (b) Liberty

(c) Nightingale   (d) Capitivity

23. The caged bird's longing for freedom demonstrates:

(a) Black Community's resilience against oppression

(b) Joy and celebration

(c) Wish for flying

(d) Wish to sing

24. The line endings "lawn" and "own" amount to _______ .

(a) Rhyme   (b) Parallelism

(c) Slant rhyme   (d) Metonymy

25. In the poem, _______ is the "grave of dreams".

(a) The graveyard where the caged bird lives

(b) The government

(c) The free bird's nest

(d) The caged bird's perch

26. *"A free bird leaps ... and floats downstream"* is an example of _______.

(a) Simile

(b) Auditory Imagery

(c) Kinesthetic Imagery

(d) Olfactory Imagery

27. Angelou uses _____ word to describe the bird's cage.

(a) spacious   (b) small

(c) narrow   (d) open

28. In addition to the cage and clipped wings, _______ is mentioned in the poem as binding the caged bird?

(a) his tied feet   (b) his mental state

(c) his soul   (d) his owner

Answers

1. **i.** (a) Maya Angelou
   ii. (a) Jumps
   iii. (d) claims the sky
   iv. (c) the loss of freedom and choice
   v. (c) the thrill of being free to live your life as you please
2. **i.** (a) The caged bird has strong feelings.
   ii. (a) Metaphor
   iii. (c) stalks down his narrow cage
   iv. (c) clipped stalks rage
   v. (c) because it has to find a way to express his pain
3. **i.** (a) trembling tone
   ii. (a) wished for
   iii. (d) Because of his oppressive confinement
   iv. (a) in a fearful and trembling tone
   v. (d) *of things unknown / but longed for still*
4. (b) Freedom and Slavery
5. (a) suppressed dreams
6. (c) they both yearn for new beginnings
7. (d) The oppression of the African American community
8. (a) The White People
9. (a) helpless
10. (b) flight in a different air current
11. (c) slavery
12. (b) the contrast between being free and confined.
13. (a) Autobiographical
14. (a) *seldom see through*
15. (d) Personification
16. (a) End rhyme
17. (c) fearful trill
18. (a) trade wind
19. (a) Paul Dunbar's poem 'sympathy'
20. (b) the anger that can accompany a lack of freedom
21. (c) Anthropomorphism
22. (d) Capitivity
23. (a) Black Community's resilience against oppression
24. (c) Slant rhyme
25. (d) The caged bird's perch
26. (c) Kinesthetic Imagery
27. (c) narrow
28. (a) his tied feet

Chapter-8 : The Patriot
—Robert Browning

Read the extracts given below and answer the questions that follow:

1. *It was roses, roses, all the way*
With myrtle mixed in my path like mad:
The house-roofs seemed to heave and sway,
The church-spires flamed, such flags they had,
A year ago on this very day

i. *"It was roses, roses, all the way"* - which figure of speech is this?
  (a) simile   (b) alliteration
  (c) metaphor   (d) imagery

ii. What does the word "myrtle" signify in the poem?
  (a) bravery   (b) love
  (c) respect   (d) worship

iii. *"With myrtle mixed in my path like mad"* - which figure of speech is this?
  (a) simile   (b) metaphor
  (c) imagery   (d) alliteration

iv. What were the people doing on their rooftops?
  (a) dancing
  (b) shouting
  (c) gathered to see the patriot
  (d) throwing stones at the patriot

v. Why have the people gathered the next year?
  (a) Executing the patriot
  (b) Awarding the patriot
  (c) Welcoming the patriot
  (d) For celebrating the festival with the patriot

2. *The air broke into a mist with bells,*
The old walls rocked with the crowd and cries.
Had I said , "Good folk, mere noise repels-
But give me your sun from yonder skies!"
They had answered,"And afterward, what else?"

i. Which bells are mentioned here?
  (a) Church bells   (b) School bells
  (c) Christmas bells   (d) Temple bells

ii. The line *"The old walls rocked with the crowd and cries"* is an indication from:
  (a) Overcrowded cities in Victorian England
  (b) Poverty- stricken cities in Victorian era
  (c) People's enthusiasm to welcome their hero
  (d) All of the above

iii. 'Good Folk' refers to?
  (a) Countrymen   (b) Folk music
  (c) Friends   (d) Colleague

iv. What does the patriot want from the people?
  (a) The applause of the people
  (b) Water in a coffee mug
  (c) Extravagant celebrations
  (d) Sun From yonder skies

v. What is the rhyming scheme of the given extract?
  (a) abcde   (b) ababa
  (c) abbab   (d) free verse

3. *Alack, it was I who leaped at the sun*
To give it my loving friends to keep!
Nought man could do, have I left undone:
Any you see my harvest, what I reap
This very day, now a year is run.

i. The word 'alack' means?
  (a) Alas!   (b) Kudos
  (c) Hurray!   (d) None of the above

ii. What is the meaning of the word 'leaped'?
  (a) jumped/try to attain a goal
  (b) swam To safety
  (c) Both 1 and 2 are correct
  (d) None of the above

iii. What does "sun" signify in the poem?
  (a) Power and dominance
  (b) Danger
  (c) Heat
  (d) A gift from people

iv. Who are called as 'My Loving Friends'?
  (a) his colleague   (b) his Cousin Relatives
  (c) his friends   (d) his Countrymen

v. Name the literary device used in:
"You see my harvest, what I reap."
  (a) Metaphor   (b) Simile
  (c) Personification   (d) Alliteration

4. Name the poet of the poem 'The Patriot'
  (a) Robert Browning
  (b) Robert Frost
  (c) Maya Angelou
  (d) David Roth

5. This poem is a :
  (a) Parable
  (b) Sonnet
  (c) Ballad
  (d) Dramatic monologue

6. The poem is a story of a man who was:
   (a) Idolised by people as a great hero
   (b) A learned doctor of letters
   (c) Betrayed by his country
   (d) A traitor

7. The poem deals with:
   (a) Life of a hero
   (b) Diseases of human body
   (c) Poverty
   (d) The fickleness of public opinion

8. The reception the patriot is getting today is __________ to what he received this very day a year ago.
   (a) very similar   (b) close
   (c) slightly contrast   (d) in sharp contrast

9. The poem "The Patriot" is a grim reminder that:
   (a) Life is uncertain
   (b) Public memory is short
   (c) Human glory is short-lived
   (d) All of the above

10. The patriot is taken to the:
    (a) Scaffold   (b) Garden of Eden
    (c) On the rooftop   (d) To the jail

11. In the line *"And you see my harvest, what I reap"* the patriot expresses his:
    (a) anger   (b) pride
    (c) regret   (d) wonder

12. Covering the patriot's path with roses displays people's:
    (a) Enthusiam   (b) Love for the hero
    (c) Pride for the hero   (d) Hatred for the hero

13. The Patriot hopes that:
    (a) God will reward him
    (b) He will be invited to a feast
    (c) People will love him
    (d) People will reward him

14. The rhyming pattern of the poem is:
    (a) ababa   (b) ccdde
    (c) abcde   (d) free verse

15. 'Fetching the sun' could be a symbol of:
    (a) Immortality and Glory
    (b) Power
    (c) Honour
    (d) All of the above

16. Rain acts as a negative agent as it creates:
    (a) A scene of sadness
    (b) A scene of misery
    (c) Works in changing the mood of the poem
    (d) Both (b) and (c)

17. The auditory image in the poem is:
    (a) Dancing
    (b) Singing

(c) Ringing the church's bells
(d) Throwing stones at the patriot

18. Which one of the following signifies the way of life?
    (a) Path   (b) Rain
    (c) Roses   (d) Sun

19. The theme of the poem 'The Patriot' is:
    (a) Bravery and devotion
    (b) Love
    (c) Hatred
    (d) Both (a) and (b)

20. Even after he is sentenced to death, the patriot says, "I am safer so" because:
    (a) He has already reaped the benefit
    (b) God is on his side
    (c) God will save his life
    (d) God will reward him in heaven for his good work

21. The figure of speech in *'drop down dead'* is:
    (a) Metaphor   (b) Hyperbole
    (c) Personification   (d) Alliteration

22. Who shall repay for his deeds at last?
    (a) Almighty God   (b) Human
    (c) Children   (d) Palsied few

23. The poem shows:
    (a) Browning's pessimistic feelings
    (b) Browning's optimistic philosophy of life
    (c) This world and the heaven make life complete
    (d) Heaven is always better than this earthly life.

24. __________ were sitting at the window set the next year.
    (a) Prisoners   (b) Diseased ones
    (c) Children   (d) Nobody

25. The literary device used in-*"The houses roofs seemed to heave and sway"* is ______.
    (a) Personification   (b) Alliteration
    (c) Metaphor   (d) Irony

26. 'The rain' in the poem symbolizes __________ .
    (a) death   (b) period of trial
    (c) tears   (d) despair

27. The poem, 'The Patriot' is a harsh and critical satire on __________.
    (a) people's fickle minded attitude
    (b) religious intolerance.
    (c) heroic martyrdom
    (d) public hero worship

28. The poem ends on __________ note.
    (a) Pessimistic   (b) sad
    (c) angry   (d) optimstic

Answers

1. **i.** (c) metaphor
   ii. (c) respect
   iii. (d) alliteration
   iv. (c) gathered to see the patriot
   v. (a) Executing the patriot
2. **i.** (a) Church bells
   ii. (d) All of the above
   iii. (a) Countrymen
   iv. (d) Sun from yonder skies
   v. (b) ababa
3. **i.** (a) Alas!
   ii. (a) jumped/ try to attain a goal
   iii. (a) Power and dominance
   iv. (d) his countrymen
   v. (a) Metaphor
4. (a) Robert Browning
5. (d) Dramatic monologue
6. (a) Idolised By people as a great hero
7. (d) The fickleness of public opinion
8. (d) in sharp contrast

9. (d) All of the above
10. (a) Scaffold
11. (c) regret
12. (b) Love for the hero
13. (a) God will reward him
14. (a) ababa
15. (d) All of the above
16. (d) Both b and c
17. (c) Ringing the church's bells
18. (a) Path
19. (a) Bravery and devotion
20. (d) God will reward him in heaven for his good work
21. (d) Alliteration
22. (a) Almighty God
23. (b) Browning's optimistic philosophy of life
24. (b) Diseased ones
25. (a) Personification
26. (b) period of trial
27. (a) people's fickle minded attitude
28. (d) optimistic

❏❏

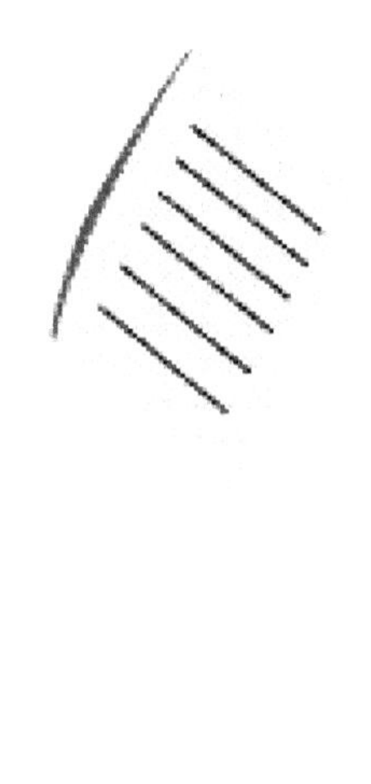

HISTORY & CIVICS

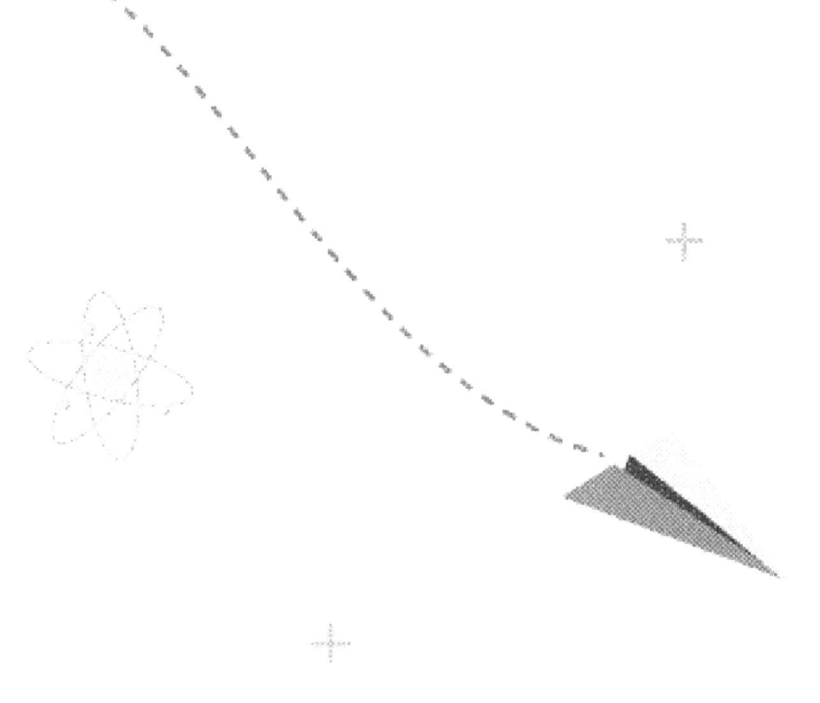
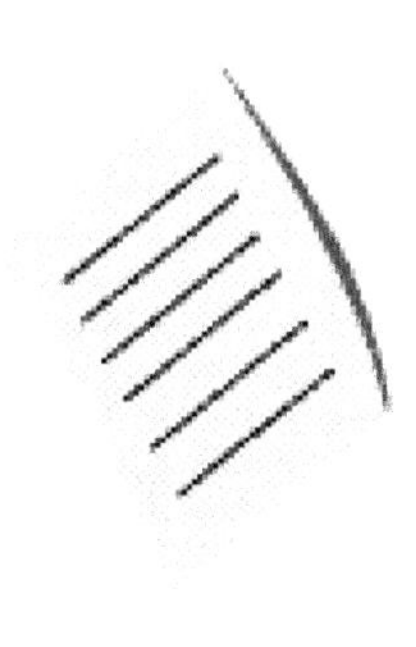
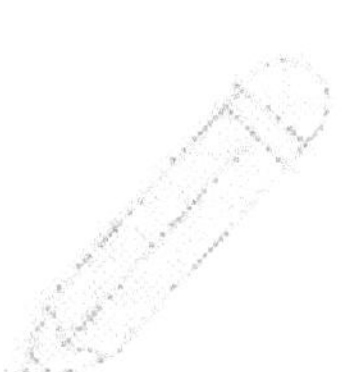

BIFURCATED SYLLABUS

H.C.G.: Paper – 1
(As per the Reduced Syllabus for ICSE - Class X Year 2022 Examination)
(SEMESTER - 1)

Max. Marks : 40

UNIT NO.	NAME OF THE UNIT
CIVICS	
1.	**The Union Legislature** (Complete Unit)
HISTORY	
1.	**The Indian National Movement (1857 - 1917)** (Complete Unit)
2.	**The Mass Phase of the National Movement (1915 – 1947)** (Complete Unit)

SYLLABUS
History & Civics

Section A : CIVICS

1. The Union Legislature

Meaning of the federal setup in India.

(i) Lok Sabha - term, composition, qualifications for membership. Parliamentary procedures: a brief idea of sessions, quorum, question hour, adjournment and no-confidence motion. Speaker – election.

(ii) Rajya Sabha – composition, qualifications for membership, election, term, Presiding Officer.

Powers and functions of Union Parliament –(legislative, financial and control over the executive). Exclusive powers of the two Houses.

Section B : HISTORY

1. The Indian National Movement (1857 - 1917)

(a) The First War of Independence, 1857

Only the causes (political, socio-religious, economic and military). [The events, however, need to be mentioned in order to maintain continuity and for a more comprehensive understanding.]

(b) Factors leading to the growth of Nationalism – socio-religious reform movements (briefmention of contribution of Raja Rammohan Roy and Jyotiba Phule) and role of the Press.

Indian National Congress - Immediate objectives of the Indian National Congress - the first two sessions and their Presidents should be mentioned.

(c) First Phase of the Indian National Movement (1885-1907)

Objectives and methods of struggle of the Early Nationalists. Any two contributions of Dadabhai Naoroji, Surendranath Banerjee and Gopal Krishna Gokhale.

(d) Second Phase of the Indian National Movement (1905-1916)

Brief mention of the causes of the Partition of Bengal and its perspective by the Nationalists. Objectives and methods of struggle of the Radicals. Any two contributions of Bal Gangadhar Tilak, Bipin Chandra Pal and Lala Lajpat Rai. The Muslim League and its objectives.

2. Mass Phase of the National Movement (1915-1947)

(a) Mahatma Gandhi - Non-Cooperation Movement : causes (Khilafat Movement, Rowlatt Act, Jallianwala Bagh Tragedy), programme and suspension – Chauri Chaura incident and impact of the Movement; the Civil Disobedience Movement: causes (reaction to the Simon Commission, Declaration of Poorna Swaraj at the Lahore Session of 1929), Dandi March, programme and impact of the Movement, Gandhi-Irwin Pact and the Second Round Table Conference; the Quit India Movement: causes (failure of the Cripps Mission, Japanese threat), Quit India Resolution and the significance of the Movement.

(b) Forward Bloc (objectives) and INA (objectives and contribution of Subhas Chandra Bose).

(c) Independence and Partition of India – Mountbatten Plan (clauses and its acceptance) and the Indian Independence Act of 1947 (clauses only).

HISTORY & CIVICS
Specimen Question Paper

ICSE SEMESTER 1 EXAMINATION
SPECIMEN QUESTION PAPER
HISTORY & CIVICS
H.C.G. Paper – 1
Maximum Marks: 40
Time allowed: One hour (inclusive of reading time)
ALL QUESTIONS ARE COMPULSORY.
The marks intended for questions are given in brackets [ ].
Select the correct option for each of the following questions.
Part I comprises 20 questions of 1 mark each. Part II comprises 6 questions of 2 marks each and Part III comprises 2 questions of 4 marks each.

Part I (20 marks)

Question 1

If the strength of the House is 350 members ,the quorum will be __________. [1]

1. 36 members
2. 40 members
3. 60 members
4. 35 members

Question 2

Lok Sabha	550
Rajya Sabha	?

1. 250
2. 545
3. 500
4. 350

Question 3

How many members of the Rajya Sabha retire once every two years? [1]

1. One-sixth
2. One-fourth
3. Two-third
4. One-third

Question 4

Residuary power refers to the power to make laws on subjects which are in the __________. [1]

1. Union List
2. State List
3. Concurrent List
4. Not part of these three lists

Question 5

Who determines the salaries and allowances of MPs and Ministers? [1]

1. The President
2. The Parliament
3. The Chairman of UPSC
4. The Finance Minister

Question 6

Who is empowered to promulgate an Ordinance when the Parliament is not in session? [1]

1. The Vice-President
2. The President
3. The Prime Minister
4. The Attorney General of India

Question 7

Which of the following procedures authorizes the Executive to draw funds from the Consolidated Fund until the Budget is passed by the Parliament? [1]

   1. Vote on Account   2. Veto

   3. Prorogation   4. Supplementary Grants

Question 8

Who elect the members of the Rajya Sabha ? [1]

1. The members of the Lok Sabha   2. The members of the Vidhan Sabha

3. The members of the Vidhan Parishad   4. The Citizens of India

Question 9

Complete the given analogy.

Lok Sabha : Speaker :: Rajya Sabha :? [1]

1. Vice President   2. Prime Minister

3. President   4. Chief Justice of India

Question 10

Which statement does not apply to the Subsidiary alliance?

i. The kings virtually lost their powers

ii. It was introduced by Lord Dalhousie

iii. The kings had to maintain the British army at their cost

iv. They had a British resident in their court [1]

1. Only i   2. Both iii and iv

3. Only ii   4. Only iv

Question 11

The year in which the Congress was established- [1]

1. 1885   2. 1856

3. 1898   4. 1886

Question 12

Which of the following is a method of the Assertive Nationalists?

(i) Swadeshi   (ii) Boycott

(iii) Passive Resistance   (iv) Revivalism [1]

1. i,ii ,iii   2. Only iv

3. Only ii and iii   4. All of the above

Question 13.

Complete the given analogy.

Simon Commission: Civil Disobedience Movement:: Cripps Mission :? [1]

1. Non-Cooperation Movement   2. Anti Partition Movement

3. Quit India Movement   4. Khilafat Movement

Question 14.

The Supreme Commander of the Indian National Army: [1]

1. Subhash Chandra Bose   2. Ras Behari Gosh

3. Jawaharlal Nehru   4. Lord Wavell

Question 15.

According to the Indian Independence Act, 1947 which of the following are applicable to the princely states:

i. They could remain independent   ii. They could join India

iii. All treaties with the British were terminated. iv. They could choose to be part of Pakistan [1]

1. All of the above   2. Only iii

3. Only ii and iv   4. None of the above

Question 16.

Unity, Faith ,Sacrifice was the motto of the <u>Forward Bloc.</u>

Replace the underlined word to correct the statement.   [1]

1. Indian National Congress   2. Indian National Army
3. East India Association   4. The Muslim League

Question 17.

______ was denied pension under the Doctrine of Lapse   [1]

1. Zeenat Mahal   2. Baji Rao II
3. Bahadhur Shah Zafar   4. Nana Saheb

Question 18.

The General Service Enlistment Act implied that soldiers-   [1]

1. would not be given promotions   2. would have to travel overseas to fight
3. would be given less salaries   4. would not be given extra allowance

Question 19.

Mahatma Gandhi signed a pact with ___________ to end the Civil Disobedience Movement.   [1]

1. Lord Mountbatten   2. Lord Irwin
3. Lord Wavell   4. Stafford Cripps

Question 20.

The nationalists felt Bengal was partitioned.   [1]

1. To divide Hindus and Muslims   2. For effective administration
3. to stop the spread of Swadeshi 4. None of these reasons

Question 21.

When can the Parliament not legislate on subjects included in the State List?   [2]

1. When the State is ruled by a coalition
2. During the Proclamation of an Emergency
3. When the Lok Sabha passes a resolution by two-thirds majority
4. When two or more States are of the opinion the Parliament should legislate on the subject

Question 22.

Which of these are not exclusive powers of the Lok Sabha?   [2]

1. It can introduce a Money Bill   2. It can pass an Ordinary Bill
3. It can pass the No Confidence motion   4. It can amend the Constitution

Question 23.

Which of these are Legislative powers of the Parliament?   [2]

1. Making laws on subjects in the Union List   2. Approving ordinances
3. Preparing the Budget   4. Supplementary grants

Question 24.

From the given list identify the aims of the Muslim League.   [2]

1. To develop and consolidate the feelings of national unity among Muslims
2. To protect and advance the political rights of Muslims
3. To train and organize public opinion of the Muslims in the country
4. To prevent hostilities between Muslims and other communities

Question 25.

Identify the clauses of the Rowlatt Act.   [2]

1. Restrictions on the movement of people
2. Suspension of the Habeas Corpus Writ
3. Vernacular Press must not publish anything against the British
4. Compulsory License for arms

Question 26.

Choose the correct option to match the following: [2]

(a)	Jyotiba Phule	(i)	Indian National Congress
(b)	Raja Ram Mohan Roy	(ii)	Forward Bloc
(c)	Subhash Chandra Bose	(iii)	Brahmo Samaj
(d)	A. O. Hume	(iv)	Satya Shodhak Samaj

(a) 1. i   2. ii   3. iii   4. iv   (b) 1. ii   2. i   3. iv   4. iii

(c) 1. iii   2. iv   3. i   4. ii   (d) 1. iv   2. iii   3. ii   4. i

Question 27.

Read the passage given and answer the questions that follow-

On February 4, 1922, a large group of nationalist volunteers had gathered on the streets of a small, obscure hamlet. More than a year had passed since Mahatma Gandhi had launched the movement with the aim of attaining 'Purna Swaraj' (full independence). The volunteers marched through the streets shouting slogans of Gandhi and the Khilafat. Soon they walked into the police. Sticks and stones were thrown from one end in return for bullets from the other. As the crowd grew larger and fiercer, the cops retreated inside the police station. The protestors doused the building in kerosene and set it on fire. Twenty-three policemen perished. A total of 228 people were brought to trial in the incident, out of which 19 were sentenced to death.

Source- The Indian Express

(a) Where did this incident take place? [1]

   1.   Lahore   2. Chauri Chaura

   3.   Dandi   4. Awadh

(b) Which movement did Gandhiji withdraw because of this incident? [1]

   1.   Non-Cooperation Movement   2. Civil Disobedience Movement

   3.   Quit India Movement   4. Anti Partition Movement

(c) Identify any two impacts of the movement that was suspended due to this event. [2]

   1.   Instilled confidence in people   2. Led to large scale communal riots

   3.   Promoted Social reforms   4. Led to the First Round Table Conference

Question 28.

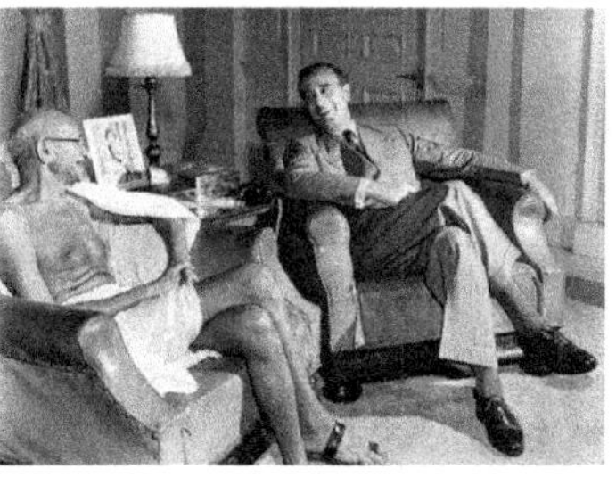

(a) Identify the man with Mahatma. [1]

   1.   Lord Mountbatten   2. Lord Curzon

   3.   Lord Wavell   4. Lord Dalhousie

(b) He was deputed to India for the following reason: [1]

   1.   To implement Lord Wavell Plan   2. For effective administration

   3.   For peaceful transfer of power   4. To delay the Partition of India

(c) Identify from the list, two proposals of the plan formulated by him.

   1.   The country would be divided into two dominions

   2.   Formation of a Constituent Assembly

   3.   There would be grouping of provinces

   4.   Setting up of a Boundary Commission

Answers

Part I

1. 4. 35 members
2. 1. 250
3. 4. One-third
4. 4. Not part of these three lists
5. 2. The Parliament
6. 2. The President
7. 1. Vote on Account
8. 2. The members of the Vidhan Sabha
9. 1. Vice-President
10. 3. Only ii
11. 1. 1885
12. 4. All of the above
13. 3. Quit India Movement
14. 1. Subhash Chandra Bose
15. 1. All of the above
16. 2. Indian National Army
17. 4. Nana Saheb
18. 2. would have to travel overseas to fight
19. 2. Lord Irwin
20. 1. To divide Hindus and Muslims
21. 1. When the State is ruled by a coalition
    3. When the Lok Sabha passes a resolution by two-thirds majority
22. 2. It can pass an Ordinary Bill
    4. It can amend the Constitution
23. 1. Making laws on subjects in the Union List
    2. Approving ordinances
24. 2. To protect and advance the political rights of Muslims
    4. To prevent hostilities between Muslims and other communities
25. 1. Restrictions on the movement of people
    2. Suspension of the Habeas Corpus Writ
26. (d) 1-iv, 2-iii, 3-ii, 4-i
27. (a) 2. Chauri Chaura
    (b) 1. Non-Cooperation Movement
    (c) 1. Instilled confidence in people
        3. Promoted Social Reforms
28. (a) 1. Lord Mountbatten
    (b) 3. For peaceful transfer of power
    (c) 1. The country would be divided into two dominions

❑❑

Chapter 1

The Union Legislature

Chapter at a Glance

➤ The Indian Parliament consists of the President and the two Houses, known as House of the People (Lok Sabha) and Council of States (Rajya Sabha).

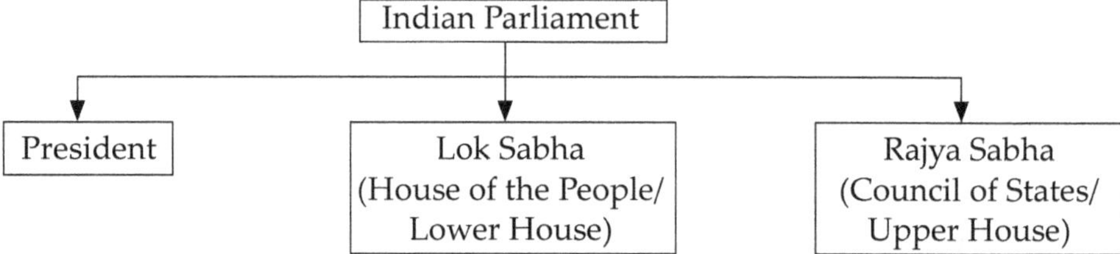

Lok Sabha and Rajya Sabha

Items	Lok Sabha	Rajya Sabha
Qualifications for Membership	1. A citizen of India, name on electoral list, not holding any office of profit under government, not a proclaimed offender. 2. **Age:** Minimum 25 years.	1. Same as for Lok Sabha. 2. **Age:** Minimum 30 years.
Exclusive Powers and Functions	1. Money Bill-their introduction and passage. 2. Cabinet is responsible to Lok Sabha	1. Declare a subject in State List of national importance and include it in the Union List. 2. Set up an All India Service.
Composition	530 members to represent the States, 20 members to represent the Union Territories, and 2 members to be nominated by the President.	238 members to represents the States and Union Territories, and 12 to be nominated by the President.
Terms of office of Members	5 years. It can be dissolved before 5 years.	6 years. One-third of its members retire every two years. It cannot be dissolved.
Presiding Officer	Speaker	Vice-President

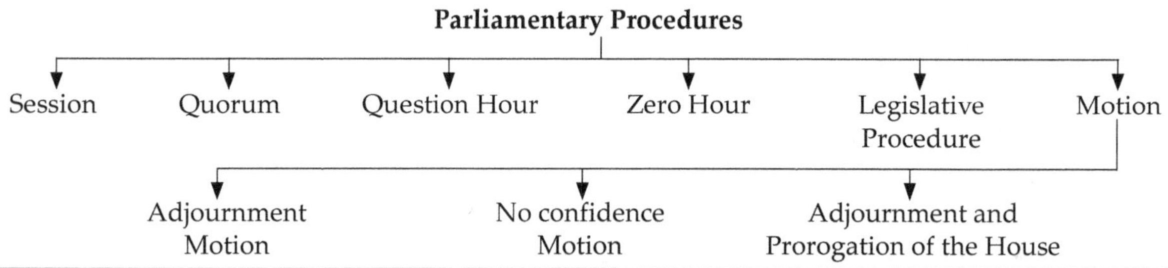

Speaker (Presiding Officer of the Lok Sabha)	
Election	Elected from its own members soon after the newly elected House meet for the first time.
Term	5 Years
Resignation	Can resign on health and other grounds by submitting a letter of resignation to Deputy Speaker.
Removal	Can be removed by passing a resolution by majority of members.

Deputy Speaker:
- Constitution provides for the office of the Deputy Speaker
- Preforms the duty of the Speaker in his absence.
- He is elected or is removed from the office in the same way as the Speaker.

Functions of the Speaker

Conduct business of the House	Administrative Functions	Disciplinary Functions	Miscellaneous Functions

Powers and Functions of the Parliament

Legislative Powers	Financial Powers	Judicial Powers	Electoral Powers	Amendment of the Constitution	Control over the Executive

Multiple choice questions

1. What do you understand by federal structure of government?
   (a) All powers of administration lies with the centre
   (b) A union of sovereign groups or states united for certain common purposes
   (c) A method of dividing power between a central government and local state governments that are connected
   (d) Rule by a king or a queen

2. Who needs to sign the Bill passed by the Parliament for it to become a law?
   (a) President
   (b) Prime Minister
   (c) Finance Minister
   (d) Chief Justice of India

3. What is the number of members required for the quorum to constitute a meeting?
   (a) One-tenth of the total number of members
   (b) Two-thirds of the members of the House
   (c) At least 50 members
   (d) 530 members

4. Who is the ex-officio Chairman of the Rajya Sabha?
   (a) Prime Minister   (b) President
   (c) Senate   (d) Vice President

5. What enabled distinguished persons to have a place in the Upper Chamber?
   (a) Election
   (b) To be appointed as Speaker
   (c) Principle of nomination
   (d) Quorum

6. What is the term of the Rajya Sabha?
   (a) Two-thirds of its members retire at the end of every second year
   (b) One-third of its members retire at the end of every second year
   (c) One-tenth of its members retire at the end of every year
   (d) One-third of its members retire at the end of every year

7. How are the members of the Rajya Sabha elected?
   (a) By the Lok Sabha Speaker in consultation with the President
   (b) Nominated by the President in consultation with the Council of Ministers
   (c) Directly by the people
   (d) By the members of the State Legislative Assembly of each state

8. Who decides the salaries and allowances of MPs, Ministers, and Judges of Supreme Court and High Courts?
   (a) Comptroller and Auditor-General of India
   (b) Parliament
   (c) Finance Minister
   (d) President in consultation with the Chief Justice of India

9. Which one of these statements is not correct about the Question Hour?
   (a) The President from time to time may summon each House of Parliament to the Question Hour as he/she may think fit.
   (b) The first hour of a sitting in both Houses is allotted for asking and answering of questions.

(c) Purpose is to obtain information on a matter of public importance or to ventilate a grievance.

(d) It keeps the Ministers on their toes.

10. Which one of these statements best defines an adjournment motion?

(a) To obtain information on a matter of public importance or to ventilate a grievance.

(b) A step taken against a group of Ministers or an individual Minister, expressing a strong disapproval of their policy or a programme.

(c) It pinpoints the failures of the Government in the performance of its duties and is moved only in the Lok Sabha.

(d) A method to check that public money is spent in accordance with Parliament's decision.

11. Which of these statements is correct about the power of the Houses over financial matter?

(a) A money Bill can only be introduced in the Lok Sabha

(b) The Lok Sabha only has the power to vote on the Demands for Grants

(c) Rajya Sabha can discuss the Grants

(d) All of the above

12. Why will the will of Lok Sabha prevail at a joint sitting with the Rajya Sabha?

(a) Rajya Sabha has no power to vote

(b) As total membership of Rajya Sabha is less than even half of the total strength of Lok Sabha

(c) No-Confidence Motion can only be moved in the Lok Sabha

(d) The Council of Ministers are collectively responsible to the Lok Sabha

13. Rajya Sabha has power to

(a) Elect and impeach the President

(b) Cast their vote on Demands for Grants

(c) Both A and B

(d) Only B

14. In general, how many Sessions are held in a year?

(a) Six   (b) Five

(c) Four   (d) Three

15. Which of these statements is correct about No-Confidence Motion?

(a) The Cabinet Ministers are collectively responsible to the Parliament

(b) No-Confidence Motion can be moved by the ruling party against the Opposition

(c) The House can grant leave to move No-Confidence Motion only when it carries the support of at least 50 members

(d) The Motion has to be taken up for discussion within 15 days from the day on which leave is granted

Fill in the blanks

16. When a ………. is in operation, the life of House may be extended by a law of Parliament.

(a) Question Hour

(b) Proclamation of Emergency

(c) No-Confidence Motion

(d) Budget Session

17. A person shall not be qualified to be elected for a seat in the Lok Sabha if he/she is not registered as a/an ………. in any of the ………. .

(a) Candidate, States

(b) Anglo-Indian, Reserved constituencies

(c) Member of Legislative Assembly, States

(d) Voter, Parliamentary constituencies

18. A ………. is the minimum number of members required to be present before a meeting is allowed to begin.

(a) Zero Hour   (b) Adjournment

(c) Quorum   (d) Term

19. If the Budget is not passed before the beginning of the financial year, ………. authorizes the Executive to draw funds from the Consolidated Fund until the Budget is passed by the Parliament.

(a) Vote on Account

(b) Money Bill

(c) Demands for Grants

(d) Supplementary Grant

20. To be chosen as a member of the Rajya Sabha, a person must be a citizen of India and not less than ………. years of age.

(a) 25   (b) 30

(c) 35   (d) 18

21. The Presiding Officer has to adjourn the House or suspend the meeting if the ………. of one-tenth of the total number of members of Rajya Sabha are not met.

(a) Ordinances   (b) Allowances

(c) Salary   (d) Quorum

22. The Vice President of India has no right to vote in the Rajya Sabha except to ………. .

(a) Break a tie

(b) Vote on Account

(c) Demand for Grants

(d) Vote for Speaker

23. In case of conflict between a .... and .... law, the law made by Parliament shall prevail.

(a) Central, Concurrent

(b) Concurrent, State

(c) Central, State

(d) Central, Residuary

24. Control over .... gives proof of the Lok Sabha's superiority.

(a) Censure Motion

(b) National Treasury

(c) Adjournment Motion

(d) The Budget

25. The salaries and allowances of the President, the Speaker, the Deputy Speaker, the Chairman and the Judges of the Supreme Court and High Courts are a part of ....

(a) Consolidated Fund of India

(b) Other expenditures of the Government

(c) Supplementary Grants

(d) Vote on Account

26. The Rajya Sabha needs to pass a resolution by .... majority to for the Parliament to make a law on matter of State List in national interest.

(a) One-tenth   (b) One-third

(c) Two-thirds   (d) One-half

27. .... is not subject to dissolution by the President.

(a) Lok Sabha

(b) Rajya Sabha

(c) Both (a) and (b)

(d) None of the above

28. The Sessions of each House of the Parliament is summoned by the ....

(a) Lok Sabha   (b) Speaker

(c) Deputy Speaker   (d) President

29. The President may promulgate a/an .... when the Parliament is not in session.

(a) Vote on Account

(b) Ordinance

(c) Money Bill

(d) Demands for Grants

30. .... are those to which member wishes to have an oral answer on the floor of the House.

(a) Starred Questions

(b) Unstarred Questions

(c) Short Notice Questions

(d) Quorum

Match the following

31. Composition of the Lok Sabha:

COLUMN I	COLUMN II
I. Maximum strength of the Lok Sabha provided by the Constitution	**(A)** 530
II. Members representing the States	**(B)** 20
III. Members representing the Union Territories	**(C)** 552
IV. Members of the Anglo-Indian Community nominated by the President	**(D)** 2

Choose the correct option:

(a) I – C, II – B, III – A, IV – D

(b) I – B, II – D, III – C, IV – A

(c) I – B, II – C, III – A, IV – D

(d) I – C, II – A, III – B, IV – D

32. Legislative powers of the Union Parliament:

COLUMN I	COLUMN II
I. They have exclusive powers to formulate laws with respect to the Union List	**(A)** On matters which are not mentioned in any of the three Lists
II. Parliament can legislate on subjects in the State List	**(B)** Parliament
III. Parliament can make laws	**(C)** Ordinances
IV. Cease to operate at the expiration of 6 weeks from the re-assembly of Parliament unless they are approved by the Houses	**(D)** When 2 or more states desire that the Parliament should legislate on a subject given in the State List

Choose the correct option:

(a) I – D, II – B, III – C, IV – A

(b) I – A, II – B, III – D, IV – C

(c) I – B, II – A, III – D, IV – C

(d) I – A, II – B, III – C, IV – D

Picture based questions

Study the picture and answer the following questions:

33. Identify the Lok Sabha Speaker
    (a) Somnath Chatterjee
    (b) Manohar Joshi
    (c) Om Birla
    (d) Shivraj Patil

34. Who is the Principal Presiding Officer of the Lok Sabha?
    (a) Deputy Speaker   (b) Speaker
    (c) President   (d) Prime Minister

35. How is the Speaker elected?
    (a) By the House from among its members by a simple majority of members present and voting
    (b) Nominated by the President of India
    (c) Elected by the elected members of the Legislative Assembly of each state
    (d) By one-tenth of the total members of the House

36. What does the Constitution provide for the Deputy Speaker?
    (a) Is elected by Universal Adult Franchise
    (b) Is the principal Presiding Officer of the Lok Sabha
    (c) Sets the policies and programmes of the Government
    (d) Performs the duties of the Speaker when the Speaker is absent or while the office of the Speaker is vacant

Assertion-Reasoning

In the questions given below, there are two statements marked as Assertion (A) and Reason (R). Read the statements and choose the correct option:

37. **Assertion (A):** Representatives of States in the Rajya Sabha are elected by the elected Members of the Legislative Assembly of each State.

Reason (R): This is done in accordance with the system of proportional representation by means of the Single Transferable Vote.

Options:
(a) Both A and R are true and R is the correct explanation of A.
(b) Both A and R are true but R is not the correct explanation of A.
(c) A is true but R is false.
(d) A is false but R is true.

38. **Assertion (A):** The Lok Sabha may by a two-thirds majority pass a resolution that it is necessary in the national interest to create one or more All-India Services.

Reason (R): The Parliament by law may create new All-India Services.

Options:
(a) Both A and R are true and R is the correct explanation of A.
(b) Both A and R are true but R is not the correct explanation of A.
(c) A is true but R is false.
(d) A is false but R is true.

39. **Assertion (A):** Censure Motion should specify the policies or acts that are being censured.

Reason (R): It implies the loss of confidence and the Prime Minister has to submit resignation of his Council of Ministers.

Options:
(a) Both A and R are true and R is the correct explanation of A.
(b) Both A and R are true but R is not the correct explanation of A.
(c) A is true but R is false.
(d) A is false but R is true.

40. **Assertion (A):** The Parliament should hold at least two sessions in a year.

Reason (R): The Sessions are held to discuss the Budget only.

Options:
(a) Both A and R are true and R is the correct explanation of A.
(b) Both A and R are true but R is not the correct explanation of A.
(c) A is true but R is false.
(d) A is false but R is true

Analogy based questions

41. Complete the given analogy.
    Rajya Sabha : Deputy Chairman :: Lok Sabha : ?
    (a) Opposition Leader (b) Deputy Speaker
    (c) Speaker   (d) Chairman

42. Complete the given analogy.

    Central Government : Union List :: State Government :?
    (a) Concurrent List (b) State List
    (c) Residuary Subjects (d) None of these

43. Complete the given analogy.

    Lok Sabha : 552 members :: Rajya Sabha : ?
    (a) 238 members (b) 245 members
    (c) 240 members (d) 250 members

Answers

Multiple choice questions

1. (c) A method of dividing power between a central government and local state governments that are connected
2. (a) President
3. (a) One-tenth of the total number of members
4. (d) Vice President
5. (c) Principle of nomination
6. (b) One-third of its members retire at the end of every second year
7. (d) By the members of the State Legislative Assembly of each state
8. (b) Parliament
9. (a) The President from time to time may summon each House of Parliament to the Question Hour as he/she may think fit.
10. (c) It pinpoints the failures of the Government in the performance of its duties and is moved only in the Lok Sabha.
11. (d) All of the above
12. (b) As total membership of Rajya Sabha is less than even half of the total strength of Lok Sabha
13. (a) Elect and impeach the President
14. (d) Three
15. (c) The House can grant leave to move No-Confidence Motion only when it carries the support of at least 50 members

Fill in the blanks

16. (b) Proclamation of Emergency
17. (d) Voter, Parliamentary constituencies
18. (c) Quorum
19. (d) Vote on Account
20. (b) 30
21. (d) Quorum
22. (a) Break a tie
23. (c) Central, State
24. (b) National Treasury
25. (a) Consolidated Fund of India

26. (c) Two-thirds
27. (b) Rajya Sabha
28. (d) President
29. (b) Ordinance
30. (a) Starred Questions

Match the following

31. (d) I – C, II – A, III – B, IV – D
32. (c) I – B, II – A, III – D, IV – C

Picture based questions

33. (c) Om Birla
34. (b) Speaker
35. (a) By the House from among its members by a simple majority of members present and voting
36. (d) Performs the duties of the Speaker when the Speaker is absent or while the office of the Speaker is vacant

Assertion-Reasoning

37. (a) Both A and R are true and R is the correct explanation of A.
38. (d) A is false but R is true.

    The Rajya Sabha may by a two-thirds majority pass a resolution that it is necessary in the national interest to create one or more All-India Services.
39. (b) Both A and R are true but R is not the correct explanation of A.

    A Censure Motion can be moved against an individual Minister or a group of Ministers, unlike the entire Council of Ministers in a No-Confidence Motion.
40. (c) A is true but R is false.

    The Sessions are held where the House meets to conduct its business.

Analogy based questions

41. (b) Deputy Speaker
42. (b) State List
43. (d) 250 members

Word of Advice

1. Some students either mentioned the three constituents of the Indian Parliament or the Houses of the State Legislature instead of Houses of the Indian Parliament.

2. Many students mentioned the three terms or the gap between two sessions instead of meaning of the term *session*.

3. A few students confused the term of office of the Lok Sabha with that of the Rajya Sabha and wrote, *six years* and wrote that the Rajya Sabha being a Permanent House is not subjected to dissolution.

4. Few confused legislative powers with executive powers.

5. A few students wrote about the general powers and got confused between the powers of the Lok Sabha and the Rajya Sabha.

6. A few could not understand the word 'exclusive powers'.

7. Some students have no idea of what *question hour* meant.

8. Most of the students wrote the presiding officer of the Lok Sabha as *Prime Minister*.

9. A few students were not able to specify that during an emergency, or on the request of two or more states, the Parliament could make a law on the state list.

10. Some students, instead of writing the manner of the election of the members of the Rajya Sabha, wrote about its composition. A few students were confused between the direct and indirect elections.

11. Some students could not distinguish between the financial and legislative powers of the Indian Parliament.

12. Some students wrote incorrect interpretations of the term *quorum*.

13. A few mentioned *six weeks* maximum gap allowed between the two parliamentary sessions instead of *six months*.

14. Most of the students were able to write the number of members who can be nominated to the Lok Sabha and the Rajya Sabha but were unable to give a reason for their nomination to the Lok Sabha.

15. A few students could not name the three sessions of the Union Parliament correctly.

16. Few lacked the knowledge of federal form of government and explained the features of the parliamentary form of government.

17. Some were confused and wrote the legislative power of the Parliament instead of ways by which the legislature exercises control over the executive.

18. Students got confused between the judicial and electoral powers of the Parliament and some of them also confused it with the legislative powers.

19. Most students lacked the knowledge of 'Residuary Powers' of the Parliament and wrote vague answers like powers of Parliament to legislate on all subjects in the Union List, State List and Concurrent List.

20. Most students overlooked the word 'legislation of laws' and mentioned the co-equal powers of the Lok Sabha and Rajya Sabha.

21. Many students were unable to mention the disciplinary functions of the Speaker. Many students wrote the general functions too.

22. Very few students were able to explain the Anti-Defection Law.

Chapter 1

The First War of Independence : 1857

Chapter at a Glance

In 1857, with the First War of Independence; millions of peasants, artisans and soldiers opposed the British rule which shook the British Government.

Causes of the First War of Independence

Immediate Causes

The cartridges used in Enfield rifle were said to be greased with the fat of cow and pig. The greased cartridge has to be bitten off with the teeth before loading them in rifle. This has angered both the Hindu and Muslim sepoys.

- Indian sepoys charged with killing of two British officers were hanged on April 18, 1857.
- On May 10, 1857, Indian sepoys at Meerut marched to Delhi.

Political Causes

- British Policy of expansion
- Doctrine of Lapse
- Disrespect shown to Bahadur Shah.
- Annexation of Awadh
- Treatment meted out to Nana Saheb and Rani Laxmi Bai
- Absentee sovereignty of the British.

Socio-Religious Causes

- Interference with social customs
- Apprehensions about modern innovations
- Policy of racial discrimination
- Corruption in administration
- Oppression of the poor
- Activities of missionaries
- Fear regarding western education
- Taxing religious places
- Law of property.

Economic Causes

Exploitation of economic resources.
Drain of wealth from India.
Decay of cottage industries and handicrafts.
Economic decline of peasantry
Growing unemployment.
Annexation of rent free lands and other estates.
Inhuman treatment of indigo cultivators
Poverty and famines.

Military Causes

- Ill treatment of Indian soldiers
- General Service Enlistment Act
- Large proportion of Indians in the British Army.
- Bleak prospects of promotions to higher ranks.
- Deprivation of allowances to the Indian soldiers
- Faulty distribution of troops
- Poor performance of the British troops
- Lower salaries of the Indian soldiers.

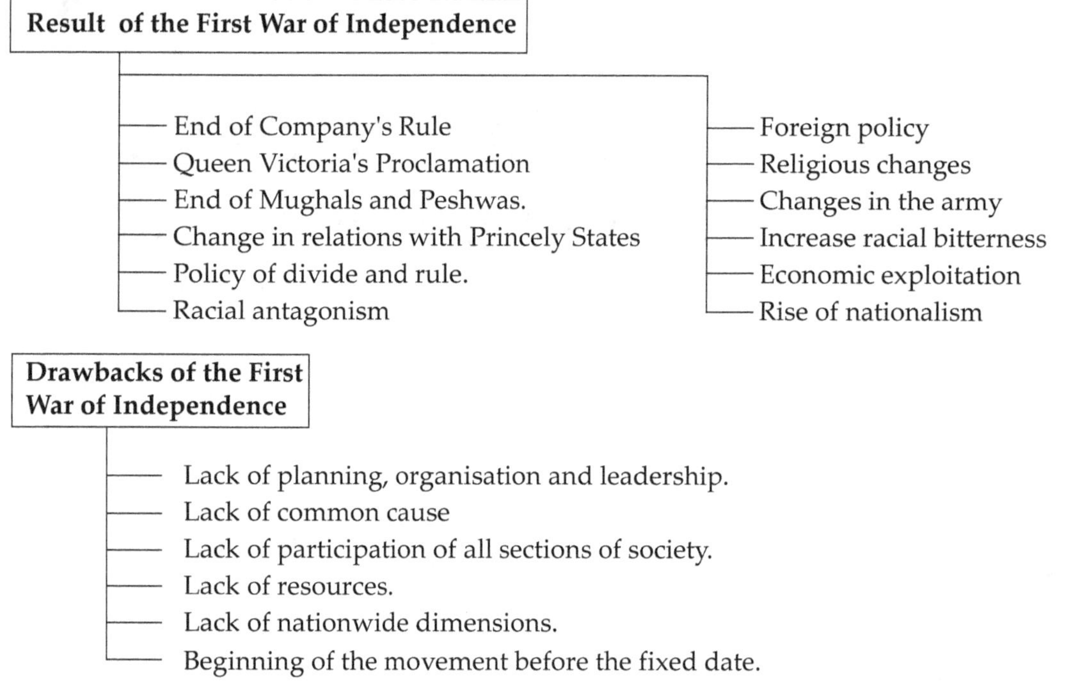

Multiple choice questions

1. Identify one of the features of the Subsidiary Alliance.
   (a) The Indian rulers had to keep a British Official called 'Resident' at capitals of their respective States
   (b) A State was taken over by the British if the ruler died without a natural heir
   (c) The Officials openly preached Christian doctrines in the temples and mosques
   (d) The British Officials took all steps to colonise India as an agricultural nation

2. Which State became a victim of Doctrine of Lapse?
   (a) Lucknow
   (b) Poona
   (c) Nagpur
   (d) Hyderabad

3. What was changed in the Religious Disabilities Act?
   (a) Sati was abolished
   (b) Widows were allowed to remarry
   (c) Female infanticide was prohibited
   (d) Hindu Law of Property

4. What did an Indian on horseback had to do if he came across a European on his way?
   (a) Salute from the horseback
   (b) Let the European pass first
   (c) Dismount and stand in respectful manner until the European had passed him
   (d) Greet him

5. Where was the Mahalwari system prevalent?
   (a) Bengal, Bihar and Odisha
   (b) Parts of Central India, the Gangetic Valley and Punjab
   (c) Bombay Presidency
   (d) Southern India

6. This Act mentioned that all recruits to the Bengal Army had to serve everywhere, within or outside India
   (a) General Service Enlistment Act
   (b) Religious Disabilities Act
   (c) Rowlatt Act
   (d) Subsidiary Alliance

7. What was introduced by the Bengal Government in 1829 in a Calcutta Madrasa?
   (a) Urdu classes
   (b) Sanskrit classes
   (c) English classes
   (d) Persian classes

8. Who saw Western education as an attempt to discourage Islamic and Hindu studies?
   (a) Christian missionaries
   (b) Brahmins
   (c) Muslims
   (d) Pandits and maulvis

9. Which one of these manufacturing towns suffered from ruin of trade and handicrafts?
   (a) Jhansi
   (b) Murshidabad
   (c) Lucknow
   (d) Nagpur

10. What was the highest rank that a native sepoy could rise to?
    (a) Subedar
    (b) Commander
    (c) Colonel
    (d) Brigadier General

11. Which army regiment refused to serve in Sindh in 1844 till they got an extra allowance?
    (a) Punjab regiment   (b) Garhwal regiment
    (c) Bengal regiment   (d) Sikh regiment

12. The loss in which war revealed the weakness of the British?
    (a) Anglo-Mysore war
    (b) First War of Independence
    (c) Battle of Plassey
    (d) Anglo-Afghan war

13. What was the immediate cause of the First War of Independence?
    (a) Introduction of Brown Bess Guns
    (b) Introduction of Enfield Rifles
    (c) Racial discrimination
    (d) Establishment of Christian missionaries

14. Why did the Indian sepoys refuse to go outside India?
    (a) Sea voyage was forbidden by their religion
    (b) They feared they would catch infections and diseases
    (c) They feared sea storms
    (d) They feared attack by the pirates

15. What did Nana Saheb do with the enormous wealth that he inherited from the ex-Peshwa?
    (a) He bribed the British officials to win back his territory
    (b) He sent emissaries to establish traditional schools
    (c) He sent emissaries to different parts of the country and instigated revolt everywhere
    (d) He encouraged the British officials to pay his pension by bribing them

16. Which organisation/person established a press at Agra?
    (a) The British Administration
    (b) Raja Rammohan Roy
    (c) Keshab Chandra Sen
    (d) The Missionary Society of America

Fill in the blanks

17. The Subsidiary Alliance had reduced the ruler of an Indian State to the position of ....
    (a) Clown   (b) Puppet
    (c) Peasant   (d) Sepoy

18. The adopted son of Rani Jhansi was not recognised as a lawful .... to the throne.
    (a) Successor   (b) Court official
    (c) Army official   (d) Advisor

19. Indians were excluded from all high offices in the .... as well as ....
    (a) Court, clubs
    (b) Court, administration
    (c) Army, administration
    (d) Administration, educational institutions

20. The .... and .... were looked down upon as means to break social order and caste rules.
    (a) Army, court
    (b) Western education, lawyers
    (c) Pandits, maulvis
    (d) Railways, telegraphs

21. Shifting of emphasis from .... to .... was not well received by the people.
    (a) Oriental learning, Western education
    (b) Western education, Oriental learning
    (c) English, Sanskrit
    (d) Sanskrit, Persian

22. The popularity of Indian textiles alarmed the policy makers of ....
    (a) Scotland   (b) America
    (c) China   (d) England

23. Almost .... of the net produce was claimed as land revenue.
    (a) One-tenth   (b) Two-thirds
    (c) Half   (d) One-fourth

24. Annexation of Indian States meant loss of livelihood for thousands of the .... troops.
    (a) British   (b) Native
    (c) Peasant   (d) Sepoy

25. The big famine of .... made people desert their villages and wander in search of food.
    (a) 1837–38   (b) 1798–1805
    (c) 1846–1856   (d) 1856

26. All the high ranks in the army were reserved for the .... only.
    (a) Sepoys   (b) Natives
    (c) Indian rulers   (d) British

27. The strategic places like .... and .... did not have British armies.
    (a) Bengal, Madras   (b) Delhi, Allahabad
    (c) Mysore, Poona   (d) Lucknow, Mysore

28. England was engaged in several hostilities outside India, the .... War and the .... War.
    (a) Persian, Chinese   (b) Mysore, Plassey
    (c) Mysore, Buxar   (d) Plassey, Buxar

29. The first Afghan War was a complete failure from the .... viewpoint.

(a) Afghan   (b) Indian

(c) British   (d) American

30. The General Service Enlistment Act created great alarm in the minds of the .... army.

(a) British   (b) European

(c) Punjab   (d) Bengal

31. The cartridges to be used for the Enfield Rifles were greased with the fat of .... and ....

(a) Buffaloes, cows   (b) Cows, pigs

(c) Eggs, chicken   (d) Pigs, buffaloes

Arrange in chronological order

32.
I. An Inam Commission was appointed to inquire into title-deeds of the owners of large estates.

II. Religious Disabilities Act enabled the convert from Hinduism to inherit the property of father.

III. The Widow Remarriage Act was a progressive measure.

IV. The Battle of Plassey had firmly established the British power in Bengal.

Choose the correct option:

(a) I, III, IV, II   (b) IV, II, I, III

(c) III, I, II, IV   (d) II, III, I, IV

33.
I. Permanent Settlement made zamindars the absolute owners of their estates.

II. During Anglo-Afghan War, the Indian soldiers had to cross the Sindhu and go outside India.

III. This Act prohibited the use of Indian silk and calicoes.

IV. The Englishmen were permitted to acquire land and settle down as planters in India.

Choose the correct option:

(a) IV, II, III, I   (b) III, IV, I, II

(c) II, III, IV, I   (d) III, I, IV, II

Match the following

34. Military causes for the First War of Independence:

COLUMN I	COLUMN II
I. The Sepoys were required to serve in areas far away from their homes without any additional allowance.	(A) Ill-treatment of Indian soldiers by British Officers
II. The officers treated their soldiers like menial servants though they were experienced men who had conquered several kingdoms for their masters	(B) Loss of Afghan War by the British
III. This increased the self-confidence of the Indian soldiers, who felt they could challenge the British in India also	(C) General Service Enlistment Act, 1856
IV. This Act caused great alarm in the minds of the personnel of the Bengal Army	(D) Low salary

Choose the correct option:

(a) I – D, II – A, III – B, IV – C

(b) I – C, II – B, III – D, IV – A

(c) I – B, II – A, III – C, IV – D

(d) I – C, II – D, III – A, IV – B

35. Economic causes for the First War of Independence:

COLUMN I	COLUMN II
I. India was turned into an agricultural colony of British capitalism.	(A) Pandits and maulvis imparting Oriental education would become unemployed
II. Rent-free lands and estates were annexed by the British	(B) Bengal, Bihar and Awadh became major producers of export crops such as jute, opium and indigo
III. Introduction of Western education	(C) After the annexation of Awadh, the landed gentry – the Taluqdars – faced serious hardship
IV. Big famines forced the people to dispose off their lands, cattle and household goods to procure food	(D) Mothers sometimes had to sell way their children for a few days' food.

Choose the correct option:

(a) I – C, II – D, III – A, IV – B

(b) I – D, II – A, III – B, IV – C

(c) I – B, II – C, III – A, IV – D

(d) I – B, II – C, III – D, IV – A

Picture based questions

Study the picture and answer the following questions:

36. Identify the personality in the picture.

(a) Lord Dalhousie

(b) Lord Wellesley

(c) Lord Curzon

(d) Lord Mountbatten

37. What did the policy introduced by him mean?

(a) When a ruler of a dependent State died without a natural heir, the State passed back to the English Company.

(b) The British Government had the power to confiscate the printing press in the event of publication of any articles against the British government.

(c) It was a criminal offence for Indians to keep or bear arms without licence.

(d) Subordination of Indian Princes to the British Company in their external relations.

38. What became of the relationship of the Indian Princes with other states under this policy?

(a) They were not to have any direct correspondence or relations with other States.

(b) They had to acquire other territories or States.

(c) They were reduced to the position of a puppet.

(d) They had to keep correspondence with other States for the British Company.

39. Identify one of the States which came under British control with this policy.

(a) Madras   (b) Shimla

(c) Mysore   (d) Calcutta

Study the picture and answer the following questions:

40. Identify the personality in the picture.

(a) Lord Dalhousie   (b) Lord Wellesley

(c) Lord Curzon   (d) Lord Mountbatten

41. What was the policy introduced by him?

(a) Vernacular Press Act

(b) Rowlatt Act

(c) Doctrine of Lapse

(d) Gandhi-Irwin Pact

42. Why were many Indian territories taken over by the British Company under this policy?

(a) Indian States under this policy either had to give money or part of their territory to the Company for the maintenance of the British troops.

(b) A ruler of a dependent State when died without a natural heir, his territory passed back to the British Company.

(c) The territories were taken over by the British Company under the pretext of misgovernance.

(d) The territories were divided under the policy of Divide and Rule.

43. Which States were lost to the British Company under this policy?

(a) Pune   (b) Mysore

(c) Lucknow   (d) Satara

Assertion-Reasoning

In the questions given below, there are two statements marked as Assertion (A) and Reason (R). Read the statements and choose the correct option:

44. **Assertion (A):** The Missionary Society of America published leaflets and little books full of inaccurate information about Hinduism.

    Reason (R): It enabled the convert from Hinduism to inherit the property of his father.

    Options:

    (a) Both A and R are true and R is the correct explanation of A.

    (b) Both A and R are true but R is not the correct explanation of A.

    (c) A is true but R is false.

    (d) A is false but R is true

45. **Assertion (A):** In the railway compartments people of all castes had to sit together, and there was general acceptance.

    Reason (R): The railways and telegraphs were looked down upon as means to break social order and caste-rules.

    Options:

    (a) Both A and R are true and R is the correct explanation of A.

    (b) Both A and R are true but R is not the correct explanation of A.

    (c) A is true but R is false.

    (d) A is false but R is true.

46. **Assertion (A):** The zamindars had the power to eject the cultivators for non-payment of the dues.

    Reason (R): The Permanent Settlement of 1793 made zamindars the absolute owners of their estates.

    Options:

    (a) Both A and R are true and R is the correct explanation of A.

    (b) Both A and R are true but R is not the correct explanation of A.

    (c) A is true but R is false.

    (d) A is false but R is true.

47. **Assertion (A):** In 1833, the Englishmen were permitted to acquire land and settle down as planters in India.

    Reason (R): Heavy duties on Indian silk and cotton textiles in Britain—70 and 80 per cent respectively—destroyed the industries.

    Options:

    (a) Both A and R are true and R is the correct explanation of A.

    (b) Both A and R are true but R is not the correct explanation of A.

    (c) A is true but R is false.

    (d) A is false but R is true.

Source based questions

Read the passage and answer the questions that follow:

On 7 February, 1856, Nawab Wazid Ali Shah was deposed on grounds that Awadh was not being managed well. On February 13, the Court of Directors ordered Awadh's complete annexation to the Company's dominions. The annexation of Awadh was certainly a case of high-handedness on the part of the Company. The British seemed to have broken all their pledges and promises to the ruling chiefs. This caused resentment among those soldiers of the British Indian army who came from Awadh. The Mughal Emperor, Bahadur Shah, had in those days a 'name' or a title only; in fact he was not at all powerful. But even that was devalued when Lord Dalhousie announced that on the death of the King, his successor would have to leave the Imperial Palace (the Red Fort). Later in 1856, Lord Canning made it known that Bahadur Shah's successor would not be allowed to use the imperial title, i.e., the title of 'King'. Such a discourtesy to the Mughal Emperor hurt people's sentiments considerably. Dalhousie's refusal of pension to Nana Saheb, the adopted son of the ex-Peshwa (Baji Rao II) was very much resented by the Hindus in general and Nana Saheb in particular. It is said that Nana Saheb had inherited the enormous wealth from the ex-Peshwa. He spent that money in sending emissaries to different parts of the country and instigating revolt everywhere. There were several reasons which made British administration highly unpopular. First, people found themselves out of place with the English laws and the English language. The British officials had no knowledge of the manners, customs and habits of the people. Second, Indians were being excluded from all high offices in the army as well as administration. Third, the British officials had great contempt for the Indians.

Answer the questions from the options given below:

48. On what pretext was Awadh annexed?

    (a) Doctrine of Lapse

    (b) Subsidiary Alliance

    (c) Misgovernance

    (d) General Service Enlistment Act

49. How was Lord Dalhousie discourteous to the Mughal Emperor?

    (a) Bahadur Shah's successor would not be allowed to use the title of 'King'.

    (b) The successors of the King would have to leave the Imperial Palace, the Red Fort.

    (c) Bahadur Shah was denounced of his title.

    (d) Bahadur Shah was refused a pension.

50. Why was Nana Saheb refused pension by Dalhousie?

    (a) He was an adopted son of ex-Peshwa Baji Rao II.

    (b) He lost his territory under Subsidiary Alliance.

    (c) He refused to be converted to a Christian.

    (d) He did not want to serve in the army.

51. Identify one of the reasons which made the British administration unpopular.

    (a) Arms Act

    (b) Vernacular Press Act

(c) Rowlatt Act

(d) The British officials had no knowledge of Indian customs, manners and habits.

Analogy based questions

52. Complete the given analogy.
Doctrine of Lapse : Lord Dalhousie : : Subsidiary Alliance : ?
(a) Lord Wellesley   (b) Lord Curzon
(c) Lord Macaulay   (d) Lord Minto

53. Complete the given analogy.
Kanpur : Nana Saheb : : Lucknow
(a) Bahadur Shah Zafar
(b) Rani Laxmibai
(c) Begum Hazrat Mahal
(d) Tantia Tope

54. Complete the given analogy.
Hugh Rose : Jhansi : : John Nicholson : ?
(a) Delhi   (b) Agra
(c) Kanpur   (d) Lucknow

Answers

Multiple choice questions

1. (a) The Indian rulers had to keep a British Official called 'Resident' at capitals of their respective States
2. (c) Nagpur
3. (d) Hindu Law of Property
4. (c) Dismount and stand in respectful manner until the European had passed him
5. (b) Parts of Central India, the Gangetic Valley and Punjab
6. (a) General Service Enlistment Act
7. (c) English classes
8. (d) Pandits and maulvis
9. (b) Murshidabad
10. (a) Subedar
11. (c) Bengal regiment
12. (d) Anglo-Afghan war
13. (b) Introduction of Enfield Rifles
14. (a) Sea voyage was forbidden by their religion
15. (c) He sent emissaries to different parts of the country and instigated revolt everywhere
16. (d) The Missionary Society of America

Fill in the blanks

17. (b) Puppet
18. (a) Successor
19. (c) Army, administration
20. (d) Railways, telegraphs
21. (a) Oriental learning, Western education
22. (d) England
23. (c) Half
24. (b) Native
25. (a) 1837–38
26. (d) British
27. (b) Delhi, Allahabad

28. (a) Persian, Chinese
29. (c) British
30. (d) Bengal
31. (b) Cows, pigs

Arrange in chronological order

32. (b) IV, II, I, III
33. (d) III, I, IV, II

Match the following

34. (a) I – D, II – A, III – B, IV – C
35. (c) I – B, II – C, III – A, IV – D

Picture based questions

36. (a) Lord Wellesley
37. (d) Subordination of Indian Princes to the British Company in their external relations.
38. (a) They were not to have any direct correspondence or relations with other States.
39. (c) Mysore
40. (a) Lord Dalhousie
41. (c) Doctrine of Lapse
42. (b) A ruler of a dependent State when died without a natural heir, his territory passed back to the British Company
43. (d) Satara

Assertion-Reasoning

44. (b) Both A and R are true but R is not the correct explanation of A.
The activities of the Christian missionaries created a sense of alarm among both the Hindus and Muslims.
45. (d) A is false but R is true.
In the railway compartments people of all castes had to sit together, and though it was

progressive, mass of people regarded it as interference with the caste rules.

46. (a) Both A and R are true and R is the correct explanation of A.

47. (b) Both A and R are true but R is not the correct explanation of A.

The peasants were forced to cultivate indigo and nothing else in the fields chosen by the English planters.

Source based questions

48. (c) Misgovernance

49. (b) The successors of the King would have to leave the Imperial palace, the Red Fort.

50. (a) He was an adopted son of ex-Peshwa Baji Rao II.

51. (d) The British officials had no knowledge of Indian customs, manners and habits.

Analogy based questions

52. (a) Lord Wellesley

53. (c) Begum Hazrat Mahal

54. (a) Delhi

Word of Advice

1. Majority of the students explained the immediate cause of the great revolt correctly barring a few exceptions who explained the immediate causes of the First World War instead of the great revolt.
2. Most of the students wrote three causes of the revolt of 1857 incorrectly. A few mentioned other causes instead of political causes.
3. Majority of the students stated all the changes brought about by the British after the revolt of 1857 rather than stating the administrative changes only as asked in the question.
4. A few wrote statements like disrespect shown to Bahadur Shah or end of Company's rule in India, w.r.t. impacts due to the uprising of 1857 on the Mughal Rule.
5. A few repeated the Policy of Expansion– Doctrine of Lapse, Subsidiary Alliance, etc. All policies of annexations were counted as one point.
6. Some students were unable to write points for the economic causes of the Great Revolt of 1857.

❑❑

Chapter 2 — Rise of Nationalism and Establishment of the Indian National Congress

Chapter at a Glance

- National awakening in India originated from the concepts of nationalism and right of self-determination initiated by the French Revolution and the socio-religious reform movements in India.
- The political awareness gave rise to various political associations such as Indian National Congress in 1885.
- This marked the beginning of the organised national movement in India.

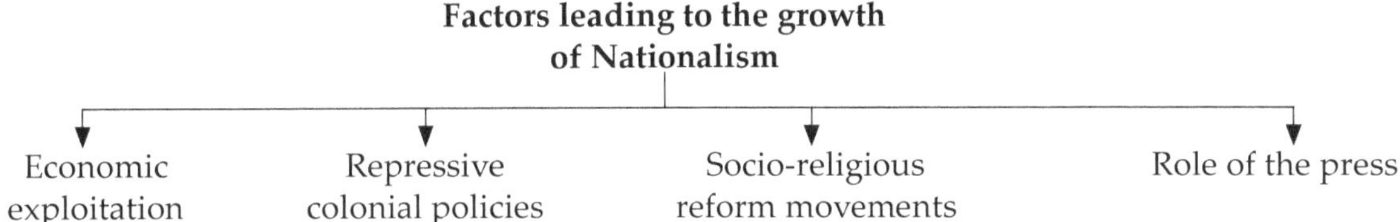

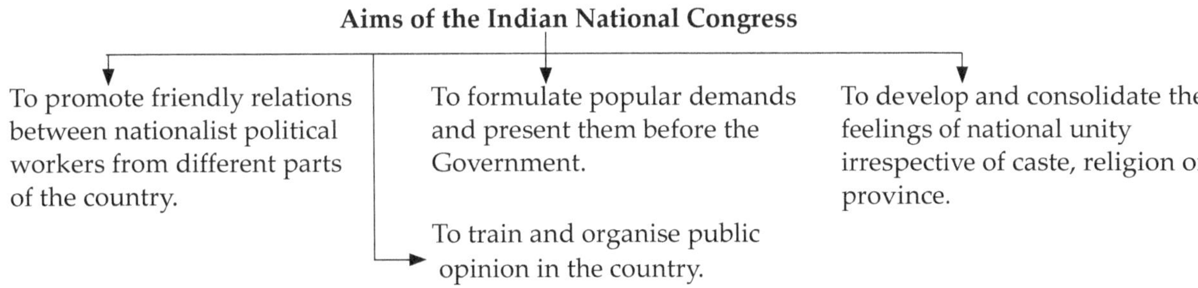

Multiple choice questions

1. Who established the Brahmo Samaj in 1828?
   (a) Jyotiba Phule
   (b) Raja Rammohan Roy
   (c) Swami Vivekananda
   (d) Dayanand Saraswati

2. How was Raja Rammohan Roy influenced by Islam?
   (a) Ethical teachings
   (b) Doctrines of Upanishads
   (c) Monotheism
   (d) Doctrine of nationalism

3. What was Rammohan Roy's belief about religion?
   (a) Each religion had set up a moral code necessary for social peace and happiness

(b) Believed that women were superior to men

(c) Opposed the caste system

(d) Preached the power of strength and self-reliance

4. Which social evil was made illegal in India in 1829?

(a) Child marriage

(b) Ban on widow remarriage

(c) Purdah system

(d) Sati system

5. What was the Bengali weekly started by Raja Rammohan Roy?

(a) Sambad Kaumudi (b) Rast Goftar

(c) Shome Prakash (d) Young India

6. Name the Persian paper started by Raja Rammohan Roy

(a) Rast Goftar (b) Punjab Kesari

(c) Mirat-ul-Akhbar (d) Mahratta

7. What step did Raja Rammohan Roy take against Press Regulation?

(a) He believed in the ethical teachings of Christianity

(b) He presented a petition to the Supreme Court

(c) He protested against the Press Regulation

(d) He recognised the significance of English education in the modern world

8. Who apprised the Select Committee of the British Parliament about the poor economic conditions of the people in India?

(a) Jyotiba Phule (b) Savitribai Phule

(c) A.O. Hume (d) Raja Rammohan Roy

9. Name the book written by Jyotiba Phule.

(a) Poverty and Un-British Rule in India

(b) Dharma Marg Darshak

(c) Ghulamgiri

(d) A Nation in Making

10. Why did Phule say that women were superior to men?

(a) They bore children and nursed them

(b) Women were Bharat Mata

(c) He regarded women as "priceless possessoion"

(d) If a woman is educated, the whole nation will be educated

11. In which year did Phule establish one of the first girls school in India?

(a) 1829 (b) 1848

(c) 1873 (d) 1896

12. How did the Indian press influence the Indians?

(a) Encourage Western education and philosophy

(b) Propagate freedom and fraternity

(c) Propagate the path of religion

(d) Fostering patriotism and ideas of liberty and justice in the nation

13. Which book is known as the "Bible of modern Bengali patriotism"?

(a) Anandamath (b) Bharat Durdasa

(c) Kesari (d) Mahratta

14. Our national song has been taken from which book?

(a) Poverty and Un-British Rule in India

(b) Dharma Marg Darshak

(c) Ghulamgiri

(d) Anandamath

15. Why was the birth of Indian National Congress very significant in the history of India?

(a) Comprised great leaders

(b) First all-India association of a permanent nature

(c) An Englishmen helped in the foundation

(d) The British officials supported the Congress

16. Identify one of the immediate objectives of the Congress as stated by W.C. Bonnerjee.

(a) Holding of Indian Civil Service examination both in England and India

(b) Appointment of a Royal Commission to enquire into the working of the Indian administration

(c) To train and mobilise public opinion all over the country

(d) Expansion of the Legislative Councils

Fill in the blanks

17. Raja Rammohan Roy stressed on the .... of all religions.

(a) Awakening (b) Validity

(c) Unity (d) Division

18. The papers published by Raja Rammohan Roy had a distinct .... and .... character.

(a) Repressive, dominating

(b) Nationalist, progressive

(c) Superior, progressive

(d) Humanist, economic

19. Raja Rammohan Roy wanted the .... Budget to be reduced so that more funds would be available for health and education of the people.

(a) Production (b) Marketing

(c) Cash flow (d) Military

20. Jyotiba Phule was highly popular .... reformer of the 19th century.
    (a) Economic   (b) Political
    (c) Social   (d) Religious

21. Phule strongly believed that all the problems of the .... could be resolved if they are provided proper education.
    (a) Dalits   (b) Kshatriyas
    (c) Brahmin   (d) Vaishya

22. Jyotiba Phule was a mali by .... and hence came to be called 'Phule'.
    (a) Generation   (b) Caste
    (c) Religion   (d) Production

23. .... was the founder of the nationalist journals in India.
    (a) Dadabhai Naoroji (b) Pherozshah Mehta
    (c) Justice Ranade   (d) Raja Rammohan Roy

24. The journal 'Shom Prakash' was started by ....
    (a) Tilak
    (b) Jyotiba Phule
    (c) Ishwar Chandra Vidyasagar
    (d) Dadabhai Naoroji

25. The Amrit Bazar Patrika began as the .... weekly.
    (a) Maratha   (b) Anglo-Bengali
    (c) Bengali   (d) Sanskrit

26. .... was sung for the first time in the Indian National Congress of 1896.
    (a) Vande Mataram
    (b) Jana Gana Mana
    (c) Ae mere watan ke logo
    (d) Kadam kadam badaye ja

27. W.C. Bonnerjee addressed the Congress to enable the .... from all parts of India to become personally known to each other.
    (a) Party workers   (b) Leaders
    (c) National workers (d) Elites

28. The .... was attended by 72 delegates from all parts of India.
    (a) First Congress Session
    (b) Second Congress Session
    (c) Third Congress Session
    (d) Brahma Samaj

29. One of the objectives of the Indian National Congress was to end all ...., religious and .... prejudices and to promote a feeling of national unity among all lovers of the country.
    (a) Agitation, white   (b) Association, party
    (c) Government, age   (d) Racial, provincial

30. .... was the President of the Congress Session held in Calcutta in 1886.
    (a) W. C. Bonnerjee   (b) Dadabhai Naoroji
    (c) Badruddin Tyabji   (d) George Yule

Arrange in chronological order

31. Arrange these newspapers according to starting date from the past to the present:
    I. Pioneer newspaper was started.
    II. The Hindu was published in Madras.
    III. The Statesman supported the policies of the government, yet they kept the people abreast about the political developments in the country.
    IV. The Times of India was founded.
    Choose the correct option:
    (a) IV, I, III, II   (b) II, III, I, IV
    (c) III, I, II, IV   (d) I, III, IV, II

Picture based questions

Study the picture and answer the following questions:

32. Why is he considered the Father of Indian National Congress?
    (a) He was the first President of the Indian National Congress.
    (b) He was a political reformer.
    (c) He played a major role in the formation of the Congress.
    (d) He was a retired civil servant.

33. When and where was the first session of Indian National Congress held?
    (a) 1885, Bombay   (b) 1886, Calcutta
    (c) 1887, Madras   (d) 1906, Calcutta

34. Who was the first President of the Indian National Congress?
    (a) Surendranath Banerjee
    (b) Gopal Krishna Gokhale
    (c) Dadabhai Naoroji
    (d) W.C. Bannerjee

Assertion-reasoning

In the questions given below, there are two statements marked as Assertion (A) and Reason (R).

Read the statements and choose the correct option:

35. Assertion (A): Raja Rammohan Roy protested against the practice of denying women the right to property.

Reason (R): He believed, social reforms were necessary for political advancement and happiness for the people of India.

Options:

(a) Both A and R are true and R is the correct explanation of A

(b) Both A and R are true but R is not the correct explanation of A.

(c) A is true but R is false.

(d) A is false but R is true.

36. Assertion (A): Raja Rammohan Roy waged a legal battle against Press Regulations.

Reason (R): Rammohan Roy acknowledged the blessings of British rule in India.

Options:

(a) Both A and R are true and R is the correct explanation of A

(b) Both A and R are true but R is not the correct explanation of A.

(c) A is true but R is false.

(d) A is false but R is true.

Source based questions

Read the passage and answer the questions that follow:

Men kept their women uneducated so that they would never question their domination. Phule established in 1848 one of the first Girls schools in 1854 to provide shelter to poor widows and their children. He also founded a number of schools for girls and the lower castes, i.e., the Mahars and the Mangs. Phule founded the Satya Shodhak Samaj (Society of the Seekers of Truth) on 24 September 1873. The Society endeavoured to mitigate the distress and sufferings of Dalits and women. His wife Savitribai was the head of the Women's Wing of the Society. Phule praised the British rule, because it gave Indians the tools with which to fight social injustice. It is, however, heartening to find Phule mentioning in his book, 'Ghulamgiri' that it were the farmers on whose labours the Government, its army and salaries and pensions of the Whites depended.

Answer the questions from the options given below:

37. Why did Phule set up an orphanage in 1854?

(a) To give shelter to the orphaned children

(b) To give shelter to abandoned girls

(c) To give shelter to poor widows and their children

(d) To give shelter to abandoned aged people

38. What was the purpose of Satya Shodhak Samaj?

(a) To educate girls

(b) To give health care to the poor women

(c) To shelter abandoned girls

(d) To mitigate the sufferings and pain of Dalits and women

39. Who was the head of the Women's Wing of the Society?

(a) Savitribai Phule   (b) Sarojini Naidu

(c) Sarala Devi   (d) Annie Besant

40. Why did Phule praise the British rule?

(a) Their policies and programmes were always for the welfare of the poor.

(b) It gave Indians the tools with which to fight against social injustice.

(c) They further restricted the freedom of women.

(d) They helped the Indians in promoting the cottage industries.

Analogy based questions

41. Complete the given analogy.

Indian Arms Act : 1878 : : Ilbert Bill : ?

(a) 1870   (b) 1872

(c) 1883   (d) 1885

42. Complete the given analogy.

Swami Vivekananda : Ramkrishna Mission :: Jyotiba Phule : ?

(a) Brahmo Samaj   (b) Satya Shodhak Samaj

(c) Arya Samaj   (d) Atmiya Sabha

43. Complete the given analogy.

First Session of Congress : W.C. Bonnerjee :: Second Session of Congress : ?

(a) Surendranath Benerjee

(b) A.O. Hume

(c) Gopal Krishna Gokhale

(d) Dadabhai Naoroji

Answers

Multiple choice questions

1. (b) Raja Rammohan Roy

2. (c) Monotheism

3. (a) Each religion had set up a moral code necessary for social peace and happiness

4. (d) Sati

5. (a) Samvad Kaumudi

6. (c) Mirat-ul-Akhbar
7. (b) He presented a petition to the Supreme Court
8. (d) Raja Rammohan Roy
9. (c) Ghulamgiri
10. (a) They bore children and nursed them
11. (b) 1848
12. (d) Fostering patriotism and ideas of liberty and justice in the nation
13. (a) Anandamath
14. (d) Anandamath
15. (b) First all-India association of a permanent nature
16. (c) To train and mobilise public opinion all over the country

Fill in the blanks

17. (c) Unity
18. (b) Nationalist, progressive
19. (d) Military
20. (c) Social
21. (a) Dalits
22. (b) Caste
23. (d) Raja Rammohan Roy
24. (c) Ishwar Chandra Vidyasagar
25. (c) Bengali
26. (a) Vande Mataram
27. (c) National workers
28. (a) First Congress Session
29. (d) Racial, provincial
30. (b) Dadabhai Naoroji

Arrange in chronological order

31. (a) IV, I, III, II

Picture based questions

32. (c) He played a major role in the formation of the Congress
33. (a) December 1885, Bombay
34. (d) W.C. Bonnerjee

Assertion-Reasoning

35. (a) Both A and R are true and R is the correct explanation of A
36. (b) Both A and R are true but R is not the correct explanation of A.
    There were many restrictions on the publication of Vernacular press and other Indian newspapers and journals in those days.

Source based questions

37. (c) To give shelter to poor widows and their children.
38. (d) To mitigate the sufferings and pain of Dalits and women.
39. (a) Savitribai Phule
40. (b) It gave Indians the tools with which to fight against social injustice.

Analogy based questions

41. (c) 1883
42. (b) Satya Shodhak Samaj
43. (d) Dadabhai Naoroji

Word of Advice

1. Few students got confused between Brahmo Samaj, and Arya Samaj.
2. Some students were not sure whether to write the repressive policies of Lord Curzon or Lord Lytton. The Universities Act and Partition of Bengal were also given as examples of this policy in a few answer scripts.
3. A few students only mentioned the names of the books and the newspapers for the reasons 'press played an important role in developing nationalism amongst Indians'.
4. A few students were confused between economic and political factors of the growth of nationalism.
5. A few students mentioned the name of Surendranath Banerjee as Presidents under whom the first two sessions of the Indian National Congress were held.
6. A few of them were confused with the repressive policies of Lord Curzon and mentioned partitioning of Bengal, Calcutta Corporation Act and Universities Act, etc.
7. A few students wrote about the negative impact of western education as a cause of the revolt of 1857.
8. Some students misunderstood the sentence- the development of modern means of transport and communication with reference to the rise of 'national consciousness' and gave negative points rather than positive points of development, like, "telegraph poles were erected to hang Indians" and "railway was introduced to break the social order".

□□

Chapter 3

First Phase of the Indian National Movement (1885–1907)

Chapter at a Glance

The Early Nationalists (Moderates)

Objectives of the Early Nationalists:
- Demanded abolition of the Indian Council Act.
- Insisted on 'colonial form of self-government' or 'Swarajya' within the British Empire.
- Protested against the abolition of tax on British goods.
- Demanded reduction in land revenue.
- Favoured Indianisation of Civil Services by holding the ICS examination simultaneously both in England and India.
- Demanded restoration of individual liberties.

Methods of the Early Nationalists
- Relied on constitutional and peaceful methods.
- Followed a policy of three P's- 'Prayer, Petitions and Protest'.

Achievements of the Early Nationalists:
- Aroused the feeling of one nation.
- Created political consciousness among the people.
- Highlighted economic exploitation by the British.
- Pressurised the British government to introduce certain reforms like the appointment of a Public Service Commission.

Contributions of the Prominent Early Nationalists:
Dadabhai Naoroji:
- Founded the East India Association.
- Propounded 'Drain Theory' in his book 'Poverty and Un-British Rule in India.'
- Popularly known as the 'Grand Old Man of India.'

Gopal Krishna Gokhale:
- Founded the Servants of India Society in 1905.
- Gave importance to social reforms along with political work.
- Persuaded Gandhiji to return to India and join the freedom struggle.

Surendranath Banerjee:
- Was the first Indian to qualify for the ICS examination.
- Founded the Indian National Association in 1876.
- Popularly known as the 'Father of Indian Nationalism'.

Multiple choice questions

1. The early nationalists asked for abolition of:
   - (a) Legislature
   - (b) India Council
   - (c) Judiciary
   - (d) Ilbert Bill

2. For administrative reforms, the Congress urged the Government for wider employment of whom in the higher services?
   - (a) Indians
   - (b) British
   - (c) Professionals
   - (d) Weavers

3. What did the early Congress members request for the local municipal bodies?
   - (a) Abolition of municipal bodies
   - (b) Increase in the number of local bodies
   - (c) Local bodies to be run by the Viceroy
   - (d) Increase in their powers and reducing official control over them

4. What economic reform did the early Congress leaders demand regards industries?
   - (a) Heavy tax on export goods
   - (b) Abolition of salt tax
   - (c) Industrial growth through trade protection
   - (d) Reduction in expenditure

5. What did Dadabhai Naoroji aim to provide the members of the British Parliament through East India Association?
   (a) Praise Government policies
   (b) Information about India's grievances
   (c) Terminate British rule
   (d) Become the Viceroy

6. The Congress Session of 1906 passed resolution on Swaraj, Swadeshi, and which other two aspects?
   (a) Boycott, National Education
   (b) Opposition, Wealth management
   (c) Provincial Legislature, finance
   (d) Agriculture, industries

7. What did Dadabhai think was the real basis of political power?
   (a) Brute force   (b) Boycott
   (c) Swadeshi   (d) Justice

8. Surendranath Banerjee believed elective offices were a means to serve:
   (a) Prison mates   (b) People
   (c) British   (d) Politicians

9. Which paper was started by W.C. Bonnerjee and edited by Surendranath Banerjee for several years?
   (a) The Bengali   (b) Amrit Bazar Patrika
   (c) Ghulamgiri   (d) Sambad Kaumudi

10. What was the Surendranath Banerjee's best known book?
   (a) Poverty and Un-British Rule in India
   (b) Ghulamgiri
   (c) A Nation in Making
   (d) The Call to Young India

11. What did Gokhale plead for regards the Cotton Goods?
   (a) Reduction in excise duty
   (b) Abolition of excise duty
   (c) Increase in export of Indian cotton goods into Britain
   (d) None of the above

12. Who said at the Varanasi Congress Session that "the true Swadeshi Movement is both a patriotic and an economic Movement"?
   (a) Pherozeshah Mehta
   (b) Surendranath Banerjee
   (c) Dadabhai Naoroji
   (d) Gopal Krishna Gokhale

13. What did Gokhale ask for in the Imperial Legislative Council in 1910 and 1912?
   (a) Reduction in Salt Duty
   (b) Abolition of excise duty on cotton goods

   (c) Relief to Indian bonded labour in Natal
   (d) Drain theory

Fill in the blanks

14. The Congress at its very first session asked for the expansion of the ....
   (a) Legislative Councils
   (b) Judiciary
   (c) Press Regulations
   (d) None of these

15. The Congress leaders insisted on colonial form self-government, like the administrative system found in the dominions of .... and ....
   (a) Africa, Greenland
   (b) Norway, Belgium
   (c) Canada, Australia
   (d) Tasmania, New Zealand

16. The Congress urged the Government for complete separation of .... and .... functions.
   (a) Press, government
   (b) Executive, judiciary
   (c) Social, economic
   (d) Press, literary

17. The early Congress leaders demanded total abolition of .... and the duty on sugar.
   (a) Land revenue   (b) Foreign goods
   (c) Press regulation   (d) Salt tax

18. With regards to safeguarding the civil liberties, the early Congress leaders demanded the right to .... and to form associations.
   (a) Revolt   (b) Strike
   (c) Assemble   (d) Press Regulation

19. The early nationalists did not believe in .... or .... means.
   (a) Agitation, unconstitutional
   (b) Revolt, constitutional
   (c) Liberty, democratic
   (d) British rule, unconstitutional

20. Dadabhai's historic address, read out by Mr. Gokhale because of Gokhale's ill health laid stress on the attainment of ....
   (a) Seat in House of Commons
   (b) Peace
   (c) Swaraj
   (d) Equality

21. Through Dadabhai's Brain Drain theory, he tried to explain how India's .... was/were being taken away to England.

(a) Talents

(b) Wealth

(c) Knowledge

(d) Traditional cottage industry

22. Surendranath Banerjee supported the .... Movement.

(a) Opposition

(b) Anti-capitalism

(c) Apartheid

(d) Swadeshi

23. Gokhale was a man of .... views and had immense faith in British ....

(a) Moderate, liberalism

(b) Radical, capitalism

(c) Extremist, socialism

(d) Moderate, marketing

Arrange in chronological order

24. Arrange in chronological order from the past to the present:

I Surendranath Banerjee took a lead in convening the Indian National Conference.

II Gopal Krishna Gokhale became the Member of the Imperial Legislative Council.

III Gokhale established the Servants of India Society.

IV The age limit for the Civil Service Examination was reduced from 21 to 19.

Choose the correct option:

(a) III, IV, II, I

(b) IV, II, I, III

(c) IV, I, II, III

(d) I, III, IV, II

Picture based questions

Study the picture carefully and answer the following questions:

25. What was the aim of the Indian Association?

(a) To create a stir for the introduction of political reforms in India

(b) To unite the farmers across India

(c) To create a political blockade to interrupt the working of the British officers

(d) To unite the British officers and nationalist leaders to promote western education

26. Which Acts did Surendranath Banerjee protest against fearlessly

(a) Rowlatt Act

(b) Vernacular Press Act

(c) Arms Act

(d) Both (b) and (c)

27. Where did Surendranath Banerjee work for more than two decades?

(a) British House of Commons

(b) Times of India

(c) Calcutta Corporation

(d) Servants of India

28. How did Surendranath Banerjee serve the people of India?

(a) Through serving in British House of Commons

(b) Through transforming his civic and political duties

(c) Through Servants of India Society

(d) Through establishing a school

Study the picture carefully and answer the following questions:

29. Identify the changes in government which Gopal Krishna Gokhale strongly appealed for in the British government in India?

(a) Reduction of land revenue

(b) Giving cheap credit loans to the peasants

(c) Reform of the Legislative Councils and separation of judiciary from the executive

(d) The Partition of Bengal

30. Identify the organisation established by Gopal Krishna Gokhale where men were trained to devote their lives to the cause of the country?

(a) Indian Association

(b) Servants of India Society

(c) Brahmo Samaj

(d) Ramkrishna Mission

31. How did Gokhale decide to carry out constitutional agitation?

(a) Petition, appeals to justice and passive resistance

(b) Strikes and hartals

(c) Boycott movement

(d) Revolts

32. What did Gokhale seek for in one of his budget speeches?

(a) Education of women

(b) Elevation of the depressed classes

(c) Reform of Legislative Councils

(d) Free primary education for all children

Assertion-Reasoning

In the question given below, there are two statements Assertion (A) and Reason (R). Read the statements and choose the correct option:

33. **Assertion (A):** There was a demand for reduction in expenditure on the army.

    Reason (R): Decision was taken for the loan of growth of iron, coal, paper and sugar industries.

    Options:

    (a) Both A and R are true but R is not the correct explanation of A.

    (b) Both A and R are true but R is not the correct explanation of A.

    (c) A is true but R is false.

    (d) A is false but R is true.

34. **Assertion (A):** Early Congressmen opposed the suppression of the freedom of speech and expression.

    Reason (R): The Congress believed that the suppression of a free press would not check 'sedition' or rebellion against the government, it would only encourage it to go underground.

    Options:

    (a) Both A and R are true and R is the correct explanation of A.

    (b) Both A and R are true but R is not the correct explanation of A.

    (c) A is true but R is false.

    (d) A is false but R is true.

35. **Assertion (A):** The nationalist leaders only criticised the British government harshly.

    Reason (R): With the English rule had come the English language and the modern means of communication and transport.

    Options:

    (a) Both A and R are true and R is the correct explanation of A.

    (b) Both A and R are true but R is not the correct explanation of A.

    (c) A is true but R is false.

    (d) A is false but R is true.

36. **Assertion (A):** The Congressmen believed that by constitutional agitation alone could political and economic reforms be achieved.

    Reason (R): The early nationalists did not have faith in the British sense of justice.

    Options:

    (a) Both A and R are true and R is the correct explanation of A.

    (b) Both A and R are true but R is not the correct explanation of A.

    (c) A is true but R is false.

    (d) A is false but R is true

Source based questions

Read the passage and answer the questions that follow:

In 1866 Dadabhai Naoroji founded the East India Association in London. Its object was to inform the British of the true state of affairs in India. During his long stay in England, he made friendship with eminent Englishmen like Gladstone, Bradlaugh and Bright. He was the first Indian to have won a seat in 1892 in the British House of Commons. As Member of British Parliament he rendered admirable service to the cause of India and the people of Indian origin in South Africa. It was due to the efforts of Dadabhai and Bradlaugh that the British House of Commons passed a resolution recommending that the ICS examination be held simultaneously both in England and in India. The Resolution, however, could not become an Act. He was one of the founders of the Indian National Congress. Thrice he presided over the Sessions of the Congress in 1886, 1893 and 1906. His Presidentship of the Congress in 1906 was memorable in many ways. The partition of Bengal in 1905 had very sadly disillusioned the early nationalists. Their power and prestige were on the decline. They, therefore, persuaded Dadabhai to preside over the Calcutta Session of the Congress in 1906. Dadabhai's name and fame made it difficult for the assertive nationalists to oppose his candidature, although they would have liked Tilak to hold that office.

Answer the questions from the options given below:

37. What was the aim of East India Association established in London?

    (a) To inform the British about the true state of affairs in India

    (b) To strive for the introduction of political reforms in India

    (c) To bring about changes in the legislature of India

    (d) To stop the payments to War office for the maintenance of British troops in India

38. In which Parliament Dadabhai was the first Indian to win a seat in 1892?

(a) Indian Parliament

(b) Government of South Africa

(c) British House of Commons

(d) None of the above

39. Which resolution was passed by the British House of Commons by the efforts of Dadabhai and Bradlaugh but could not become an Act?

(a) Ilbert Bill

(b) Holding the ICS examination simultaneously both in England and in India

(c) The Fire Decree

(d) Both (a) and (b)

40. Why did the early nationalists persuade Dadabhai Naoroji to preside over the Calcutta Congress Session, 1906?

(a) He had a say in the British House of Commons

(b) He had the political power

(c) He was involved in Swadeshi Movement

(d) The early nationalists were disillusioned by the partition of Bengal and their morale was low

Analogy based questions

41. Complete the given analogy.

Servants of India Society : G.K. Gokhale :: Deccan Education Society : ?

(a) Dadabhai Naoroji

(b) Pherozeshah Mehta

(c) M.G. Ranade

(d) Madan Mohan Malaviya

42. Complete the given analogy.

Poverty and Un-British Rule in India : Dadabhai Naoroji :: Nation in the Making : ?

(a) Surendranath Banerjee

(b) M.G. Ranade

(c) Pherozeshah Mehta

(d) G.K. Ghokhale

43. Complete the given analogy.

Indian Accociation : 1876 :: East India Association : ?

(a) 1885   (b) 1866

(c) 1865   (d) 1863

Answers

Multiple choice questions

1. (b) India Council
2. (a) Indians
3. (d) Increase in their powers and reducing official control over them
4. (c) Industrial growth through trade protection
5. (b) Information about India's grievances
6. (a) Boycott, National Education
7. (d) Justice
8. (b) People
9. (a) The Bengalee
10. (c) A Nation in Making
11. (b) Abolition of excise duty
12. (d) Gopal Krishna Gokhale
13. (c) Relief to Indian bonded labour in Natal

Fill in the blanks

14. (a) Legislative Councils
15. (c) Canada, Australia
16. (b) Executive, judiciary
17. (d) Salt tax
18. (c) Assemble
19. (a) Agitation, unconstitutional
20. (c) Swaraj
21. (b) Wealth
22. (d) Swadeshi
23. (a) Moderate, liberalism

Arrange in chronological order

24. (c) IV, I, II, III

Picture based questions

25. (a) To create a stir for the introduction of political reforms in India
26. (d) Both (b) and (c)
27. (c) Kolkata Corporation
28. (b) Through transforming his civic and political duties
29. (c) Reform of the Legislative Councils and separation of judiciary from the executive
30. (b) Servants of India Society
31. (c) Petition, appeals to justice and passive resistance
32. (d) Free primary education for all children

Assertion-Reasoning

33. (b) Both A and R are true but R is not the correct explanation of A.

    Expenditure on army was requested to be reduced so that money could be spent on social services, such as health and education.

34. (a) Both A and R are true and R is the correct explanation of A.

35. (d) A is false but R is true.

The early nationalists had enough faith in the British sense of justice. Dadabhai Naoroji had recognised the benefits that the English rule had brought for the Indians.

36. (c) A is true but R is false.

The early nationalists wanted to alleviate the evils of British rule and did not want to eliminate it.

Source based questions

37. (a) To inform the British about the true state of affairs in India

38. (c) British House of Commons

39. (b) Holding the ICS examination simultaneously in both England and in India

40. (d) The early nationalists were disillusioned by the partition of Bengal and their morale was low

Analogy based questions

41. (c) M.G. Ranade

42. (a) Surendranath Banerjee

43. (b) 1866

Word of Advice

1. A few wrote 'objectives' or got confused with the methods adopted by the Aggressive Nationalists instead of methods adopted by the Early Nationalists.

Chapter 4

Second Phase of the Indian National Movement (1905–1916)

Chapter at a Glance

The Assertive Nationalists (Radicals)

Objectives and Methods of the Assertive Nationalists:
- Attainment of Poorna Swaraj or Complete Independence.
- Swadeshi and Boycott
- National Education
- Passive Resistance.

Contributions of the Prominent Assertive Nationalists:

Bal Gangadhar Tilak:
- Known as the 'Father of Assertive Nationalism'.
- Started Home Rule League in 1916.

Bipin Chandra Pal:
- Known as the 'Father of Revolutionary Thought' in India.
- Popularised Swadeshi, Boycott and National Education.

Lala Lajpat Rai:
- Known as 'Punjab Kesari' or 'Sher-e-Punjab'.
- Laid the foundation of DAV College in Lahore.

Causes for the Rise of Assertive Nationalism
- Failure of the Early Nationalists
- True nature of the British rule
- Famine and Plague
- Continued economic exploitation
- Impact of international events
- Repressive policies of Lord Curzon
- Need for a mass movement.

Achievements of the Assertive Nationalists:
- Inculcated national pride by extrolling India's past.
- Exposed the true character of the British rule in India.
- Promoted self-reliance through Swadeshi and Boycott Movements.
- Encouraged people to challenge the British imperialism.

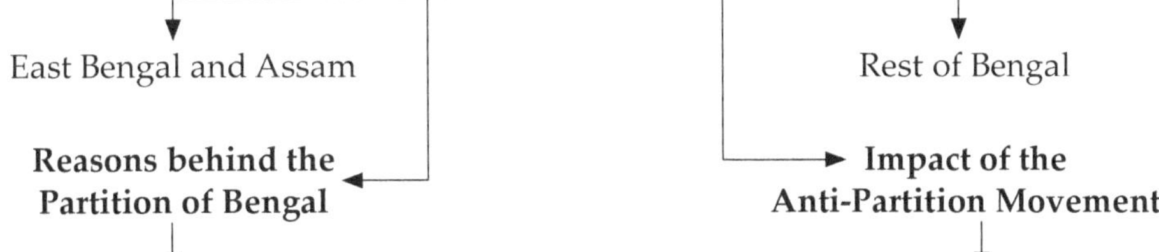

Reasons behind the Partition of Bengal

- To weaken the the national movement
- Vastness of Bengal
- To divide the Hindus and Muslims
- To demonstrate the strength of British Raj
- To reduce Bengalis to a minority in Bengal itself

Impact of the Anti-Partition Movement

- This movement accelerated the Nationalist Movement by spreading it among the general masses.
- Swadeshi and boycott were used as weapons of political agitation.
- People lost their faith in the fairplay and justice of the British.
- This movement backfired the plans of Lord curzon and added strength to the National Movement.

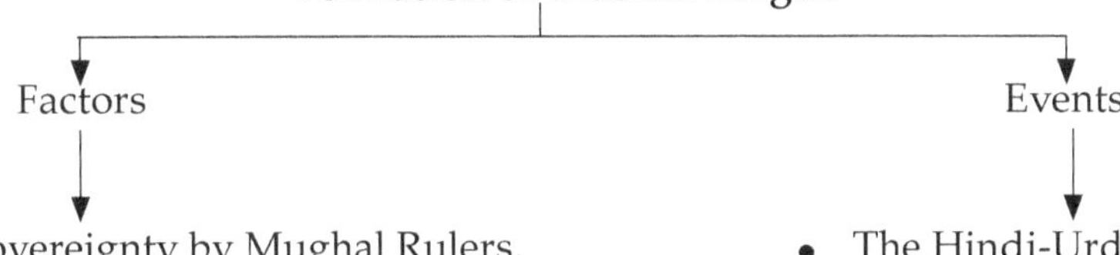

Factors

- Loss of sovereignty by Mughal Rulers.
- British policy of Divide and Rule.
- Role of Sir Sayyid Ahmad Khan
- Erroneous Interpretation of History
- Rise of Assertive Nationalism
- Economic Backwardness of the Country

Events

- The Hindi-Urdu Controversy
- Foundation of Mohammedan Anglo-Oriental Association.
- The Aligarh Politics
- Partition of Bengal (1905)
- Muslim Deputation to the Viceroy, Lord Minto

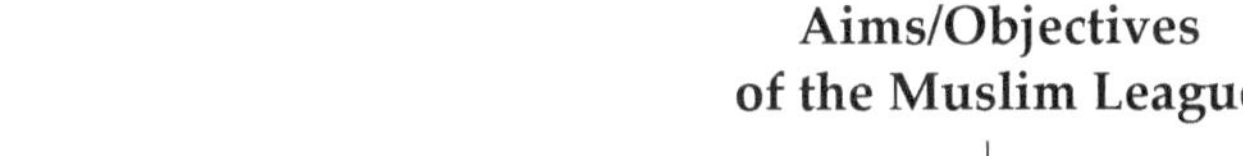

| To promote among the Muslims, support for the British Government | To protect the political rights and interests of the Muslims | To present the needs and aspirations of the Muslims to the Government | To prevent the feelings of hostility among Muslims of India towards other communities |

Multiple choice questions

1. Who put into effect the partition of Bengal?
  (a) Lord Lytton   (b) Lord Wellington
  (c) Hastings   (d) Curzon

2. What was the perspective of Indian nationalists about partition of Bengal by the British?
  (a) To large to be administered by a single Provincial Government
  (b) Policy of Divide and Rule
  (c) Oriya speaking people, outside the territorial limits of Orissa, had to be brought under the administration of Bengal
  (d) To show the strength of East Bengal

3. How was Swadeshi popularised?
  (a) Bonfire of books, official documents and British flags
  (b) Boycott of honours and titles

   (c) Bonfires of cloth, salt and sugar

   (d) Boycott of Indian goods

4. Who gave the slogan, "Swaraj is my birth right and I shall have it"?

   (a) Bal Gangdhar Tilak

   (b) Lala Lajpat Rai

   (c) Gopal Krishna Gokhale

   (d) Bipin Chandra Pal

5. Which two terms became the battle cry of the assertive nationalists?

   (a) Petitions and Appeals

   (b) Swaraj and Resolutions

   (c) Boycott and Petitions

   (d) Swaraj and Boycott

6. Who wrote the weeklies Mahratta and Kesari?

   (a) Mahatma Gandhi

   (b) Gopal Krishna Gokhale

   (c) Bal Gangadhar Tilak

   (d) Lala Lajpat Rai

7. Identify what Bipin Chandra suggested to eradicate India's poverty.

   (a) To develop lot of industries in the country

   (b) To establish libraries

   (c) 48 hours of work in a week and increase in wages

   (d) Both (a) and (c)

8. During which incident Lala Lajpat Rai succumbed to injuries and sacrificed his life?

   (a) Jallianwala Bagh tragedy

   (b) Khilafat Movement

   (c) Simon Commission

   (d) Cabinet Mission

9. What was Lalaji popularly referred to by people?

   (a) Sher-e-Punjab

   (b) Lokmanya

   (c) Bagha

   (d) Mahatma

10. Where was the Muslim League's Constitution framed?

   (a) Lahore   (b) Punjab

   (c) Calcutta   (d) Karachi

11. Who presided over the First Session of the Muslim League in December 1908?

   (a) Muhammad Ali Jinnah

   (b) Syed Ali Imam

   (c) Nawab Salimullah

   (d) Badruddin Tyabji

12. What was the objective of Muslim League?

   (a) To present their needs and aspirations before the Government in mild and moderate language

   (b) To follow Swadeshi and Boycott

   (c) To repress the other communities

   (d) To bring about class equality

Fill in the blanks

13. The capital of East Bengal was Dacca with subsidiary headquarters at ....

   (a) Cuttack   (b) Murshidabad

   (c) Chittagong   (d) Calcutta

14. Lord Curzon believed that the Indian people were illiterate and could have no .... aspirations.

   (a) Economic   (b) Political

   (c) Social   (d) Health

15. The ultimate objective of the assertive nationalists was ....

   (a) Boycott   (b) Nationalism

   (c) Stern measures (d) Swaraj

16. While .... education was aimed to shape people's character, political education meant to carry out one's .... responsibilities.

   (a) Religious, civic (b) National, moral

   (c) Economic, social (d) Health, moral

17. Tilak is known for organizing .... and .... clubs in Maharashtra.

   (a) Akhara, political

   (b) Literary campaigns, religious

   (c) Akhara, lathi

   (d) Swadeshi, boycott

18. .... headed the Home Rule League in Madras.

   (a) Sarojini Naidu (b) Savitribai Phule

   (c) Sister Nivedita (d) Annie Besant

19. Leaders like Tilak, Bipin Chandra Pal and Lala Lajpat Rai transformed the anti-partition movement into a .... Movement.

   (a) Swaraj   (b) Political

   (c) Extremist   (d) Social

20. Bipin Chandra Pal started .... Paper in in 1901.

   (a) Mahratta   (b) New India

   (c) Kesari   (d) Sambad Kaumudi

21. Lala Lajpat Rai elected to the .... and in 1925 became the Deputy leader of the Party.

(a) India Council

(b) Provincial Legislature

(c) Central Legislative Assembly

(d) British Parliament

22. The First Session of the Muslim League was held in ....

(a) Amritsar   (b) Lahore

(c) Karachi   (d) Poona

23. The objective of the Muslim League was to prevent any feelings of hostility between .... and other communities, without adversely affecting the objectives of the League.

(a) Hindus   (b) Persian

(c) Turks   (d) Muslims

24. In December 1906, the delegates had met at Dacca for ....

(a) Aligarh Muslim University

(b) Muslim League

(c) Muslim Educational Conference

(d) Congress Session

Arrange in chronological order

25. I   Bal Gangadhar Tilak led no-rent campaign

II   Establishment of Home Rule League in Madras and Maharashtra

III   Bipin Chandra Pal joined the Congress

IV   The Nationalist Party achieved significant electoral success

Choose the correct option:

(a) II, IV, III, I   (b) III, I, II, IV

(c) I, IV, II, III   (d) IV, I, III, II

Picture study questions

Study the picture carefully and answer the following questions:

26. Identify the personality in the picture.

(a) Bipin Chandra Pal

(b) Lala Lajpat Rai

(c) Bal Gangadhar Tilak

(d) Aurobindo Ghose

27. Why did he tell the cultivators not to pay land revenue in 1896?

(a) Famine conditions in the Deccan

(b) Very high tax rates

(c) Conditions of drought in the country

(d) To defy British rules

28. Who led the Home Rule League in Maharashtra?

(a) Annie Besant

(b) Sarojini Naidu

(c) Savitribai Phule

(d) Bal Gangadhar Tilak

29. What did people call him in respect?

(a) Bagha   (b) Lokmanya

(c) Sher-e-Punjab   (d) Mahatma

Study the picture carefully and answer the following questions:

30. Identify the personality in the picture

(a) Lala Lajpat Rai

(b) Bal Gangadhar Tilak

(c) Gopal Krishna Gokhale

(d) Bipin Chandra Pal

31. Who went to England in 1905 to persuade the British leaders not to go ahead with the partition of Bengal?

(a) Bal Gangadhar Tilak and Gopal Krishna Gokhale

(b) Lala Lajpat Rai and Gopal Krishna Gokhale

(c) Bipin Chandra Pal and Gopal Krishna Gokhale

(d) Bal Gangadhar Tilak and Lala Lajpat Rai

32. In which historic Congress Session a resolution on 'Non-Cooperation' was adopted by the Congress?

(a) Nagpur Session, 1891

(b) Calcutta Session, 1901

(c) Banaras Session, 1905

(d) Calcutta Session, 1920

33. Why was Lajpat Rai and Sardar Ajit Singh convicted in 1907?

(a) Starting indigo revolt

(b) Violating Arms Act

(c) For seditious speeches

(d) Violating Vernacular Press Act

Assertion-reasoning

In the question given below, there are two statements marked as Assertion (A) and Reason (R). Read the statements and choose the correct option:

34. **Assertion (A):** The new province called East Bengal and Assam comprised Assam and Chittagong with fifteen districts of old Bengal.

    Reason (R): The purpose of Swadeshi Movement was the expansion of Indian industries.

    Options:

    (a) Both A and R are true and R is the correct explanation of A.

    (b) Both A and R are true but R is not the correct explanation of A

    (c) A is true but R is false.

    (d) A is false but R is true.

35. **Assertion (A):** The assertive nationalists had no faith in British sense of justice and fair play.

    Reason (R): They highlighted the goodwill of the British when they took over India.

    Options:

    (a) Both A and R are true and R is the correct explanation of A.

    (b) Both A and R are true but R is not the correct explanation of A

    (c) A is true but R is false.

    (d) A is false but R is true.

36. **Assertion (A):** In 1893, Tilak started the celebration of Thanksgiving in Maharashtra.

    Reason (R): Tilak's aim was to instill in the masses a spirit of discipline and patriotism.

    Options:

    (a) Both A and R are true and R is the correct explanation of A.

    (b) Both A and R are true but R is not the correct explanation of A

    (c) A is true but R is false.

    (d) A is false but R is true.

37. **Assertion (A):** The proposal was accepted and the All-India Muslim League was formally founded on 30 December, 1906.

    Reason (R): Taking advantage of the delegates in Dacca for the Muslim Educational Conference, Nawab Salimullah proposed to form a central organisation to look after the interests of the Muslim community.

Options:

(a) Both A and R are true and R is the correct explanation of A.

(b) Both A and R are true but R is not the correct explanation of A

(c) A is true but R is false.

(d) A is false but R is true.

38. **Assertion (A):** The Muslim League would try to remove the misconception that may arise as to the intentions of Government in relation to Indian Muslims.

    Reason (R): The objective of Muslim League was to revolt against the British.

    Options:

    (a) Both A and R are true and R is the correct explanation of A.

    (b) Both A and R are true but R is not the correct explanation of A

    (c) A is true but R is false.

    (c) A is false but R is true.

Source based questions

Read the passage and answer the questions that follow:

Bipin Chandra joined the Congress in 1887. At the Madras Congress in 1887, he made a forceful speech in which he pleaded that the Arms Act should be repealed. He participated in several sessions of the Congress and contributed greatly to the growth of national consciousness in India. After the Surat Session of the Congress, Bipin parted company with the early nationalists. Accordng to him, "great hardship or suffering was the price that had to be paid for freedom." Aurobindo Ghose, the Editor of the Bande Mataram was charged with sedition. The Government wanted Bipin Chandra's testimony in this case. Since he refused to give evidence he was imprisoned for six months. Bipin Chandra was released on March 9,1908.

Answer the questions from the options given below:

39. When did Bipin Chandra Pal join the Congress?

    (a) Congress Session, 1887

    (b) Congress Session, 1891

    (c) Congress Session, 1901

    (d) Congress Session, 1905

40. What did he plead for in the Madras Congress of 1887?

    (a) Repeal of the Vernacular Press Act

    (b) Repeal of the Arms Act

    (c) Repeal of the Rowlatt Act

    (d) Repeal of the Government of India Act, 1919

41. When did Bipin Chandra Pal part ways with the early nationalists?
  (a) After the Nagpur Session of the Congress
  (b) After the Madras Session of the Congress
  (c) After the Banaras Session of the Congress
  (d) After the Surat Session of the Congress

42. Why was Bipin Chandra Pal imprisoned for six months in October 1907?
  (a) For supporting the Non-Cooperation Movement
  (b) For giving evidence against Aurobindo Ghose in sedition charges
  (c) For refusing to give evidence to a sedition charge against Aurobindo Ghose
  (d) For hartal against Simon Commission

Analogy based questions

43. Complete the given analogy.
  Partition of Bengal : Lord Curzon :: Separate electorate : ?
  (a) Lord Canning
  (b) Lord Hastings
  (c) Lord Minto
  (d) Lord Lytton

44. Complete the given analogy.
  Bal Gangadhar Tilak : Gita Rahasya :: Lala Lajpat Rai : ?
  (a) Vande Mataram
  (b) National Education
  (c) Punjabi
  (d) New India

45. Complete the given analogy.
  Moderates (Early Nationalists) : Pherozeshah Mehta :: Radicals (Assertive Nationalists) : ?
  (a) Gopal Krishna Gokhale
  (b) M.A. Jinnah
  (c) Motilal Nehru
  (d) Aurobindo Ghose

Answers

Multiple choice questions

1. (d) Curzon
2. (b) Policy of Divide and Rule
3. (c) Bonfires of cloth, salt and sugar
4. (a) Bal Gangadhar Tilak
5. (d) Swaraj and Boycott
6. (c) Bal Gangadhar Tilak
7. (d) Both (a) and (c)
8. (c) Simon Commission
9. (a) Sher-e-Punjab
10. (d) Karachi
11. (b) Syed Ali Imam
12. (a) To present their needs and aspirations before the Government in mild and moderate language

Fill in the blanks

13. (c) Chittagong
14. (b) Political
15. (d) Swaraj
16. (a) Religious, civic
17. (c) Akhara, lathi
18. (d) Annie Besant
19. (a) Swaraj
20. (b) New India

21. (c) Central Legislative Assembly
22. (a) Amritsar
23. (d) Muslims
24. (c) Muslim Educational Conference

Arrange in chronological order

25. (b) III, I, II, IV

Picture based questions

26. (c) Bal Gangadhar Tilak
27. (a) Famine conditions in the Deccan
28. (d) Bal Gangadhar Tilak
29. (b) Lokmanya
30. (a) Lala Lajpat Rai
31. (b) Lala Lajpat Rai and Gopal Krishna Gokhale
32. (d) Calcutta Session, 1920
33. (c) For seditious speeches

Assertion-Reasoning

34. (b) Both A and R are true but R is not the correct explanation of A

    Lord Curzon purposely divided the most politically advanced communities into two separate provinces.

35. (c) A is true but R is false.

They highlighted the deceit and treachery by means of which the British gradually took over India.

36. (d) A is false but R is true.

In 1893, Tilak started the celebration of Ganapati festival in Maharashtra.

37. (a) Both A and R are true and R is the correct explanation of A.

38. (c) A is true but R is false.

The objective of the Muslim League was to promote among the Indian Muslims a feeling of loyalty towards the British Government.

Source based questions

39. (a) Congress Session, 1887

40. (b) Repeal of the Arms Act

41. (d) After the Surat Session of the Congress

42. (c) For refusing to give evidence to a sedition charge against Aurobindo Ghose

Analogy based questions

43. (c) Lord Minto

44. (b) National Education

45. (d) Aurobindo Ghose

Word of Advice

1. Students confused the contributions of Bipin Chandra Pal with the points of contribution of other nationalists.
2. Few students, however, mixed up the contributions of Lala Lajpat Rai with that of Bal Gangadhar Tilak.
3. Majority of the students mentioned the beliefs and aims of the Early Nationalists and Radicals rather than mentioning the methods adopted by them in the national movement. Most of the students were not clear regarding the objectives, beliefs and methods of both the groups.
4. Students were confused between contributions of the nationalists.
5. A few were confused between the Early Nationalists and the Assertive leaders.
6. Most students were unable to differentiate between the reason of Partition of Bengal and the real motives behind the partition. Some students wrote the reason as 'population' which is incorrect.
7. Impact of the movement was confused with that of the impact of the Non-Cooperation Movement.
8. Some were confused between 'Swadeshi' and 'Boycott'.
9. Majority of the students were unable to write the objectives of the Muslim League. Instead of writing its objectives in 1906, they wrote about the demands made by it later for Pakistan and for the introduction of the Urdu language.
10. Some students were unable to write all four objectives of the Muslim League. A few wrote the demand for Pakistan which was not the objective of the Muslim League.

❑❑

Chapter 1
Mahatma Gandhi and Popular National Movements

Chapter at a Glance

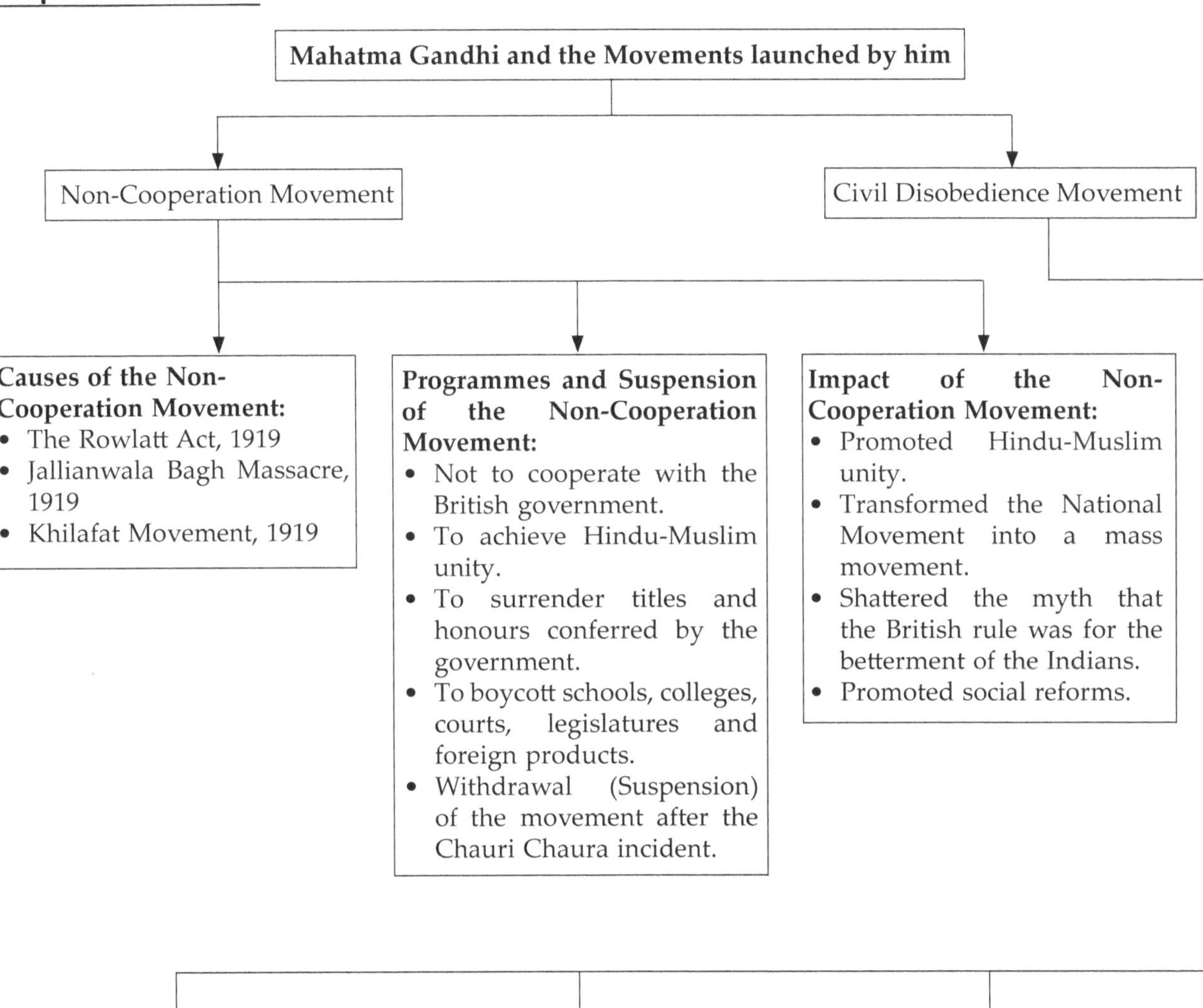

Multiple choice questions

1. At which place was Gandhiji arrested for the first time by the British Government for sedition?
   (a) Bombay
   (b) Pune
   (c) Calcutta
   (d) Ahmedabad

2. When was the Gandhi - Irwin Pact signed?
   (a) March 1, 1932
   (b) March 5, 1931
   (c) March 10, 1935
   (d) March 7, 1937

3. Which of the following according to Gandhiji, is an essential principle of satyagraha?
   (a) Infinite capacity for suffering
   (b) Non - violence
   (c) Truth
   (d) All of the above

4. What did Gandhiji mean by 'Swaraj'?
   (a) Freedom for the country
   (b) Freedom for the most humble of the countrymen
   (c) Self - governance
   (d) Complete independence

5. In which of the following session of INC, Jawaharlal Nehru met Gandhiji for the first time?
   (a) Bombay session 1904
   (b) Patna session 1914
   (c) Lucknow session 1916
   (d) Kanpur session 1925

6. Which of the following title was given by Mahatma Gandhi to Bal Gangadhar Tilak?
   (a) The Maker of Modern India
   (b) The Iron Man of India
   (c) The father of the Indian unrest
   (d) The Indian Lion.

7. Which of the following dispute made Gandhiji to undertake a fast for the first time?
   (a) Minto-Morley Reforms
   (b) Ahmedabad Mill Strike
   (c) Punjab Unrest
   (d) Poona Pact

8. Which among the following date was passed by a resolution by Indian National Congress to observe every year as "Purna Swaraj"?
   (a) January 26
   (b) August 15
   (c) August 30
   (d) October 2

9. 6th April, 1930 is well known in the history of India because this date is associated with -
   (a) Dandi March
   (b) Quit India Movement
   (c) Partition of Bengal
   (d) Partition of India

10. Identify the concession granted by the Government under the Gandhi-Irwin Pact.
    (a) Permission of peaceful picketing without any violation of ordinary laws
    (b) Permission to collect or make salt for one's use
    (c) Both (a) and (b)
    (d) Payment of reparations to those whose lands had been confiscated

11. The Muslim League demanded a separate state for the Muslims in the year:
    (a) 1920
    (b) 1930
    (c) 1940
    (d) 1946

12. 'Khilafat Movement' subsided because of :
    (a) The understanding reached between the Congress and the Muslim League
    (b) The concessions given to Muslims by the British
    (c) Accession of Kemal Pasha to the throne of Turkey
    (d) None of the above

13. He headed the Sedition Committee in 1919:
    (a) Justice Rowlatt
    (b) General Dyer
    (c) Colonel Saunders
    (d) David Cameron

14. This was one of the programme of the Khilafat Movement:
    (a) Adopt Swadeshi and hartals
    (b) Go on peace march
    (c) Resignation from the government services
    (d) Civil disobedience

15. This was one of the positive programmes of the Non-Cooperation Movement:
    (a) Boycott of British goods
    (b) Boycott of Legislative Councils
    (c) Surrender of titles and honorary posts
    (d) Promotion of Swadeshi, especially home-spun and home-woven cloth

16. Which is one of the negative aspects of the Non-Cooperation Movement?
    (a) Removal of untouchability
    (b) Boycott of law courts by lawyers
    (c) Hindu-Muslim Unity
    (d) Prohibition of intoxicating drinks

17. Why did a crowd of people set fire to the police station in Chauri Chaura in February, 1922?
    (a) There was a Hindu-Muslim riot
    (b) The crowd was attacked by the police during a peaceful march

(c) A police officer had beaten some volunteers picketing a liquor shop

(d) The crowd of people were fired at while trying to sell khadi cloth

18. The Non-Cooperation Movement undermined the power and prestige of the:
   (a) British government (b) Hindus
   (c) Muslims   (d) Sikhs

19. How was the Civil Disobedience Movement different from the Non-Cooperation Movement?
   (a) Boycott of government schools and colleges
   (b) Promotion of Swadeshi
   (c) It involved non-payment of taxes and land revenue, and violation of various laws
   (d) Boycott of law courts by lawyers

20. What was one of the agreements by the Governor-General in the Gandhi-Irwin Pact?
   (a) To open more educational institutions
   (b) To release all political prisoners except those guilty of violence
   (c) To separate the Hindus from the Muslims
   (d) To hold a Cabinet Mission

21. What was seen as a major achievement of the Congress at the Gandhi-Irwin Pact?
   (a) Dominion status for India
   (b) Independence of India
   (c) The Viceroy having to negotiate with Gandhiji as "an equal"
   (d) The First Round Table Conference

22. Which Act introduced Federal principle and the principle of Provincial Autonomy?
   (a) Government of India Act, 1919
   (b) Gandhi Irwin Pact
   (c) Dyarchy
   (d) Government of India Act, 1935

23. Identify the two prominent leaders who were unnecessarily deported from Amritsar in April 1919.
   (a) Bhagat Singh and Rajguru
   (b) Gandhiji and Sarojini Naidu
   (c) Khan Abdul Ghaffar Khan and Vinoba Bhave
   (d) Dr. Satpal and Dr. Kitchlew

24. Why did the people march towards the residence of the Deputy Commissioner in April 1919?
   (a) To demand the repeal of the Rowlatt Act
   (b) To protest about the detention of the two leaders
   (c) To demand the repeal of the Arms Act
   (d) To start the Khilafat Non-Cooperation Movement

25. What did General Dyer proclaim on 11 April 1919?
   (a) Prohibited all meetings and processions
   (b) Prohibited the Rowlatt Act
   (c) Announced the Rowlatt Act
   (d) Suspended all business activities in India

26. Who opened fire on the peaceful mass of people gathered at the Jallianwala Bagh on April 1919?
   (a) Colonel Saunders
   (b) Lord Curzon
   (c) General Dyer
   (d) Sir Stafford Cripps

27. Gandhiji evolved the method of non-violence in his struggle for freedom because:
   (a) Indians were known for their physical force.
   (b) Indians were not strong enough to get freedom by any physical force.
   (c) British could crush any decent.
   (d) British exploited the Indian masses.

28. The two important methods adopted by Gandhiji in the freedom struggle are:
   (a) Satyagraha and non-cooperation.
   (b) Extremism and violence.
   (c) Charkha and khadi.
   (d) Benevolence and sympathy.

29. Satyagraha means:
   (a) Made up of two Persian words
   (b) Ahimsa and non-violence
   (c) Hunger strike
   (d) The force born out of truth and non-violence

30. Two greatest Movements organised by Gandhiji during the freedom struggle:
   (a) Non-Cooperation Movement and Civil Disobedience Movement
   (b) Anti-Partition Movement and Boycott Movement.
   (c) Divide and Rule policy
   (d) Passive Resistance and National Education

31. Name the British General responsible for "The Jallianwala Bagh Massacre".
   (a) Minto   (b) Rowlatt
   (c) Sir John Simon (d) Dyer

32. The demands of the Non-Cooperation Movement were:
   (a) Communal Veto, National Movement, Hindu-Muslim Unity.
   (b) Abolition of the Indian Council, Provincial Legislatures, Autonomy in Provinces.

   (c) Anti-Partition Movement, Swadeshi and Boycott Movement.

   (d) The Khilafat issue, redressal of the Punjab wrongs and attainment of Swaraj.

33. Khilafat Movement was:

   (a) started to bring independence to the Muslims of India.

   (b) started to preserve the office of Khalifa (Caliph), the religious head of the Muslims.

   (c) started to launch the Non- Cooperation Movement.

   (d) started to foster Hindu-Muslim unity.

34. The Khilafat Movement is significant in the history of the National Movement –

   (a) It was an opportunity to unite the Hindus and the Muslims and putting up a joint front against the British imperialism.

   (b) To hold 'hartals' and demonstrations all over India.

   (c) It was a way of protesting in which one does not cooperate with the evil-doer.

   (d) To bring the peasants in the rural areas and the workers in the urban areas together.

35. The historical significance of 26th January 1930 –

   (a) Jawaharlal Nehru was made the President of the Congress.

   (b) Preparation for Civil Disobedience Movement.

   (c) Observance of 'Purna Swaraj' day and hoisting of the tricolour flag.

   (d) All India Hartal was organized.

36. The reason for Mahatma Gandhi to undertake Dandi March:

   (a) Eleven point ultimatum

   (b) Defiance of salt laws

   (c) To form the Khudai Khidmatgars popularly known as Red Shirts

   (d) To march from the Sabarmati Ashram to Dandi on the Gujarat coast

37. Two main leaders of Khilafat Movement:

   (a) Mohammed Ali and Shaukat Ali.

   (b) Abul Kalam Azad and Khan Abdul Ghaffar Khan

   (c) Khudai Khidmatgars.

   (d) Gandhiji and Sardar Patel

38. Significance of the Second Round Table Conference:

   (a) It lasted for 3 months.

   (b) It began in London.

   (c) Gandhiji's demand for the immediate grant of Dominion status.

   (d) Mahatma Gandhiji was the sole representative of the Congress.

39. Gandhiji suspended Non-Cooperation Movement due to-

   (a) Terrible massacre at Jallianwala Bagh.

   (b) The passing of the Rowlatt Act.

   (c) Simon Commission being introduced.

   (d) The violent incident that occurred at Chauri Chaura.

40. One of the most important programme of Swadeshi Movement was:

   (a) Establishment of national schools and colleges and private arbitration courts known as panchayats.

   (b) Establishment of printing press.

   (c) Establishment of Iron and Steel Industry by Jamsetjee Tata.

   (d) Establishment of Home Rule League.

41. Failure of Simon Commission was due to:

   (a) The appointment of Sir John Simon as its Chairman.

   (b) Investigation into the need for further constitutional reforms.

   (c) Absence of Indians in the commission was seen as an insult.

   (d) Appointment of seven British members of Parliament.

Choose Incorrect Options

42. The features of Civil Disobedience Movement are:

   (a) Defiance of Salt laws

   (b) Attainment of Poorna Swaraj

   (c) Boycott of foreign cloth and British goods of all kinds

   (d) Non-payment of taxes and revenues

43. Mahatma Gandhi started Dandi March:

   (a) On 12th March 1930

   (b) He marched from Sabarmati Ashram to Dandi.

   (c) He violated the Salt Law by picking up some salt.

   (d) This marked the beginning of Champaran Satyagraha.

44. The implication of Rowlatt Act:

   (a) Was introduced by Justice Rowlatt in the Central Legislature.

   (b) Arrest of a person without a warrant.

   (c) Restriction of movements of individuals.

   (d) Suspension of the Right of Habeas Corpus.

45. Provisions of Gandhi-Irwin Pact:
    (a) Release all political prisoners, except those guilty of violence.
    (b) Restore the confiscated properties of the satyagrahis.
    (c) Not to participate in the second session of the Round Table Conference.
    (d) Permit the free collection or manufacture of salt by persons near the seacoast.

46. Impact of Non-Cooperation Movement on India's Freedom Struggle:
    (a) Many Indians returned their degree, titles, awards and honours.
    (b) Thousands of Indians left their government jobs.
    (c) Popularisation of Swadeshi and khadi.
    (d) Not to press for investigation into police excesses.

47. Impact of Civil Disobedience Movement:
    (a) It shattered people's faith in the British Government.
    (b) It resulted in the violence at Chauri Chaura.
    (c) It deepened the social roots for the freedom struggle.
    (d) It popularized new methods of propaganda like prabhat pheris, pamphlets, etc

Chronology Based

48. Arrange the following events in the life of Mahatma Gandhi in correct chronological order (from the earliest to the latest):
    I. Withdrawal of Non-Cooperation Movement due to Chauri Chaura incident
    II. Organised the Dandi March to protest against the Salt Laws
    III. Established Sabarmati Ashram
    IV. Fought for Champaran indigo planters
    (a) II, I, IV, III   (b) IV, III, II, I
    (c) I, II, III, IV   (d) III, IV, I, II

49. Arrange the following events in the life of Mahatma Gandhi in correct chronological order (from the earliest to the latest):
    I. Started the Non-Cooperation Movement
    II. Arrived in India from South Africa
    III. Appealed to the British to quit India
    IV. Attended the Second Round Table Conference
    (a) II, I, IV, III   (b) IV, III, II, I
    (c) I, II, III, IV   (d) III, IV, I, II.

50. Arrange the following events in the life of Mahatma Gandhi in correct chronological order (from the earliest to the latest):

I. Settled down at Sevagram, a village near Wardha
II. Fasted against Communal Award of Ramsay Macdonald
III. Fasted as atonement for Jallianwala Bagh Massacre and also to atone for riots at Bombay, Ahmedabad and other places as a result of that massacre
IV. Fasted in protest against the low wages of the Ahmedabad mill workers
(a) II, I, IV, III   (b) IV, III, II, I
(c) I, II, III, IV   (d) III, IV, I, II.

51. Arrange the following events in the life of Mahatma Gandhi in correct chronological order (from the earliest to the latest) -
    I. Met Jawaharlal Nehru for the first time
    II. Returned the honours to the government
    III. Became the President of the Indian National Congress for the first time in Belgaum
    IV. Fasted to protest against and atone the communal riots
    (a) II, I, IV, III   (b) IV, III, II, I
    (c) I, II, III, IV   (d) III, IV, I, II.

52. Arrange the following events of Chauri Chaura incident in correct chronological order (from the earliest to the latest):
    I. Police fired at the peasants.
    II. 3000 peasants marched to the police station.
    III. Peasants set a nearby police station on fire.
    IV. Some volunteers picketed a liquor shop.
    (a) II, I, IV III   (b) IV, II, I, III
    (c) I, II, III, IV   (d) III, I, IV, II

Fill in the blanks

53. Gandhi-Irwin Pact was focused on .... and ....
    (a) release few political leaders, labourers
    (b) release of all political prisoners, cancellation of the oppressive laws
    (c) release few educationits, farmers
    (d) None of the above

54. The first mass movement led by Gandhiji in India was ....
    (a) The Rowlatt Satyagraha
    (b) Non-Cooperation Movement
    (c) Champaran Indigo Movement
    (d) Dandi March

55. Only the .... Round Table Conference held in London was attended by Gandhiji.

    (a) Second   (b) First

    (c) Third   (d) Fourth

56. The Kheda Satyagraha movement was for ....

    (a) remission of taxes of rich farmers

    (b) remission of taxes of poor leaders

    (c) remission of taxes of rich businessman

    (d) remission of taxes of poor farmers

57. The Non-Cooperation Movement launched in 1920 by Gandhiji was a protest movement against ....

    (a) The Rowlatt Act

    (b) Kheda Satyagraha

    (c) Jallianwala Bagh Massacre

    (d) Dandi March

58. On 13 April 1919 people had gathered at .... in Amritsar for a peaceful meeting.

    (a) Town Hall   (b) Jallianwala Bagh

    (c) Court   (d) Sabarmati Ashram

59. Turkey had lost the .... in 1918.

    (a) First World War

    (b) Second World War

    (c) The French Revolution

    (d) Bolshevik Revolution

60. A Khilafat Committee was formed to support the ....

    (a) Sunni Muslims

    (b) Germany

    (c) Caliph of Turkey

    (d) Muhammad Ali and Shaukat Ali

61. The Muslims of India demanded that the .... and powers which were taken away from the Sultan of Turkey be restored to him.

    (a) Resources

    (b) Territories

    (c) Arms and artilleries

    (d) Religion

62. The Khilafat Movement contributed to the .... unity.

    (a) Turkish   (b) Muslim

    (c) Ottoman Empire   (d) National

63. Mahatma Gandhi realised the nation was not ready yet for a non-violent struggle during the ....

    (a) Chauri Chaura incident

    (b) Kakori conspiracy case

    (c) Partition of Bengal

    (d) Formation of Muslim League

64. Non-Cooperation was practiced on mass scale first during ....

    (a) 1915–20   (b) 1919–21

    (c) 1920–21   (d) 1921–45

65. The Simon Commission did not take responsibility for the fatal blows inflicted on .... during the protest march when the Commission came to India.

    (a) Bal Gangadhar Tilak

    (b) Lala Lajpat Rai

    (c) Mahatma Gandhi

    (d) Bipin Chandra Pal

66. Purna Swaraj was declared at .... Congress Session presided by Jawaharlal Nehru 1929.

    (a) Calcutta   (b) Madras

    (c) Lahore   (d) Karachi

67. According to Gandhi-Irwin Pact, the Governor-General agreed to permit people living near the sea-shores to ....

    (a) Own shipping companies

    (b) Run fishing trawlers

    (c) Off-shore drilling for extraction of petroleum

    (d) Manufacture salt

Match the Columns

68. Match List I with List II and select the correct answer by using the codes given below the lists:

	List I		List II
I.	Gopal Krishna Gokhale	(A)	Kaiser-e-Hind
II.	Rabindranath Tagore	(B)	Father of the Nation
III.	Subhash Chandra Bose	(C)	Title of Mahatma
IV.	British Government	(D)	Political guru of Gandhi

Codes :

(a) I – D, II – A, III – B, IV – C

(b) I – A, II – D, III – C, IV – B

(c) I – A, II – D, III – B, IV – C

(d) I – D, II – C, III – B, IV – A

69. Match List I with List II and select the correct answer by using the codes given below the lists:

	List I		List II
I.	Ahmedabad Satyagraha	(A)	Remission of tax of the farmers
II.	Poona fast by Gandhiji	(B)	Mill workers

III.	Kheda Satyagraha	(C)	Quit India Movement
IV.	Do or Die	(D)	Communal Award

Codes :

(a) I – D, II – A, III – C, IV – B

(b) I – B, II – D, III – A, IV – C

(c) I – A, II – D, III – B, IV – C

(d) I – D, II – A, III – B, IV – C

70. Match List I with List II and select the correct answer by using the codes given below the lists:

	List I		List II
I.	Gandhiji's first Satyagraha in India	(A)	Kasturba's death
II.	Gandhiji's unconditional release from jail	(B)	Heavy salt tax
III.	Dandi March	(C)	Chauri Chaura carnage
IV.	Bardoli fast by Gandhiji	(D)	Champaran

Codes :

(a) I – D, II – A, III – C, IV – B

(b) I – A, II – D, III – C, IV – B

(c) I – A, II – D, III – B, IV – C

(d) I – D, II – A, III – B, IV – C

71. Match List I with List II and select the correct answer by using the codes given below the lists:

	List I		List II
I.	Khilafat Committee	(A)	On 12 March 1930, Mahatma Gandhi began his famous historic march from Sabarmati Ashram to Dandi
II.	Chauri Chaura incident	(B)	Gandhi saw in it an opportunity of uniting the Hindus and the Muslims
III.	Civil Disobedience Movement	(C)	Gandhiji could not persuade the British Government to grant freedom or Dominion Status to India.
IV.	Second Round Table Conference	(D)	The mob set fire to the police station with around 22 policemen inside it

Codes:

(a) III – A, I – B, II – D, IV – C

(b) III – A, I – D, II – B, IV – C

(c) IV – 2, I – B, II – D, III – C

(d) II – A, I – B, III – C, IV – D

Assertion-Reasoning

In the question given below, there are two statements marked as Assertion (A) and Reason (R). Read the statements and chose the correct option:

72. **Assertion (A):** Gandhiji halted the Non - Cooperation Movement on February 12, 1922.

    Reason (R): On February 4, 1922, protestors retaliated against police firing at Chauri Chaura in Gorakhpur district and set on fire the police station there killing all those inside it. Gandhiji was against all forms of violence.

    (a) Both A and R are true and R is the correct explanation of A.

    (b) Both A and R are true but R is not the correct explanation of A.

    (c) A is true but R is false.

    (d) A is false but R is true.

73. **Assertion (A):** Gandhiji along with all the important leaders of the Indian National Congress was arrested on August 8, 1942.

    Reason (R): Gandhiji had exhorted all able Indians to join Indian National Army.

    (a) Both A and R are true and R is the correct explanation of A.

    (b) Both A and R are true but R is not the correct explanation of A.

    (c) A is true but R is false.

    (d) A is false but R is true.

74. **Assertion (A):** The Quit India Movement was not successful.

    Reason (R): Hindu Mahasabha had opposed the movement.

    (a) Both A and R are true and R is the correct explanation of A.

    (b) Both A and R are true but R is not the correct explanation of A.

    (c) A is true but R is false.

    (d) A is false but R is true.

75. **Assertion (A):** All sections of the society, including peasants, workers, lawyers, students, rich people, women, oppressed people and people of all castes, creeds and regions proclaimed Gandhi as a leader.

    Reason (R): Gandhi evolved a programme which could mobilise the masses in the national movement.

(a) Both A and R are true and R is the correct explanation of A

(b) Both A and R are true but R is not the correct explanation of A

(c) A is true but R is false

(d) A is false but R is true

76. **Assertion (A):** People took to Charkhas (domestic spinning wheels) in a big way and the message of Swadeshi spread quickly everywhere.

Reason (R): People courted arrest and faced police brutalities bravely.

(a) Both A and R are true and R is the correct explanation of A

(b) Both A and R are true but R is not the correct explanation of A

(c) A is true but R is false

(d) A is false but R is true

77. **Assertion (A):** The Quit India Movement and the demand for Purna Swaraj was because of the Simon Commission.

Reason (R): The Simon Commission had no Indian members and the Commission declared that the Viceroy Executive Council could not be held responsible to the Central Legislature and the fatal blows inflicted on Lala Lajpat Rai.

(a) Both A and R are true and R is the correct explanation of A

(b) Both A and R are true but R is not the correct explanation of A

(c) A is true but R is false

(d) A is false but R is true

78. **Assertion (A):** The purpose of the Conference on Independence of India or setting up a responsible government receded into the background.

Reason (R): The Conference dedicated most of its time in discussing the formation of Pakistan, the Muslim State.

(a) Both A and R are true and R is the correct explanation of A

(b) Both A and R are true but R is not the correct explanation of A

(c) A is true but R is false

(d) A is false but R is true

Choose True Statements

79. Given below are some statements. Choose the correct statements.

I   Gandhiji was arrested in 1922 on sedition charge due to Chauri Chaura carnage.

II   Congress at the behest of Gandhiji supported Khilafat Movement to woo Muslims to join Independence movement.

III   Gandhiji was against the partition of India.

IV   Gandhiji's Gram Swaraj meant self-reliant villages.

(a) Only I and II are correct

(b) All are correct

(c) All except IV are correct

(d) I, III and IV are correct.

80. Given below are some statements. Choose the correct statements.

I   Gandhiji was sentenced a six year imprisonment and put in Yeravda Jail on sedition charge due to Chauri Chaura carnage.

II   Gandhiji was arrested in Motihari in connection with Champaran Satyagraha.

III   Gandhiji was arrested near Karadi for breaking salt law.

IV   All the top leaders except Gandhiji was arrested with the launch of the Quit India Movement.

(a) Only I and II are correct

(b) All are correct

(c) All except IV are correct

(d) I, III and IV are correct

Case Studies

81. Read the paragraph and answer the following questions:

Gandhi started this march with 78 of his trusted volunteers. The march spanned 240 miles (390 km), from Sabarmati Ashram to Navsari.

i. What was the procession marching for?

(a) To Kheda to lend support to drought hit farmers

(b) To Dandi to break the salt law

(c) To Motihari collectorate to protest against the white indigo planters

(d) To Hyderabad to protest against Nizam

82. Read the paragraph and answer the following questions:

On the report of a Sedition Committee, headed by Justice Rowlatt, two bills were introduced in the Central Legislature in February 1919. These 'Black Bills' came to be known as the Rowlatt Act. The object was to give government extraordinary powers of search and arrest so as to suppress the national movement. The Rowlatt Act gave enormous powers to the police (i) to search a place, and (ii) arrest any person they disapproved of without warrant. Two other ugly features of the Rowlatt Act were that (a) the trial was to be held in camera, i.e., the public and the newspapermen were not allowed to attend the trial, and (b) there could be no appeal against court's judgment. A well-known description of the Rowlatt Act at that time was: No Dalil, No Vakil, No Appeal, i.e., no pleas, no lawyer, no appeal. Despite much opposition the Rowlatt Act came into operation on 21 March 1919. The purpose of the Act was to curb the growing nationalist upsurge in the country. Gandhi described the Rowlatt Act as "destructive of the elementary rights of an individual". He called upon the people to do Satyagraha against such an oppressive measure, i.e., to disobey the law without resorting to violence. The Satyagraha against the Rowlatt Act began on 6 April, 1919. Gandhi asked the people to fast, pray and hold public meetings against the Black Act.

i. Which one of these statements best defines Rowlatt Act?

  (a) It gave enormous powers to the police to search a place and arrest any person they disapproved of without warrant

  (b) Restrictions on the Vernacular press to print anything against the Government

  (c) Right to arrest any Indian possessing arms without license

  (d) It gave enormous powers to the police to arrest the journalists

ii. What were the two ugly features of the Rowlatt Act?

  (a) It gave enormous powers to the police to search a place and arrest any person they disapproved of without warrant

  (b) The public and the journalists were not allowed to attend the trial

  (c) There could be no appeal against the court's judgement

  (d) Both (b) and (c)

iii. When did the Rowlatt Act come into force?

  (a) February 1919   (b) 21 March 1919

  (c) 6 April 1919   (d) 11 April 1919

iv. How did Gandhiji ask the people to do Satyagraha against the Rowlatt Act?

  (a) Through violent hartals and strikes

  (b) Through the press

  (c) Through fast, prayers, public meetings

  (d) Through appeals with lawyers

83. Read the paragraph and answer the following questions:

First, the people were not silent and subdued. The Movement caused a tide of patriotic fervour in the country. It resulted in "mass strikes and the setting up of parallel governments in several places." People's patriotism would not leave the Government in peace.

Second, the Government was convinced that bold Constitutional reforms were now essential. The Government of India Act, 1935 introduced the Federal principle and the principle of Provincial Autonomy; i.e., Responsible Government in the provinces. Third, the struggle had a healthy effect upon the life of the exploited, the poor, and the oppressed. The anti-untouchability campaign produced the desired effect. The depressed classes were given entry into the schools, temples and wells which had been denied to them until now. Fourth, the Movement brought women in large numbers out of their homes. They prevented people from buying foreign cloth and liquor. In Nagaland Rani Gaidilieu led an anti-colonial revolt. Boycott of foreign cloth and British goods also had a good effect on country's economy. Fifth, violence as a political weapon ceased to have much impact on the youth of India because of Gandhi's preaching of non-violence. However, revolutionary movement did not completely die out.

i. What did the Government of India Act, 1935 introduce?

  (a) The system of Dyarchy or the Government by two authorities

  (b) Federal principle and the principle of Provincial Autonomy

  (c) No appeal against a court's judgement

  (d) Appointment of a Commission to inquire into the working of the reforms

ii. How did the struggle have a positive effect on the poor, exploited and the oppressed?

  (a) Seats were reserved for them in the Provincial Legislature

  (b) The Government of India Act spelled out several economic benefits for them

  (c) They were given entry into temples, schools and wells, which had been denied to them until then

  (d) They represented themselves in the Simon Commission

iii. Who led an anti-colonial revolt in Nagaland?

  (a) Rani Gaidilieu

  (b) Rani of Jhansi

  (c) Laxmi Swaminathan

  (d) None of these

iv. How did Gandhi's preaching of non-violence impact the youth?

  (a) Violence took a new heinous turn

  (b) Bomb conspiracies

  (c) Burning of foreign clothes and other items

  (d) Violence as a political weapon ceased

Picture based questions

84. Look at the picture carefully and answer the question which follows:

What does this picture represent?

(a) Dandi March

(b) Kheda Satyagraha

(c) Delhi March

(d) Champaran Movement

85. Look at the picture carefully and answer the question which follows:

What does this picture represent?

(a) First Round Table Conference

(b) Second Round Table Conference

(c) Third Round Table Conference

(d) War Council Meeting in London during the First World War

86. Look at the picture carefully and answer the question which follows:

How is the plant associated with Gandhiji?

(a) Dandi March

(b) Kheda Satyagraha

(c) Delhi March

(d) Champaran Movement

87. Look at the picture carefully and answer the question which follows:

How is the flag associated with the freedom movement?

(a) Non - Cooperation Movement

(b) Declaration of complete independence in the Lahore session of INC.

(c) Civil Disobedience Movement

(d) Quit India Movement

88. Study the picture given and answer the question which follow:

Symbolism of Charaka and Khadi in the National Movement –

(a) Boycott of foreign goods

(b) Picketing of shops selling foreign goods.

(c) Popularisation of swadeshi handicrafts and industries.

(d) Promted social reforms.

89. Study the picture given and answer the question which follow:

The famous event resulted in the beginning of –

(a) The Indian National Congress.

(b) The Champaran Satyagraha.

(c) The Kheda Satyagraha

(d) The Civil Disobedience Movement.

90. Study the picture given and answer the question which follow:

National Congress decided to boycott the commission –

(a) "At every stage and in every form"

(b) 'The cause will prosper by this retreat."

(c) "A way of protesting in which one does not cooperate."

(d) "A new sense of self-esteem and self-confidence."

91. Study the picture and answer the question which follow:

The monument is found in –

(a) Calcutta   (b) Amritsar

(c) Bombay   (d) Sabarmati

92. Study the picture and answer the question which follow:

Rabindranath renounced his Knighthood after –

(a) The start of Non-Cooperation Movement.

(b) The violence in Chauri Chaura.

(c) The massacre at Jallianwala Bagh.

(d) The exploitation of the indigo cultivators.

Analogy based questions

93. Complete the given analogy.

Non-Cooperation Movement : Chauri Chaura incident :: Civil Disobedience Movement : ?

(a) Dandi March

(b) Gandhi-Irwin Pact

(c) Jallianwala Bagh Massacre

(d) Rowlatt Act

94. Complete the given analogy.

Rowlatt Satyagraha : 1919 :: Kheda Satyagraha : ?

(a) 1918

(b) 1919

(c) 1920

(d) 1917

95. Complete the given analogy.

Nagpur Session of 1920 : Non-Cooperation Resolution :: Lahore Session of 1929 : ?

(a) Quit India Resolution

(b) Civil Disobedience Resolution

(c) Declaration of Poorna Swaraj

(d) Khilafat Issue

Answers

Multiple choice questions

1. (d) Ahmedabad
2. (b) March 5, 1931
3. (d) All of the above
4. (b) Freedom for the most humble of the countrymen
5. (c) Lucknow session 1916
6. (a) The Maker of Modern India
7. (b) Ahmedabad Mill Strike
8. (a) January 26
9. (a) Dandi March
10. (c) Both (a) and (b)
11. (b) 1930
12. (c) Accession of Kemal Pasha to the throne of Turkey
13. (a) Justice Rowlatt
14. (c) Resignation from the government services
15. (d) Promotion of Swadeshi, especially home-spun and home-woven cloth
16. (b) Boycott of law courts by lawyers
17. (c) A police officer had beaten some volunteers picketing a liquor shop
18. (a) British government
19. (c) It involved non-payment of taxes and land revenue, and violation of various laws
20. (b) To release all political prisoners except those guilty of violence
21. (c) The Viceroy having to negotiate with Gandhiji as "an equal"
22. (d) Government of India Act, 1935
23. (d) Dr. Satpal and Dr. Kitchlew
24. (b) To protest about the detention of the two leaders
25. (a) Prohibited all meetings and processions
26. (c) General Dyer
27. (b) Indians were not strong enough to get freedom by any physical force.
28. (a) Satyagraha and Non-Cooperation.
29. (d) The force born out of truth and non-violence.
30. (a) Non-Cooperation Movement and Civil Disobedience Movement
31. (d) Dyer

32. (d) The Khilafat issue, redressal of the Punjab wrongs and attainment of Swaraj.

33. (b) started to preserve the office of Khalifa (Caliph), the religious head of the Muslims.

34. (d) Mahatma Gandhi was the sole representative of the Congress.

35. (c) Observance of 'Purna Swaraj' day and hoisting of the tricolour flag.

36. (b) Defiance of salt laws

37. (a) Mohammed Ali and Shaukat Ali.

38. (d) Mahatma Gandhi was the sole representative of the congress.

39. (d) The violent incident that occurred at Chauri Chaura.

40. (a) Establishment of national schools and colleges and private arbitration courts known as panchayats.

41. (c) Absence of Indians in the commission was seen as an insult.

Choose Incorrect Options

42. (b) Attainment of Poorna Swaraj.

43. (d) This marked the beginning of Champaran Satyagraha.

44. (a) Was introduced by Justice Rowlatt in the Central Legislature.

45. (c) To not participate in the second session of the Round Table Conference.

46. (d) Not to press for investigation into police excesses.

47. (b) It resulted in the violence at Chauri Chaura.

Chronology Based

48. (d) III, IV, I, II

49. (a) II, I, IV, III

50. (b) IV, III, II, I

51. (c) I, II, III, IV

52. (b) IV, II, I, III

Fill in the blanks

53. (b) release of all political prisoners, cancellation of the oppressive laws

54. (c) Champaran Indigo Movement

55. (a) Second

56. (d) remission of taxes of poor farmers

57. (c) Jallianwala Bagh Massacre

58. (b) Jallianwala Bagh

59. (a) First World War

60. (c) Caliph of Turkey

61. (b) Territories

62. (d) National

63. (a) Chauri Chaura incident

64. (c) 1920–21

65. (b) Lala Lajpat Rai

66. (c) Lahore

67. (d) Manufacture salt

Match the Columns

68. (d) I – D, II – C, III – B, IV – A

69. (b) I – B, II – D, III – A, IV – C

70. (d) I – D, II – A, III – B, IV – C

71. (a) III – A, I – B, II – D, IV – C

Assertion-Reasoning

72. (c) A is true but R is false.

    Gandhiji withdrew the Non - Cooperation Movement on February 12, 1922 due the Chauri Chaura incident which was occurred on February 5,1922. Therefore, Assertion is true but Reason is false.

73. (a) Both A and R are true and R is the correct explanation of A.

    Both Assertion and Reason are true and the Reason is correctly justifies the Assertion.

74. (a) Both A and R are true and R is the correct explanation of A.

    Both Assertion and Reason are true and the Reason is correctly justifies the Assertion.

75. (a) Both A and R are true and R is the correct explanation of A

    Both Assertion and Reason are true and the Reason is correctly justifies the Assertion.

76. (b) Both A and R are true but R is not the correct explanation of A

    Removal of untouchability and use of home-spun khadi cloth became the tool of struggle for Gandhi against the British.

77. (d) A is false but R is true

    The Civil Disobedience Movement and the demand for Purna Swaraj was because of the Simon Commission.

78. (c) A is true but R is false

    The Conference dedicated most of its time with the leaders discussing only about seats in legislatures for their respective communities.

Choose True Statements

79. (B) All are correct

80. (d) I, III and IV are correct

Case Studies

81. i. (b)   To Dandi to break the salt law

82. i. (a)   It gave enormous powers to the police to search a place and arrest any person they disapproved of without warrant

     ii. (d)   Both (b) and (c)

     iii. (c)   Through fast, prayers, public meetings

83. i. (b)   Federal principle and the principle of Provincial Autonomy

     ii. (c)   They were given entry into temples, schools and wells, which had been denied to them until then

     iii. (a)   Rani Gaidilieu

     iv. (d)   Violence as a political weapon ceased

Picture based questions

84. (a) Dandi March

85. (b) Second Round Table Conference

86. (d) Champaran movement

87. (b) Declaration of complete independence in the Lahore session of INC.

88. (c) Popularisation of swadeshi handicrafts and industries.

89. (d) The Civil Disobedience Movement.

90. (a) "at every stage and in every form"

91. (b) Amritsar

92. (c) The massacre at Jallianwala Bagh.

Analogy based questions

93. (b) Gandhi-Irwin Pact

94. (a) 1918

95. (c) Declaration of Poorna Swaraj

Word of Advice

1. Some students got confused and mixed up the causes of all mass movements by Mahatma Gandhi.
2. Some students mentioned Punjab instead of Amritsar, for Jallianwala Bagh.
3. A few students got confused with the different movements launched by Mahatma Gandhi.
4. A few students mentioned the features of the programmes of Non-Cooperation and the Quit India Movement, instead of Civil Disobedience Movement.
5. Instead of writing the significance of the Second Round Table Conference, many students wrote on the Gandhi-Irwin Pact. The explanation given by several students was incomplete.
6. Most of the students could write the causes that led to the Civil Disobedience Movement in 1930 correctly. However, a few students mentioned the causes that led to the launching of Non-Cooperation Movement.
7. A few students wrote vague points and failed to mention the provisions of the Rowlatt Act.
8. Few students wrote Hindu-Muslim Unity as the significance of the Congress session held at Lahore.

❑❑

Chapter 2 — Events Leading to the Quit India Movement (1935-1943)

Chapter at a Glance

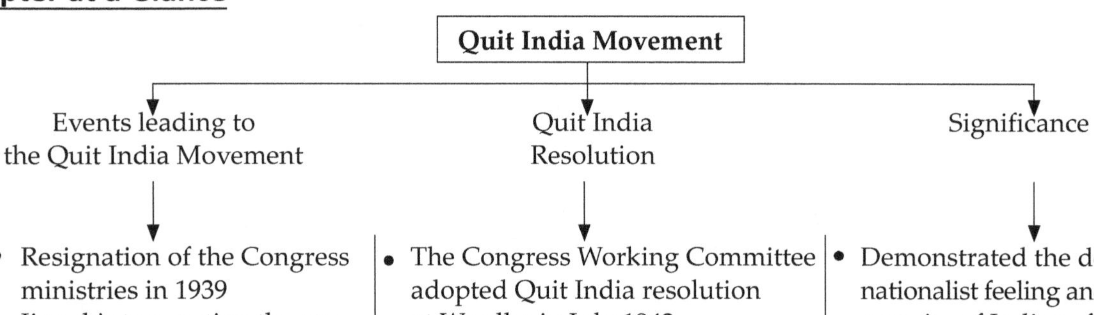

Multiple choice questions

1. On being arrested for his 'Quit India' programme, where was Gandhiji detained?
   (a) Yervada Jail
   (b) Byculla Prison
   (c) Aga Khan Palace Jail
   (d) Ahmedabad Prison

2. The historic August session of the All-India Congress Committee, at which the Quit India Resolution was passed, was held at Gowali Park in ....?
   (a) Bombay   (b) Calcutta
   (c) Ahmedabad   (d) Amritsar.

3. In which year did Mahatma Gandhi start the Quit India Movement?
   (a) 1940   (b) 1942
   (c) 1944   (d) 1946.

4. The 'Mantra' given by Gandhiji during the Quit India Movement:
   (a) An eye for eye only ends up making the whole world blind.'
   (b) 'To Do or Die.'
   (c) 'If you don't ask, you don't get it.'
   (d) 'Hate the sin, love the sinner.'

5. The 'August Offer' was made by:
   (a) Viceroy Lord Linlithgow
   (b) Mohamad Ali Jinnah.
   (c) Mahatma Gandhiji.
   (d) Viceroy Lord Irwin.

6. Muslim League reaction to the resignation of Congress Ministers:
   (a) Celebrated the day as 'Independence Day.'
   (b) Celebrated the day as 'Deliverance Day.'
   (c) Stood by the Congress leaders against the British.
   (d) Started to foster Hindu-Muslim unity.

7. British Government's reaction to the resignation of Congress Ministers:
   (a) Felt relieved as the Congress controlled eight out of the eleven provinces.
   (b) Rejected the resignations and reinstated the Congress leadership.
   (c) Requested the Muslim League to control the provinces.
   (d) Prisoned all the Congress Ministers.

8. Individual Satyagraha started on:

(a) July 1937. (b) 8th August 1942.

(c) 1st June 1940. (d) 17th October 1940.

9. The proposal of Cripps Mission regarding the Princely states:

(a) Any province not willing to join the Union could have a separate constitution and form a separate Union.

(b) Princely states give full protection to religious and racial minorities.

(c) Princely states follow the Divide and Rule policy.

(d) Princely states had to be a part of India or Pakistan.

10. Sir Stafford Cripps was sent to India to:

(a) Plan partition of India.

(b) Assure Muslim League of their role in the constitutional scheme.

(c) Divide Pakistan into East and West Pakistan.

(d) Break the political deadlock between Indian leaders and the British Government.

11. Important proposal of Cripps offer is:

(a) Viceroy would be the head of the Indian Union.

(b) Creation of 2 states.

(c) India would be given Dominion Status after the end of the war.

(d) No Constituent Assembly would be set up.

12. The Quit India Resolution was passed on:

(a) 8th August 1942 in Calcutta.

(b) 8th August 1942 in Mumbai.

(c) July 1942 in Wardha.

(d) June 1st 1940.

13. Quit India Resolution stated:

(a) India is joining the British in the Second World War.

(b) British Rule in India must end immediately.

(c) India will be partitioned into 2 nations.

(d) British to leave India in God's hands.

Choose Incorrect Options

14. Congress rejected the 'August Offer' because:

(a) The offer proposed Dominion Status for India after the Second World War.

(b) Congress had formed ministries in the United Provices.

(c) The British government tried to create a rift and put religious minorities and Princes against the Congress.

(d) It strengthened the hands of Jinnah to veto all constitutional progress.

15. Cripps Mission was rejected by the Congress for the following reasons:

(a) Sir Stafford Cripps, a member of the War Cabinet proposed Cripps Mission.

(b) It contained provision which could divide India into hundreds of independent provinces.

(c) There was no time limit within which the Constitution making body was to be set up.

(d) The Congress wanted that all subjects, including defence, should be handed over to the National Government.

16. Impact of Quit India Movement:

(a) It demonstrated the depth of the nationalist feeling in India.

(b) It made it clear that the British would no longer find it possible to rule India against the wishes of the people.

(c) Japan's victory and Japanese forces reached up to North-Eastern borders of India.

(d) Emergence of parallel governments in Ballia in U.P. Midnapur in Bengal and Satara in Maharashtra.

Chronology Based

17. Arrange the following events during the Indian struggle for independence in correct chronological order (from the earliest to the latest):

   I. Churchill announces the Cripps Mission.

   II. Quit India Resolution was passed by the Congress

   III. Congress ministries in the provinces resign against the war policy of the British Govt.

   IV. Lahore session of the Muslim League passes the Pakistan Resolution

(a) II, I, IV, III (b) IV, III, II, I

(c) I, II, III, IV (d) III, IV, I & II.

Fill in the blanks:

18. The slogan given by Gandhiji during Quit India Movement was ....

(a) Delhi Chalo (b) Jai Hind

(c) Do or Die (d) Simon Go Back

19. After all failure of the ...., there was a feeling of frustration among all the sections of people.

(a) Cabinet Mission (b) Cripps Mission

(c) Simon Commission (d) August Offer

Match the Columns

20. Match List I with List II and select the correct answer by using the codes given below the lists:

	List I		List II
I.	Bombay session of INC	(A)	Declaration of Independence of India
II.	Lahore session of INC	(B)	Resolution on fundamental rights
III.	Karachi session of INC	(C)	Resolution for Pakistan
IV.	Lahore session of Muslim League	(D)	Quit India Movement

Codes :

(a) I – B, II – A, III – C, IV – D

(b) I – A, II – D, III – C, IV – B

(c) I – A, II – D, III – B, IV – C

(d) I – D, II – A, III – B, IV – C

21. Match List I with List II and select the correct answer by using the codes given below the lists:

	List I		List II
I.	August Offer	(A)	Cripps Mission
II.	Sir Stafford Cripps	(B)	Indian National Army
III.	Winston Churchill	(C)	Lord Linlithgow
IV.	Subhash Chandra Bose	(D)	Prime Minister of United Kingdom

Codes:

(a) I – B, II – A, III – D, IV – C

(b) I – C, II – A, III – D, IV – B

(c) I – D, II – A, III – C, IV – B

(d) I – C, II – A, III – B, IV – D

Assertion-Reason

In the question given below, there are two statements marked as Assertion (A) and Reason (R). Read the statements and chose the correct option:

22. **Assertion (A):** The Indian National Congress launched Quit India Movement on August 8, 1942.

    Reason (R): India was drawn into the Second World War without consulting Indians.

    (a) Both A and R are true and R is the correct explanation of A.

    (b) Both A and R are true but R is not the correct explanation of A.

    (c) A is true but R is false.

    (d) A is false but R is true.

23. **Assertion (A):** The Indian National Congress was not represented in the Third Round Table Conference.

    Reason (R): Congress had boycotted it.

    (a) Both A and R are true and R is the correct explanation of A.

    (b) Both A and R are true but R is not the correct explanation of A.

    (c) A is true but R is false.

    (d) A is false but R is true.

Picture based questions

24. Study the picture given and choose the correct option:

The two main leaders in the picture are:

(a) Viceroy, Lord Irwin and Gandhiji.

(b) Jinnah and Gandhiji.

(c) Sir Stafford Cripps and Gandhiji.

(d) Sir Stafford Cripps and Nehru

Analogy based questions

25. Complete the given analogy.

    Sir Stafford Cripps : Cripps Mission :: Lord Linlithgow : ?

    (a) August Offer

    (b) Communal Award

    (c) Cabinet Mission

    (d) Dominion Status

26. Complete the given analogy.

    Civil Disobedience Movement : Lord Irwin :: Quit India Movement : ?

    (a) Lord Mountbatten

    (b) Lord Minto

    (c) Lord Chelmsford

    (d) Lord Linlithgow

27. Complete the given analogy.

    'Delhi Chalo' : Subhash Chandra Bose :: 'Do or Die' : ?

    (a) Jawaharlal Nehru

    (b) Mahatma Gandhi

    (c) Bal Gangadhar Tilak

    (d) Ram Manohar Lohia

Answers

Multiple choice questions

1. (c) Aga Khan Palace Jail
2. (a) Bombay
3. (b) 1942
4. (b) 'To Do or Die.'
5. (a) Viceroy Lord Linlithgow
6. (b) Celebrated the day as 'Deliverance Day.'
7. (a) Felt relieved as the Congress controlled eight out of the eleven provinces.
8. (d) 17th October 1940.
9. (a) Any province not willing to join the Union could have a separate constitution and form a separate Union.
10. (d) Break the political deadlock between Indian leaders and the British Government.
11. (c) India would be given Dominion Status after the end of the war.
12. (b) 8th August 1942 in Mumbai.
13. (b) British Rule in India must end immediately.

Choose Incorrect Options

14. (b) Congress had formed ministries in the United Provices.
15. (a) Sir Stafford Cripps, a member of the War Cabinet proposed Cripps Mission.

16. (c) Japan's victory and Japanese forces reached up to North-Eastern borders of India.

Chronology Based

17. (c) I, II, III, IV

Fill in the blanks

18. (c) Do or Die
19. (b) Cripps Mission

Match the Columns

20. (d) I – D, II – A, III – B, IV – C
21. (a) I – C, II – A, III – D, IV – B

Assertion-Reasoning

22. (c) A is true but R is false.
23. (c) A is true but R is false.

Picture based questions

24. (c) Sir Stafford Cripps and Gandhiji

Analogy based questions

25. (a) August Offer
26. (d) Lord Linlithgow
27. (b) Mahatma Gandhi

Word of Advice

1. Several students wrote the reasons for the launching of the Quit India Movement such as 'economic distress', while some wrote the causes of other mass movements led by Gandhi such as the Non-Cooperation Movement and the Civil Disobedience Movement.
2. A few jumbled up the parts with the impact of the Non-Cooperation Movement and the Civil Disobedience Movement. Some students wrote that the British quit India and we gained independence as the effect of the Quit India Movement.
3. Several students, instead of stating the reasons for the launching of the Quit India Movement, wrote the reasons for launching the other movements like Civil Disobedience Movement and Non-Cooperation Movement.
4. Some students wrote only two effects and repeated the same points in different forms.

❑❑

Chapter 3

Subhash Chandra Bose and the Indian National Army (INA)

Chapter at a Glance

Subhash Chandra Bose was born on January 23, 1897 at Cuttack in Orissa.

He went to England and passed Indian Civil Service Examination.

He was unanimously elected the President at the Haripura session of Congress in 1938 and was re-elected for the second term at the Tripuri Congress session in 1939.

Forward Bloc

Subhash Chandra Bose on account of his differences with Gandhiji and the Congress Working Committee resigned from the Congress in 1939 and founded the Forward Bloc.

Objectives

Liberation of India with support of workers, peasants, youth and other organisations

- To establish a socialist state after attaining independence.
- Reorganisation of agriculture and industry along socialist lines.
- Abolition of zamindari system.
- Introduction of a new monetary and credit system.

Objectives of the INA

The idea for the formation of the INA (Indian National Army) was conceived by Captain Mohan Singh, an Indian officer in the British Army.

To organise armed struggle against the British with modern weapons

To establish provisional government and mobilise the armed forces to free India

The three guiding principles of the INA were unity, faith and justice

Contribution of Subhash Chandra Bose

He led freedom struggle outside India as a supreme Commander of the INA.	He declared war on Britain and the USA and acquired Andaman and Nicobar Islands with the help of Japan.	The INA succeeded in capturing Ukhral and Kohima in Assam Hills from the British forces.	The INA set an inspiring example of patriotism.

Multiple choice questions

1. When did Netaji Subhash Chandra Bose escape from his resident to go Russia?
   (a) 1938   (b) 1940
   (c) 1941   (d) 1943

2. As President of Indian National Congress, Subhash Chandra Bose laid emphasis upon which of the following?
   1. India's Industrialization
   2. Planned economic growth on the Soviet Pattern
   3. Formation of National Planning Committee

   Select the correct option from the codes given below:
   (a) Only 1 and 2   (b) Only 2 and 3
   (c) Only 1 and 3   (d) 1, 2 and 3

3. Who was Gandhiji's candidate against S.C. Bose in the Tripuri session of the Indian National Congress?
   (a) Maulana Md. Ali   (b) Jawaharlal Nehru
   (c) M.A. Ansari   (d) Pattabhi Sitaramayya

4. At which among the following conferences, a 34 point resolution was passed by which the Indian National Army was made subordinate to the Indian Independence League?
   (a) Bangkok Conference
   (b) Tokyo Conference
   (c) Singapore Conference
   (d) Penang Conference

5. Who among the following leaders joined Subhash Chandra Bose to establish the All India Forward Bloc and also participated in the INA Movement?
   (a) Baikuntha Shukla
   (b) J.P. Narayan
   (c) Ramnarayan Prasad
   (d) Sheel Bhadra Yajee

6. Who was defeated by Subhash Chandra Bose during his re-election as President of INC at the Tripuri Session in 1939?
   (a) J.B.Kriplani
   (b) Pattabhi Sitaramayya
   (c) Rajendra Prasad
   (d) Abul Kalam Azad

7. The I.N.A. was organized by Netaji Subhash Chandra Bose at which of the following places?
   (a) Rangoon
   (b) Singapore
   (c) Taiwan
   (d) Tokyo

8. Consider the following statements:
   1. Indian Civil Liberties Union (ICLU) was established by Jawarharlal Nehru.
   2. National Planning Committee was first set up by Subhash Chandra Bose and chaired by Jawaharlal Nehru.

   Which of the above statements is/are correct?
   (a) 1 Only
   (b) 2 Only
   (c) Both 1 and 2
   (d) Neither 1 nor 2

9. In which of the following countries did Subhash Chandra Bose organize the "Tiger Legion"?
   (a) Singapore
   (b) Germany
   (c) Japan
   (d) Italy

10. Where did Netaji Subhash Chandra Bose established provisional government of free India?
    (a) Singapore
    (b) Burma
    (c) Malaysia
    (d) Germany

11. During which of the following years, Port Blair was the headquarters of the Azad Hind government under Subhash Chandra Bose?
    (a) 1941-42
    (b) 1942-43
    (c) 1943-44
    (d) 1944-45

12. In which year, Interim Government of India (Arzi Hukumat-i-Hind) was formed by Subhash Chandra Bose?
    (a) 1941
    (b) 1942
    (c) 1943
    (d) 1945

13. Which of the following leader is not associated with Azad Hind Fauz?
    (a) Major General Shah Nawaz Khan
    (b) Colonel Prem Kumar Sahgal
    (c) Colonel Shaukat Ali Malik
    (d) Kartar Singh

14. The title of 'Father of the Nation' was given to the Mahatma Gandhi by......
    (a) Rabindranath Tagore
    (b) Subhash Chandra Bose
    (c) Bal Gangadhar Tilak
    (d) None of these

Chronology Based

15. Arrange the following events in the life of Netaji Subhash Chandra Bose in correct chronological order (from the earliest to the latest):
    I. He was nominated as the President of Indian National Congress.
    II. He launched All India Forward Bloc.
    III. He escaped from India.
    IV. He disappeared.
    (a) II, I, IV, III   (b) IV, III, II, I
    (c) I, II, III, IV   (d) III, IV, I & II.

16. Arrange the following events in the life of Netaji Subhash Chandra Bose in correct chronological order (from the earliest to the latest):
    I. Formed Azad Hind Government in exile.
    II. Gave the slogan "March to Delhi".
    III. Formed Rani of Jhansi Regiment.
    IV. Accepted the Presidentship of Indian Independence League.
    (a) II, I, IV, III   (b) IV, II, III, I
    (c) I, II, III, IV   (d) III, IV, I & II.

17. Arrange the following events in the life of Netaji Subhash Chandra Bose in correct chronological order (from the earliest to the latest):
    I. Sent to Mandlay Jail
    II. Nominated General Secretary of the Congress with Jawaharlal Nehru.
    III. Became the President of the Indian National Congress for the first time at Haripura.
    IV. Appeared the Indian Civil Services Exam (ICS) in London.
    (a) II, I, IV, III   (b) IV, I, II, III
    (c) I, II, III, IV   (d) III, IV, I & II.

Fill in the blanks

18. The Indian National Army was formed by ....
    (a) Mahatma Gandhi
    (b) Ras Behari Bose
    (c) Jawaharlal Nehru
    (d) Khudiram Bose

19. The Provisional Government of Free India was formed in ....
    (a) England   (b) Dhaka
    (c) Singapore   (d) Rangoon

20. The name of all women regiment of the INA was ....
    (a) Aruna Asif Brigade
    (b) Kamla Nehru Brigade
    (c) Ahilya Bai Brigade
    (d) Rani Jhansi Brigade

21. The trial of INA soldiers took place at ....
    (a) Vikramaditya Fort, Chunar
    (b) Red Fort, Agra
    (c) Red Fort, New Delhi
    (d) None of the above

Match the Columns

22. Match List I with List II and select the correct answer by using the codes given below the lists:

	List I		List II
I.	Captain Lakshmi Swaminathan	(A)	Founder of Indian National Army
II.	Rash Behari Bose	(B)	Rani Jhansi Brigade
III.	Subhash Chandra Bose	(C)	Founder of Provisional Government of Free India
IV.	Major General Shahnawaz Khan	(D)	Indian National Army trials

Codes:
(a) I – B, II – A, III – C, IV – D
(b) I – A, II – D, III – C, IV – B
(c) I – A, II – D, III – B, IV – C
(d) I – D, II – A, III – B, IV – C

23. Match List I with List II and select the correct answer by using the codes given below the lists:

	List I		List II
I.	Tej Bahadur Sapru	(A)	Name given to Subhash Chandra Bose by Indian soldiers of German Indische Legion
II.	'Netaji'	(B)	Founder of All India Forward Bloc
III.	Subhash Chandra Bose	(C)	First Commander-in-Chief of the INA
IV.	Mohan Singh	(D)	Lawyer for the defendants of INA trials

Codes:
(a) I – B, II – A, III – C, IV – D
(b) I – A, II – D, III – C, IV – B
(c) I – A, II – D, III – B, IV – C
(d) I – D, II – A, III – B, IV – C

Assertion-Reason

In the questions given below, there are two statements marked as **Assertion (A)** and **Reason (R)**. Read the statements and choose the correct option:

24. **Assertion (A):** Despite having been elected as the President of the Indian National Congress in 1939 by defeating Gandhiji's nominated candidate, Subhash Chandra Bose had to resign from the membership of Congress.

    Reason (R): Gandhiji wanted to make Sitaramaiyya the President of the Indian National Congress.

    (a) Both A and R are true and R is the correct explanation of A.

    (b) Both A and R are true but R is not the correct explanation of A.

    (c) A is true but R is false.

    (d) A is false but R is true.

25. **Assertion (A):** In May 1942, Subhash Chandra Bose left Germany for South East Asia.

    Reason (R): Land invasion of India by German forces had become impossible as German forces were deeply involved on Russian front.

    (a) Both A and R are true and R is the correct explanation of A.

    (b) Both A and R are true but R is not the correct explanation of A.

    (c) A is true but R is false.

    (d) A is false but R is true.

26. **Assertion (A):** Having nearly captured Imphal the combined forces of Japanese army and the INA suffered heavy casualties and had to retreat.

    Reason (R): The Japanese and the INA forces were short of ration and were starving, they did not get the support of Japanese Air Force.

    (a) Both A and R are true and R is the correct explanation of A.

    (b) Both A and R are true but R is not the correct explanation of A.

    (c) A is true but R is false.

    (d) A is false but R is true.

Choose True Statements

27. Given below are some statements. Choose the correct statements.

    I. Subhash Chandra Bose quit the Indian Civil Service in 1921.

    II. In the early years of his political career Subhas Chandra Bose worked as Congress worker in Bengal under Chittaranjan Das.

    III. Subhash Chandra Bose defeated Gandhiji in 1938 to become the President of the Indian National Congress.

    IV. Subhash Chandra Bose resigned from Congress and founded Forward Bloc in 1939.

    (a) Only I and II are correct

    (b) All are correct

    (c) All except III are correct

    (d) I, II and III are correct

28. Given below are some statements. Choose the correct statements.

    I. Subhash Chandra Bose founded the Indian National Army.

    II. INA under the command of Subhash Chandra Bose captured Malaya Peninsula in 1943.

    III. Subhash Chandra Bose was the President of the Provisional Government of Free India.

    IV. Subhash Chandra Bose died in an aircraft crash while escaping to Korea.

    (a) Only I is correct

    (b) Only I and II are correct.

    (c) All are correct

    (d) Only III is correct

Case Studies

29. During his term as Congress President, he talked of planning in concrete terms, and set up a National Planning Committee in October that year. At the end of his first term, the presidential election to the Tripuri Congress session took place early 1939. He was re-elected, defeating Dr. Pattabhi Sitaramayya who had been backed by Mahatma Gandhi and the Congress Working Committee.

    Who in this above passage has been referred to as 'He'?

    (a) Mahatma Gandhi

    (b) Motilal Nehru

    (c) Jawaharlal Nehru

    (d) Subhash Chandra Bose

30. After the outbreak of World War II, Japan invaded Southeast Asia and conducted a lightning campaign which culminated in the fall of the Malay peninsula and Singapore in 1942. From the prisoners of war who were captured, the Japanese created an auxiliary army to fight against the British.

    What was the name of the force created by the Japanese?

    (a) Indian Legion

    (b) Indian National Army

(c) Rani Jhansi Brigade

(d) Tipu Sultan Regiment

Picture based questions

Look at the picture carefully and answer the questions which follow:

31. What is Netaji Subhash Chandra Bose doing in the picture?

(a) Inspecting Rani Jhansi Brigade

(b) Inspecting the Chand Bibi Nursing Corps of INA

(c) Inspecting the women's battalion of Indian Legion.

(d) None of these

32. Who is the lady marching along with Netaji?

(a) Janky Athi Nahappan

(b) Laxmi Swaminathan

(c) Janki Devar

(d) None of these

Look at the picture carefully and answer the questions which follow -

33. What does the picture depict?

(a) Formation of Provincial Government of Azad Hind on 21 October, 1943

(b) Formation of Provincial Government of Azad Hind on 21 October, 1941

(c) Formation of Provincial Government of Azad Hind on 21 October, 1942

(d) None of the above

34. Which of the following statements is/are correct about Subhash Chandra Bose?

I. He was born on 23 Jan. 1891.

II. He was the founder of the Indian National Army.

III. His father was Janakinath Bose.

(a) Only I and II

(b) Only III

(c) Only II and III

(d) None of the above

Analogy based questions

35. Complete the given analogy.

Congress Session in 1938 : Haripura :: Congress Session in 1939 : ?

(a) Nagpur   (b) Tripuri

(c) Karachi   (d) Lahore

36. Complete the given analogy.

Forward Bloc : Subhash Chandra Bose :: Indian Independence League : ?

(a) Mohan Singh   (b) Shah Nawaz Khan

(c) Kartar Singh   (d) Rash Behari Bose

37. Complete the given analogy.

Indian National Army : 1942 :: Forward Bloc : ?

(a) 1938   (b) 1939

(c) 1940   (d) 1942

Answers

Multiple choice questions

1. (c) 1941

2. (d) 1, 2 and 3

3. (d) Pattabhi Sitaramayya

4. (a) Bangkok Conference

5. (d) Sheel Bhadra Yajee

6. (b) Pattabhi Sitaramayya

7. (b) Singapore

8. (c) Both 1 and 2

9. (b) Germany

10. (a) Singapore

11. (c) 1943-44

12. (c) 1943

13. (d) Kartar singh

14. (b) Subhash Chandra Bose

Chronology Based

15. (c) I, II, III, IV

16. (a) II, I, IV, III

17. (b) IV, I, II, III

Fill in the blanks

18. (b) Ras Behari Bose
19. (c) Singapore
20. (d) Rani Jhansi Brigade
21. (c) Red Fort, New Delhi

Match the Columns

22. (a) I – B, II – A, III – C, IV – D
23. (d) I – D, II – A, III – B, IV – C

Assertion-Reasoning

24. (a) Both A and R are true and R is the correct explanation of A.
25. (c) A is true but R is false.
26. (c) A is true but R is false.

Choose True Statements

27. (c) All except III are correct

28. (d) only III is correct

Case Studies

29. (d) Subhash Chandra Bose
30. (b) Indian National Army

Picture based questions

31. (a) Inspecting Rani Jhansi Brigade
32. (b) Laxmi Swaminathan
33. (a) Formation of Provincial Government of Azad Hind on 21 October, 1943
34. (c) Only II and III

Analogy based questions

35. (b) Tripuri
36. (d) Rash Behari Bose
37. (b) 1939

Word of Advice

1. Many students confused the objectives of the Forward Bloc with the objectives of the INA.
2. Majority of the students, instead of stating the objectives of the Forward Bloc, mentioned the objectives of the Indian National Army.
3. Many students, instead of mentioning the objectives of the Indian National Army either mentioned the objectives of the Forward Bloc or a mix of the objectives of both Forward Bloc and the Indian National Army.
4. Many students confused the objectives of INA with the objectives of Forward Bloc.
5. Few students wrote the objectives of INA and not its contributions.

❏❏

Chapter 4 — Towards Independence and Partition of India (1944-1947)

Chapter at a Glance

Mountbatten Plan
(Congress and Muslim League accepted the Plan)

- Division of the country into India and Pakistan.
- Native states were given freedom to choose either of the two dominious or remain independent.
- A separate Constituent Assembly would be constituted for Pakistan.
- Provinces of Bengal, Pubjab and Assam were to be divided on the basis of religion.
- A Boundary Commission to be set up.
- India was given the option of joining the British Commonwealth.

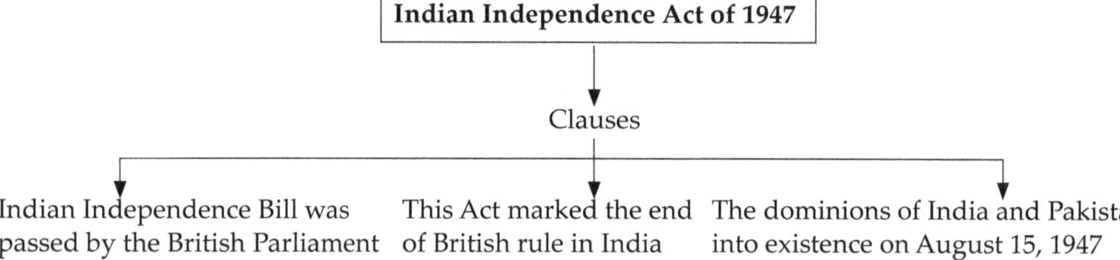

Multiple choice questions

1. The features of the proposed Union of India by the Cabinet Plan included:
   1. Weak Centre with limited powers
   2. Residuary powers vested in the Centre
   3. India's right to cede from the Commonwealth
   4. All the members of the Interim cabinet would be Indians

   Select the correct statements from the codes given below:
   (a) Only 1, 2 and 3   (b) Only 1, 3 and 4
   (c) Only 3 and 4   (d) 1, 2, 3 and 4

2. Which day was declared as the Direct Action Day by the Muslim League?
   (a) 3rd September 1946
   (b) 16th August 1946
   (c) 16th May 1946
   (d) 4th December 1946

3. Which party was in power in the U. K. when India became independent?
   (a) Liberal
   (b) Conservative
   (c) Labour
   (d) No party, since a National Government was in power there

4. The Interim Government at the centre was formed in 1946 :
   (a) Before the visit of the Cabinet Mission
   (b) After the visit of the Cabinet Mission
   (c) As a result of Cripps Mission
   (d) After Mountbatten came to India for transfer of power to Indians

5. Who was the Prime Minister of U. K. at the time of India's Independence?
   (a) Winston Churchill (b) Clement Attlee
   (c) Lord Mountbatten   (d) Ramsay MacDonald

6. Who was the Viceroy during the time Mr. Attlee of England declared the British intention to transfer power to Indians?
   (a) Lord Wavell   (b) Lord Irwin
   (c) Lord Linlithgow   (d) Lord Mountbatten

7. Lord Mountbatten came to India as Viceroy along with specific instruction to:
   (a) balkanize the Indian subcontinent
   (b) keep India united if possible
   (c) accept Jinnah's demand for Pakistan
   (d) persuade the Congress to accept partition

8. According to the Mountbatten Plan, which of the following provinces was not to be included in the Indian dominion ?
   (a) Madras   (b) Bombay
   (c) Sindh   (d) Bihar

9. Who among the following was not the member of the Cabinet Mission which visited India in 1946 ?
   (a) Lord Mountbatten
   (b) Sir Stafford Cripps
   (c) A.V. Alexander
   (d) Lord Pethick Lawrence

10. In which year did the Indian Naval Mutiny against the British take place?
    (a) 1857   (b) 1940
    (c) 1942   (d) 1946

11. Who headed the Cabinet Mission 1946 ?
    (a) A.V. Alexander
    (b) Sir Stafford Cripps
    (c) Lord Pethick Lawrence
    (d) None of the above

12. Who was responsible for the integration of Indian Princely States ?
    (a) Lord Mountbatten
    (b) Jawaharlal Nehru
    (c) C. Rajagopalachari
    (d) Sardar Vallabhbhai Patel

13. Who voted against the partition of India in the A.I.C.C. meeting held on 14 June 1947 ?
    (a) Sardar Patel
    (b) Abul Kalam Azad
    (c) Khan Abdul Ghaffar Khan
    (d) Govind Ballabh Pant

14. The proposals for the partition of India into India and Pakistan were contained in the:
    (a) Cabinet Mission Proposals
    (b) Cripps Mission Proposals
    (c) Mountbatten Plan of 3rd June, 1947
    (d) Prime Minister Attlee's statement of 20th February, 1947

15. On February 20, 1947, British Prime Minister Clement Attlee announced what deadline to solve issues for granting of independence to India ?
    (a) June, 1947   (b) August, 1947
    (c) June, 1948   (d) August, 1948

Chronology Based

16. Arrange the following events during the period 1944 to 1947 in correct chronological order (from the earliest to the latest):
    I. Clement Attlee's June, 1948 deadline for India's Independence
    II. Direct Action Day proclaimed by Jinnah
    III. Congress led interim government formed at the centre with Jawaharlal Nehru as the Prime Minister of United India
    IV. Mountbatten Plan
    (a) II, III, I, IV   (b) IV, III, II, I
    (c) I, II, III, IV   (d) III, IV, I, II

17. Arrange the following events during the period 1944 to 1947 in correct chronological order (from the earliest to the latest):
    I. Calcutta riots as an aftermath of Jinnah's Direct Action Day
    II. Congress wins coalition majority with Sikhs in the elections for central legislative assembly and clear-cut majority on its own in Hindu dominated provincial assembly constituencies
    III. Royal Indian Navy mutiny
    IV. Quit India Resolution passed during Bombay session of INC
    (a) II, I, IV, III   (b) IV, II, I, III
    (c) I, II, III, IV   (d) III, IV, I, II.

18. Arrange the following during the period 1944 to 1947 in correct chronological order (from the earliest to the latest):
    I. Churchill and Cripps offer dominion status to India after the end of Second World War.
    II. Lord Linlithgow proposes dominion status for India after the Second World War.
    III. Cabinet Mission arrives in Delhi
    IV. Quit India Movement launched by INC
    (a) II, I, IV, III   (b) IV, II, III, I
    (c) I, II, III, IV   (d) III, IV, I, II.

19. Arrange the following during the period 1944 to 1947 in correct chronological order (from the earliest to the latest):
    I. Direct Action Day
    II. Formation of Provisional Government of Free India.
    III. Fall of Burma
    IV. Royal Indian Navy mutiny

(a) II, III, IV, I   (b) IV, II, III, I

(c) I, II, III, IV   (d) III, IV, I, II

Fill in the Blanks

20. The British Government officially conceded partition of India for the first time by enacting ....
    (a) Indian Independence Act, 1947
    (b) Indian Independence Act, 1946
    (c) Indian Independence Act, 1945
    (d) Indian Independence Act, 1944

21. The demarcation of boundary between India and Pakistan is based on ....
    (a) Morley-Minto Award
    (b) Durand Award
    (c) Radcliffe Award
    (d) None of the above

22. The Lahore Resolution of Muslim League for creation of Pakistan was prepared by ....
    (a) Maulana Muhammad Ali
    (b) Zafarullah Khan
    (c) Maulana Shuakat Ali
    (d) Allama Iqbal

23. The Cabinet Mission was headed by ....
    (a) Lord Louis Mountbatten
    (b) Lord Irwin
    (c) Lord Pethick Lawrence
    (d) None of the above

24. Indian National Congress rejected the Cabinet Mission Plan because the Congress leaders thought that ....
    (a) not in favour of poor peaople
    (b) it is only favour of Britishers.
    (c) the proposed federal government was to have very little power, hence would fail.
    (d) None of the above

Assertion-Reasoning

In the question given below, there are two statements marked as Assertion (A) and Reason (R). Read the statements and chose the correct option:

25. **Assertion (A):** The Cabinet Mission of 1946 had come to India whether an agreement could be reached at Congress and the Muslim League so as to grant independence to India without partitioning her.

    Reason (R): After deliberations with both Congress and the League the mission came to the conclusion that there was no any possibility of a united independent India.

    (a) Both A and R are true and R is the correct explanation of A.
    (b) Both A and R are true but R is not the correct explanation of A.
    (c) A is true but R is false.
    (d) A is false but R is true.

26. **Assertion (A):** The Viceroy Lord Wavell presided the Second Shimla Conference of leaders of all important political parties of India in June, 1945.

    Reason (R): Lord Wavell wanted to persuade Muslim League to drop the idea of a separate Pakistan by offering the Muslims equal representation in the Viceroy's Executive Council.

    (a) Both A and R are true and R is the correct explanation of A.
    (b) Both A and R are true but R is not the correct explanation of A.
    (c) A is true but R is false.
    (d) A is false but R is true.

27. **Assertion (A):** The Cabinet Mission of 1946 had come to India whether an agreement could be reached at Congress and the Muslim League so as to grant independence to India without partitioning her.

    Reason (R): After deliberations with both Congress and the Muslim League the Mission came with a final formula for independence. According to the formula there would be a three tier government in united India; a federal government with only defence, foreign affairs and communications as it's legislative subjects, all other legislative subjects of were to remain with the provinces. The provinces had an option to join one of the three groupings of provinces namely group comprising Assam and Bengal, other group comprising of Sindh, North West Frontier Province and Punjab and the third group comprising of the Hindu majority provinces.

    (a) Both A and R are true and R is the correct explanation of A.
    (b) Both A and R are true but R is not the correct explanation of A.
    (c) A is true but R is false.
    (d) A is false but R is true.

Choosing True Statements

28. Given below are some statements about the 1946 elections for the provincial assemblies. Choose the correct statements.
    I The Indian National Congress won 90% of the general non-Muslim seats.
    II The All India Muslim League won 87% of the Muslim seats.

III Congress though having secured less seats than the Muslim League in Punjab, could form government there by forging an alliance with the Unionist Party and the Akali Dal.

IV Congress formed government on its own in North West Frontier Province.

(a) Only I and II are correct.

(b) All are correct

(c) All except IV are correct.

(d) I, II and IV are correct.

29. Given below are some statements related to the provisions of the Indian Independence Act, 1947. Choose the correct statements.

I An interim government would be formed until a new constitution is prepared for the independent India.

II The Crown was to remain the source of power in independent India.

III The veto power of the Governor General was to be taken away with India's independence.

IV A Constituent Assembly would be formed which would make the Constitution and would also function as the central legislative assembly till the making and adoption of the same.

V Until a constitution for the independent India is created, the Government of India Act, 1935 with necessary modifications would serve as the interim constitution for India.

(a) Only I and II are correct

(b) All are correct

(c) All except V are correct

(d) I, IV and V are correct

Case Studies

30. Read the paragraph and answer the following question:

The Rajaji formula was a proposal formulated by Chakravarti Rajagopalachari to solve the political deadlock between the All India Muslim League and the Indian National Congress on the independence of British India. The main provision in the formula was holding a plebiscite based on adult suffrage, about creation of Pakistan in all the provinces in which Jinnah claimed that Muslims formed a majority.

i. What political deadlock is being referred to in the para given above?

(a) The League demanding Pakistan and the Congress against the partition of India.

(b) The League demanding a federation of provinces with three groupings of provinces

while the Congress demanding a strong central government.

(c) Jinnah asking for the Prime Ministership of the interim government of united India for himself while Nehru demanding partition of India.

(d) The British Government laying partition as a precondition for granting independence while both League and Congress rejecting partition.

31. Read the paragraph and answer the following question:

Among princely states, the violence was often highly organised with the involvement or complicity of the rulers. It is believed that in the Sikh states (except for Jind and Kapurthala), the Maharajas were complicit in the ethnic cleansing of Muslims.

i. What is the period to which the above passage relates?

(a) the Khilafat Movement (1919 to 1924)

(b) the Lahore resolution of Muslim League

(c) Shortly before the proclamation of Direct Action Day by Jinnah

(d) None of the above

Picture based question

32. Look at the picture carefully and answer the question which follows:

What does the picture depict?

(a) Mass migration of Indians across the Radcliffe Line

(b) People thronging to Kumbh at Prayagraj

(c) Sikhs going for pilgrimage to Nankana Sahib in Pakistan

(d) None of the above

Analogy based questions

33. Complete the given analogy.

Wavell Plan : Lord Wavell :: Cabinet Mission : ?

(a) Pethic Lawrence   (b) Lord Mountbatten

(c) Lord Linlithgow   (d) Lord Irwin

34. Complete the given analogy.

Winston Churchill : Cripps Mission :: Clement Attlee : ?

(a) Wavell Plan   (b) August Offer

(c) Mountbatten Plan   (d) Communal Award

35. Complete the given analogy.

Governor-General of Pakistan : M.A. Jinnah :: Governor-General of India : ?

(a) Lord Mountbatten   (b) Jawaharlal Nehru

(c) C. Rajagopalachari   (d) Dr. Rajendra Prasad

Answers

Multiple choice questions

1. (b) Only 1, 3 and 4
2. (b) 16th August 1946
3. (c) Labour
4. (b) After the visit of the Cabinet Mission
5. (b) Clement Attlee
6. (a) Lord Wavell
7. (b) keep India united if possible
8. (c) Sindh
9. (a) Lord Mountbatten
10. (d) 1946
11. (c) Lord Pethick Lawrence
12. (d) Sardar Vallabhbhai Patel
13. (c) Khan Abdul Ghaffar Khan
14. (c) Mountbatten Plan of 3rd June, 1947
15. (c) June, 1948

Chronology Based

16. (a) II, III, I, IV
17. (b) IV, II, I, III
18. (a) II, I, IV, III
19. (c) I, II, III, IV

Fill in the blanks

20. (a) Indian Independence Act, 1947
21. (c) Radcliffe Award
22. (b) Zafarullah Khan
23. (c) Lord Pethick Lawrence

24. (c) the proposed federal government was to have very little power, hence would fail.

Assertion-Reasoning

25. (a) Both A and R are true and R is the correct explanation of A.
26. (c) A is true but R is false.
27. (c) A is true but R is false.

Choose True Statements

28. (b) All are correct
29. (d) I, IV and V are correct

Case Studies

30. (a) The League demanding Pakistan and the Congress against the partition of India
31. (c) Shortly before the proclamation of Direct Action Day by Jinnah

Picture based questions

32. (a) Mass migration of Indians across the Radcliffe Line.

Analogy based questions

33. (a) Pethic Lawrence
34. (c) Mountbatten Plan
35. (a) Lord Mountbatten

Word of Advice

1. Some students wrote about the proposals of Cabinet Mission Plan or the provisions of the Indian Independence Act, instead of Partition Plan.
2. Some students found it difficult to write four reasons why the Congress finally accepted the Partition Plan.
3. Some students mentioned the provisions of the Indian Independence Act other than the ones deciding the fate of the princely states, as asked for in the question.
4. Instead of mentioning the reasons for the acceptance of the Mountbatten Plan, a few students explained the provisions of the plan.
5. A few students mentioned the name of C. Rajagopalachari who was the last Governor-General of India.
6. Few students got confused between the Mountbatten Plan and the Indian Independence Act / the Cabinet Mission Plan.
7. The response of the Congress and the Muslim League to the Cabinet Mission Plan was not written separately.

❑❑

GEOGRAPHY

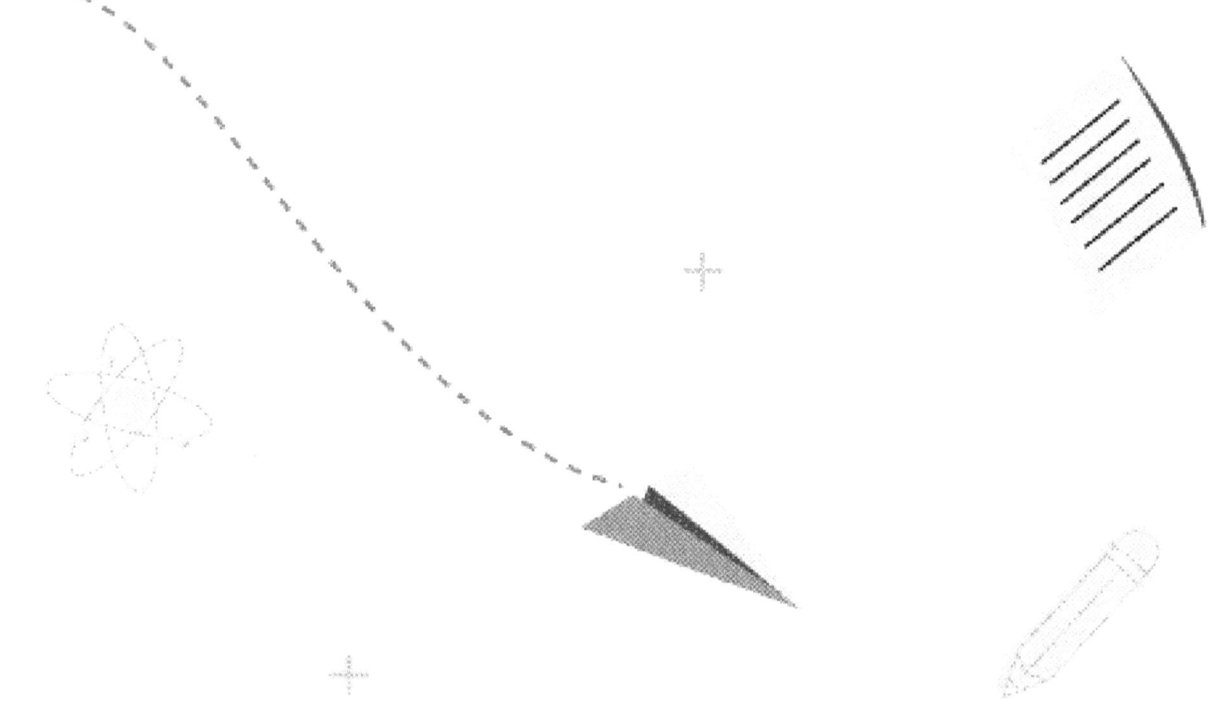

BIFURCATED SYLLABUS

H.C.G.: Paper - 2
(As per the Reduced Syllabus for ICSE - Class X Year 2022 Examination)
(SEMESTER - 1)

Max. Marks : 40

UNIT NO.	NAME OF THE UNIT
1.	**Interpretation of Topographical Maps** (Complete Unit)
3.	**Location, Extent and Physical Features** (through map only – not to be tested)
4.	**Climate** (Complete Unit)
5.	**Soil Resources** (Complete Unit)
6.	**Natural Vegetation** (Complete Unit)
7.	**Water Resources** (Complete Unit)

SYLLABUS
Geography
PART - I
MAP WORK

1. Interpretation of Topographical Maps

(a) Locating features with the help of a four-figure grid reference.

(b) Definition of contour and contour interval. Identification of landforms marked by contours (steep slope and gentle slope), triangulated height, spot height and benchmark.

(c) Interpretation of colour tints used on a topographical survey of India map.

(d) Identification and definition of types of scale given on the map.

Measuring direct distance and calculating area using the scale given therein.

(e) Marking directions between different locations, using eight cardinal points.

(f) Identify: Site of prominent villages and/or towns, types of occupation and means of communication with the help of the index given at the bottom of the sheet.

(g) Identification of drainage patterns (Dendritic, Trellis, Radial, and Disappearing) and settlement patterns (Scattered and Compact). Identification of direction of flow, left bank and right bank of a river.

(h) Identification of natural and man-made features.

(i) Meaning of important terms- Relative height / depth, broken ground, surveyed tree, fireline, causeway, aqueduct and diggi.

PART - II
Georgraphy of India

4. Climate

Distribution of Temperature, Rainfall, winds in Summer and Winter and factors affecting the climate of the area. Monsoon and its mechanism. Seasons: March to May – Summer; June to September – Monsoon; October to November - Retreating Monsoon. December to February – Winter. Study of climatic data.

5. Soil Resources

- Types of soil (alluvial, black, red and laterite) distribution, composition and characteristics such as colour, texture, minerals and crops associated.

- Soil Erosion – meaning, agents (water and wind), types (sheet and gully erosion) causes.

- Soil conservation - Meaning and methods (terrace farming, crop rotation, planting of shelter belts and afforestation).

6. Natural Vegetation

- Importance of forests.

- Types of vegetation (tropical evergreen, tropical deciduous, tropical desert, littoral and mountain), distribution and correlation with their environment.

- Forest conservation - meaning and methods (afforestation, reafforestation, social forestry, and farm forestry)

7. Water Resources

- Sources (Surface water and ground water).

- Need for conservation and conservation practices (Rain water harvesting and its importance).

- Irrigation: Importance and methods (wells, canals, tanks, drip irrigation, sprinkler irrigation - area, conditions and advantages).

GEOGRAPHY

Specimen Question Paper

ICSE SEMESTER 1 EXAMINATION
SPECIMEN QUESTION PAPER
GEOGRAPHY
H.C.G. - Paper – 2
Maximum Marks: 40
Time allowed: One hour (inclusive of reading time)
ALL QUESTIONS ARE COMPULSORY.
The marks intended for questions are given in brackets [ ].
Select the correct option for each of the following questions.

SECTION A (10 MARKS)

TOPOGRAPHY

Question 1

Refer to the images and answer the question that follow:

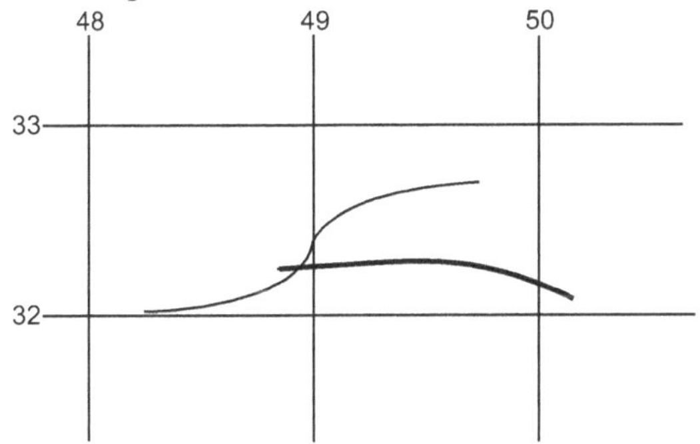

What does the black line in 4932 indicate   [1]

1. Open Scrub.   2. Dry land.

3. Broken land.   4. Seasonal stream.

Question 2

Refer to the images and answer the question that follow:

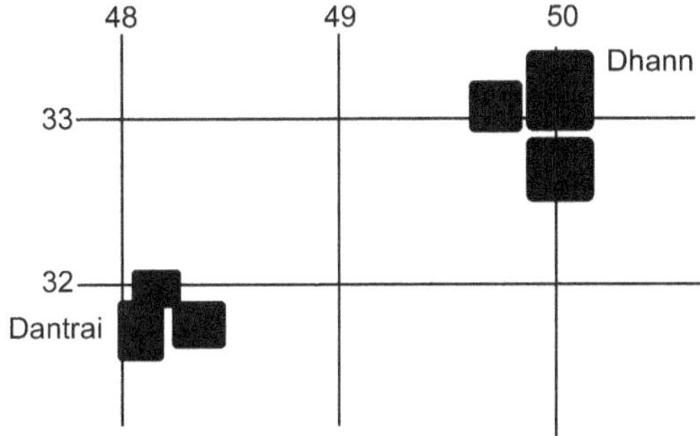

What is the direction of Dantrai from Dhann?   [1]

1. Northeast.   2. Northwest.

3. Southeast.   4. Southwest.

Question 3

Refer to the images and answer the question that follow:

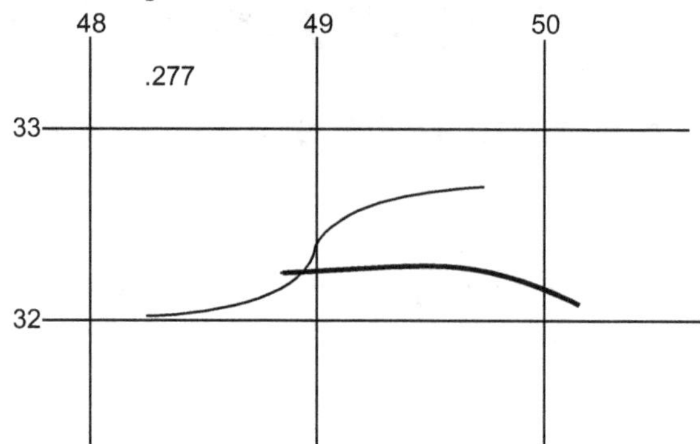

What is .277 in 4833?   [1]

1. Spot height of 277 m
2. Spot height of 277 cm
3. Spot height of 277 mm
4. Spot height of 277 km.

Question 4

Refer to the images and answer the question that follow:

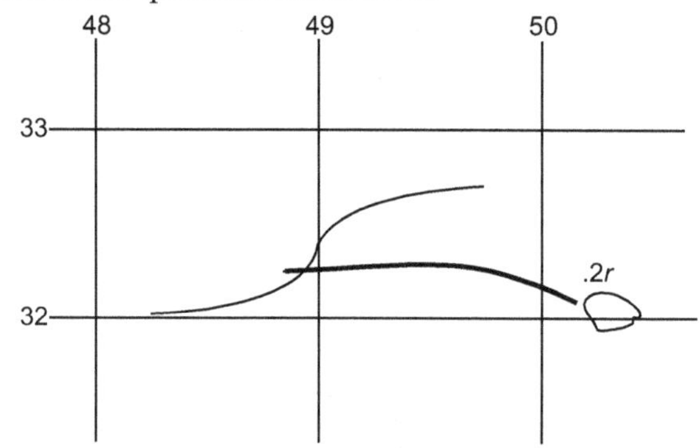

What does . 2r in 5032 indicate?   [1]

1. The relative height of the tank is 2 m.
2. The relative height of the tank is 2 cm.
3. The relative depth of the embankment is 2 m.
4. The relative depth of the embankment is 2 cm.

Question 5

Refer to the images and answer the question that follow:

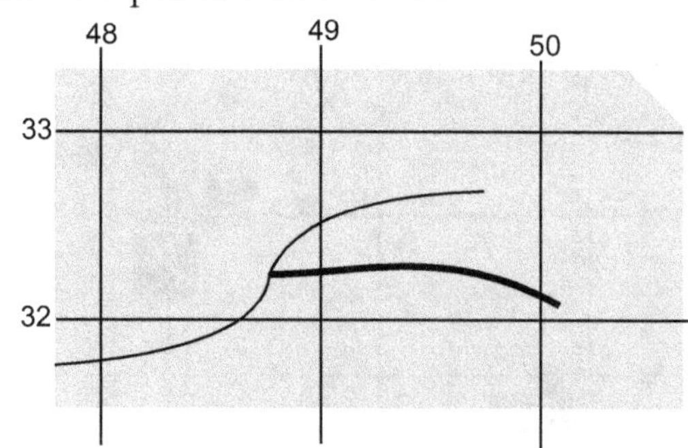

What is the main occupation of the people living in the area shown on the map extract?   [1]

1. Mining
2. Agriculture
3. Fishing
4. Sheep rearing

Question 6

Refer to the images and answer the question that follow:

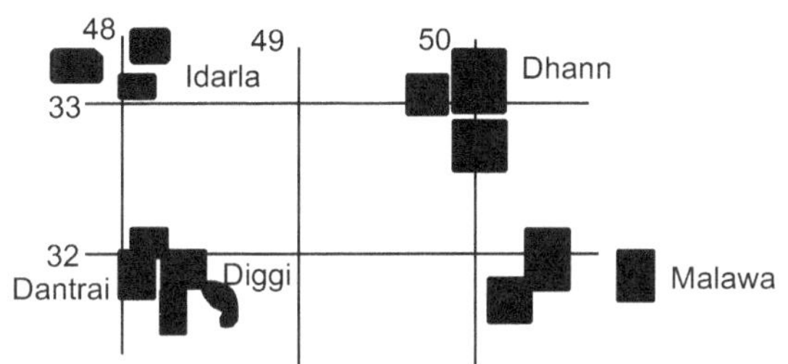

Which is the most important town in the above image?   [1]

1.   Idarla.   2. Malawa.   3. Dantrai.   4. Dhann.

Question 7

Refer to the images and answer the question that follow:

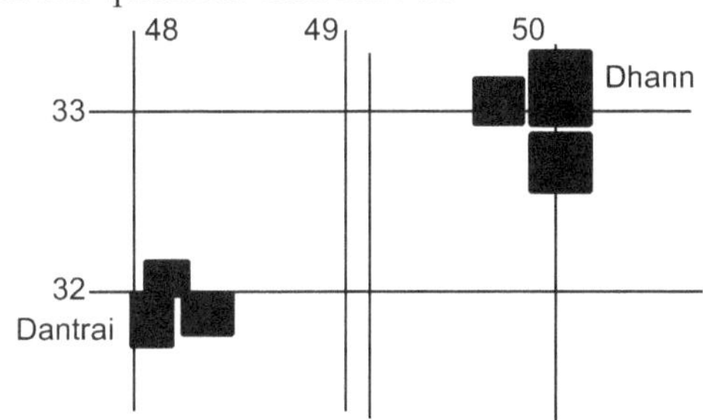

What is the black vertical line between 49 and 50 Easting?   [1]

1.   A line of latitude.   2. A line of longitude.   3. An Easting   4. A Northing.

Question 8

Refer to the images and answer the question that follow:

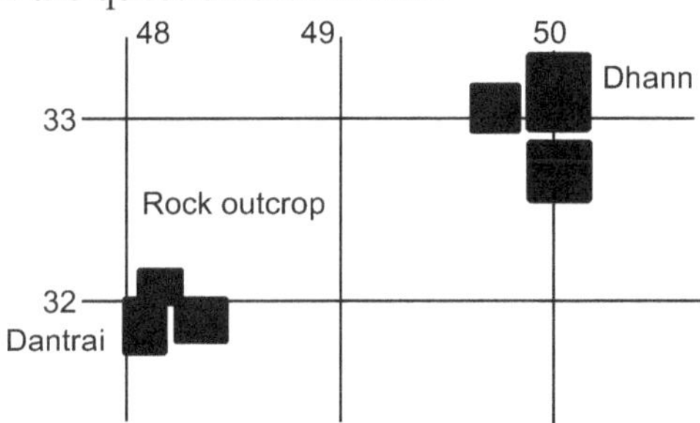

What is the four figure grid reference of rock outcrop?   [1]

1.   4832   2. 4933   3. 3248   4. 3349

Question 9

Refer to the images and answer the question that follow:

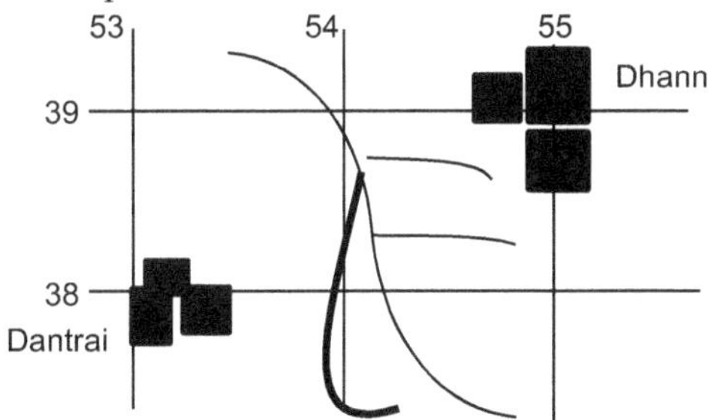

Which drainage pattern is seen in 5438?   [1]

1.   Radial.   2. Trellised.   3. Intermittent.   4. Dendritic.

Question 10

Refer to the images and answer the question that follow:

Name the settlement pattern in grid square 4833. [1]

1. Nucleated.   2. Compact.   3. Scattered.   4. Isolated.

SECTION B (30 MARKS)

(Choose the correct answer.)

Question 11

Where are the various forest conservation methods that can be undertaken? [1]

1. Afforestation and stopping indiscriminate felling of trees.
2. Large scale of deforestation and overgrazing.
3. Allowing animals to graze in farm land.
4. Maintaining records of forest areas.

Question 12

Name the type of climate experienced in India. [1]

1. Tropical cyclonic type
2. Tropical monsoon type
3. Temperate monsoon type
4. Subtropical monsoon

Question 13

Which state in India is the first to experience the onset of the Monsoons and the last to see it retreat. [1]

1. Andaman & Nicobar
2. Kerala.
3. Maharashtra.
4. Tamil Nadu.

Question 14

Which of the following is good for Tea and Jute cultivation? [1]

1. Kalbaisakhi.   2. Loo.   3. Western Disturbance. 4. Monsoon showers.

Question 15

Which of the following factor is responsible for the rises in the temperature of mainland of India in the month of March? [1]

1. Southward migration of the sun from the equator.
2. Northward migration of the sun from the equator.
3. The pressure belts shift.
4. The land breeze blows towards the sea.

Question 16

Why has Thar developed into a desert? [1]

1. It has no cloud cover.
2. It is near the sea.
3. It is on the windward side of Western Ghats
4. Aravalli is parallel to S.W. Monsoon wind

Question 17

Give reasons for the following:

(a) There is heavy rainfall in the Western coastal plains

     1. Presence of Aravali mountain range in Western India.

     2. The Eastern coastal plains have no intercepting barrier.

      3.   Presence of Deccan Plateau.

      4.   Presence of Western Ghats.   [1]

(b) In June, Bhopal is warmer than Kolkata

      1.   Due to its continental location.

      2.   Due to Kolkata's proximity to the sea.

      3.   Bhopal is closer to the Tropic of Cancer.

      4.   Himalayan hill station Darjeeling, is closer to Kolkata than it is to Bhopal.   [1]

Question 18

What is the main reason for the red colour of Red soil?   [1]

1. Abundance of magnesium   2. Accumulated humus

3. Presence of ferric oxides   4. Abundance of phosphates

Question 19

Afforestation prevent soil erosion because: [1]

1. It reduces pollution 2. It protects the soil from being exposed

3. The roots of the trees bind the soil particles   4. Trees produce fruits

Question 20

Which of the following soil is most suitable for the cultivation of cotton & sugarcane?   [1]

1. Laterite soil   2. Black soil   3. Red soil   4. Alluvial soil

Question 21

Which of the following factor is responsible for acidic nature of Laterite soil?   [1]

1. As it is friable in nature.   2. As it can retain moisture.

3. As the bases leached down from the top soil.   4. All the above are correct.

Question 22

Name the process of removal of soluble mineral salts, especially the bases & silica from horizon A or the top soil by percolating rain water.   [1]

1. Pedogenesis   2. Leaching   3. Lithification   4. Conglomeration

Question 23

Study the map and answer the following questions:

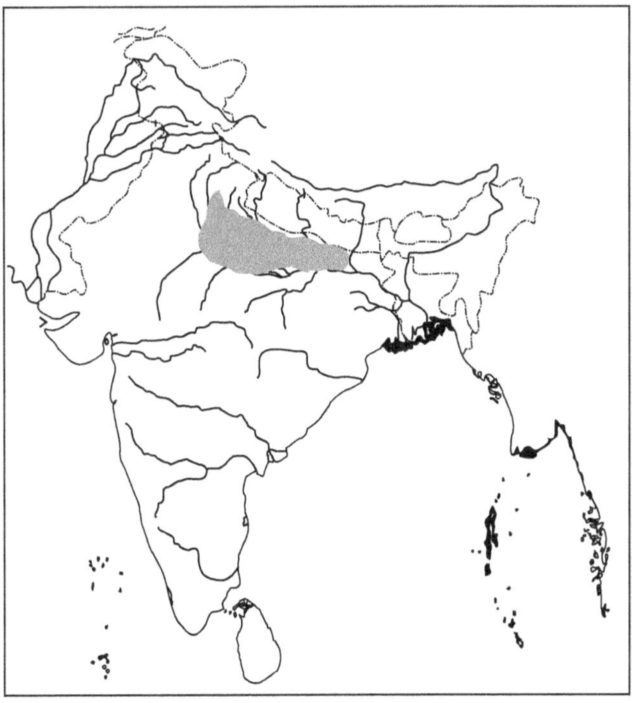

(a) Which soil is found in the shaded region? [1]

    1.   Black soil   2. Alluvial soil

    3.   Red soil   4. Laterite soil

(b) How is this type of soil formed? [1]

    1.   Formed by the deposition of silt brought down by rivers.

    2.   Formed by weathering of alluvium.

Question 24

Which of the following features is not associated with Thorn and Scrub Forest? [1]

1. Xerophyte or Drought resistant   2. Evergreen and Multilayered

3. Long roots going deep in the ground   4. Leaves turned into spines

Question 25

What is Social Forestry? [1]

1. The management and protection of forests and afforestation on barren lands with the purpose of helping in the social development.

2. The practice of growing trees on farm lands.

3. Growing trees by social workers

4. Forest used for social gathering.

Question 26

In which vegetation belt multiple layer of trees is found? [1]

1. Tropical Deciduous   2. Tropical Evergreen

3. Thorn and scrub forest   4. Tidal forest

Question 27

Why are Sundarbans so called? [1]

1. The abundance of breathing roots.   2. A beautiful forest

3. The abundance of Sundari trees   4. Ban on cutting of trees

Question 28

What is the other name of Littoral forests? [1]

1. Rain forests   2. Monsoon forests

3. Tidal forests   4. Scrub lands

Question 29

What are the chief characteristics of monsoon forests? [1]

1. These regions receive a moderate rainfall   2. The trees shed their leaves in the dry season

3. The trees are found in pure stand   4. All the above

Question 30

Which is the most advanced and efficient method of irrigation? [1]

1. Canal Irrigation   2. Well Irrigation

3. Drip Irrigation   4. Tank Irrigation

Question 31

What is the meaning of irrigation is? [1]

1. The water received by rainfall

2. The man-made arrangements of supplying water to the fields

3. The storage of rain water

4. Growing of crops

Question 32

Which of the following is a type of canal found in India? [1]

1. Perennial Canal
2. River Canal
3. Artificial Canal
4. Ground Canal

Question 33

Sprinkler irrigation is efficient but is still not a very commonly used method of irrigation by the Indian farmers. Why? [1]

1. There is no loss of water by seepage
2. It is an expensive method of irrigation
3. There is no loss of water by evaporation
4. Farmers are scared of getting wet

Question 34

Why do the inundation canals have limited use? [1]

1. They get water only when the rivers are in flood
2. They are taken out from a perennial river
3. They are constructed to store rain water
4. It occupies lot of space.

Question 35

Match the following: [4]

(a) Khatri
(b) Johad
(c) Zing
(d) Surangam

(i) Western Ghats
(ii) Ladakh
(iii) Western Himalayas
(iv) Central India

(a) 1. (i) 2. (ii) 3. (iii) 4. (iv)
(b) 1. (i) 2. (ii) 3. (iii) 4. (iv)
(c) 1. (i) 2. (ii) 3. (iii) 4. (iv)
(d) 1. (i) 2. (ii) 3. (iii) 4. (iv)

Answers

1. 4. Seasonal stream
2. 4. Southwest
3. 1. Spot height of 277 m
4. 1. The relative height of the tank is 2 m
5. 2. Agriculture
6. 3. Dantrai
7. 2. A line of longitude
8. 1. 4832
9. 2. Trellised
10. 3. Scattered
11. 1. Afforestation and stopping indiscriminate felling of trees.
12. 2. Tropical monsoon type
13. 2. Kerala
14. 1. Kalbaisakhi
15. 2. Northward migration of the sun from the equator
16. 4. Aravalli is parallel to S. W. Monsoon wind
17. (a) 4. Presence of Western Ghats
    (b) 1. Due to its continental location

18. 3. Presence of ferric oxides

19. 3. The roots of the trees bind the soil particles

20. 2. Black soil

21. 3. As the bases leached down from the top soil

22. 2. Leaching

23. (a) 2. Alluvial soil

    (b) 1. Formed by the deposition of silt brought down by rivers.

24. 2. Evergreen and Multilayered

25. 1. The management and protection of forests and afforestation on barren lands with the purpose of helping in the social development

26. 2. Tropical Evergreen

27. 3. The abundance of Sundari trees

28. 3. Tidal forests

29. 4. All the above

30. 3. Drip Irrigation

31. 2. The man-made arrangements of supplying water to the fields

32. 1. Perennial Canal

33. 2. It is an expensive method of irrigation

34. 1. They get water only when the rivers are in flood

35. (a) (a)-(iii)

    (b) (b)-(iv)

    (c) (c)-(ii)

    (d) (d)-(i)

❑❑

Interpretation of Topographical Maps

Chapter at a Glance

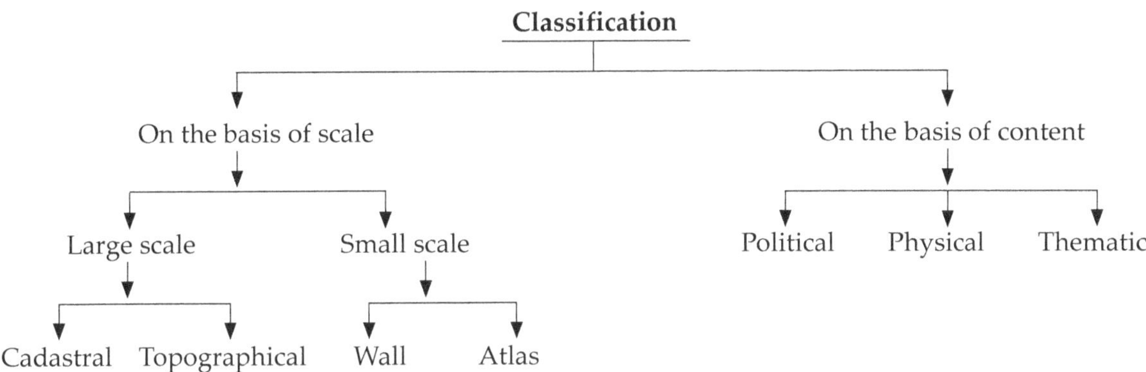

Multiple choice questions

1. **Study the Topographical Sheet Number 45D/7 and answer the following questions:**

   Eastings : 41 to 47, Northings : 93 to 02

   (i) Name the type of vegetation found in this region.
   - (a) Fairly dense mixed jungle.
   - (b) Open mixed jungle.
   - (c) Both (a) and (b)
   - (d) None of the above

   (ii) How many types of scales are used in this toposheet ?
   - (a) 3
   - (b) 2
   - (c) 1
   - (d) 4

   (iii) Mention the drainage pattern of grid 4694.
   - (a) Radial pattern
   - (b) Dendritic pattern
   - (c) Trellis Drainage pattern
   - (d) Disappearing pattern

   (iv) Mention the drainage pattern of grid 4201.
   - (a) Radial pattern
   - (b) Dendritic pattern
   - (c) Trellis Drainage pattern
   - (d) Disappearing pattern

   (v) The distance between Padar and Dhabri on toposheet is 8.3 cm. What will be this distance on land?
   - (a) 8.3 km
   - (b) 16.6 km
   - (c) 8300 km
   - (d) 4.15 km

   (vi) Mention landforms found in grid square 4694.
   - (a) Cliff
   - (b) Col or Saddle
   - (c) Both (a) and (b)
   - (d) None of the above

   (vii) What does the given green-black line in the image depicts?
   - (a) State Boundary- demarcated
   - (b) State Boundary- undemarcated
   - (c) District Boundary- subdivision4
   - (d) District Boundary- taluk

2. **Study the Topographical Sheet Number 45D/7 and answer the following questions:**

   Eastings : 35 to 41, Northings : 85 to 94

   (i) Mention the landform present in grid square 3887.
   - (a) Conical hill
   - (b) Plain
   - (c) Plateau
   - (d) Cliff

   (ii) Mention the drainage pattern of grid 3992.
   - (a) Radial Pattern
   - (b) Dendritic Pattern
   - (c) Disappearing Pattern
   - (d) Rectangular Pattern

   (iii) Mention the drainage pattern of grid 3890.
   - (a) Radial Pattern
   - (b) Dendritic Pattern

    (c) Disappearing Pattern

    (d) Rectangular Pattern

(iv) What are the means of communication between Arniwada and Juvol?

    (a) Metalled road

    (b) Railway

    (c) Unmetalled road

    (d) Cart track

(v) What are the means of communication between Shergarh and Talenagar ?

    (a) Metalled road

    (b) Railway

    (c) Unmetalled road

    (d) Cart track

(vi) Which is the most populated place?

    (a) Shergadh   (b) Juvol

    (c) Odha   (d) Arniwada

(vii) Name the settlement pattern in the given image.

    (a) Nucleated   (b) Compact

    (c) Scattered   (d) Isolated

3. **Study the Topographical Sheet Number 45D/7 and answer the following questions:**

Eastings : 29 to 35, Northings : 76 to 85

(i) Which is the most important settlement in the map extract?

    (a) Ramsida   (b) Dantiwada

    (c) Vaghrol   (d) Lodpa

(ii) Which area is covered by highest number of trees?

    (a) 3178   (b) 3179

    (c) 3-79   (d) 3078

(iii) What is the compass direction of Jorapura from Vaghrol?

    (a) North   (b) South

    (c) North-east   (d) South-west

(iv) What is the compass direction of Lodpa from Dantiwada?

    (a) North-east   (b) North

    (c) South   (d) South-west

(v) The distance along the metalled road from the northern edge of the map to the southern edge of the map is 21.4 cm. What will be this distance on land?

    (a) 21.4 km   (b) 2140 km

    (c) 10.7 km   (d) 42.8 km

(vi) What do .192 and .202 written on the map represent ?

    (a) Relative heights

    (b) Spot heights

    (c) Milestones

    (d) Kilometre stones

(vii) What is mode of transport from Ramsida to Lodpa?

    (a) Cart Track   (b) Foot-path

    (c) Pack-track   (d) Metalled road

4. **Study the Topographical Sheet Number 45D/7 and answer the following questions:**

Eastings : 23 to 29, Northings : 76 to 85

(i) Which type of drainage pattern is shown in grid square 2576?

    (a) Rectangular Drainage Pattern

    (b) Disappearing Drainage Pattern

    (c) Radial Drainage Pattern

    (d) Trellis Drainage Pattern

(ii) Name the occupation of the people living in this region.

    (a) Fishing   (b) Mining

    (c) Agriculture   (d) Trading

(iii) What is the means of communication between the settlements Vasda and Latiya?

    (a) Unmetalled road

    (b) Metalled road

    (c) Cart track

    (d) Railway

(iv) What is the means of communication between the settlements Sikariya and Nandotra?

    (a) Unmetalled road

    (b) Metalled road

    (c) Cart track

    (d) Railway

(v) If a person has to go from Bhakar to Vasda, which direction he needs to follow ?

    (a) North-east   (b) North

    (c) South   (d) North-west

(vi) If a person has to go from Vasda to Mahadevpura, which direction he needs to follow ?

    (a) North-east   (b) North

    (c) South   (d) North-west

(vii) What is the flow of the Banas river?

    (a) south-west   (b) north-east

    (c) south   (d) north

5. **Study the Topographical Sheet Number 45D/7 and answer the following questions:**

Eastings : 41 to 47, Northings : 76 to 85

(i) Mention the drainage pattern in grid square 4579.

(a) Radial Pattern.

(b) Dendritic Pattern

(c) Disappearing Pattern

(d) Rectangular Pattern

(ii) How can a person travel from Rampura to Pirojpura ?

(a) Unmetalled road

(b) Metalled road

(c) Cart Track

(d) Railway

(iii) What is the direction of Balram Nadi ?

(a) North-east   (b) North

(c) South   (d) North-west

(iv) What is the contour interval of the given toposheet ?

(a) 10 m   (b) 15 m

(c) 20 m   (d) 25 m

(v) Name the type of land forms formed by the contour lines in grid square 4579.

(a) Conical hill   (b) Plain

(c) Plateau   (d) Ridge

(vi) Mention the drainage pattern in grid square 4479.

(a) Radial Pattern.

(b) Dendritic Pattern

(c) Disappearing Pattern

(d) Rectangular Pattern

(vii) What does the given image depicts?

(a) Broken land   (b) Fertile land

(c) Dry land   (d) Dry stream

6. **Study the Topographical Sheet Number 45D/10 and answer the following questions :**

Eastings : 57 to 63, Northings : 41 to 50

(i) What is the direction of the flow of Dior Nadi in the southern part of the map ?

(a) South-east   (b) North

(c) South   (d) South –west

(ii) What do the yellow colour on the toposheet represent?

(a) Barren land

(b) Houses and roads

(c) Agricultural land

(d) Seasonal water source like seasonal streams

(iii) Which is the common religious faith in the given region ?

(a) Buddhism   (b) Christianity

(c) Jainism   (d) Hinduism

(iv) Which is the chief form of irrigation found in the south-western part of the map ?

(a) Overhead tanks

(b) Perennial lined wells

(c) Tube-well

(d) Spring

(v) The length of the main power line in the south-eastern part of the map is 8.7 cm. What will be this distance on land?

(a) 8.7 km   (b) 17.4 km

(c) 4.35 km   (d) 8700 km

(vi) The shortest distance between Idaria and Nagani is 8.5 cm. What will be this distance on land?

(a) 8.5 km   (b) 17 km

(c) 8500 km   (d) 4.25 km

(vii) What is the drainage pattern in the given image?

(a) Trellis   (b) Dendritic

(c) Radial   (d) Disappearing

7. **Study the Topographical Sheet Number 45D/10 and answer the following questions :**

Eastings : 69 to 75, Northings : 41 to 50

(i) From where does Pithapura get its supply of water ?

(a) Overhead tanks

(b) Perennial lined wells

(c) Tube-well

(d) Perennial water reservoir

(ii) Which is the most significant settlement in the given area ?

(a) Sirori   (b) Gulabganj

(c) Udwariya   (d) Sanwara

(iii) Mention the settlement which has the following feature- a scattered type of settlement, a metalled road but no other facility is present.

(a) Udwariya   (b) Tokra

(c) Asawa   (d) Pithapura

(iv) Give four figure grid reference for meander.

(a) 6943   (b) 7246

(c) 6944   (d) 6945

(v) What does the dotted red line in South-eastern part of the map denote ?

(a) foot-path   (b) cart- track

(c) metalled road   (d) railway line

(vi) The things that prove that the area is semi-arid and receives scanty rainfall are:

(a) Seasonal streams

    (b) Barren land

    (c) Broken ground

    (d) All of the above

(vii) What does the line marked with an arrow in the image depicts?

    (a) Telegraph Line (b) Power Line

    (c) Broad Gauge (d) State Boundary

8. Study the Topographical Sheet Number 45D/10 and answer the following questions :

Eastings : 69 to 75, Northings : 32 to 42

(i) What is the direction of the general slope of the land ?

    (a) South-east   (b) North

    (c) South-west   (d) North-west

(ii) Which type of vegetation is found in the given region ?

    (a) Mountain Vegetation

    (b) Desert Vegetation

    (c) Forest Vegetation

    (d) Deciduous Vegetation

(iii) What does black dotted line in grid square 7239 indicate?

    (a) boundary   (b) protected forest

    (c) reserved forest (d) track

(iv) Mention the main occupation of the people living in this area.

    (a) Fishing   (b) Tourism

    (c) Trading   (d) Mining

(v) Figure out the four figure grid reference of Sadka Devi ka Mandir.

    (a) 7540   (b) 7639

    (c) 7539   (d) 7439

(vi) Figure out the four figure grid reference of Spot height (.437).

    (a) 7040   (b) 7041

    (c) 7140   (d) 7141

(vii) How many hospitals are there in the given image?

    (a) 1   (b) 5

    (c) 2   (d) 4

9. Study the Topographical Sheet Number 45D/10 and answer the following questions :

Eastings : 63 to 69, Northings : 32 to 41

(i) Which is the most important settlement of the given region ?

    (a) Dak   (b) Anadra

    (c) Harmatiya   (d) Hathal

(ii) What is the general slope of the land shown in the given toposheet ?

    (a) South-east   (b) North-east

    (c) South-west   (d) North-west

(iii) If a person has to walk from Harmatiya to Mohabbatgarh, which direction he need to follow ?

    (a) South-east   (b) North-east

    (c) South-west   (d) North-west

(iv) If a person has to walk from Mohabbatgarh to Anadra, which direction he need to follow ?

    (a) South-east   (b) North-east

    (c) South-west   (d) North-west

(v) What is the general climate of the given region?

    (a) summer   (b) winter

    (c) heavy rainfall (d) tropical monsoon

(vi) Name the occupation in which people of given the region are indulged.

    (a) Agriculture   (b) Government job

    (c) Tourism   (d) Trading

(vii) What do you understand by 3r in the given image?

    (a) The relative height of the tank is 3 m.

    (b) The relative depth of the embankment is 3 m.

    (c) The relative depth of the embankment is 3 cm.

    (d) The relative height of the tank is 3 cm.

10. Study the Topographical Sheet Number 45D/10 and answer the following questions :

Eastings : 51 to 57, Northings : 32 to 41

(i) What is the drainage pattern in grid square 5132?

    (a) Radial Pattern.

    (b) Dendritic Pattern

    (c) Trellis Pattern

    (d) Rectangular Pattern

(ii) What is the main occupation of the people living in this region ?

    (a) Agriculture   (b) Government job

    (c) Tourism   (d) Trading

(iii) Which is the chief form of irrigation shown on the map ?

    (a) Overhead tanks

    (b) Perennial lined wells

    (c) Tube-well

    (d) Spring

(iv) Which is the most important settlement of the given region ?

    (a) Serua   (b) Rannari

    (c) Revdar   (d) Basan

(v) Name the means of communication between the settlement Revdar and Mitan.

    (a) Unmetalled road

    (b) Metalled road

    (c) Cart Track

    (d) Railway

(vi) What does the figure 249 written in grid square 5334 represent ?

    (a) spot height   (b) point

    (c) bench mark   (d) surveyed tree

(vii) What is the flow of the Sukli Nadi?

    (a) south   (b) north-west

    (c) south-east   (d) north

(viii) What is the direction of Rampura from Warka?

    (a) south   (b) north-west

    (c) south-east   (d) north

11. **What is the drainage pattern in the given image?**

    (a) Rectangular Pattern

    (b) Trellis Pattern

    (c) Radial Pattern

    (d) Dendritic Pattern

12. **What is the drainage pattern in the given image?**

    (a) Rectangular Pattern

    (b) Trellis Pattern

    (c) Radial Pattern

    (d) Disappearing Pattern

13. **What is the settlement pattern in the given image?**

    (a) Scattered Pattern   (b) Linear Pattern

    (c) Compact Pattern   (d) Star-shaped Pattern

14. **What is the settlement pattern in the given image?**

    (a) Radial Pattern   (b) Linear Pattern

    (c) Compact Pattern   (d) Star-shaped Pattern

Answers

1. (i) (c) Both (a) and (b)

    (ii) (a) 3

    (iii) (a) Radial pattern

    (iv) (b) Dendritic pattern.

    (v) (d) 4.15 km

    (vi) (c) Both (a) and (b)

    (vii) (a) State Boundary- demarcated

2. (i) (a) Conical Hill

    (ii) (a) Radial Pattern

    (iii) (b) Dendritic Pattern

    (iv) (d) Cart track

    (v) (a) Metalled road

    (vi) (c) Odha

    (vii) (c) Scattered

3. (i) (b) Dantiwada

    (ii) (d) 3078

    (iii) (a) North

    (iv) (d) South-west

    (v) (c) 10.7 km

    (vi) (b) Spot heights

    (vii) (b) Foot-path

4. (i) (b) Disappearing Drainage Pattern

    (ii) (c) Agriculture

    (iii) (a) Unmetalled road

    (iv) (b) Metalled road

    (v) (d) North-west

    (vi) (a) North-east

    (vii) (a) south-west

5. (i) (a) Radial Pattern

    (ii) (b) Metalled road

    (iii) (d) North-west

    (iv) (c) 20 m

    (v) (d) Ridge

    (vi) (b) Dendritic Pattern

    (vii) (a) Broken land

6. (i) (a) South- east

    (ii) (c) Agricultural land

    (iii) (d) Hinduism

    (iv) (b) Perennial lined wells

    (v) (c) 4.35 km

    (vi) (d) 4.25 km

    (vii) (b) Dendritic

7. (i) (d) Perennial water reservoir

    (ii) (a) Sirori

    (iii) (b) Tokra

    (iv) (c) 6944

    (v) (a) foot-path

    (vi) (d) All of the above

    (vii) (b) Power Line

8. (i) (d) North–west

    (ii) (c) Forest Vegetation

    (iii) (a) boundary

    (iv) (b) Tourism

    (v) (c) 7539

(vi) (a) 7040

(vii) (d) 4

9. (i) (b) Anadra

(ii) (b) North-east

(iii) (d) North-west

(iv) (c) South-west

(v) (d) tropical monsoon

(vi) (a) Agriculture

(vii) (b) The relative depth of the embankment is 3 m.

10. (i) (c) Trellis Pattern

(ii) (a) Agriculture

(iii) (b) Perennial lined wells

(iv) (c) Revdar

(v) (b) Metalled road

(vi) (d) surveyed tree

(vii) (b) south-east

(viii) (b) south-east

11. (c) Radial Pattern

12. (d) Disappearing Pattern

13. (a) Scattered Pattern

14. (a) Radial Pattern

Word of Advice

1. Some students, however, interchanged eastings and northings, such as 2216 instead of 1622, which made their answer incorrect.

2. Students should regular practice and make sure that they understand the writing method of eastings and northings while writing the four-figure grid reference.

3. Some students, instead of radial drainage pattern wrote radical /centripetal/water flowing in all directions /trellised / dendritic.

4. The students should give sufficient practice to identify the drainage patterns.

5. Emphasis on correct spelling of all the important terms.

6. Students should learn and practice settlement patterns by using diagrams and example of various types on the toposheet. Majority of the students were able to write the most important settlement. They, however, wrote the type of settlement pattern. Students were unable to write the reason to support their selection of the most important settlement. Give adequate practice to students in answering questions on - important settlement, comparison of settlement, general pattern, etc.

7. The students should be aware that the answer of what the numbers in a grid indicate, is also given in the index below the map.

8. Understand concepts such as, trees are natural or grown by man; a river is broader than a stream; a contour line is made on map only and so is not a feature; ridge is an elongated hill, etc .

9. The students calculated the area of the region correctly. However, some students did not write the unit.

10. The students were not able to write the correct reason and wrote that people had to travel so there were causeways. Some students wrote the meaning of causeway. A few wrote that a causeway was a bridge. Clearly understand the difference between a 'causeway' and a 'bridge'.

11. Lay stress on expressing area, volume, temperature, pressure etc. with proper units

12. Advise students to show calculations of the area of a region as per the requirement of the question, as per the scale of the map and to write the answer in the unit asked for in the question.

13. Clarify to students the meaning of terms printed on the map to enable them to answer the questions asked in the examination.

14. Some students wrote tube well instead of lined perennial well. The students should learn to use correct terms for the conventional symbols shown on the toposheet. Insist on terms such as lined perennial well rather than accepting the term well

15. The students should learn land use pattern by using colours as the main clue for identifying the same.

16. Some students wrote the mode of transport instead of means such as, carts, car, automobile, etc. A few students wrote general answers such as, roadways and railways. Explain the difference between means of transport and mode of transport giving suitable examples.

17. Questions involving interpretation of toposheet, general answers such as, roadways and railways, are not accepted.

Climate of India

Chapter at a Glance

Factors Affecting the Climate of India

- Vas Latitudinal Extent
- Altitude
- Western Disturbances
- Jet Streams
- El-Nino

- Role of the Himalayas
- Proximity to the sea
- Conditions over the coean
- Surrounding Conditions
- Presence of Relief Features

Seasons of India

Summer Season (March to May)
- As the sun shines vertically on the Tropic of cancer, mainland of India experiences intense heat.
- Very high temperature of about 45° to 50°C.
- Mango showers, Kalbaisakhi and 100 are the storms of hot season.

Retreating Monsoon Season (October to November)
- The temperature beings to decrease.
- The skies are clear, how himidity and weather becomes fresh and plesant.
- Tropical cyclones are caused especially in Bay of Bengal.

Monsoon Season (June to September)
- Also called rainy season or South-West Monsoon Season.
- Most of the parts of India receive rainfall in this season.
- Therefore are two branches of S.W. Monsoon:
  - The Arabian Sea branch
  - The Bay of Bengal branch

Winter Season (December to February)
- As the sun is overhead at Tropic of Capricon, India has winter or cold weather season.
- The average temperature is below 21°C.
- Frost is common in North-West parts and the higher slopes of the Himalayas experience snowfall.

Multiple choice questions

1. The places to the north of Tropic of Cancer experience _________ type of climate.
- (a) Continental
- (b) Moderate
- (c) Oceanic
- (d) Equatorial

2. The western coast gets its heaviest rainfall during _________ by South-West Monsoon winds.
- (a) August
- (b) September
- (c) June
- (d) July

3. The places in Peninsular India even at higher altitude never experience any snowfall because of _____________.
- (a) Nearness to the Indian Ocean
- (b) Nearness to the Tropic of Cancer
- (c) Nearness to the Equator
- (d) Nearness to the Arabian Sea

4. The retreating monsoon withdraws itself from:

(a) The West Coast to the East Coast

(b) North-East India to the West Coast

(c) The North to the South

(d) North-West India to Bengal and then to Kerala

5. In May-June each year, the monsoon winds approach the southern tip of India from:
   (a) North direction
   (b) North-easterly direction
   (c) North-westerly direction
   (d) South-westerly direction

6. The pre-monsoon mango showers occur predominantly in:
   (a) West Bengal and Assam
   (b) Deccan Plateau
   (c) Gujarat and Maharashtra
   (d) Kerala and Karnataka

7. Which part of India receives rainfall from both the South-West and North-West monsoons?
   (a) Tamil Nadu
   (b) Odisha
   (c) Lakshadweep Islands
   (d) Andaman and Nicobar Islands

8. The average annual temperature of a meteorological station is 26°C, its average annual rainfall is 63 cm and the annual range of temperature is 9°C. The station in the question is __________.
   (a) Allahabad   (b) Chennai
   (c) Cherrapunji   (d) Kolkata

9. The eastern coast gets its maximum rainfall during __________.
   (a) Summer season   (b) Rainy season
   (c) Winter season   (d) Autumn season

10. The Arabian Sea branch of the South-West Monsoon first strikes the western coast of India in Kerala on 1st June. The rainfall is orographic. What is this phenomenon known as?
    (a) Monsoon Burst
    (b) Mango Showers
    (c) Retreating Monsoons
    (d) El-Nino Effect

11. __________is the name given to the local winds that blow during the hot season in eastern India. They are also called "Norwesters"
    (a) Mango Showers   (b) Loo
    (c) Kalbaisakhi   (d) Cherry Blossoms

12. This is a transition period between the hot rainy season and cold dry season. Retreating monsoon winds results in a clear skies, high temperature and high humidity. This state of weather is known as__________

    (a) El-Nino Effect   (b) October Heat
    (c) Burst of Monsoon   (d) Bardoli Chheerha

13. The extreme of temperature between summer and winter is quite low in southern part of peninsular India mainly because:
    (a) The adjoining oceans moderate the temperature
    (b) The sky is generally cloudy
    (c) The sun's rays are almost vertical throughout the year
    (d) Strong winds flow throughout the year

14. The reason for Rajasthan being deficient in rainfall is __________
    (a) The monsoon fail to reach this area
    (b) It is too hot
    (c) There is no water available and thus the winds remain dry
    (d) The winds do not come across any barrier to cause necessary uplift to be cooled

15. Which of the following receives heavy rainfall in the month of October and November?
    (a) Hills of Garo, Khasi and Jaintia
    (b) Plateau of Chota Nagpur
    (c) Coromandel Coast
    (d) Malwa Plateau

16. Arrange the following states on the basis of ascending dates of the onset of monsoon :
    1. Uttar Pradesh   2. Kerala
    3. West Bengal   4. Rajasthan
    (a) 2-3-1-4   (b) 3-2-1-4
    (c) 3-1-2-4   (d) 1-2-3-4

17. Which of the following statements is true with regard to the erratic behaviour of Indian monsoons?
    (a) Uniform duration but varying amounts of rain from one year to another, as well as at different places
    (b) Uncertain date of onset and withdrawal, and equal distribution of rain
    (c) Uncertain date of onset and withdrawal as well as varying amounts of rainfall during different years
    (d) Uniform duration but varying amounts of rain from place to place

18. The driest place in India is __________.
    (a) Leh   (b) Barmer
    (c) Jaisalmer   (d) Bikaner

19. Which of the following is recognised as a season by the meteorological department of India?
    (a) Cold weather
    (b) Hot weather
    (c) Retreating monsoon
    (d) North-East monsoon

20. Which of the following factors does not have influence on the Indian climate?
    (a) Presence of Indian Ocean
    (b) Nearness to Equator
    (c) Ocean currents
    (d) Monsoons
21. Which one of the following statements is wrong regarding the "Norwesters" of Bengal?
    (a) It is caused due to strong surface heating
    (b) It originates in the Chota Nagpur Plateau region
    (c) It is a kind of thunderstorm
    (d) None of the above
22. Which of the following wind blows from the Mediterranean Sea to the north-western parts of India?
    (a) Western disturbances
    (b) Norwesters
    (c) Loo
    (d) Mango showers
23. Which of the following coasts of India is most affected by violent tropical cyclones?
    (a) Malabar   (b) Coromandel
    (c) Konkan   (d) Kanara
24. How do the western disturbances affect the crops in north India?
    (a) They cause heavy damage to the standing crops
    (b) They bring in locusts which destroy the crops
    (c) They are beneficial to the crops by causing winter rain
    (d) They help in keeping the plants warm to some extent in winter

Assertion-Reasoning

In the question given below, there are two statements marked as Assertion (A) and Reason (R). Read the statements and choose the correct option:

Options:

(a) Both A and R are true and R is the correct explanation of A.
(b) Both A and R are true but R is not the correct explanation of A.
(c) A is true but R is false.
(d) A is false but R is true.

25. **Assertion (A):** Central Maharashtra receives little rainfall.
    Reason (R): Central Maharashtra lies in the leeward side of the Western Ghats.
26. **Assertion (A):** The Ganga plain gets the monsoon rain much earlier than west coast of India.
    Reason (R): The monsoon winds come to India from south-west and reach the west coast before it can reach the Ganga plain.
27. **Assertion (A):** Mango showers are good for tea, coffee and mangoes.
    Reason (R): Coromandel coast gets most of the rain in the season of retreating monsoon.
28. **Assertion (A):** Mawsynram receives the highest average annual rainfall.
    Reason (R): Mawsynram lies on the windward side of the Khasi hills and hence receives heavy rainfall from the Bay of Bengal branch of SW Monsoon.

Match the following

29. Match the following:

COLUMN I	COLUMN II
i. Kalbaisakhi	**1.** Kerala
ii. Loo	**2.** Assam
iii. Mango Shower	**3.** West Bengal
iv. Bardoli Chheerha	**4.** Northern India

Choose the correct option:

(a) i– 2, ii– 1, iii– 4, iv– 3
(b) i– 3, ii– 4, iii– 1, iv– 2
(c) i– 2, ii– 3, iii– 4, iv– 1
(d) i– 3, ii– 1, iii– 4, iv– 4

Picture/Data based questions

30. **Given below is the climatic data of a station. Study the table and answer the questions that follow :**

Station	Month	J	F	M	A	M	J	J	A	S	O	N	D
A	Temperature in degree celsius	13.7	16.6	21.6	25.5	33.2	33.5	30.8	29.8	29.2	25.5	19.6	15.2
	Rainfall in cms.	2.5	2.0	1.5	0.9	1.5	7.5	17.8	18.5	12.5	1.0	0.2	1.5

(i) Calculate the annual range of temperature.
    (a) 19.8°C   (b) 19.5°C   (c) 20.8°C   (d) 18.8°C
(ii) What is the total rainfall experienced by the station?
    (a) 50 cm   (b) 67.4 cm   (c) 72 cm   (d) 68 cm
(iii) Which is the driest month?
    (a) November   (b) December   (c) October   (d) January

31. **Study the table given below and answer the following questions :**

Month	J	F	M	A	M	J	J	A	S	O	N	D
Temperature in degree celsius	15	18	24	29	37	41	31	30	29	27	16	18
Rainfall in cms.	2.6	1.6	1.3	0.8	1.5	7.6	19.5	18.1	12.0	1.7	0.4	1.1

(i) Find out the total rainfall in the summer season.

   (a) 19.9 cm   (b) 9.5 cm   (c) 9.9 cm   (d) 10.8 cm

(ii) Which is the hottest month?

   (a) June   (b) May   (c) July   (d) April

(iii) Which part of India do you think the given place is located in?

   (a) Interior parts of Northern India   (b) Western coast of India

   (c) Eastern coast of India   (d) Interior parts of Peninsular India

32. **Study the table given below and answer the following questions :**

Station	Month	J	F	M	A	M	J	J	A	S	O	N	D
A	Temperature (Degree Celsius)	12.7	15.1	22.1	31.8	37.2	39.1	37.3	33.4	28	26.7	16.1	13.6
	Rainfall (cms.)	2.1	2.3	1.0	0.9	1.5	5.6	18.3	18.9	15.1	0.6	0.3	1.8
B	Temperature (Degree Celsius)	23.1	24.5	26.5	29.3	32	32.8	33.1	32.1	30.5	29.3	28.7	26.1
	Rainfall (cms.)	15.3	10.1	0.3	0.1	1.3	4.5	6.1	10.2	10.5	20.1	16.8	19.0

(i) Measure the annual rainfall in station A.

   (a) 65.7 cm   (b) 68.4 cm   (c) 59.9 cm   (d) 60.8 cm

(ii) Determine the annual range of temperature in station B.

   (a) 10°C   (b) 19.5°C   (c) 10.8°C   (d) 8.8°C

(iii) Identify the winds that bring most of the rainfall to station B.

   (a) South-West Monsoon winds   (b) North-East Monsoon winds

   (c) Retreating South-West Monsoon winds   (d) Jet Streams

Map based question

33. Study the map and answer the following question:

(i) Identify the winds which are shown in the map.

   (a) Western Disturbances

   (b) North-East Monsoon

   (c) Loo

   (d) Cherry Blossoms

(ii) How are these winds beneficial for the Indian farmers ?

   (a) They are of immense importance for the cultivation of Kharif crops.

   (b) They are of immense importance for the cultivation of Rabi crops.

   (c) They are important for Horticulture crops.

   (d) All of the above.

Answers

Multiple choice questions

1. (a) Continental
2. (c) June
3. (c) Nearness to the Equator
4. (d) North-West India to Bengal and then to Kerala
5. (d) South-westerly direction
6. (a) West Bengal and Assam
7. (d) Andaman and Nicobar Islands
8. (b) Chennai
9. (c) Winter season
10. (a) Monsoon Burst
11. (c) Kalbaisakhi
12. (b) October Heat
13. (a) The adjoining oceans moderate the temperature
14. (d) The winds do not come across any barrier to cause necessary uplift to be cooled
15. (c) Coromandel Coast
16. (b) 3-2-1-4
17. (c) Uncertain date of onset and withdrawal as well as varying amounts of rainfall during different years
18. (c) Jaisalmer
19. (d) North-East monsoon
20. (c) Ocean currents
21. (d) None of the above
22. (a) Western disturbances
23. (b) Coromandel
24. (c) They are beneficial to the crops by causing winter rain

Assertion-Reasoning

25. (a) Both Assertion and Reason are true and the Reason correctly justifies the Assertion.
26. (d) The Ganga plain gets the monsoon rain much later than west coast of India because the monsoon winds come to India from south-west and reach the west coast before it can reach the Ganga plain. Therefore, Assertion is false but Reason is true.
27. (b) Both Assertion and Reason are true but Reason is not the correct explanation of Assertion.
28. (a) Both Assertion and Reason are true and the Reason correctly justifies the Assertion.

Match the following

29. (b) i– 3, ii– 4, iii– 1, iv– 2

Picture data based questions

30. (i) (a) 19.8°C
    (ii) (b) 67.4 cm
    (iii) (a) November
31. (i) (c) 9.9 cm
    (ii) (a) June
    (iii) (d) Interior parts of Peninsular India
32. (i) (b) 68.4 cm
    (ii) (a) 10°C
    (iii) (c) Retreating South-West Monsoon winds

Map based question

33. (i) (a) Westerns Disturbances
    (ii) (b) They are of immense importance for the cultivation of Rabi crops.

Word of Advice

1. Some students wrote the meaning of the term monsoon instead the type of wind Monsoon. Some students wrote sea to land instead of south west direction, in regards to direction.
2. Some students wrote factors affecting monsoon instead of characteristics of the Indian monsoon.
3. Some students wrote March to September as the duration of summers and also included the S.W. Monsoon season in duration of summers.
4. Many students wrote high pressure instead of low pressure.
5. Many students were not able to explain the reason, why Goa gets more rain than Puducherry. Some students explained either about Goa or Puducherry instead of explaining the reason.

6. Some students did not used the key words and key points such as, windward side/Garo-Khasi hills/clouds trapped due to position of hills, etc.
7. Some students gave the difference in altitude as the reason instead of coastal location and interior location. A few students wrote only about one city.
8. Some students wrote 'coastal' instead of 'interior'.
9. Some students did not write the unit in their answer.
10. Some students gave the answer as, N.E. Monsoon and even western disturbance.
11. Some students, instead of mentioning the state, mentioned the place.
12. Many students wrote vague reasons for why Central Maharashtra gets less rainfall than the coastal area of Maharashtra.
13. Some students wrote the differences between summer season and rainy season instead of summer monsoon season and retreating monsoon season.
14. Most students did not explain the agricultural benefits derived from Westerly depression in Punjab and Kalbaisakhi in Assam ,they just explained terms and the process instead of naming the crop as benefit.
15. Many students were not sure about the location of Kolkata and Lucknow hence, incorrectly answered about the location and direction of wind.
16. Coriolis force was not clear. Summer, monsoon winds over the Arabian Sea from SW was explained by students however, the bifurcation and deflection at the equator was not clear.
17. Many students calculated total annual rainfall experienced by the station correctly but did not express the unit of measure.
18. Many students were unable to answer this part correctly. They were unable to realize the implication of high annual range of temperature.
19. Incomplete answers were written as only 'Tropical' was written by students, without specifying Monsoon. Some wrote the characteristics of Tropical Monsoon instead of the factors affecting responsible for such type of climate.
20. Most students just stated the name of the wind without indicating which branch of the wind.
21. Incorrect answer written by most students who did not know the location of Kochi.
22. Explanation given was inadequate. The question required application which many students were unable to answer.
23. Most students did not write the unit of measurement.

❑❑

Soil in India

Chapter at a Glance

Types of Soil

Alluvial Soil
- Ex. situ or transported soil.
- Rich in potash and lime.
- Poor in phosphorus and humus, except the alluvium of the Ganga deltaic region.
- Formed due to the deposition of alluvium brought by rivers.
- Mainly found in the northern plains and coastal strips of Peninsular India.
- Suitable for growing rice, wheat, sugarcane, jute, etc.

Black Soil
- In situ or residual soil.
- Also known as Regur soil.
- Rich in lime, aluminium, calcium, potash, iron and magnesium.
- Poor in nitrogen and humus.
- Formed due to weathering of volcanic rocks (basalt).
- Mainly found across interiors of Gujarat and Maharashtra.
- Suitable for growing cotton, sugarcane, oilseeds, etc.

Laterite Soil
- In situ or residual soil.
- Rich in iron.
- Poor in potassium, lime, nitrogen and silica.
- Formed due to intense leaching owing to heavy tropical rains.
- Mainly found in the Eastern and Western Ghats and Assam Hills.
- Suitable for growing cashew, topioca, coffee, rubber, etc.

Red Soil
- In situ or residual soil.
- Rich in iron.
- Poor in nitrogen, phosphorus, lime and humus.
- Formed due to the disintegration of metamorphic rocks.
- Mainly found on the plateau region of Peninsular India.
- Suitable for growing cotton, wheat, tobacco, etc.

Multiple choice questions

1. Which of the following crops is/are suitable for growing on black soil?
   - (a) Cotton
   - (b) Wheat
   - (c) Gram
   - (d) All of these

2. Identify the erosion which depicts the uniform removal of soil in thin layers from sloppy lands due to overflow of water and beating action of raindrops.
   - (a) Rill erosion
   - (b) Gully erosion
   - (c) Sheet erosion
   - (d) Splash erosion

3. Choose the correct statement.
   - (a) In Odisha, deforestation due to mining has caused severe land degradation.
   - (b) In western Uttar Pradesh, over-irrigation is responsible for land degradation due to water-logging leading to an increase in the salinity.
   - (c) In Madhya Pradesh, overgrazing is responsible for land degradation.
   - (d) All of the above

4. Advantages of organic manure are:
   - (a) It binds the soil.
   - (b) It improves the water-holding capacity of soil.
   - (c) Both (a) and (b).
   - (d) It binds the soil but decreases its water retention capacity.

5. Choose the correct statement regarding the characteristics of Alluvial Soil.
   (a) The soil is immature and has weak profile due to its recent origin.
   (b) The soil is porous.
   (c) This soil is constantly replenished by the recurrent floods.
   (d) All of the above

6. Black soil :
   (a) has less water retention capacity
   (b) is not suitable for growing cotton
   (c) gets very sticky in the rainy season
   (d) has high percentage of phosphate and nitrogen

7. Favourable conditions for the formation of laterite soil are:
   (a) High temperature and heavy rainfall
   (b) Low temperature and heavy rainfall
   (c) Low temperature and low rainfall
   (d) High temperature and low rainfall

8. The causes of desertification are:
   (a) Over grazing   (b) Over cultivation
   (c) Deforestation   (d) All of the above

9. Which of the following is a primary cause of soil degradation in irrigated cultivated land in India?
   (a) Silting of land
   (b) Gully Erosion
   (c) Alkalisation and salinity of soil
   (d) Wind Erosion

10. __________ soil has higher iron content and found in Manipur and Mizoram.
    (a) Laterite   (b) Red
    (c) Black   (d) Alluvial

11. Black soil is also known as __________ .
    (a) Khadar soil   (b) Bhangar soil
    (c) Regur soil   (d) All of these

12. Which of the following crops is/are suitable for growing on laterite soil?
    (a) Cashew nut   (b) Wheat
    (c) Groundnut   (d) Potato

13. Which of the following is not a cause of soil erosion?
    (a) Drainage   (b) Deforestation
    (c) Weathering   (d) Grazing

14. Which of the following is/are true in respect of alluvial soil?
    I. Generally confined to river basins
    II. It has been deposited by rivers
    III. It is rich in phosphorus and poor in potash
    IV. It is the most fertile soil
       (a) Only I   (b) III and IV
       (c) I, II and IV   (d) I, II and III

15. Under which climatic conditions does the laterite soil develop?
    (a) Wet tropical climate
    (b) Hot and dry climate
    (c) Cold temperature climate
    (d) Mediterranean type of climate

16. Black cotton soil of the Deccan region of India is associated with __________ rocks.
    (a) Volcanic rocks
    (b) Plutonic rocks
    (c) Sedimentary rocks
    (d) Igneous rocks

17. Which of the following is/are not the characteristics of red soil?
    I.   It is derived from weathering of old crystalline and metamorphic rocks
    II. It contain iron oxides
    III. It has high water retention capacity
    IV. It has high nitrogen content
        (a) II and III   (b) Only III
        (c) Only IV   (d) III and IV

18. Which of the following soil is formed under typical monsoonal conditions?
    (a) Black soil   (b) Red soil
    (c) Laterite soil   (d) None of these

19. Which of the following types of soil have a marked capacity to retain water?
    (a) Desert soil   (b) Laterite soil
    (c) Red soil   (d) Regur soil

20. Soil erosion in desert area can be prevented by :
    (a) Strip ploughing
    (b) Using manure
    (c) Afforestation
    (d) Shifting cultivation

21. The Red soil develops a reddish colour due to __________.
    (a) Deforestation and overgrazing
    (b) The presence of potash and magnesium
    (c) Tropical monsoonal climate
    (d) A wide diffusion of iron in ancient crystalline and metamorphic rocks

22. The soil which is a mixture of sand, clay and silt is known as __________.
    (a) Desert soil   (b) Sandy soil
    (c) Clayey soil   (d) Loamy soil

23. Put in descending order of area with the following soils in India:
    I.   Red soil   II. Black soil
    III. Laterite soil   IV. Alluvial soil
        (a) I, IV, II, III   (b) IV, II, I, III
        (c) IV, I, III, II   (d) I, III, IV, II

Assertion-Reasoning

In the question given below, there are two statements marked as Assertion (A) and Reason (R). Read the statements and choose the correct option:

Options:

(a) Both A and R are true and R is the correct explanation of A.

(b) Both A and R are true but R is not the correct explanation of A.

(c) A is true but R is false.

(d) A is false but R is true.

24. **Assertion (A):** Laterite soil is suitable for agriculture.

    Reason (R): It has high content for acidity and it cannot retain moisture.

25. **Assertion (A):** Khadar is more fertile than bhangar.

    Reason (R): Khadar is the newer alluvium which keeps getting replenished by the river bringing down more eroded material.

26. **Assertion (A):** Terrace farming is an ideal soil conservation method for hilly regions.

    Reason (R): It checks soil erosion in the hilly regions.

27. **Assertion (A):** Wind is a common agent of soil erosion in arid regions.

    Reason (R): Man's activities like construction work, ploughing, cutting down trees, etc. cause soil erosion.

Map based question

31. Study the map and answer the following question:

28. **Assertion (A):** Dry farming is preferred in areas with red soil.

    Reason (R): Red soil is ideal for dry farming because it does not require much moisture.

Match the following

29. Match the following

COLUMN A	COLUMN B
A. Alluvial soil	**1.** Cotton
B. Black soil	**2.** Coffee
C. Red soil	**3.** Tobacco
D. Laterite soil	**4.** Wheat

Choose the correct option:

(a) A-3, B-2, C-1, D-4

(b) A-4, B-1, C-3, D-2

(c) A-2, B-4, C-1, D-3

(d) A-4, B-1, C-2, D-3

30. Match the following

COLUMN A	COLUMN B
A. Black soil	**1.** Ex-situ
B. Gully erosion	**2.** Western coast
C. Alluvial soil	**3.** Chambal valley
D. Shore erosion	**4.** In-situ

Choose the correct option:

(a) A-1, B-3, C-4, D-2

(b) A-4, B-1, C-3, D-2

(c) A-2, B-4, C-1, D-3

(d) A-4, B-3, C-1, D-2

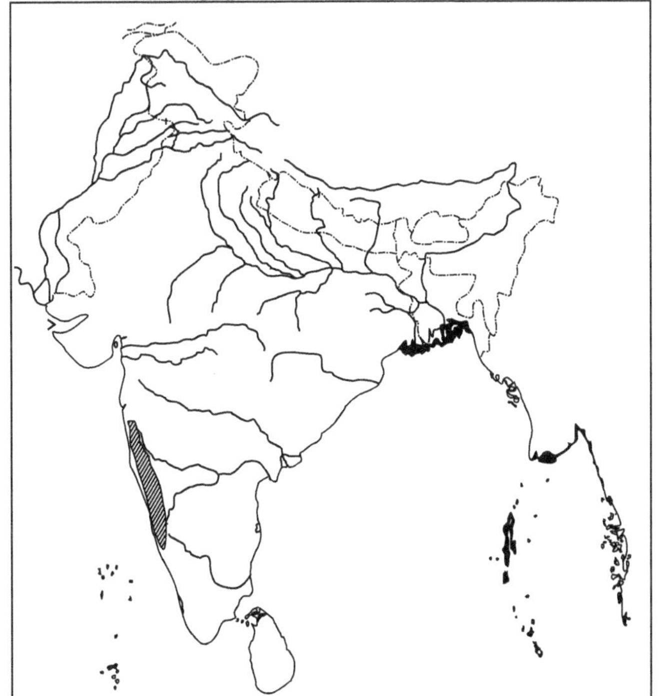

(i) Which soil is found in the shaded region ?

   (a) Alluvial soil   (b) Laterite soil

   (c) Red soil   (d) Black soil

(ii) Which of the following statements is/are correct about this soil?

(a) It is suitable for plantation crops.

(b) It is pale brown in colour.

(c) It is coarse in texture and porous in nature.

(d) Both (a) and (c)

Answers

Multiple choice questions

1. (d) All of these
2. (c) Sheet erosion
3. (d) All of the above
4. (c) Both (a) and (b).
5. (d) All of the above
6. (c) Gets very sticky in the rainy season
7. (a) High temperature and heavy rainfall
8. (d) All of the above
9. (c) Alkalisation and salinity of soil
10. (b) Red
11. (c) Regur soil
12. (a) Cashew nut
13. (c) Weathering
14. (c) I, II and IV
15. (a) Wet tropical climate
16. (a) Volcanic rocks
17. (d) III and IV
18. (c) Laterite soil
19. (d) Regur soil
20. (c) By afforestation
21. (d) A wide diffusion of iron in ancient crystalline and metamorphic rocks
22. (d) Loamy soil
23. (a) I, IV, II, III

Assertion-Reasoning

24. (d) Laterite soil is not suitable for agriculture as it has high content for acidity and it cannot retain moisture. Therefore, Assertion is false but Reason is true.
25. (a) Both Assertion and Reason are true and the Reason correctly justifies the Assertion.
26. (a) Both Assertion and Reason are true and the Reason correctly justifies the Assertion.
27. (b) Both Assertion and Reason are true but the Reason does not correctly explains the Assertion.
28. (a) Both Assertion and Reason are true and the Reason correctly justifies the Assertion.

Match the following

29. (b) A-4, B-1, C-3, D-2
30. (d) A-4, B-3, C-1, D-2

Map based question

31. (i) (b) Laterite soil
   (ii) (d) Both (a) and (c)

Word of Advice

1. Most students were not able to answer this question as they associated the basic igneous rock with red soil. Many students just read the word weathering and wrote all the names of in-situ soils such as red, laterite and black.

2. Most of the students were unable to answer this question as it was interlinked with the first part.

3. Some students, wrote lengthy answers but the key words were missing. Some students related it to wind erosion. A few students simply wrote the meaning of terrace farming instead of explaining its relevance for hilly areas.

4. Many students, instead of explaining the characteristics of red soil, wrote the meaning of dry farming.

5. Some students could not comprehend the meaning of deepening of the river bed and its association with soil.

6. Physical characteristic of laterite soil was answered correctly by most of the students. Some students wrote its chemical composition and acidic nature which was not correct.

7. Most students got confused between Khadar and Bhangar. Some students did not mention the key point that alluvial soil is a transported soil.

8. Many students wrote food crops instead of cash crop.

9. Most students wrote physical properties of black soil instead of writing its chemical properties.

10. Most of the students laid stress on Dry farming. Very few students wrote on porous soil and low moisture retention.

11. Some students wrote the reason for laterite soils being red in colour as presence of iron.

12. Some students, instead of writing that soil erosion is removal of top soil by agents of aggradation and degradation of the soil, wrote that it is degradation through pollution.

13. Naming an area of 'sheet erosion' and 'gully erosion' was misinterpreted by some students who instead of an area, named States.(i)-(ii)Most students answered the first part correctly. However, methods of soil conservation were not answered correctly by most of the students.

14. A few students were unable to understand the meaning of ex-situ and wrote incorrect answers.

15. In some cases students misunderstood the question and mentioned differences instead of similarities.

16. Many students did not understand the meaning of 'texture'-and wrote differences.

17. Some students only wrote black soil is of volcanic origin.

18. Very few students mentioned that it is replenished by flood.

19. In situ concept was not clear.

❑❑

Natural Vegetation of India

Chapter at a Glance

Types of Vegetation

Tropical Evergreen Forests

- As these forests are found in areas of heavy rainfall of over 200 cm, they are also known as 'minforests'.
- Trees do not shed all of their leaves at the same time.
- These forests mostly consist of tall hardwood trees.
- Mahogamy, ebony, cinchona rosewood and bamboo are important trees.

Tropical Desert Forests

- These forests are found in places of scanty rainfall below 50 cm.
- These forests are classified into two types:
  - Desert and Semi-Desert Vegetation.
  - Thorn and Scrub Forests.
- Trees/plants have thin leaves or no leaves. Their stems and leaves are often covered by sharp spines (thorns).
- Cactus, acacia, date palm and kikar are important trees/plants.

Mountain Forests

- These forests are found in cool areas of an average altitude of 1500 m to 4000 m.
- These forests usually consist of broad leafed evergreen and coniferious trees depending on elevation and rainfall.
- The trees are of softwood variety and occur in pure stand.
- Oak, chestnut, pine, deodar, silver fire, cedar and spruce are important trees.

Tropical Deciduous Forests

- As these forests are found in regino of average rainfall between 70 cm – 200 cm, they are also known as 'monsoon forests'.
- These forests are classified into two types:
  - Tropical Moist Decidous Forests
  - Tropical Dry Deciduous Forests
- Trees shed their leaves during the prolonged dry season.
- These forests mostly consist of softwood trees.
- Teak, sal, mango, sandalwood, encalyptus and mulberry are important trees.

Littoral Forests

- These forests are found on the coastal and deltaic regions. They are also known as tidal or mangrove forests.
- Trees are of evergreen type and are dominated by halophytes.
- Sundari and mangrove are important trees.
- Due to the abundance of Sundari trees, the forested part in Ganga and Brahmaputra delta are entitled as Sunderbans.

Multiple choice questions

1. The Mangrove forests of Ganga delta are known as:
   - (a) Monsoon forest
   - (b) Sunderbans
   - (c) Tropical forest
   - (d) Swamp forest

2. Which of the following is not a specie of tropical moist deciduous forests?
   - (a) Mahogany
   - (b) Sal
   - (c) Shisham
   - (d) Teak

3. A tropical deciduous tree special to the Deccan Plateau is ________.
   (a) Teak
   (b) Shisham
   (c) Sandalwood
   (d) Sal

4. The most important commercial forests of India are __________.
   (a) Tropical evergreen
   (b) Mangrove
   (c) Tropical deciduous
   (d) Coniferous

5. __________ trees provide hard durable timber for construction purposes and boat making.
   (a) Sundari
   (b) Deodar
   (c) Sal
   (d) Ebony

6. Tropical desert forests have ________ vegetation. Due to scarcity of rainfall, the trees are stunted with large patches of coarse grasses.
   (a) Alpine
   (b) Littoral
   (c) Xerophytic
   (d) None of these

7. Which one of the following types of forests covers the maximum area in India?
   (a) Tropical rain forest
   (b) Tropical moist deciduous forest
   (c) Tropical dry deciduous forest
   (d) Tropical desert forest

8. Open stunted forests with bushes and having long roots and sharp thorns or spines are commonly found in:
   (a) Eastern Odisha
   (b) North-Eastern Tamil Nadu
   (c) Shiwaliks and Terai regions
   (d) Western Andhra Pradesh

9. Which of the following forests is grown in waterlogged areas?
   (a) Evergreen forest
   (b) Deciduous forest
   (c) Tropical thorn forest
   (d) Mangrove forest

10. Which of the following areas of India is covered by tropical evergreen forests?
    (a) Semi-arid areas of Gujarat
    (b) Eastern Ghats
    (c) Western Ghats
    (d) Madhya Pradesh

11. With reference to Indian forests, consider the following pairs:
    1. Tropical Moist Deciduous Forests: Sandalwood
    2. Tropical Dry Deciduous Forests: Sal
    3. Tropical Thorn Forests: Shisham

Which of the pairs given above is/are correctly matched?
   (a) Only 1
   (b) 1 and 2
   (c) 2 and 3
   (d) 1, 2 and 3

12. Which of the following words is used to denote species of animals of a particular region?
    (a) Flora
    (b) Fauna
    (c) Natural Vegetation
    (d) Vegetation

13. Which is the famous animal of the mangrove forests?
    (a) Royal Bengal Tiger
    (b) Leopard
    (c) Monkey
    (d) Lion

14. To which one of the following types of vegetations does Sundri trees belong to?
    (a) Tundra
    (b) Tidal
    (c) Himalayan
    (d) Tropical Evergreen

15. Which parts/regions of India have tropical evergreen forests?
    (a) The Deltas of the Ganga and the Mahanadi
    (b) North Western parts of country
    (c) Western Ghats, Upper parts of Assam
    (d) Mountainous areas

16. In which of the following states you will find one horned rhinoceros?
    (a) Madhya Pradesh
    (b) Kerala
    (c) Gujarat
    (d) Assam

17. Cinchona trees are found in the areas of rainfall more than________.
    (a) 50 cm
    (b) 100 cm
    (c) 70 cm
    (d) 150 cm

18. ________ trees are used for extracting oil and its flowers for making wine and are largely found in Madhya Pradesh.
    (a) Semul
    (b) Palash
    (c) Mahua
    (d) Teak

Assertion-Reasoning

In the question given below, there are two statements marked as Assertion (A) and Reason (R). Read the statements and choose the correct option:

Options:
(a) Both A and R are true and R is the correct explanation of A.

(b) Both A and R are true but R is not the correct explanation of A.

(c) A is true but R is false.

(d) A is false but R is true.

19. **Assertion (A):** Tropical evergreen forests are found in warm and humid areas with annual precipitation of over 200 cm.

   Reason (R): Tropical evergreen forests are also known as 'rain forests'.

20. **Assertion (A):** For a balanced ecological development, at least 33.3% of the total land area of a country should be covered by forests.

   Reason (R): The rise in India forest cover is entirely due to tree plantations or 'artificial forests'.

21. **Assertion (A):** The southern mountain forests are of comparatively low height than Himalayas.

   Reason (R): The southern mountain forests are of pure stand.

Match the following

22. Match the plant species with the correct type of vegetation:

Indian state	Vegetation type
A. Madhya Pradesh	1. Arid and semiarid vegetation
B. Pine	2. Tropical Moist Deciduous Forests
C. Sandalwood	3. Tropical evergreen forests
D. Date Palm	4. Mountain Forest

Choose the correct option:

(a) A-3, B-2, C-1, D-4   (b) A-2, B-4, C-1, D-3

(c) A-3, B-4, C-2, D-1   (d) A-2, B-3, C-4, D-1

23. Match the correct vegetation type with the region in which they are found:

Plant Species	Indian States
A. Thorn and scrub forests	1. Eastern Coast
B. Tidal forests	2. Himalayas
C. Tropical evergreen forests	3. Western Ghats
D. Mountain forests	4. Western arid region

Choose the correct option:

(a) A-4, B-1, C-3, D-2   (b) A-2, B-4, C-1, D-3

(c) A-3, B-4, C-2, D-1   (d) A-2, B-3, C-4, D-1

Picture based questions

24. With reference to the picture given below answer the question that follows:

Identify the type of vegetation.

(a) Mangrove forests   (b) Evergreen forests

(c) Mountain forests   (d) Monsoon forests

Arrange the following

25. Arrange the following types of vegetations according to their percentage share of land (Highest to lowest):

   1. Tropical deciduous forests
   2. Mangrove forests
   3. Tropical evergreen forests
   4. Tropical thorn forests

   Options:

   (a) 1-3-2-4   (b) 3-1-2-4

   (c) 1-3, 4-2   (d) 3-1-4-2

26. Arrange the following areas according to their percentage area covered by Forests (Highest to lowest):

   1. Haryana   2. Arunachal Pradesh
   3. Tamil Nadu   4. Goa

   Options:

   (a) 4-3-2-1   (b) 2-4-3-1

   (c) 1-3, 4-2   (d) 3-1-4-2

27. Arrange the following Himalayan species of plants found according to their altitude (lowest to highest)

   1. Oak
   2. Cedar and deodar
   3. Junipers and silver fir
   4. Sholas

   Options:

   (a) 4-3-2-1   (b) 2-4-3-1

   (c) 1-3-4-2   (d) 4-1-2-3

28. Find the odd one out:

   (a) Babul: Medicinal value

   (b) Thorn and Scrub Forest: Xerophytic plant

   (c) Sandalwood: Handicrafts and carving

   (d) Tendu: Himalayan region

29. Find the incorrect pair:

   (a) Mountain forests: Pure stand forests

   (b) Tropical Evergreen: Multi-layered forests

   (c) Mangroves: Swamp forests

   (d) Deciduous: Monsoon forests

30. Identify the type of vegetation with the help of the following features.
    1. They shed leaves during the prolonged dry season
    2. These forests are commercially more viable.
    3. Important plant species found are teak and sal.
    Options:
       (a) Tropical Evergreen Forests
       (b) Tropical Deciduous forests
       (c) Mountain Forests
       (d) Mangrove Forests

31. Which of the following statements is not true about National Forest Policy?
    (a) The Forest policies are operational in India since Medieval period.
    (b) In 1952 and 1988, revisions were made in the forest policy of 1894.
    (c) The targets of National Forests Policy 1988 are protection, conservation, regeneration and development of forests.
    (d) Maintenance of environmental stability through preservation and restoration of ecological balance is the main highlight of NFP, 1988

32. Which of the following is not a reason behind decrease of forest cover in India?
    (a) Urbanisation   (b) Artificial forestry
    (c) Overgrazing   (d) Mining

33. Chipko movement: Uttarakhand, Appiko movement: ______
    (a) Tamil Nadu   (b) Karnataka
    (c) Telangana   (d) Kerala

34. Which of the following statements is/are valid for saying forests are important for human beings?
    1. They support industries and provide livelihood.
    2. They control wind force and temperature and cause rainfall.
    (a) Only 1   (b) Only 2
    (c) Both 1 and 2   (d) None of these

35. Which of the following statements is/are valid in reference to social forestry?
    1. Social Forestry is the management and protection of forests and afforestation on barren lands.
    2. This is mainly done by the participation of local governments.
    (a) Only 1   (b) Only 2
    (c) Both 1 and 2   (d) None of these

Map based question

36. Study the map and answer the following question:

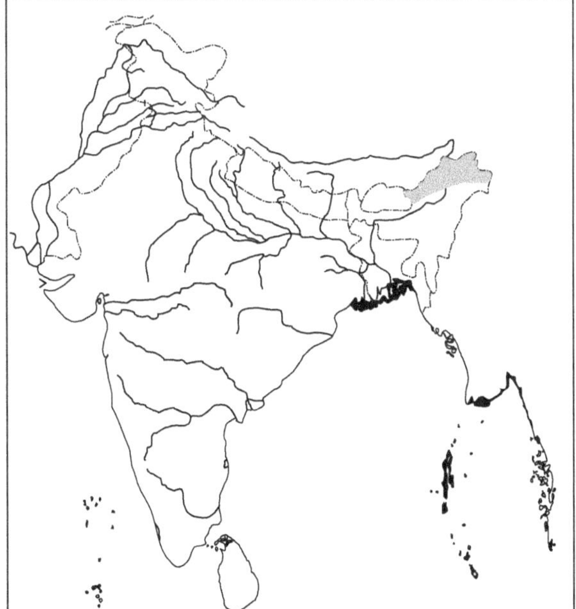

    (i) Which type of vegetation is found in the shaded region?
       (a) Tropical Evergreen Forests
       (b) Mangrove Forests
       (c) Tropical Desert Forests
       (d) Mountain Forests

    (ii) Which of the following trees is/are commonly found in this type of vegetation?
       (a) Oak
       (b) Silver fir
       (c) Cedar
       (d) All of these

Answers

Multiple choice questions

1. (b) Sunderbans
2. (a) Mahogany
3. (c) Sandalwood
4. (c) Tropical deciduous
5. (a) Sundari
6. (c) Xerophytic
7. (b) Tropical moist deciduous forest
8. (d) Western Andhra Pradesh
9. (d) Mangrove forest
10. (c) Western Ghats
11. (b) 1 and 2
12. (b) Fauna
13. (a) Royal Bengal Tiger
14. (b) Tidal
15. (c) Western Ghats, Upper parts of Assam
16. (d) Assam
17. (b) 100 cm
18. (c) Mahua

Assertion-Reasoning

19. (a) Both Assertion and Reason are true and the Reason correctly justifies the Assertion.
20. (b) Both Assertion and Reason are true but the Reason does not correctly explains the Assertion.
21. (c) The southern mountain forests are of comparatively low height than Himalayas because of their closeness to the tropics and height of only 1500 m above sea level. These forests contain mixed species of broad leafed trees. Therefore, Assertion is true but Reason is false.

Match the following

22. (c) A-3, B-4, C-2, D-1
23. (a) A-4, B-1, C-3, D-2

Picture based questions

24. (a) Mangrove forests

Arrange the following

25. (c) 1-3-4-2
26. (b) 2-4-3-1
27. (d) 4-1-2-3
28. (d) Tendu: Himalayan region
29. (a) Mountain forests: Pure stand forests
30. (b) Tropical Deciduous forests
31. (a) The Forest policies are operational in India since Medieval period.
32. (b) Artificial forestry
33. (b) Karnataka
34. (c) Both 1 and 2
35. (a) Only 1

Map based question

36. (i) (d) Mountain Forests
    (ii) (d) All of these

Word of Advice

1. Instead of writing two conditions required for the growth of littoral forest, some students wrote the characteristics of the forest.
2. Some students could not identify/recall the vegetation type.
3. Some students, instead of writing the names of two trees found in tropical evergreen forests, wrote the names of tropical deciduous trees.
4. Many students were unable to write the correct reason for trees of tropical deciduous forest having a stunted growth as they could not relate it to scarcity of water.
5. Many students, instead of writing different methods adopted for forest conservation in India, wrote about the need to increase the forest cover.
6. Some students wrote the characteristics of the forest belt, instead of giving reasons for trees in Monsoon.
7. Most of the students, instead of writing the area of tropical monsoon forests wrote the name of the state or about the geographical conditions.
8. Many students were unable to write the correct answer as they considered Littoral as the name of a tree and not as a type of vegetation.
9. A few students, instead of naming an area, named a state.
10. Many students failed to understand that Mangrove is a type of vegetation and not the name of a tree.

Water Resources

Chapter at a Glance

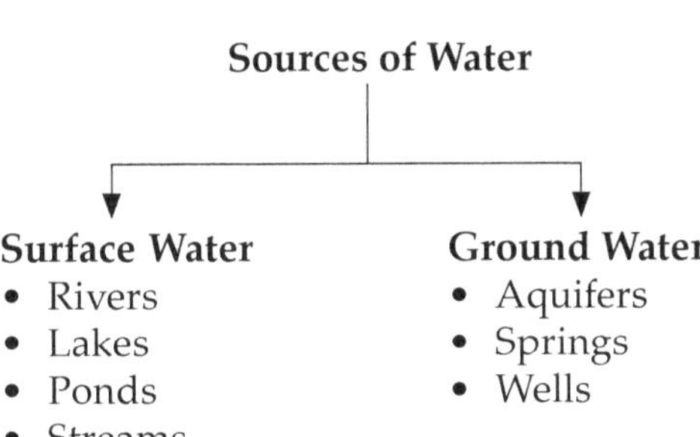

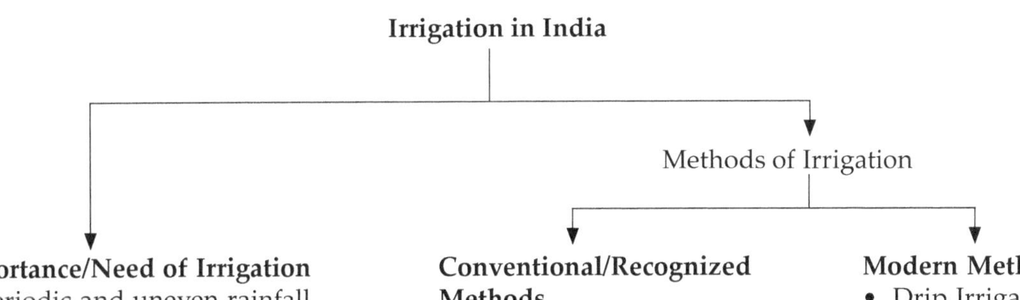

Multiple choice questions

1. Irrigation in India is important because:
   (a) India exports most of its crops.
   (b) The rainfall in India is uncertain and is unevenly distributed.
   (c) The soil found in the country is the same all over.
   (d) India has attained self-sufficiency in agriculture.

2. The oldest and the cheapest means of irrigation is–
   (a) Tube wells
   (b) Sprinkers
   (c) Unlined and lined wells
   (d) Drip irrgaion

3. Advantage of well irrigation to the farmer is:
   (a) Wells dry during summer when it is most needed.
   (b) Well don't have water during drought season.
   (c) Wells are very expensive to construct.
   (d) Wells are independent source of irrigation.

4. The tube wells are popular in India because –
   (a) They can be dug anywhere.
   (b) Large area can be irrigated by cheap electricity made available.

   (c) They need a network of channels to irrigate the fields.

   (d) They saturate the soil and make it swampy.

5. The two types of canal irrigation are:

   (a) Channels and trenches.

   (b) Unlined and lined.

   (c) Inundation and perennial.

   (d) Elongated and wide.

6. Canal irrigation is popular in Northern Plains:

   (a) It has perennial rivers and the land is soft enough for canals to be constructed from rivers to the fields.

   (b) It has a very rocky terrain.

   (c) The rivers are seasonal and flood during monsoon.

   (d) There are many rapids and waterfall.

7. Tank irrigation is an important method of irrigation in Karnataka because:

   (a) Most of Karnataka is fed by perennial rivers.

   (b) Karnataka is a plain land and the rivers are fed by glaciers.

   (c) Karnataka being in the Deccan region, has natural depressions and hard sub surface.

   (d) Karnataka has large tracts of land covered in sand.

8. The most important measure the Government should adopt to handle water crisis:

   (a) Watershed development project called Haryali.

   (b) Dig more tube wells and bore wells.

   (c) Start development and infrastructure projects in catchment areas.

   (d) Supply water to every house.

9. Sprinkler irrigation is practiced in arid and semi-arid regions:

   (a) It is cheap and easy to install.

   (b) It reduces loss of water due to evaporation and seepage.

   (c) It can be used for all types of crops.

   (d) It requires simple machinery.

10. Canal irrigation has enabled Punjab and Haryana to be called the *'granary of the country'* because:

   (a) The land is rocky and has seasonal rivers flowing.

   (b) It receives heavy rainfall during monsoon season and so the canals are all inundated.

   (c) There is flooding of the Sutlej-Beas rivers during monsoon.

   (d) It has canals coming from the Bhakra Nangal Dam which provides water throughout the year.

11. Drip irrigation is the most advanced and efficient method of irrigation:

   (a) It allows the grower to customize an irrigation programme most beneficial to the crop.

   (b) It occupies large fertile area.

   (c) It is expensive method of irrigation.

   (d) It water logs the fields and results in gradual buildup of excessive salts.

12. Various kinds of recharging groundwater aquifers are:

   (a) Digging of borewells and dugwells, recharge pit, percolation pits, recharge trenches, etc.

   (b) Clogging of natural sources of water by plastic bottles and covers.

   (c) Constructing more roads and housing colonies on lake beds.

   (d) Using concrete structures for pavements and footpaths.

13. Main drawback of conventional method of irrigation:

   (a) Optimum utilization of water by irrigation.

   (b) Reduces seepage and evaporation.

   (c) Subject to cyclic changes of flooding and water stress situations resulting in poor yield.

   (d) Very good water management.

14. Rain water harvesting systems practiced in Deccan Plateau:

   (a) Khatri

   (b) Korambu

   (c) Surangam

   (d) Bhandaras and Kere

15. Roof top rainwater harvesting:

   (a) Process in which rainwater falling on a roof is diverted through drain-pipes to the storage container.

   (b) Process in which rainwater flowing through drains are collected in a tank or lake.

   (c) Process in which rainwater falling in catchment areas are collected in reservoirs.

   (d) Process in which rainwater is collected in pits and trenches to recharge underground water table.

Find the incorrect option :

16. We need to conserve water because:

   (a) 71% of earth is covered by water.

   (b) There is an increase in demand due to increase in population, irrigation and industrialization.

(c) Loss of vegetation causes reduction in rainfall resulting in drought.

(d) The water resources are polluted.

17. "Without irrigation, development of agriculture is difficult in India":

(a) Increase in demand of food and cash crops.

(b) Use of high yielding seeds.

(c) Crops like rice and sugarcane need more water.

(d) India receives rainfall throughout the year.

18. Rainwater harvesting includes activities like:

(a) Harvesting of surface and ground water.

(b) Harvesting crops with the help of water.

(c) Prevention of loss of water due to evaporation and seepage.

(d) Efficient utilization of water.

19. Watershed Management refers to:

(a) Efficient management and conservation of both surface and ground water.

(b) Prevention of runoff.

(c) Prevention of use of water.

(d) Storage and recharge of ground water by methods like percolation pits, recharge wells, etc.

20. Water has been harvested in India from ancient times by:

(a) Collecting water from rooftops and storing it in tanks built in their courtyards.

(b) Collecting water from sea and storing it in tanks.

(c) Harvesting rainwater runoff by capturing water from swollen streams during monsoon.

(d) Harvesting water from flooded rivers.

21. The water harvesting mechanisms are:

(a) Casing

(b) Conduits

(c) Storage facility

(d) Recharge facility

Fill in the blanks

22. __________ and __________ states are the nucleus of Green Revolution.

(a) Uttar Pradesh, Haryana

(b) Punjab, Haryana

(c) Madhya Pradesh, Bihar

(d) Tamil Nadu, Karnataka

23. __________ are canals which are taken directly from the rivers without constructing any barrage or dam.

(a) Inundation canals

(b) Perennial canals

(c) Both (a) and (b)

(d) None of these

24. __________ is the other name for Inclined plane method of lifting water from wells.

(a) Tube well

(b) Persian wheel

(c) Mhote

(d) Bore-well

25. Complete saturation of the soil with water may give rise to __________.

(a) Alkalinity

(b) Soil erosion

(c) Soil fertility

(d) Swamps

26. Overhead irrigation is the other name given to __________ irrigation.

(a) Sprinkler   (b) Tank

(c) Canal   (d) Drip

Assertion-Reasoning

In the questions given below, there are two statements marked as Assertion (A) and Reason (R). Read the statements and choose the correct option:

Options:

(a) Both A and R are true and R is the correct explanation of A.

(b) Both A and R are true but R is not the correct explanation of A.

(c) A is true but R is false.

(d) A is false but R is true.

27. **Assertion (A):** Most of the Himalayan rivers are large and snow-fed.

Reason (R): The Himalayan rivers carry sufficient water throughout the year and are called perennial rivers.

28. **Assertion (A):** Tank irrigation is popular in South India.

Reason (R): Deccan Plateau is made up of hard impermeable rocks which do not allow the rainwater to percolate underground. Hence, it is ideal for tanks.

29. **Assertion (A):** The Northern Plain of India is found suitable for canal irrigation.

Reason (R): It has seasonal rivers and land is soft enough for canal to be constructed from the rivers to the fields.

30. **Assertion (A):** Sprinkler irrigation is practised in arid and semi-arid regions.

    Reason (R): In this type of irrigation, there is no loss of water by seepage or evaporation as water is supplied through pipes.

Match the following

31. Match the following:

COLUMN I	COLUMN II
i. Well irrigation	1. PVC or GI pipes
ii. Cropping seasons	2. Dug-wells and bore-wells
iii. Tank irrigation	3. Uttar Pradesh and Bihar
iv. Conduits	4. Deccan states
v. Recharge facility	5. Kharif, Rabi and Zaid

Choose the correct option:
(a) i– 3, ii– 5, iii– 4, iv– 1, v– 2
(b) iii– 2, ii– 4, iv– 5, i– 4, v– 3
(c) ii– 3, iii– 5, iv– 2, i– 1, v– 4
(d) iv– 3, i– 4, iii– 5, ii– 2, v– 1

Picture based questions

32. Study the picture and choose the correct objectives from the choices given:

(a) Rain water harvesting
(b) Water shed
(c) Sprinkler irrigation
(d) Drip irrigation

33. Study the picture and choose the correct objectives from the choices given:

(a) To increase soil erosion
(b) To increase the flooding on roads
(c) To reduce surface runoff
(d) To reduce ground water table

34. Study the picture and choose the correct name:

(a) Inclined plane method
(b) Persian wheel method
(c) Muscular method
(d) Leaver method

35. Study the picture and choose the advantage of this method:

(a) It is an expensive method which requires complex machinery.
(b) Utilizes water more efficiently reducing the amount of water needed to irrigate the field.
(c) It causes plant diseases due to excess moisture.
(d) It can be used for all types of crops.

36. Study the picture and choose the name of this type of irrigation:

(a) Furrow irrigation
(b) Spray irrigation
(c) Sprinkler irrigation
(d) Drip irrigation

Map based question

37. Study the map and answer the following question:

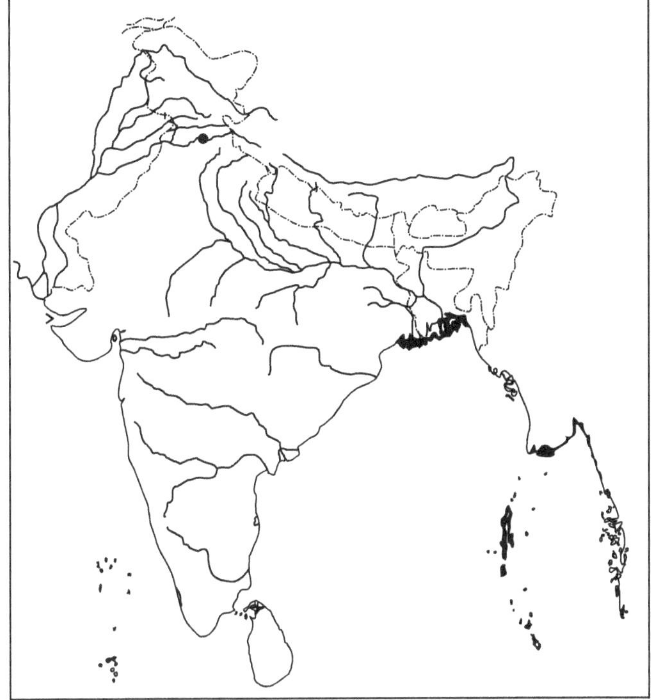

(i) Indentify the dam which is shown in the map.

  (a) Hirakud   (b) Bhakra Nangal

  (c) Tehri   (d) Rihand

(ii) On which river is this dam built ?

  (a) Chenab   (b) Indus

  (c) Satluj   (d) Beas

Answers

Multiple choice questions

1. (b) The rainfall in India is uncertain and is unevenly distributed.

2. (c) Unlined and lined wells

3. (d) Wells are independent source of irrigation.

4. (b) Large area can be irrigated by cheap electricity made available.

5. (c) Inundation and perennial.

6. (a) It has perennial rivers and the land is soft enough for canals to be constructed from rivers to the fields.

7. (c) Karnataka being in the Deccan region, has natural depressions and hard sub surface.

8. (a) Watershed development project called Haryali.

9. (b) It reduces loss of water due to evaporation and seepage.

10. (d) It has canals coming from the Bhakra Nangal Dam which provides water throughout the year.

11. (a) It allows the grower to customize an irrigation programme most beneficial to the crop.

12. (a) Digging of borewells and dugwells, recharge pit, percolation pits, recharge trenches, etc.

13. (c) Subject to cyclic changes of flooding and water stress situations resulting in poor yield.

14. (d) Bhandaras and Kere

15. (a) Process in which rainwater falling on a roof is diverted through drain-pipes to the storage container.

16. (a) 71% of earth is covered by water.

17. (d) India receives rainfall throughout the year.

18. (b) Harvesting crops with the help of water.

19. (c) Prevention of use of water.

20. (b) Collecting water from sea and storing it in tanks.

21. (a) Casing

Fill in the blanks

22. (b) Punjab, Haryana

23. (a) Inundation canals

24. (c) Mhote
25. (d) Swamps
26. (a) Sprinkler

Assertion-Reasoning

27. (a) Both Assertion and Reason are true and the Reason correctly justifies the Assertion.
28. (a) Both Assertion and Reason are true and the Reason correctly justifies the Assertion.
29. (c) Canal irrigation is popular in the Northern Plain because it has perennial rivers and land is soft enough for canal to be constructed from the rivers to the fields. Thus, Assertion is true but Reason is false.
30. (a) Both Assertion and Reason are true and the Reason correctly justifies the Assertion.

Match the following

31. (a) i– 3, ii– 5, iii– 4, iv– 1, v– 2

Picture based questions

32. (a) Rain Water Harvesting
33. (c) To reduce surface runoff
34. (b) Persian wheel method
35. (b) Utilizes water more efficiently reducing the amount of water needed to irrigate the field.
36. (a) Furrow irrigation

Map based question

37. (i) (b) Bhakra Nangal
    (ii) (c) Satluj

Word of Advice

1. Many students wrote about the traditional methods instead of modern means of irrigation. Many students wrote about the need for irrigation instead of advantages of modern means. Some students wrote that modern means were becoming popular as they were cheaper.
2. Some students, instead of writing factors favouring tubewell irrigation in Punjab wrote conditions necessary for tubewell development in general.
3. Some students wrote the answer in relation to inland transport and some students wrote about the factors necessary for canal irrigation.
4. Some students gave general answers such as, that rainwater is collected.
5. Some students wrote that surface water is the water found on the surface of the earth without giving any examples.
6. While most students answered this question correctly, some were confused about tube wells.
7. The significance of irrigation in Punjab and Rajasthan was not understood by many students. They explained the process instead of giving the correct reason.
8. Many students answered both sub-parts of this question correctly. However, a few mentioned that tank irrigation is popular in North India.

❑❑

www.ingramcontent.com/pod-product-compliance
Lightning Source LLC
Chambersburg PA
CBHW081250130726
47998CB00010B/2745